LE ROYAUME D'OTTO

DU MÊME AUTEUR

A la Librairie Plon :

CARNETS SECRETS DE LA POLITIQUE

SECRETS D'ÉTAT (*Prix Thiers, de l'Académie française*)

L'HISTOIRE SECRÈTE (*Couronné par l'Académie des sciences morales et politiques*)

PÉTAIN ET DE GAULLE (*Prix d'Histoire du Cercle de l'Union, de la Société d'Histoire générale et de la Société d'Histoire diplomatique*)

LA TRAGÉDIE DU GÉNÉRAL

LE MOIS DE MAI DU GÉNÉRAL

JAMAIS DIT

LE TOURMENT ET LA FATALITÉ

JOURNAL SECRET

LE FEU ET LA CENDRE (*Les années politiques du général de Gaulle, 1946-1970*)

PÉTAIN ET LA FRANCE (*La Seconde Guerre mondiale*)

En préparation :

- LES ORIGINES DE LA SECONDE GUERRE MONDIALE
- LA Ve RÉPUBLIQUE

RAYMOND TOURNOUX
de l'Institut

LE ROYAUME D'OTTO

FLAMMARION

Printed in France

ISBN : 2-08-064458-0

Pour J. J.

« Je serai ministre le jour [...] où le Maréchal ne comptera plus et où le pouvoir sera symbolisé par une musette de grenades à portée de la main. »

Marcel DÉAT (*Journal de guerre,* inédit, 19 janvier 1943)

« Oui, je suis un traître. Oui, j'ai été d'intelligence avec l'ennemi. J'ai apporté l'intelligence française à l'ennemi. Ce n'est pas ma faute si cet ennemi n'a pas été intelligent... Nous avons joué. J'ai perdu. Je réclame la mort. »

DRIEU LA ROCHELLE (*Récit secret*).

« Le Maréchal recommence à bouder et à résister depuis deux jours. Je dis à Abetz que, s'il demande, il n'obtiendra rien, que, s'il exige, il obtiendra tout. »

Marcel DÉAT (*Journal de guerre,* 28 déc. 1943).

« Heil Hitler ! Et pieux dimanche, mes fils. »

Mgr MAYOL DE LUPPÉ, aumônier des Waffen SS français

PREMIÈRE PARTIE

ÉTRANGES RENCONTRES, ÉTRANGES DESTINS...

CHAPITRE PREMIER

LES DOCUMENTS SORTIS DE L'OMBRE

LE DIEU DES HISTORIENS. — DES TÉMOIGNAGES ÉCRITS AU JOUR LE JOUR, DANS LE FEU DES ÉVÉNEMENTS. — DES MILLIERS DE FEUILLETS INÉDITS. — NE PAS RALLUMER LA GUERRE FRANCO-FRANÇAISE. — UN UNIVERSITAIRE DE GAUCHE, LAÏC ET RÉPUBLICAIN, FAVORI DE LÉON BLUM, INTERLOCUTEUR PRIVILÉGIÉ DE CHARLES DE GAULLE. — UN GÉNÉRAL DE L'ARMÉE FRANÇAISE, ET SON FILS, SAINT-CYRIEN, DEVENU STURMBANNFÜHRER. — ÉTRANGES RENCONTRES, ÉTRANGES DESTINS. — LES VOLONTAIRES FRANÇAIS SOUS L'UNIFORME ALLEMAND. — LA TRAHISON : ORIGINES ET ANALYSES. — LES SYNDROMES ET LES ABOUTISSEMENTS.

La muse de l'Histoire est familière. On connaît mal, en revanche, le dieu des historiens. Un peu narquois, avec son double visage — mi-scientifique, mi-poète —, il existe pourtant. Il veille sur les chercheurs. Il protège leurs travaux. De temps en temps, grâce à son trident prodige, il extirpe des profondeurs les témoignages irremplaçables.

Depuis quelque quarante ans, des milliers de livres, d'études, de mémoires ont été publiés en français sur la Seconde Guerre mondiale, sur l'Occupation, sur la France libre, sur la Résistance, sur les collaborateurs, sur les déportés, sur les héros et sur les lâches. Pour la période qui vit la France de l'hexagone terrassée de 1940 à 1944 — la période la plus noire de toute notre histoire — les témoignages ont été rédigés après l'événement, à partir de souvenirs, ou bien — au mieux — à l'aide de quelques notes éparses et dissimulées. Pourquoi ? La réponse s'écrit en trois mots : la vie, la mort, la liberté.

Les pires sanctions auraient frappé toute citoyenne, tout citoyen détenant un manuscrit qui eût décrit, analysé et commenté les faits et gestes de tous les jours ; la mise en place des premiers camps d'internement ; les mesures contre les juifs ; l'annexion de l'Alsace et de la Lorraine ; l'implantation, dans le Nord et dans l'Est, de structures territoriales qui laissaient peser en permanence la menace du démembrement de la France ; les réquisitions de main-d'œuvre ; les pillages de l'économie ; puis, dans la phase dramatique de l'Occupation, la naissance des maquis, les règlements de comptes, les arrestations, les rafles et les tortures.

A cette époque, aucune histoire couchée sur le papier, aucune chronique authentique et méticuleuse, rédigée sur-le-champ, *de visu,* n'était imaginable. Sauf dans un cas : lorsqu'il s'agissait de textes tenus à jour par des Français qui, envers et contre tous, avaient lié leur sort à celui de l'envahisseur. Des journaux personnels ont donc été écrits, à cœur ouvert et sans péril, par les amis de l'ennemi, dont rien ne retenait la plume : les intéressés n'avaient pas à craindre les inquisitions de la police, ou bien les interrogatoires de la Gestapo. Ils se croyaient, au surplus, assurés de l'avenir : le Reich pour mille ans...

L'issue du conflit ayant détruit leurs certitudes, nourries d'une foi aveugle et de la conviction que « les armes diaboliques » de Hitler allaient tout bouleverser *in extremis,* ces mémorialistes de l'ombre — après avoir espéré jusqu'au bout conserver leurs documents à l'abri hors de nos frontières — ont été pris de court par l'avance des Alliés à l'ouest et par la débâcle des nazis. Des milliers de feuillets inédits — véritables annales de la collaboration — ont été saisis à temps par la Sécurité militaire des armées françaises en 1945, soit en Allemagne, soit en Italie.

Jusqu'à présent, ces manuscrits n'ont jamais été dépouillés en vue d'une critique systématique et globale. Longtemps, ils ont été condamnés à reposer dans le silence des cartons d'archives. Leur communication, si elle avait été effectuée sans discernement après la Libération, eût mis en cause un nombre de personnes et de personnalités tel que la guerre franco-française en eût été rallumée, une fois encore. Le couperet de la raison d'État tomba.

Aujourd'hui, le temps s'est écoulé. Nous sommes passés du niveau des procès au plan de l'Histoire. Sur le parcours de la dernière décennie du demi-siècle, les questions individuelles peuvent être négligées. Elles ne nous intéressent d'ailleurs pas, hormis, bien entendu, les figures marquantes de la collaboration.

Nous livrons ainsi à la meilleure intelligence d'une époque plusieurs textes exceptionnels et passionnants qui, à notre connaissance, ne possèdent pas leurs équivalents. Qu'allons-nous découvrir ? Ceci : *Le journal de guerre d'un collaborateur,* en l'occurrence les *Cahiers noirs*[1] de l'ancien ministre de l'Air Marcel Déat, directeur sous l'Occupation du journal *L'Œuvre,* président du Rassemblement national populaire (R.N.P.), l'un des principaux mouvements politiques auxquels les Allemands avaient accordé droit de cité à Paris.

Marcel Déat offre le cas exemplaire de l'hitlérien français ou, plus exactement, du national-socialiste français. Socialiste, universitaire laïc et républicain, proche de la franc-maçonnerie, agrégé de philosophie, brillant élève de l'École normale supérieure, Déat séduisit, et même fascina Léon Blum. Le leader du parti socialiste — la S.F.I.O. — caressa l'espoir de préparer Déat à de hautes responsabilités dans le parti, avant qu'intervînt en 1933 la scission des néo-socialistes[2].

A Marcel Déat, le futur général de Gaulle demanda à être présenté avant la guerre, parce que ce chef de file représentait

1. Avec une extrême méthode, tous les soirs avant de quitter son bureau, Déat plaçait, au fond de sa serviette de cuir jaune, les notes relatives à ses activités — transcrites jusque dans les moindres détails — et ses audiences, visites et entretiens de la journée. Le soir, à son domicile, à l'aide d'une petite machine à écrire qui le suivit jusque dans la déroute de 1945, il dactylographiait le compte rendu de sa journée sur des feuillets qui étaient rangés, à l'origine, dans des classeurs noirs perforés.

2. Voir à la fin du chapitre la note relative à la carrière de Marcel Déat, rédigée par l'auteur, ainsi que les lettres à l'auteur de MM. Pierre Mendès France et Jules Moch.

— aux côtés de Paul Reynaud, de Léon Blum, de Paul Boncour et de quelques autres — l'une des têtes politiques que le jeune officier de chars tenait pour capable, par son intelligence et son influence, d'aider au triomphe des théories d'avant-garde sur l'emploi des chars. Étranges rencontres, étranges destins, dont nous allons suivre les étapes [1].

Nous prendrons connaissance également d'un *Journal intime*, celui du général Eugène Bridoux, ancien commandant de l'École militaire de Saumur, secrétaire d'État à la Guerre du gouvernement de Vichy (1942-1944), qui se réfugia en Allemagne au mois d'août 1944 et dont le fils, officier d'active de l'armée française, revêtit l'uniforme des Waffen SS avec le grade de Sturmbannführer (commandant) et la croix de fer gagnée en Russie.

Et, là encore, nous devons répéter : étranges rencontres, étranges destins ! Le général Bridoux avait, lui aussi, fort bien connu Charles de Gaulle : l'un et l'autre appartenaient à la même promotion de l'École supérieure de guerre. Souvent, le soir, après les cours, ces futurs officiers brevetés se réunissaient pour traiter de la guerre et de la paix — une guerre et une paix qui allaient les opposer dans la tragédie.

Nous analyserons plusieurs comptes rendus officiels des Conseils des ministres de Vichy — comptes rendus qui n'ont pas été produits au procès Pétain parce que non encore inventoriés dans le détail. Nous parcourrons la sténographie d'interrogatoires du maréchal Pétain en 1945 ; différents extraits des remarquables *Carnets de bord* de M. André Lavagne, chef de cabinet du maréchal Pétain ; des documents en provenance du ministère allemand des Affaires étrangères, ainsi que des archives fédérales de la Suisse ; la substance d'entretiens avec le ministre de l'Armement de Hitler, Albert Speer ;

1. De Gaulle écrit ceci, touchant l'avant-guerre : « Trois députés de gauche : Philippe Serre, Marcel Déat, Léo Lagrange, dont le talent convenait pour mettre en relief le côté révolutionnaire de l'innovation (d'une armée mécanique), acceptèrent d'entrer en ligne. Le premier le fit, et d'une manière si brillante, qu'il prit rang de grand orateur, et, peu après, entra au gouvernement. Le second, sur les dons de qui je comptais particulièrement, fut, après son échec aux élections de 1936, attiré dans une voie opposée. Le troisième [...]. » (*Mémoires de guerre,* tome I, Plon).

une lettre inédite de Hitler à Pétain, et d'autres éléments qui méritent d'entrer en ligne de compte.

Voilà l'ordre des pièces. Au-delà de la lecture des documents, notre propos vise cependant les hommes. Marc Bloch a écrit que l'historien « ressemble à l'ogre de la légende. Là où il flaire la chair humaine, il sait que là est son gibier [1] ».

Les énigmes psychologiques qui se présentent à nous relèvent de différents points d'interrogation. Comment expliquer l'itinéraire d'un chef de file de la gauche, personnage important de son temps, qui se sépare de ses compatriotes lors de la défaite de la France et qui — au contraire de Laval dont le cas reste très différent —, jusqu'au dernier souffle de Hitler à Berlin, liera son sort au Führer ?

Comment expliquer le cheminement intellectuel d'un officier général de l'armée française, lui-même fils d'un général [2] tombé au combat de 1914, camarade de Charles de Gaulle, acceptant — d'erreurs de jugements en pertes du sentiment du devoir — les plus extrêmes compromissions avec la puissance occupante et encourageant son fils, saint-cyrien de la promotion du Tafilalet, à combattre sur le front de l'Est ?

Comment expliquer que plusieurs milliers de jeunes Français se soient portés volontaires pour revêtir l'uniforme allemand — Wehrmacht, Luftwaffe, Kriegsmarine, organisation Todt, N.S.K.K. (corps de transport motorisé), Flak (D.C.A.) — et comment comprendre qu'ils se soient fait gloire de prononcer et d'exécuter en allemand — fussent-ils groupés dans des unités « nationales » — les commandements, avant de chanter sur les routes les vieilles marches militaires d'outre-Rhin, ou bien les jeunes refrains des Waffen SS [3] ?

« Une compagnie de la Sturmbrigade *Frankreich* débarque en gare de Greifenberg [...]. Un sous-officier, marchant en tête de

1. Marc Bloch : *Métier d'historien* (Armand Colin).
2. Le général Marie-Joseph Bridoux.
3. « L'allemand est l'espéranto de l'Europe », disaient-ils.

la colonne, lance le titre d'une chanson : *Panzerlied !* Dans la file placée derrière lui, le titre est répété par un homme tous les trois rangs jusqu'à la queue de la colonne. En chœur, les trois serre-files crient : *Lied durch !* Le sous-officier compte : *Drei... Vier !* La chanson jaillit instantanément, quand le pied gauche frappe le sol. Les jeunes recrues lancent les paroles comme des grenades :

Ob's stürmt oder schneit, ob die Sonne uns lacht
Der Tag glühend heiss oder swister die Nacht[1].

« Ils ont appris les paroles par cœur. Certains ne les comprennent même pas. Peu importe : dans leur enfance, ils chantaient à l'église des cantiques en latin dont presque personne ne saisissait le sens [...]. A la Waffen SS, chanter devient un acte religieux[2]. »

Oui, comment cette extraordinaire révolution idéologique a-t-elle pu intervenir ? Comment la déviation du patriotisme a-t-elle atteint ce degré ? Comment les péchés contre l'esprit et contre le cœur ont-ils été commis ?

Bien entendu, il reste loisible de tout expliquer par un mot définitif : trahison. Mais pourquoi la trahison ? Quarante ans après les faits, la réflexion conduit à distinguer la trahison primaire, la trahison stipendiée et la trahison des clercs. La trahison primaire anime « les exécuteurs sordides des volontés de l'ennemi : membres français de la Gestapo, hommes de main, indicateurs de police représentent la trahison classique. Ce n'est pas celle qui nous intéresse. Ce n'est là qu'un aspect rudimentaire : il est d'autres trahisons, dont le mécanisme intime mérite d'être précisé. Trahisons plus particulières à notre temps et dont le diagnostic révèle certaines de nos fatalités[3] ».

Peut-on se borner à parler, à propos de Marcel Déat et de certains de ses compagnons de route, de purs fascismes

1. Sous l'orage ou sous la neige, sous le soleil riant
Dans la chaleur brûlante du jour et dans le froid glacial de la nuit.
2. Mabire : *La Division Charlemagne* (Fayard).
3. Robert Aron : *Fragments d'une vie* (Plon).

sophistiqués et intellectuels ? L'intelligence de ces néo-nazis, naguère néo-socialistes, s'était mise à l'heure allemande. Coupés du peuple français, ses porte-parole débattaient à longueur de semaines, à déjeuner ou bien à dîner, chez Maxim's ou dans le confort des grands restaurants luxueux de la capitale [1], en compagnie de « l'ambassade » (c'est-à-dire l'ambassade d'Allemagne à Paris) et de l'état-major des Waffen SS. Marcel Déat, un des anciens interlocuteurs privilégiés de Charles de Gaulle, n'était conduit, ni par la recherche obstinée de l'argent — du moins autant que nous puissions en juger [2] —, ni par la peur [3], ni par un antisémitisme virulent, ni même par la haine irréductible de la Grande-Bretagne.

Une fantastique et secrète ambition, en revanche, jointe à un anticommunisme fondamental, le guidait.

Par-dessus tout, il croyait au *message révolutionnaire,* porté par les armées de Hitler, de même que d'autres avaient adopté jadis, à travers l'Europe des frontières et des nationalités, le message de la Révolution française.

Ce sont ces chemins dramatiques que nous allons maintenant suivre pas à pas — chemins qui nous conduiront des syndromes

1. Dans ses *Cahiers noirs,* Déat tient un compte détaillé des repas auxquels il participe ou bien qu'il organise : heure, lieu, convives et souvent menus — ce normalien paysan parlant volontiers de « la grande bouffe ».

2. Le diplomate allemand Schleier, en poste à Paris sous l'Occupation, « interrogé, après la fin des hostilités, par les services secrets américains, révèle que, depuis août 1940, l'ambassadeur verse, chaque mois, à Doriot (chef du Parti populaire français) et à Déat 250 000 francs, soit cinq millions d'aujourd'hui ». (Robert Aron : *Histoire de Vichy,* Fayard, 1959.) L'ambassadeur Otto Abetz, supérieur hiérarchique de Schleier, a démenti ensuite ces affirmations. Le journal *L'Œuvre* semblait vivre très à l'aise grâce à ses propres ressources. Le bras droit de Déat témoigne à ce sujet : « *L'Œuvre,* comme tous les journaux durant cette période, faisait des affaires d'or. [...] Les trésoreries (étaient) à l'aise. *L'Œuvre* réalisait annuellement plusieurs millions de bénéfices et n'avait besoin d'aucune subvention pour boucler son budget. Par ses lecteurs, la grande presse de l'Occupation (*L'Œuvre, Le Petit Parisien,* etc.) a gagné plus d'argent que la presse de n'importe quelle autre période. » (cf. *Le Destin de Marcel Déat* par Claude Varennes, éditions Jeanmaray.)

Tout paraît indiquer, en revanche, que le mouvement politique de Déat, le R.N.P. (Rassemblement national populaire) était — ainsi que l'indique le *Dictionnaire de la Seconde Guerre mondiale* (Larousse) — « subventionné par Abetz ».

3. Marcel Déat avait été ce qu'il convient d'appeler un valeureux combattant de la Grande Guerre : parti en tant que simple soldat, il conquit tous ses grades dans l'infanterie. Il termina le conflit avec les galons de capitaine et cinq citations. (*Dictionnaire des parlementaires français,* P.U.F.)

à l'aboutissement (aux yeux de Déat, l'occupation allemande devient « une fête de l'Histoire [1] ») d'une politique ayant pour objectif « l'intégration totale de la France dans la nouvelle Europe [2] ».

1. et 2. *Dictionnaire de la Seconde Guerre mondiale.*

DOCUMENTS

UN ITINÉRAIRE POLITIQUE À LA VEILLE DE LA GUERRE

Note de l'auteur. Originaire de la Nièvre où il naquit à Guérigny, Marcel Déat, fils d'un modeste employé des chemins de fer, est reçu en juillet 1914 à l'École normale supérieure. Sous l'influence de Jaurès, dès cette date, il adhère au parti socialiste unifié. Après la guerre mondiale, il obtient l'agrégation de philosophie. Professeur au lycée de Reims en 1923, candidat de la S.F.I.O., sans succès, aux élections législatives de 1924, il est élu conseiller municipal de Reims en 1925, sur une liste du Bloc des gauches. Bibliothécaire adjoint de l'École normale supérieure, il devient député de la Marne en 1926 (liste du Cartel des gauches). En 1928, battu à Épernay, il occupe le poste de secrétaire administratif du groupe S.F.I.O. à la Chambre des députés. En 1932, candidat contre le communiste Jacques Duclos, il l'emporte au second tour après une campagne mémorable[1]. Le voilà député de Paris (XXe arrondissement, quartier de Charonne).

Le jeune professeur de philosophie séduit, et même fascine Léon Blum : « Il avait une conscience aiguë de sa force et se croyait alors protégé par la faveur de Blum [...]. Le leader du parti lui témoignait une vive considération[2]. » Certains, brûlant les étapes, croient déjà voir en Déat l'héritier, le dauphin de Blum. Dès 1930, cependant, au congrès de la S.F.I.O. à Bordeaux, les germes d'un conflit se lèvent. En 1931, Déat publie *Perspectives socialistes,* soutenant — contre Léon Blum —

1. Sur la carrière parlementaire de Marcel Déat, cf. : *Dictionnaire des parlementaires français, Dictionnaire de la Seconde Guerre mondiale.*
2. Jean Lacouture : *Léon Blum* (Seuil).

les idées de Renaudel, député socialiste du Var, qui, après avoir animé l'aile gauche (tendance révolutionnaire) de son parti, avait évolué jusqu'à la droite de la S.F.I.O.

Sur quoi porte le débat ? Renaudel et son école « réformiste » entendent participer au pouvoir par une association permanente avec les radicaux. Blum s'y oppose. En 1933, au nom du *socialisme d'action,* Déat s'attaque à la direction du parti. Les débats sont violents. Aux côtés de Déat agissent ses lieutenants, Adrien Marquet et Barthélemy Montagnon. C'est avec ce dernier que le député-philosophe vient de publier *Néo-socialisme, ordre, autorité, nation,* ouvrage de réflexion dans lequel d'aucuns commencent à discerner une première contagion des idées fascistes dans les rangs socialistes. « Tandis que Marquet traitait [Léon Blum] de *mandarin de la décadence,* Marcel Déat osait l'apostropher ainsi, ne cherchant même pas à camoufler un antisémitisme sans précédent dans l'histoire du socialisme français : *Moi qui vous connais bien, je sais quelle est votre passivité tout orientale*[1]. » Bientôt, Blum lance « dans une sonorité déchirante », son fameux cri : « Je suis épouvanté ! »

La scission éclate. Déat s'en va avec vingt-huit députés et sept sénateurs. Ce sont les *néo-socialistes,* autrement dit les membres du nouveau « Parti socialiste de France », dont Marcel Déat devient le secrétaire général. Cette rupture atteint profondément Léon Blum.

En 1936, le 16 janvier, au Palais-Bourbon, Marcel Déat s'élève contre la politique de déflation, dénonçant « la complaisance des banques » à l'égard de Pierre Laval, chef du gouvernement. Huit jours plus tard, melon et pardessus noir, Déat siège, en qualité de ministre de l'Air, dans le cabinet Sarraut. Le 7 mars 1936, jour de la réoccupation de la Ruhr par Hitler, il s'oppose, aux côtés de ses collègues de la Guerre et de la Marine, à toute mesure de mobilisation. C'est le premier acte important de la vie politique de Marcel Déat : on le voit se ranger « dans le parti de ceux qui seront demain *les Munichois*[2] ».

1. Lacouture, *op. cit.*
2. Claude Varennes, *op. cit.*

Candidat du Front populaire, distancé au premier tour, il est battu aux élections de 1936 par un communiste. Pourvu d'une chaire de philosophie à l'École normale supérieure de Saint-Cloud et au lycée Louis-le-Grand, il publie plusieurs livres et collabore à différents journaux, dont le quotidien parisien *L'Œuvre*. En avril 1939, il reconquiert un siège de député, grâce à une élection partielle, à Angoulême. Il triomphe en tant que candidat du Rassemblement anticommuniste, « à l'issue d'une campagne épique [1] ».

Les événements extérieurs se précipitent. Au moment de Munich, Déat a été l'un des plus violents adversaires de l'intervention en faveur de la Tchécoslovaquie. Pacifiste, il croit encore — selon son bras droit Claude Varennes — à l'organisation de l'Europe par un étroit accord des démocraties française et anglaise [2]. Il ne nourrit aucune sympathie pour le régime hitlérien qu'il ne connaît pas [3] : « Il se place seulement sur le terrain pacifiste traditionnel : une mauvaise négociation vaut mieux qu'une bonne guerre, et rien ne serait pire qu'une guerre idéologique [4]. »

Quatre mois, presque jour pour jour, avant la déclaration de la guerre, Déat publie dans *L'Œuvre* (4 mai 1939) un éditorial qui fait le tour du monde et que la propagande allemande utilise avec de grands moyens. Jamais, depuis la fin de la Première Guerre mondiale, un article n'atteint une telle notoriété internationale : il porte pour titre « Mourir pour Dantzig ? Non ».

La signification en est considérable. L'Europe tremble. Nous sommes au bord de la guerre. Hitler revendique la ville libre de Dantzig, dont le *Corridor* — institué par le traité de Versailles, et qui permet à la Pologne d'accéder à la mer — sépare le Reich de la Prusse-Orientale.

En la vieille cité de la Baltique bat un cœur allemand. C'est exact. Dès après la Grande Guerre, le maréchal Foch avait déclaré : « C'est là que se trouve l'amorce d'un nouveau conflit mondial [5]. »

Mais le coup de force nazi du 15 mars 1939 en Tchécoslovaquie montre bien qu'il ne s'agit plus seulement pour Hitler —

1. 2. 3. 4. Varennes (pseudonyme de Georges Albertini), *op. cit.*
5. Édouard Bonnefous : *Histoire politique de la IIIe République*, tome VII (P.U.F.)

qui a menacé de détruire Prague par un bombardement — de réunir les populations de langue allemande. La Grande-Bretagne elle-même ouvre enfin les yeux. Et ce 15 mars 1939, tandis que l'armée allemande, au nom de l'espace vital, occupe la Bohême et la Moravie sans résistance, le Gauleiter Streicher proclame à Nuremberg : « Ce n'est qu'un commencement. Des événements beaucoup plus considérables suivront : les démocraties auront beau se cabrer, elles finiront par succomber [1]. »

« *Ne pas mourir pour les Poldèves.* »

Marcel Déat, pour sa part, écrit : « Il ne s'agit pas du tout de fléchir devant M. Hitler, mais, je le dis tout net, flanquer la guerre en Europe à cause de Dantzig, c'est y aller un peu trop fort, et les paysans français n'ont aucune envie de mourir pour les Poldèves. J'entends que nos amis polonais sont remplis d'optimisme. Pour un peu, ils se chargeraient, à eux seuls, de l'Allemagne, nous laissant le soin de régler éventuellement son compte à l'Italie... Il n'est pas possible d'admettre, sous le méridien de Paris, que la question de Dantzig soit posée et réglée à l'est de l'Europe uniquement par la volonté de quelques hommes d'État polonais et allemands, avec la certitude que les automatismes diplomatiques et guerriers joueront, et que nous serons entraînés dans la catastrophe sans avoir pu dire notre sentiment...

« Ces choses sont peut-être sévères, mais elles devaient être dites. Combattre aux côtés de nos amis polonais pour la défense commune de nos territoires, de nos biens, de nos libertés, c'est une perspective qu'on peut courageusement envisager, si elle doit contribuer au maintien de la paix. Mais mourir pour Dantzig, non [2] ! »

Mourir pour Dantzig, ou pour les Poldèves ? La question provoque un immense scandale politique et diplomatique.

1. *Livre jaune* du ministère français des Affaires étrangères.

2. En septembre 1934 déjà, Déat avait écrit dans *Paris-Demain :* « Nous n'accepterons pas de nous faire casser la figure pour le corridor polonais, ou pour Dantzig, ou pour l'Autriche, ou pour la Sarre. » Cité par Henri Amouroux : *La Grande Histoire des Français sous l'Occupation,* tome III (Laffont).

Qu'en est-il dans l'opinion ? « Marcel Déat [...] exprime, il ne faut pas se le dissimuler, un sentiment assez répandu chez beaucoup de Français [1]. »

Trois jours plus tard cependant, Hitler et Mussolini apportent leur réponse : un communiqué annonce la prochaine signature du pacte d'acier par le Führer et par le Duce.

★

MARCEL DÉAT
VU PAR M. PIERRE MENDÈS FRANCE

Nous avons demandé à M. Pierre Mendès France, d'une part, quelles avaient été, selon lui, les relations entre Léon Blum et Marcel Déat avant la guerre, d'autre part, comment il semblait possible d'expliquer l'évolution de ce militant confirmé de la gauche française. Voici des extraits de la réponse de l'ancien président du Conseil, qui désire apporter dans ce débat plus une impression qu'un témoignage :

« Cher Monsieur et Ami,

« [...] Je n'ai pas été informé des relations qui ont pu exister entre Marcel Déat et Léon Blum. J'ai su, toutefois, que ce dernier avait une grande admiration pour le talent du jeune normalien en qui il voyait, dans une certaine mesure, son continuateur. Les choses pourtant sont devenues progressivement plus difficiles jusqu'au moment de l'éclatement du parti socialiste [...].

« Dans la période postérieure, il est évident que les relations entre les deux hommes ont été de plus en plus tendues et difficiles, et, peu à peu, Léon Blum a dû considérer comme un adversaire — au surplus redoutable — celui pour lequel il avait longtemps nourri de réels sentiments de sympathie.

« Quant à l'évolution personnelle de Marcel Déat, elle s'explique, me semble-t-il, d'une part par un pessimisme de

1. Bonnefous, tome VII, *op. cit.*

plus en plus exigeant et qui l'a conduit peu à peu à des positions neutralistes, puis pratiquement pro-nazies. Pour des hommes comme lui, la " collaboration " était probablement une conséquence de la volonté de neutralité sous l'égide de la Nation qui manifestait le plus de dynamisme et de vigueur en Europe, en fait, l'Allemagne nazie.

« Mais, encore une fois, ce sont là des impressions, des jugements d'ensemble [...]. »

Signé : Pierre Mendès France.

★

MARCEL DÉAT VU PAR M. JULES MOCH

Nous avons posé les mêmes questions à M. Jules Moch, ancien secrétaire général de la Présidence du Conseil sous le gouvernement Léon Blum en 1936, ancien ministre. Voici sa réponse :

« Cher Monsieur,

« [...]. Votre lettre me repose un problème que je ne suis jamais arrivé à résoudre, celui des raisons de l'emprise d'un homme comme Déat, non pas tant sur la masse de ses contemporains intellectuellement inférieurs (car cette emprise-là s'explique aisément), mais sur des hommes intellectuellement égaux ou, dans le cas de Léon Blum, supérieurs à lui.

« Déat avait certes des côtés attractifs dans son caractère. Une très vive intelligence d'abord, et aussi une connaissance approfondie des événements politiques et sociaux contemporains.

« Certes, Léon Blum avait eu, lors de son arrivée au Parlement, de la sympathie pour Déat, dont l'intelligence était vive et la connaissance du socialisme profonde. Mais il était arrivé assez vite à se méfier de lui. Bien qu'il ne me l'ait pas dit avec cette précision, il l'avait assez vite classé dans la catégorie, nombreuse à l'époque, des militants qui souhaitaient se servir du Parti, plutôt que de le servir. Il s'est, de ce fait, assez vite défié de lui, sans cependant imaginer ce que serait l'évolution future de Déat.

« A l'époque dont je vous parle, dans la législature en cours de 1939, Léon Blum faisait des réserves sur l' « arrivisme » de Déat, sur ses ambitions personnelles, mais n'imaginait pas une évolution l'amenant au vichysme et au fascisme.

« [...] Blum avait de l'affection pour Déat. Il en avait d'ailleurs pour tout un noyau de jeunes militants dont il espérait qu'ils aideraient aux progrès du Parti, ce qui était l'idée dominante de son activité politique.

« A-t-il jamais pensé à sa succession ? S'il en a parlé, ce ne pourrait être qu'avec Auriol, avec lequel il était lié depuis leur entrée au Parlement et qu'il considérait comme son second au sein du groupe.

« Quant aux raisons de l'évolution de Déat, j'y ai beaucoup réfléchi. J'avais alors conclu à une ambition illimitée lui faisant chercher hors du Parti un avancement rapide qu'il escomptait fermement, mais qu'il savait impossible à obtenir au sein du Parti. C'était, à mon avis, un " arriviste forcené ", qui a mal calculé sa trajectoire, mais qu'aucun scrupule n'arrêtait... »

Signé : Jules Moch.

CHAPITRE II

LA DRÔLE DE GUERRE

LE DOCTRINAIRE. — LES MAINS LIBRES À L'EST ? — LES ENTRETIENS RIBBENTROP-GEORGES BONNET DE PARIS. — LA CAPITULATION PSYCHOLOGIQUE ET INTELLECTUELLE. — UN PACIFISME QUI SE CONFOND AVEC LE DÉFAITISME. — NE PAS DONNER SA PEAU À LA PATRIE. — DANS L'ATTENTE DE « LA PAIX BLANCHE » DE HITLER. — LE FÜHRER N'ATTAQUERA PAS LE FRONT FRANÇAIS. — LES MASSACREURS, LES VA-T-EN GUERRE. — SOUDAIN, L'OFFENSIVE ALLEMANDE DU 10 MAI 1940. — LA SURPRISE... LA DÉFAITE... LA DÉROUTE. — LA FAUTE À LÉON BLUM, AUX FRANCS-MAÇONS ET AUX JUIFS. — « ENCHANTÉS DE LA TOURNURE DES ÉVÉNEMENTS. » — LE PISTOLET AUTOMATIQUE ET LA KOMMANDANTUR. — DE GAULLE ET DÉAT. — L'ARRIVÉE AU POUVOIR DU MARÉCHAL PÉTAIN.

Le précieux document inédit que recèle le *Journal de guerre* de Marcel Déat s'ouvre, en réalité, quelque deux mois après l'ouverture des hostilités. Tenu ensuite sans discontinuer jusqu'au 18 avril 1945, il débute, à la date du 7 novembre 1939, par de rapides considérations philosophiques sur « la dictature de la médiocrité [...] dont nous jouissons présentement », suivies d'attendus sur la théorie de Darwin. La sélection véritable ne peut pas jouer en démocratie : elle serait dangereuse pour « le système ». Si l'auteur ne l'écrit pas, on devine sa pensée : Marcel Déat — personnage d'une haute intelligence [1] — appartient à l'élite. Il semble cependant confondre le respect

1. « Intelligence prestigieuse » (Varennes, *op. cit.*).

et l'estime dus aux élites — placées à tous les niveaux sociaux — avec le culte de l'élitisme individuel.

Déat compte quarante-cinq ans. Petit homme râblé, bien planté sur ses courtes jambes, moustache étroite, plutôt laid, un peu bedonnant, autoritaire et dominateur, aussi ambitieux qu'orgueilleux, il représente *le doctrinaire* par excellence. Son visage rond aux yeux bridés porte des soupçons de reflets asiatiques. Le capitaine de vaisseau Tracou voit en lui « une sorte de samouraï[1] ». Professeur émérite, issu de l'école communale — « la laïque » chère à son cœur — avant de sortir de l'École normale supérieure, lecteur de *L'Humanité* avant 1914, tel se présente l'universitaire du combat militant, à qui le monde politique reconnaît d'exceptionnels talents oratoires. Son parler chuinte. Qu'importe : la gauche apparente volontiers son éloquence à celle de Jaurès : « Nul ne sait mieux que lui trouver la formule frappant des auditoires paysans ou ouvriers. Il résume le tragique enchaînement du chômage et de la misère accroissant les suffrages hitlériens, et les préparatifs militaires accroissant à leur tour le chômage, et il résume son exposé dans cette formule, lourde d'appréhensions : *Quand on boucle sa ceinture, on est bien près de boucler son ceinturon*[2] ! »

C'était en 1933. En 1939, l'article « Mourir pour Dantzig[3] ? » explose comme une bombe dans le monde angoissé. Les répercussions sont internationales.

La signification du message se révèle, en effet, considérable puisqu'il illustre, à point nommé, le thème essentiel de la propagande nazie en Europe : *Laissez donc à Hitler les mains libres à l'Est et vous serez tranquilles à l'Ouest.*

Dans la même période, le ministre des Affaires étrangères du Reich, M. von Ribbentrop, à la suite de ses entretiens de Paris (décembre 1938) avec son collègue du Quai d'Orsay, M. Geor-

1. Notes à l'auteur du commandant Tracou (directeur du cabinet de Philippe Pétain en 1944).
2. *Une si longue vie* (Laffont) par Jules Moch, secrétaire général de la présidence du Conseil (cabinet Léon Blum 1936) et ancien ministre.
3. *Supra*, p. 21.

ges Bonnet, s'efforce d'accréditer la thèse selon laquelle le gouvernement français se désintéresserait de l'Europe de l'Est, reconnue en tant que sphère d'influence allemande. Il se targue d'un succès historique. Paris, en termes clairs, aurait concédé à Berlin, « une chasse gardée » orientale, devant aller jusqu'à la création d'une « grande Ukraine » aux dépens de l'U.R.S.S.[1].

Malgré certaines zones d'ombres diplomatiques, cette thèse ne correspond pas à la vérité. A aucun moment, il n'a été question explicitement de laisser à l'Allemagne les mains libres à l'Est. Joachim von Ribbentrop, le visage dur, nazi élégant, mais fanatique, possédant admirablement le français, paraît cependant fondé de quitter Paris avec le sentiment, ou bien l'impression, que le gouvernement français accepte, ou bien accepterait, de donner un consentement plus ou moins formulé. Les interprétations et les exégèses se mêlent, les malentendus se nouent. Des équivoques subsistent, des ambiguïtés ont la vie dure. En foi de quoi, chacun s'en tient à sa vérité.

Ribbentrop, en tout cas, entend mettre tout en œuvre pour encourager la tendance de ceux qui, à l'intérieur des puissances occidentales, envisagent, d'un œil serein, la perspective d'une aventure militaire de Hitler en Ukraine[2].

Déat, par sa prise de position spectaculaire, ne tarde pas à donner, au cœur de la tragédie de 1939, un formidable élan à la tentation de Ponce Pilate : *Lavons-nous les mains de ce qui se passe à l'Est. Laissons faire Hitler. Il s'arrêtera bien un jour.*

Dès cette date cependant, le nom de Déat est couché, par les services français du contre-espionnage, sur la liste[3], établie à l'intention du gouvernement, des suspects qui, par leur action,

1. Sur les entretiens Ribbentrop-Bonnet, consulter la *Revue d'histoire de la Seconde Guerre mondiale* (n° 32, octobre 1958) par M. Scherer ; Georges Bonnet : *La Défense de la paix,* tome II (Plon) ; la Commission parlementaire d'enquête sur les événements ayant précédé la guerre ; J.-B. Duroselle : *La Décadence* (Imprimerie nationale) et *Histoire diplomatique* (Dalloz).

2. Les soupçons engendrés dès lors à Moscou allaient exercer une influence capitale sur l'attitude de Staline face à Hitler. On pourra analyser leurs conséquences en août 1939, au moment des pourparlers germano-soviétiques, suivis du pacte.

3. Colonel Paillole (alors capitaine, adjoint au chef des services du contre-espionnage français) à l'auteur.

ruinent les positions nationales, à la veille de la guerre menaçante[1].

Peut-être ne s'en montre-t-il pas conscient sur-le-champ, mais le député « néo » participe au sabotage moral — destiné à pousser l'adversaire vers la capitulation psychologique et intellectuelle — qui constitue la spécialité de la section II de l'Abwehr[2].

Déat n'a pas une âme de traître à priori. Au début de son *Journal de guerre,* l'ancien combattant, qui s'est couvert de gloire en 1914-1918, se place dans la perspective de la victoire de la France et, le 17 novembre 1939, il exprime un souci : « Il faut, à travers cette phase de la guerre internationale, épargner au maximum le sang français, les forces françaises, tout en portant au plus haut notre capacité économique, militaire et morale. Tout en renforçant notre unité, au sens le plus profond, qui n'est pas celui d'une factice union nationale des politiciens. »

Le lendemain cependant, le député-philosophe en revient à son thème favori et il juge que la Pologne aurait dû être sacrifiée sans hésiter dans le vaste *Kriegspiel* diplomatique : « [...] On pouvait lancer l'Allemagne vers l'Est, l'expérience ayant d'ailleurs tragiquement prouvé depuis, que la Pologne, dans tous les cas, était perdue. Inévitablement, la rencontre armée aurait eu lieu entre Slaves et Germains, et nous serions au balcon pour juger les coups et attendre l'heure du règlement final. Cela est manqué, stupidement. N'ayons pas d'illusion : les deux compères (Hitler et Staline) sont liés solidement, même s'ils se haïssent à mort. Mais ils nous haïssent encore plus, et nous méprisent par-dessus le marché.

« Il faut décider nettement, brutalement que la Russie est considérée par nous, non comme ennemie ouverte, mais comme

1. Déat apprend, un peu plus tard, qu'il est placé sous surveillance. Son antisémitisme s'éveille à cette occasion. Il écrit : « Toutes les polices de France, ranimées par l'implacable vindicte du consortium juif international (seraient) sur ma piste, fignolant mon *dossier.* Tu parles... » (*Journal de guerre,* 27-1-1940.)

2. Colonel Paillole : *Services spéciaux* (Laffont). L'ancien adjoint au général Schlesser, chef des services du contre-espionnage français, donne, à ce sujet, des précisions sur l'effort de pénétration dans certains milieux parisiens auquel se consacraient les Allemands. Pour répandre les thèmes de la propagande nazie, le chef des informations d'un quotidien du soir et l'administrateur d'un quotidien du matin ont été convaincus d'avoir reçu l'équivalent d'un milliard de centimes actuels.

puissance *amie de l'ennemie.* Et, cela fait, rompre les relations diplomatiques, de manière à débarrasser Paris de ce centre d'espionnage qu'est l'ambassade soviétique. »

Sa vision est celle d'une France en déclin, étriquée derrière le carton-pâte du traité de Versailles, et tenue par des *alliés mendigots :* « Depuis vingt ans, erreur de jugement de tous les hommes politiques sur la France, de tous les Français pour mieux dire. Personne n'a eu le courage, ou l'intelligence, de voir ce pays à sa véritable échelle, dans une Europe dont la densité démographique avait changé. Personne n'a compris que le décor de carton-pâte de la victoire de 1918, victoire de la coalition, serait, un jour, balayé par la tempête. Si on avait compris ce qu'était la France, et mesuré sa chute de potentiel après la saignée de la guerre, il aurait été possible de lui éviter, par une politique intelligente et simple, l'épreuve folle où on l'a jetée. Il fallait lancer l'Allemagne contre la Russie, provoquer le heurt des deux blocs démographiques les plus massifs, les plus redoutables, les plus pléthoriques. Il était fou, totalement fou de s'accrocher à des alliés mendigots, à des puissances fallacieuses, à des nations inexistantes, comme la Tchécoslovaquie, comme la Pologne, comme la Roumanie aussi, et la Yougoslavie. Il fallait rallier l'Espagne et l'Italie. Il fallait. Et on a fait très exactement le contraire, on a livré la France aux bêtes, comme je l'ai dit à de Monzie [1] à la fin du mois d'août 1939. Elle est au fond du cirque, et les fauves grognent autour, attendant la curée.[...]

« Naturellement, les Français ne voient pas cela, ne comprennent pas cela, et probablement est-il heureux qu'ils soient maintenus dans cette ignorance [...]. Sommes-nous désormais des comparses, que meut la diplomatie anglaise ? Sommes-nous seulement l'armée qui monte la garde ?[...] »

« Les galopages diplomatico-militaires des Germano-Russes parcourent les deux-tiers de la planète, et nous guettons, anxieux, l'œil au créneau, les cinquante mètres de terrain que nous avons devant nous. Gare à la poussée bolcheviste. Gare au

1. Parlementaire du Lot, ancien ministre des Finances. A cette date, ministre des Travaux publics, Anatole de Monzie s'était montré partisan de renforcer les liens avec l'Italie, en vue d'essayer de détacher Mussolini de Hitler.

mécontentement. Gare à la plus affreuse des révolutions, qui est celle du désordre spontané, sporadique et anarchique. »

A l'image de beaucoup d'hommes de sa génération, Déat vit hanté par le souvenir des effroyables tueries de 1914-1918. Son pacifisme découle sans doute de sentiments sincères, mais, en temps de guerre, il avoisine le défaitisme. Déat, en réalité, confond la paix et le pacifisme. Un propos maladroit d'un de ses adversaires, et le voici en joie : « J'épingle dans *La Justice* cette inénarrable phrase de ce pauvre Viollette [1] : *Ce serait extrêmement grave de laisser la paix gagner de jour en jour insidieusement sur la guerre.* Après cela, on pourrait tirer l'échelle ! »

Lorsque les événements s'aggravent, le commandant de réserve Marcel Déat, parlementaire dégagé d'obligations militaires, souhaite rejoindre une unité (« Je vais m'occuper de ma mobilisation »), mais, quatre jours plus tard, il écrit : « La journée se termine par la grande scène du II de H. [Hélène, sa femme] qui se refuse à donner ma peau à la patrie. Comme je ne tiens pas non plus à la donner, nous serons facilement d'accord. »

Pendant la drôle de guerre, d'ailleurs, Déat — qui, désormais, ne cessera de se tromper lourdement dans ses prophéties militaires — ne croit pas le moins du monde à l'ouverture des hostilités sur le front de l'Ouest. Il attend *la paix blanche* de Hitler : « Tout indique — note-t-il — que Hitler laissera cette guerre pourrir sur place, selon une formule de Goebbels [2]. » Vingt jours plus tard, la quasi-certitude revient sous la plume : « [...] Il paraît acquis que, selon la formule prêtée à Goebbels, on va nous laisser *pourrir dans notre guerre.* Rien ne se passera en Occident et même, du point de vue allemand, cette guerre est considérée comme finie. Un million et demi d'hommes de moins de quarante ans montent la garde à l'ouest (du côté allemand). D'autres ont rejoint les garnisons du temps de paix. Et le Reich travaille à plein, mais paisiblement, à organiser l'exploitation méthodique de l'immensité Centre-européen [3]. »

1. Ancien ministre et ancien gouverneur général de l'Algérie.
2. *Journal de guerre,* 31-1-1940.
3. *Ibid.,* 21-2-1940.

Deux mois s'écoulent et Déat n'en démord pas : « Je ne crois pas que Hitler veuille attaquer le front français. Je ne pense pas non plus qu'il pense sérieusement à s'en prendre à la Belgique. Pour la Hollande, cela se discute[1]. »

Entre-temps — 22 mars 1940 —, M. Paul Reynaud, champion de l'énergie nationale et symbole de la guerre à outrance, a remplacé, en tant que président du Conseil, M. Édouard Daladier, dont le gouvernement vient d'être renversé. Le colonel de Gaulle entre dans le Cabinet en qualité de sous-secrétaire d'État à la Défense nationale et à la Guerre. Déat donne ce tableau de la situation : « Le gouvernement Paul Reynaud se présente cet après-midi devant les Chambres. Température glaciale [...]. Reynaud fait un discours mauvais, mal écouté, qui ne résonne absolument pas. Blum fait une exhibition de vieille femme hystérique. Après quelques explications de vote sans intérêt, on vote. Pointage. Le gouvernement a 268 voix. Il y en a 158 contre, plus 110 abstentions[2]. Selon l'arithmétique de Daladier, il y a donc une voix de majorité pour tout potage[3]. »

A une voix près, en effet, la confiance eût été refusée. Encore ce résultat serait-il dû à des rectifications de dernière minute[4]. C'est ce gouvernement de guerre résolu, mais fragile, expression d'un régime parlementaire en décadence, qui affrontera bientôt l'épreuve dramatique — la plus dramatique peut-être de l'Histoire de France.

En conséquence de la force de ses illusions, Déat a pour principal objectif de s'en prendre, sans cesse ni trêve, à ceux qui, seuls, selon lui, peuvent provoquer la conflagration générale à l'Ouest : « les massacreurs », écrit-il, « les va-t-en guerre ».

« Mandel[5] aurait tenu ce merveilleux propos : *Même si la*

1. *Ibid.*, 17-4-1940.
2. Les chiffres exacts sont les suivants : 268 voix pour, 156 contre, 111 abstentions (Édouard Bonnefous : *Histoire politique de la IIIe République*, tome VII, P.U.F.).
3. *Journal de guerre*, 22-3-1940.
4. Édouard Bonnefous, *op. cit.*
5. Ministre des Colonies.

France était chassée d'Europe, elle gagnerait la guerre... On peut tirer l'échelle. Il ne reste plus qu'à essayer de sauver ce pays [1]. »

« On redoute la manœuvre des massacreurs pour déclencher peu à peu l'offensive, ou du moins, la guerre militaire [2]. » Déat dénonce le complot, des deux côtés de la Manche, des « va-t-en guerre à tout prix, dont le loufoque Churchill s'est fait le héraut frénétique [3]. »

Voici le printemps. Les fleurs poussent sur la ligne Maginot et sur la ligne Siegfried. Dans les deux camps, des millions d'hommes vont-ils rester l'arme au pied ? Le monde entier vit dans l'attente du coup de tonnerre de Hitler. Le doctrinaire Déat, quant à lui, en a décidé ainsi : la guerre n'aura pas lieu. Il transcrit sur ses *Cahiers noirs :* « La presse française, pour bien affoler l'opinion, nous annonce la grande attaque allemande sur la Hollande, la Belgique et le front français. [...] Ou bien, c'est une manœuvre politique du gouvernement, ou bien, c'est une sottise de l'Information, ou alors, c'est la suite des âneries collectives qui continue [...]. Les journaux continuent à bourrer le crâne en racontant que des attaques sont imminentes sur le front français, côté du Luxembourg. Il ne se passe rien, en réalité, mais ces messieurs du gouvernement ont besoin de maintenir l'atmosphère [4]. »

Le jeudi 9 mai, Déat dîne au *Vert galant.* Et, ce jeudi 9 mai, le général Keitel, chef de l'Oberkommando de la Wehrmacht, transmet l'ordre de bataille aux chefs des grandes unités allemandes sur le front de l'Ouest : « Le Führer et commandant supérieur a décidé Jour A : 10 mai. Heure Z : 5 heures 35. »

Hitler déclenche l'offensive éclair.

1. *Journal de guerre,* 26-1-1940.
2. *Ibid.,* 30-1-1940.
3. *Ibid.,* 31-1-1940.
4. *Ibid.,* 11-4-1940. Dans cette période, Déat se raccroche à l'espoir d'une médiation internationale, par l'intermédiaire du Vatican, ou bien par un autre truchement.

Et le 10 mai, aux aurores… « Alerte, écrit Déat, sur la région parisienne à 4 heures 45, terminée seulement à 6 heures 30. Ce qui est anormal. Quelques coups de canon. Puis, j'entends la radio de Sottens (Suisse romande) à 7 heures. *In extremis,* une inquiétante indication : le Führer aurait donné ordre à ses troupes de protéger par tous les moyens en leur pouvoir la neutralité de la Belgique, de la Hollande et du Luxembourg. Qu'est-ce que cela veut dire ?

« A 7 heures 15, la radio française dévide son chapelet de dépêches incolores [...]. A 7 heures 30, on annonce Frossard [1]. Et, soudain, il nous révèle la situation : la Hollande envahie à 3 heures du matin, la Belgique, en état de guerre, faisant appel à la France et à l'Angleterre, le Luxembourg envahi, Bruxelles survolé par des avions en masse.

« Effet psychologique maximum dans les couloirs [de la Chambre des députés]. [...] L'impression générale est que l'assaut allemand sera brisé sur la ligne de la Meuse. »

Un bref laps de temps, l'attaque brusquée paraît devoir être contenue. Marcel Déat prend le thé aux *Deux-Magots,* « où la densité des métèques est maxima [2] ». Mais, le 16 mai, « affolement complet dans les couloirs [du Palais-Bourbon] : le communiqué indique qu'entre Namur et Sedan la lutte a pris le caractère de la guerre de mouvement et qu'il vaut mieux ne rien dire : on en conclut que le front est crevé et que les divisions motorisées marchent sur Paris.[...]

« Je descends à la Chambre des députés et fais mon plein d'essence. La cour de la Chambre est pleine de voitures. Je me précipite en séance au moment où Reynaud monte à la tribune. Discours sans précision, mais, naturellement, dans le ton héroïque. Une phrase acclamée : *Le moment est venu de changer d'hommes et de méthodes.* Un bref couplet sur les sanctions contre les défaillances : la mort. Herriot [3] fait écho par un speech grave et pénétré, et la séance est levée, la Chambre “ laissant à son Président le soin de la convoquer ”.

1. Ministre de l'Information.
2. *Journal de guerre,* 13-5-1940.
3. Président de la Chambre des députés.

« [...] D'aucuns commencent à comprendre la situation et pensent que l'heure de Laval a sonné. La mienne aussi, disent quelques-uns. A voir, et à ne pas trop entendre. D'abord, arrêter l'attaque, colmater, et voir venir ensuite. »

Ainsi, l'affolement et la panique n'empêchent pas de se déployer les ambitions sourdes qui habitent les hommes dans les pires circonstances. Le *Journal de guerre* de Marcel Déat se transforme, pour l'heure, en une chronique du désastre :

« *Vendredi 17 mai.* Le temps est magnifique, ironiquement, dérisoirement [...]. Vers 20 heures 30, le communiqué allemand [diffusé par la radiodiffusion suisse] annonce froidement le front enfoncé sur 100 kilomètres. Radio 21 heures 30 : communiqué de catastrophe. Et on nous lit un ordre du jour de Gamelin [1] : Vaincre ou mourir. »

Samedi 18 mai. « Réveil à 5 heures 30. Paul Reynaud [...] a pris Pétain comme ministre d'État et vice-président du Conseil. »

Dimanche 19 mai. « L'ennemi pousse par coups de boutoir successifs. »

De jour en jour, Déat continue de noter les terrifiantes étapes de la déroute.

Samedi 25 mai. « Les colonnes mécaniques allemandes brisent les armes des fantassins rencontrés, mais les renvoient sans commentaires, dans l'impossibilité où elles sont de les faire prisonniers et de les escorter. Et c'est aussi une tactique de démoralisation. »

Voici que surgissent les symptômes politiques de l'ère qui se lève :

Lundi 27 mai. « Atmosphère de catastrophe [au Palais-Bourbon]. On commence à mesurer le désastre... On dit partout que c'est la faute à Léon Blum et aux francs-maçons, mais aux juifs en premier lieu. »

Samedi 15 juin. « Les Allemands sont entrés à Paris. »

Dimanche 16 juin. « La route est très encombrée de camions pleins de fuyards qui donnent l'impression d'une jolie déban-

1. Généralissime des armées françaises.

dade. Des soldats en chapeau mou, d'autres en pantoufles, presque tous sans armes. »

Lundi 17 juin. « Pétain a pris la présidence du Conseil, Weygand est à la Défense nationale [...]. C'est évidemment l'armistice. Il était temps d'en finir, mais quelle corvée pour ces braves gens... »

En face, dans le feu de la bataille, un Allemand transcrit aussi ses impressions. Il s'appelle le général Rommel, commandant la 7e Panzerdivision. Il a franchi la Meuse, provoqué la rupture du front français sur la Somme, couru à la mer, atteint Rouen, conduit Cherbourg à capituler, avant de pénétrer en Bretagne. Il écrit :

« Rennes, le 21 juin. Arrivé ici sans encombre. La guerre est devenue peu à peu un tour de France éclair. Dans quelques jours, elle sera finie pour tout de bon [1]. »

Au cœur de la tourmente, la réalité cependant dépasse la fiction. A Londres, de Gaulle, rangé aux côtés des Alliés, parle, le 22 juin, pour la troisième fois, à la radio. Il déclare : « Les mêmes conditions de la guerre qui nous ont fait battre par 5 000 avions et 6 000 chars peuvent donner, demain, la victoire par 20 000 chars et 20 000 avions. »

Le lendemain, Déat, pour sa part, livre des réflexions stupéfiantes :

Dimanche 23 juin. « La bagarre avec l'Angleterre s'accentue. C'est Pétain, cette fois, qui sonne Churchill avec vigueur et le remet à sa place.

« Nous rentrons enchantés de la tournure des événements.

« Nous entendons aussi une émission anglaise qui exhale la fureur, et une inénarrable déclaration de De Gaulle, qui annonce la déchéance proclamée par les Anglais du gouvernement de Bordeaux, et la constitution d'un Comité national français, faisant fonction de gouvernement. Cette fois, la destitution sera une sanction très insuffisante [2]. »

1. Rommel : *La Guerre sans haine,* tome I (Amiot-Dumont).

2. Trois jours plus tard, Déat écrira également : « Le général (ex) de Gaulle fait, sous le brouillage allemand, un topo insipide et grandiloquent, où il prend à partie le Maréchal, en lui reprochant la capitulation et la non-préparation de l'armée française. C'est pitoyable. »

De Gaulle ne veut pas rendre son épée. Marcel Déat voit le monde sous un autre jour. Le mardi 25 juin, il écrit : « L'armistice est décidément conclu, et les hostilités ont cessé [...]. J'envoie les gosses porter mon pistolet automatique à la Kommandantur. »

DOCUMENTS

DE GAULLE ET DÉAT
LE MÉMORANDUM SUR L'AVÈNEMENT DE LA FORCE MÉCANIQUE

De Gaulle et Déat, nous l'avons indiqué [1], avaient noué des rapports assez étroits avant la guerre. L'initiative des rencontres fut prise par un jeune avocat parisien, Me Jean Auburtin [2]. Le député et le colonel dînèrent ainsi ensemble plusieurs fois. L'intelligence brillante de Déat n'avait pas manqué de frapper de Gaulle qui, d'autre part, — nous dit Me Auburtin [3] — « appréciait beaucoup que cet intellectuel de gauche, normalien, portât attention à sa doctrine sur les blindés et sur l'armée de métier ».

De fait, dans son *Journal de guerre,* Marcel Déat écrit, à la date du 29 janvier 1940 : « Note remarquable du colonel de Gaulle sur la conduite de la guerre et l'emploi des armes mécaniques. Il pense, comme moi, que le rappel des producteurs à l'intérieur s'impose en masse [4] et qu'il faut réduire au minimum l'armée, en décuplant sa puissance meurtrière. »

La « note » du colonel de Gaulle, à laquelle se réfère Déat, porte la date du 26 janvier 1940. Il s'agit, en réalité, du *Mémorandum* sur la force mécanique adressé par de Gaulle aux généraux Gamelin, Weygand, Georges, d'une part, à MM. Édouard Daladier et Paul Reynaud, d'autre part.

1. *Supra,* chap. I.
2. Membre du cabinet civil du général de Gaulle, sous-secrétaire d'État en juin 1940. Après la Libération, président du Conseil municipal de Paris.
3. Auburtin à l'auteur.
4. Dans ce texte, de Gaulle professe que « la guerre moderne, en tant qu'elle est la guerre *totale,* ne peut s'accommoder du maintien permanent sous les armes du plus grand nombre des citoyens actifs. Aucun peuple aujourd'hui ne saurait mener longtemps la lutte sans une vaste extension de son activité économique », ce qui implique « une réforme profonde de notre système militaire ». (Mémorandum du 26 janvier 1940.)

En voici les dernières lignes : « Ne nous y trompons pas ! Le conflit qui est commencé pourrait bien être le plus étendu, le plus complexe, le plus violent de tous ceux qui ravagèrent la terre. La crise politique, économique, sociale, morale, dont il est issu, revêt une telle profondeur et présente un tel caractère d'ubiquité qu'elle aboutira fatalement à un bouleversement complet de la situation des peuples et de la structure des États. Or, l'obscure harmonie des choses procure à cette révolution un instrument militaire — l'armée des machines — exactement proportionnel à ses colossales dimensions. Il est grand temps que la France en tire la conclusion. »

C'est la première et la dernière fois que, le 29 janvier 1940, Déat porte un jugement favorable sur de Gaulle. Ensuite, au chef de la France libre, il réservera ses anathèmes.

Pour l'heure, l'ancien ministre de l'Air s'intéresse aux formes de la guerre moderne. Le lendemain de l'assaut allemand (11 mai), il écrit : « Les Allemands utilisent à plein leur aviation [...]. L'aviation paraît remplacer l'artillerie, elle précède les chars [...]. C'est visiblement une formidable bagarre, dans laquelle l'aviation représente l'atout essentiel de l'Allemagne. Pourvu que la nôtre, et celle des Anglais, ne soit pas rapidement hors de cause et ne laisse pas la maîtrise de l'air à l'ennemi. On va s'apercevoir de nos carences et des effroyables responsabilités encourues, depuis 1936, par les ministres de l'air successifs. »

Dimanche 19 mai. « [...] Il faut inventer et mettre sur pied une nouvelle tactique de défense contre les attaques par chars. Il faut aller vite. »

*

L'ARRIVÉE AU POUVOIR DU MARÉCHAL PÉTAIN

Sur la lente arrivée au pouvoir de Pétain, Déat inscrit les notations suivantes, qui jalonnent les événements :

5 décembre 1939. A la Chambre des députés, le gouvernement Daladier est regardé « comme très fortement touché. On reparle de la combinaison Pétain. Montigny [député de la Sarthe] demande un militaire plus jeune : il n'y en a pas ».

Mercredi 14 février 1940. « De Monzie [ministre des Travaux publics] passe en revue notre malheureux personnel diplomatique. Le seul qui ait réussi, et avec éclat, est Pétain. Le Maréchal aurait fait son dernier voyage en France [1] à l'instigation de l'armée, probablement du clan Georges [2] plutôt que du clan Gamelin [3]. »

Lundi 4 mars 1940. « Le général P. [Pujo] va voir Pétain en Espagne, où il se rend pour un accord Air France. Il faudrait que le Maréchal vienne arbitrer. Sans quoi, il faudra intervenir parlementairement. »

Lundi 6 mai 1940. « [...] L'idée continue de courir, et même se confirme d'une présidence Pétain. Lebrun [4] le lui aurait offert dans un récent déjeuner. Mais il s'agirait, en somme, d'un arbitrage permanent entre Daladier et Reynaud, qui ne peuvent vivre ensemble. Si ce n'est que cela, inutile. Mais cela n'ira pas jusque-là. »

Mardi 7 mai 1940. « Daladier, qui est sûr de revenir au pouvoir si Paul Reynaud est lessivé [5], accepterait d'être président du Conseil sans portefeuille. Il s'est montré enchanté de l'acceptation éventuelle de Laval pour le quai Orsay. Ainsi se fixeraient les traits du prochain gouvernement [...]. Tout cela paraît plus sérieux que les éventualités Pétain. »

16 mai 1940. « Coup de téléphone du général Boucherie. Il vient du grand quartier général. Il y a eu des défaillances [...]. Pétain va couvrir le gouvernement de son autorité. Dans l'immédiat, de grosses concentrations sont effectuées et on colmate dans de bonnes conditions. »

Lundi 20 mai 1940. « Avec bon sens, Pétain voulait, au début de la guerre, que l'on n'attaque pas à l'Est sous prétexte d'aider

1. Le mois précédent, le maréchal Pétain, ambassadeur de France en Espagne, est venu effectuer à Paris un court voyage privé.

2. Commandant du front Nord-Est.

3. Généralissime.

4. Albert Lebrun, président de la République.

5. Le gouvernement Paul Reynaud, succédant au gouvernement Daladier, a été constitué le 21 mars 1940. Il sera remanié, une première fois, trois jours plus tard, le jour de l'offensive de Hitler.

la Pologne. Il savait quelle était la juste proportion des forces. Aujourd'hui, il dénonce la faute commise en entrant en Belgique : ce que voulaient les Allemands pour étirer notre front et frapper plus sûrement à la charnière de la ligne Maginot. Ils ont jusqu'à présent réussi, et nous avons certainement manqué de troupes disponibles pour contre-attaquer au premier moment [...]. Enfin, Pétain, avec beaucoup de bon sens, demande qu'on ne s'embarque pas dans une expédition aventureuse au secours d'une quelconque Yougoslavie. Nous n'en avons pas les moyens. Ce sage l'emportera-t-il sur la loufoquerie extravagante de nos va-t-en guerre ? »

Mardi 28 mai 1940. « De Monzie est [...] très en liaison avec Pétain. Celui-ci affirme un solide bon sens, et Weygand[1] apparaît comme un type très bien, clair et lumineux : Weygand a affirmé qu'il était en état de tenir la nouvelle ligne. Il est évident que, de toute façon, il faut tenir le front aussi solidement qu'on pourra, et bluffer au besoin pour que l'ennemi hésite à s'engager. »

★

ÉLÉMENTS MARGINAUX

Le *Journal de guerre* de Marcel Déat comprend, à côté des observations politiques, une multitude de détails intimes, de remarques inattendues sous la plume de cet universitaire, de précisions surprenantes et presque caricaturales. Si Déat prend le train et qu'il appelle un porteur, il note le numéro : 18. Un pneu de sa voiture crève : noté. Voiture au garage pour vidange : noté. Obéissant à une curieuse discipline, il mentionne tout, y compris ses difficultés intestinales. On apprend aussi : « Les fumistes ramonent la cheminée du bureau. » « J'ai oublié mon stylo. » « H. [Hélène, sa femme] fait de la crème au chocolat. » Au passage, il parle de « l'archaïsme de la S.F.I.O. ».

Un des côtés sympathiques de Déat reste le suivant : il part

1. Le général Weygand vient de succéder au général Gamelin en tant que généralissime.

constamment en quête, chez les libraires et les bouquinistes, de telles ou telles éditions rares, ou bien peu courantes, de Victor Hugo, Paul Valéry, Fichte, Saint-Simon, Stendhal, Montaigne, Plutarque, etc.

Le lecteur trouvera désormais, à la fin de chaque chapitre, les éléments du *Journal de guerre* qui ne sortent pas du caractère marginal ou anecdotique.

Le théâtre aux armées. « Maurice Chevalier et Joséphine Baker aux armées. Tout à fait digne de leur réputation, et du niveau officiel où la propagande entend faire descendre et maintenir les acteurs de cette guerre, soit dit sans jeu de mots. Resucées de *Tipperary* et de *La Madelon.* Si l'enseignement public n'avait pas été, en un sens, une faillite, les soldats jetteraient leurs godillots à la tête de ces pitres. » (19-11-1939.)

La bétonite. « Il paraît qu'on s'embête ferme dans les casemates de la ligne Maginot. Quelques types y sont devenus fous : c'est *la bétonite.* » (9-12-1939.)

Daladier et le maréchal Franchet d'Esperey. « Scène dans les couloirs de la Chambre des députés : Daladier conte avec humour l'aventure du maréchal Franchet d'Esperey, qui avait réquisitionné deux châteaux en Normandie, les avait hérissés de mitrailleuses contre les parachutistes ou autres kidnappeurs de maréchaux, et se faisait rendre les honneurs par soixante territoriaux, pour lire, chaque jour, son journal. La plaisanterie est finie, paraît-il. Vacheries esquissées, au cours de ce récit, contre l'autre maréchal : Pétain. » (23-12-1939.)

Les sabotages dans les usines d'armement. « Il paraît qu'une enquête est commencée à l'usine d'Argenteuil, et qu'on découvre par dizaines des affectés spéciaux, catalogués, spécialistes, qui ne sont que des manœuvres, mais communistes. La production était tombée au-dessous de tout. Le chef du personnel a été arrêté et envoyé dans un camp de concentration [...]. Par ailleurs, des sabotages se multiplient dans les usines d'aviation, dans le camp d'Orly, etc. » (6-2-1940.)

Les massacreurs. « Les deux clans de massacreurs, qui viennent se livrer à des danses du scalp en commun, sentent les difficultés présentes et songent à en sortir, en toute hâte, par une bonne attaque massive sur la ligne Siegfried. » (6-2-1940.)

Les instituteurs. « Suite du débat agricole à la Chambre. Réunion du groupe [...]. Nous avons entendu une délégation du syndicat national des instituteurs venus nous *alerter* pour la défense de la laïcité, de la liberté d'opinion et de certains avantages matériels supprimés, comme l'indemnité de logement. » (7-3-1940.)

Dialogue du temps de guerre. « Chambre des députés. Le groupe se réunit à 11 heures et va discuter surtout de l'histoire des deux croiseurs allemands non coulés.

« Je rencontre Daladier [1] dans les couloirs, il me serre la main avec une grande cordialité et un sourire large comme une assiette. Et un dialogue savoureux s'engage :

« — Quelle histoire, cette affaire de Norvège...

« — Oui, c'est comme le *Scharnhorst* et le *Gneisenau* [2]...

« — Oui, je me demande ce que Frossard [3] fabrique avec sa ràdio...

« — Il prend des airs énigmatiques et vient de recruter un nouveau speaker, qui s'appelle Salomon.

« — Oui, ça manquait. Moi, je ne me suis jamais occupé de leurs papiers. J'ai peut-être eu tort... Mais quand j'ai vu qu'il prenait Julien Cain, encore un bon chrétien, son Salomon et beaucoup d'autres moins illustres... » (25-4-1940.)

1. A cette date, ministre de la Défense nationale dans le gouvernement Paul Reynaud.
2. Il s'agit de deux croiseurs de bataille, dits cuirassés de poche, parmi les plus célèbres de la marine de guerre allemande, qui donnent beaucoup de fil à retordre aux amirautés françaises et britannique. Peu de jours avant ce dialogue, les deux croiseurs s'étaient heurtés au navire de ligne britannique *Renown*.
3. Ministre de l'Information.

CHAPITRE III

« LES PELOTONS D'EXÉCUTION FONCTIONNERONT EN PERMANENCE... L'ENFANTEMENT D'UN NOUVEAU MONDE SE FAIT AU FORCEPS. »

VICHY, ÉTÉ 1940. — LE PROJET DE « PARTI UNIQUE ». — UN RÉGIME NATIONAL-SOCIALISTE À L'INTÉRIEUR. — UNE RÉVOLUTION DIRIGÉE, IMPITOYABLE, INTELLIGENTE. — FUSILLER PAUL REYNAUD, DALADIER, MANDEL... — LA PEUR PANIQUE. — PÉTAIN COUPE L'HERBE SOUS LE PIED DU PARTI UNIQUE. — UN REFOULEMENT PLUS QUE SÉCULAIRE. — RÉVOLUTION NATIONALE ET CONTRE-RÉVOLUTION. — LÉON BLUM DEVANT LE CAS PÉTAIN. — DÉAT : ACCEPTER L'INSERTION DE LA FRANCE DANS L'EUROPE DE HITLER. — UN PROTECTORAT.

Au *Queen's Hotel,* boulevard des États-Unis à Vichy, en juillet et en août 1940, qu'exposent quelques cercles d'initiés, et bientôt de conjurés, autour de Marcel Déat ? « Il fallait, sans scrupule, mettre la France en guerre contre l'Angleterre, ce qui lui eût permis de recouvrer ses prisonniers, de retrouver la paix et d'en finir avec le cauchemar périodique des mobilisations tous les six mois. Il fallait que la France acceptât sans arrière-pensée, sans sotte mauvaise humeur, son intégration à la nouvelle Europe, où elle retrouverait, en tant que nation, ses frontières naturelles, son unité économique, sa cohésion morale et sa vraie grandeur[1]. »

Comment y parvenir ? C'est ce que Déat précise au Pr Louis Rougier, de la faculté des Lettres de Besançon, son collègue en

1. Pr Louis Rougier : *Mission secrète à Londres* (Le Cheval ailé)

tant qu'agrégé de philosophie. Déat veut créer *un parti unique*[1]. Pourquoi ? « Son plan consistait à persuader le maréchal Pétain de la nécessité de créer un parti unique français, en vue de soutenir son gouvernement personnel. Déat demanderait, comme entrée de jeu, cent millions de francs. Il constituerait une organisation couvrant toute la France, noyautant toutes les administrations, ayant sa presse, sa radio, sa police politique. Quand il aurait le pays bien en main, alors, avec l'appui de l'occupant, il ferait un coup d'État, avec ou sans le Maréchal, prenant prétexte qu'un gouvernement de gérontes n'a pas qualité pour mener à bien une jeune révolution nationale. En effet, dans son esprit, l'intégration à l'Europe nouvelle devait s'assortir d'un régime national-socialiste à l'intérieur[2]. »

« Déat — raconte encore le Pr Rougier — avait l'appui total de Laval[3] et son tempérament de tribun. Il ne reculerait pas devant la violence et, s'il le fallait, devant la terreur[4]. »

Et le Pr Rougier de citer les termes prononcés par Marcel Déat : « La France se couvrira, s'il le faut, de camps de concentration, et les pelotons d'exécution fonctionneront en permanence. L'enfantement d'un nouveau monde se fait au forceps et dans la douleur[5]. »

Les propos paraissent si extravagants que le Pr Rougier n'y attache pas, à priori, une importance excessive. Il déchante vite

1. Déat n'en vient pas d'emblée à sa conception du parti unique. Après l'armistice, dans le *Journal de guerre,* il écrit d'abord le 27 juin : « Tendre à l'organisation des partis, ramenés à deux ou trois. » Il boucle ensuite très rapidement la boucle : du socialisme au fascisme, du pluralisme à l'autoritarisme. Le 8 juillet 1940, il s'en explique dans *L'Œuvre :* « Les partis sont morts [...]. Il nous faut, comme chez tous les autres peuples qui ont fait leur révolution, que ce soit l'Italie, l'Allemagne ou la Russie, un parti, un parti unique qui, à côté de l'État et du gouvernement, encadre, anime, soutienne la Nation. Le Parlement disparu, le parti assurera, seul, le contact entre le gouvernement et l'opinion. »

Les projets de parti unique, dus à Marcel Déat, font l'objet de deux études approfondies : « Marcel Déat et le parti unique », par J.-P. Cointet, attaché de recherches au C.N.R.S., dans la *Revue d'histoire de la Seconde Guerre mondiale* (juillet 1973) ; « Le rapport de Déat en faveur d'un parti national unique », par Antoine Prost, dans la *Revue française de science politique* (octobre 1973).

2. Pr Rougier, *op. cit.*

3. En réalité, à cette date, Laval, vieux parlementaire, manœuvre : il feint d'adopter les thèses — qu'il récuse — de Déat, qu'il n'aime pas. Léon Blum parle d'ailleurs de « la méfiance de Laval » au sujet du parti unique (Léon Blum : *Mémoires 1940-1945,* Albin Michel).

4. et 5. Rougier, *op. cit.*

en apprenant que le projet de parti unique sera bel et bien soumis au maréchal Pétain et aux membres du gouvernement au cours du prochain Conseil des ministres. Horrifié, Rougier décide d'alerter le général Weygand, ministre de la Défense nationale, à qui il demande audience. Weygand est un militaire qui déteste les partis politiques.

« Quel inconvénient voyez-vous [au parti unique français] ? » lance-t-il à Rougier, qui s'explique : « Le parti unique français sera copié sur le parti nazi. Mais il lui ressemblera comme une messe noire à une messe blanche. Le parti nazi s'est fondé sur le rejet obstiné du *Diktat* de Versailles ; le parti français sera fondé sur l'acceptation inconditionnelle de la défaite et de ses suites. Le parti nazi s'est fondé sur le mythe de l'innocence de l'Allemagne dans la guerre de 1914 ; le parti français sera fondé sur le mythe de la responsabilité unilatérale de la France et de l'Angleterre dans la guerre de 1939. Le parti nazi s'est fondé sur la revendication de l'espace vital ; le parti français sera fondé sur notre résignation à devenir un petit pays agricole, le verger et le Luna-Park de l'Hitlérie. Le parti nazi s'est fondé sur un racisme qu'il a oublié chaque fois que c'était son intérêt, par exemple en organisant, au bénéfice du Japon, la défaite de l'homme blanc en Asie ; le parti français va se constituer sur un racisme authentique, oubliant que la France est une nation impériale, dont les indigènes de couleur ont versé leur sang pour les trois couleurs du drapeau. Les organisateurs du parti unique veulent la guerre contre l'Angleterre. Je connais tous les griefs justifiés de la France à l'adresse de son alliée. La carence de l'Angleterre à notre égard ne doit pas justifier l'indignité de la France à son endroit [1]. »

Avec sa brusquerie coutumière, Weygand interrompt son interlocuteur : « J'ai compris. Mettez-moi ce que vous venez de me dire par écrit, sous forme de diptyque. J'interviendrai au Conseil des ministres. Le parti unique n'aura pas lieu, ou je donnerai ma démission [2]. »

1. et 2. Pr Rougier, *op. cit.* La démarche du Pr Rougier est confirmée par le général Weygand en ces termes : « La première des questions de politique générale dans lesquelles j'eus à intervenir fut celle du *parti unique.* J'entendais, depuis quelques jours, parler de la création de ce parti, dont Déat se faisait l'ardent protagoniste [...]. Je reçus la visite du Pr Rougier. Il me fit apparaître les dangers d'un parti unique français qui, inspiré par le nazisme, risquerait d'attacher la France au char du vainqueur du moment et tendrait à la conduire à une guerre avec l'Angleterre. Il me dit que le temps pressait, la question devant prochainement être discutée au

Dans le *Journal de guerre,* Marcel Déat ne rapporte pas littéralement les propos tenus à M. Rougier. Il en donne, en revanche, l'esprit fidèle : « [...] Il reste à reconstruire la France. Il faut que l'épuration gouvernementale soit activement poussée [...]. Socialement, tendre à un nouveau syndicalisme patronal et ouvrier ; organiser les corporations [...]. Interdiction des apéritifs. Discipline générale. Et d'abord, épurer [...]. Bref, une révolution dirigée, impitoyable, intelligente [1]. »

Épurer, et aussi fusiller. L'Assemblée nationale se réunit à Vichy le 10 juillet. La veille, Déat décrit cette scène : « Blum pérore dans un groupe, Flandin dans un autre, Paul Reynaud, la tête emmaillotée de blanc [2], est très entouré. J'indique à haute et intelligible voix que nous le ferons fusiller, ainsi que Daladier et Mandel. Sensation chez quelques-uns [3]. »

Déat est arrivé à Vichy le 2 juillet, sans avoir assisté aux journées du gouvernement, replié à Bordeaux. Il n'évoluait pas dans les coulisses de la formation du cabinet Pétain. Ayant quitté Paris avec le flot des réfugiés, il aboutit à Angoulême, cœur de sa circonscription électorale. Il précède Léon Blum de quarante-huit heures dans la célèbre ville d'eaux des bords de l'Allier. Les deux hommes se toisent à courte distance. Pour l'heure, les parlementaires se trouvent réunis au Grand Casino, promu à la hâte au rang de Palais législatif. Léon Blum observe Laval, Déat, et beaucoup d'autres : « Le spectacle qu'il me faut décrire est affreux... Tandis que je l'évoque, la honte me monte au visage et une amertume me serre la gorge. Quelle scène ! Les hommes qu'on voyait tournoyer dans ce hall [...] semblaient plongés dans on ne sait quel affreux mélange, dans un bain

---

Conseil des ministres. Convaincu de la nécessité de sortir de ma réserve, je lui demandai de me préciser dans une note les raisons qu'il venait de m'exposer contre ce parti unique, que je savais néfaste, mais que, faute d'y avoir suffisamment réfléchi, je me sentais incapable de combattre avec de solides arguments. Ainsi armé, grâce à lui, je pus intervenir et contribuer à faire définitivement écarter cette formule d'asservissement. » (Weygand : *Mémoires,* tome III.)

1. *Journal de guerre,* 28-6-1940.
2. Paul Reynaud venait d'être victime d'un très grave accident d'automobile.
3. *Journal de guerre,* 9-7-1940. Déat termine la narration de la journée sur ces mots : « Foire et déliquescence. Je touche de multiples indemnités, dites de repliement [...]. »

corrupteur, d'une telle puissance que ce qui le touchait un instant en sortait empoisonné. Le venin opérait à vue d'œil[1]. »

Un phénomène frappe Léon Blum : nombre de parlementaires arrivent de leur province à Vichy, animés de résolution patriotique, maudissant les clauses de l'armistice : « Maintenant, ils étaient à Vichy. Depuis leur arrivée, ils trempaient, eux aussi, dans le bain vénéneux, et la contagion avait agi. En quelques heures, les pensées, les paroles, les visages mêmes étaient devenus presque méconnaissables. Il semblait, à la vérité, que quelque cinéaste de génie eût voulu peindre, dans un dessin animé, la propagation de la peur. Car le poison qu'on voyait agir ainsi sous nos yeux, c'était la peur, tout bonnement, la peur panique[2]. »

Blum écoute les rumeurs de ce monde politique, répandu et éperdu dans la cité thermale, où il recueille des propos terrifiants : « Il fallait tout craindre. Tous les dangers étaient suspendus à la fois. Danger d'un coup d'État militaire ; danger d'un coup de force allemand. Le général Weygand résidait à Clermont-Ferrand ; il était à la fois ministre de la Défense nationale et chef de l'armée [...]. Chaque fois que, depuis vingt ans, des bruits précurseurs avaient fait redouter un *pronunciamiento* contre les institutions républicaines, le nom du général Weygand y avait été mêlé. Aujourd'hui, l'occasion était bonne, et il était résolu à la saisir. Il fallait donc le devancer en toute hâte, lui couper l'herbe sous le pied [...]. Est-ce que la révision civile ne vaudrait pas mieux, pour des républicains, que la révolution du sabre ? Quant aux Allemands, ils étaient aussi proches de Vichy que Weygand. Ils occupaient Moulins [...]. En une heure, leurs auto-mitrailleuses et leurs chars pouvaient se mettre en position devant l'Assemblée[3]. »

Le projet de parti unique, modèle Déat, qui participe de la même démarche, brouille la réflexion parmi la majorité des parlementaires aux abois : « La constitution, en France, d'un État modelé sur le type hitlérien n'était-elle pas, en réalité, une des conditions implicites de l'armistice ? Si le Parlement se dérobait à l'exécution, Hitler n'hésiterait pas un instant à

1. 2 et 3. Léon Blum, *op. cit.*

relever le défi. Il fallait donc prendre l'avance sur Hitler comme sur Weygand [1], si l'on ne voulait pas voir surgir à Vichy les cavaliers de l'un ou les chars blindés de l'autre [2]. »

Le 10 juillet, tout est consommé. Journée décisive, historique que le normalien Déat, dans la grandeur ou dans la petitesse des événements, traite un peu comme un canular : « Grande foire parlementaire... Tous revivent pour une journée avant de mourir. [...] Du tumulte, des interjections et des manœuvres », parmi lesquelles il distingue l'initiative de deux sénateurs, MM. Taurines et Dormann, grands mutilés, amputés à la suite de la guerre 1914-1918, qui interviennent [3] « en jouant de leurs béquilles ».

Par 569 voix contre 80, et 17 abstentions déclarées, le maréchal Pétain reçoit les pleins pouvoirs.

Une France en pleine décadence s'écroule. Peut-on, dans ces conditions, avancer que le maréchal Pétain « prend » le pouvoir ? Le pouvoir — ainsi que le dira, plus tard, de Gaulle en d'autres circonstances — n'est pas à prendre : il est à ramasser. Le Maréchal — suivant cet autre jugement que lui appliquera de Gaulle après la guerre — devient « le syndic de la faillite des politiciens ».

Sur la France frileuse de l'hexagone, une ère nouvelle se lève dans les ruines du régime. Le lendemain du jour où Pétain peut commencer à écrire : « Nous, Maréchal de France, Chef de l'État... », Marcel Déat, toujours de sa plume acide, continue la chronique des malheurs nationaux. Il introduit la comédie aux

1. Léon Blum n'attache pas personnellement crédit à ces rumeurs : « Le général Weygand n'avait jamais été complètement étranger à la politique, et son caractère n'avait jamais inspiré une confiance entière aux républicains. Mais le projet factieux qu'on lui prêtait était visiblement forgé de toutes pièces. » (Blum, *op. cit.*)

Pour sa part, Déat écrit : « Bobards sur les préparatifs dictatoriaux de Weygand. Cela incite les hommes de gauche à voter pour Pétain, rempart du pouvoir civil. Laval utilise d'ailleurs à plein l'opération. » (*Journal de guerre*, 8-7-1940.)

2. Léon Blum, *op. cit.* Sur les journées de Vichy, vues du côté socialiste, consulter aussi Roger Quilliot : *La S.F.I.O. et l'exercice du pouvoir* (Fayard).

3. MM. Taurines et Dormann votent en faveur des pouvoirs constituants au maréchal Pétain. Au nom des sénateurs anciens combattants, M. Taurines obtient au préalable une modification au texte initial, à savoir que la nouvelle Constitution devrait être ratifiée par la Nation, et non par les Assemblées qu'elle aurait créées.

côtés de la tragédie : « Grande journée d'intrigues. Lebrun [président de la République] n'a pas démissionné. Le Maréchal lui rend visite et essaye de lui faire comprendre qu'on le vide par prétérition. Lebrun demande un petit délai pour son déménagement. Tout se passe très cordialement [...]. Vers midi, je vais à l'hôtel du Parc : foire invraisemblable. »

Ni Pétain ni Laval ne semblent songer à Déat en vue d'un poste ministériel, ce qui explique le ton de plus en plus sarcastique, de plus en plus dur de Déat. Sur sa petite machine à écrire, d'une frappe nerveuse, le député-philosophe mentionne qu'on parle d'appeler au gouvernement « un hobereau breton », « tel ou tel fossile de l'Institut », ou bien « des macaques » de l'Académie. On parle aussi de M. Lémery, sénateur — légèrement coloré — de la Martinique[1], ce qui permet à Déat de dactylographier : « [...] C'est le moment de mettre un quart de nègre dans le gouvernement ! On va vers l'immobilisme des hauts fonctionnaires, vers les hommes d'affaires et vers un consortium de vieillards. Équipe de plate-réaction, de sous-Doumergue et un seize-mai en perspective. »

Déat dîne au *Chantecler*, le restaurant à la mode de Vichy. Il apprend des « détails savoureux sur le choix des secrétaires généraux. Le Maréchal a la phobie des parlementaires. Weygand a fini par faire passer Vallat [député de l'Ardèche], en disant qu'il ne s'agissait que d'un demi-parlementaire ».

L'explication cruelle repose sur un mot attribué à Weygand, selon lequel le général aurait dit à Pétain : « Comme secrétaire général aux Anciens Combattants, je vous propose encore un parlementaire, Monsieur le Maréchal. Mais c'est un demi-parlementaire. Il a perdu un œil et une jambe à l'autre guerre. »

Sous le regard des observateurs allemands, tout le monde se déchire à belles dents.

Le projet de parti unique, cependant, piétine. Dépourvu de culture politique, Pétain, de prime abord, ne comprend pas grand-chose à cette affaire. Tantôt, l'idée paraît le séduire. Tantôt, il la rejette. En réalité, Pétain se montre tout à fait

1. Peu après, ministre des Colonies.

méfiant — d'autant que l'instigateur de l'affaire porte, à ses yeux, un triple et redoutable handicap : socialiste, parlementaire et pacifiste.

Le mardi 23 juillet 1940, le Maréchal accorde audience à Déat, escorté de quatre parlementaires. A cette date — vrai ou faux —, Pétain promet de s'en aller bientôt. Le Maréchal « commence par expliquer avec bonhomie que sa mission, en somme, est très limitée. Il ne s'agit que de faire une Constitution. Après quoi, il ira cultiver sa vigne et prendre sa retraite. M. Laval[1] n'a de succession assurée que dans ce cadre et terminera en même temps que lui. La Nation aura à dire si elle accepte, ou non, la Constitution[2] ».

Devant le Maréchal penché sur son passé et qui revit les années de la Grande Guerre, Marcel Déat prend la parole : « Je fais observer que tout cela est théorique, que le secteur est aussi agité qu'à Verdun, et qu'il faut gouverner, reconstruire. Le Maréchal évoque longuement 1917, quand il a repris en main l'armée en voyant les divisions. Il a fait de même en Espagne. Il voudrait faire de même, mais il ne peut pas aller parler à tout le monde. Je saisis la balle au bond et lui explique que ce serait précisément le rôle du parti (unique). Le Maréchal est au courant. Il approuve l'idée, envisage même de lancer le mouvement au nom des anciens combattants, à la radio. Il a, en effet, déploré la veulerie, le manque de ressort des Français.

« Je lui dis que c'est une pâte sans levain, mais que nous pouvons être ce levain. Il le comprend et me demande un rapport... Il insiste sur les buts pratiques, l'action de secours. Nous sommes entièrement d'accord et enchantés qu'il accepte ces idées. Après quoi, nous insistons sur la nécessité et l'urgence de la recherche des responsabilités et des sanctions. Il hésite, il a peur que cela ne s'arrête plus, fait encore un retour sur 1917[3], mais il semble que le Maréchal soit ébranlé. Nous sortons très contents[4]. »

1. A cette date, Pierre Laval, vice-président du Conseil, a rang de dauphin.
2. *Journal de guerre,* 23-7-1940.
3. Le souvenir de 1917 — l'année où Pétain domina les mutineries du front, ce que peu de chefs auraient réussi — obsède le Maréchal. En cette année 1940, il déclare à l'ambassadeur Charles-Roux : « J'irai trouver le Führer, comme je suis allé trouver les mutins en 1917. » (Robert Aron : *Histoire de Vichy.*) On peut considérer que c'est en 1917 — et non en 1916, année de Verdun — que Pétain sauva la France.
4. *Journal de guerre,* 23-7-1940.

A la vérité, rien ne va plus. Le Maréchal, roublard et dissimulateur, emmène Déat en bateau. Tandis qu'il se montre disposé à étudier le projet de parti unique, Pétain a sans doute déjà pris sa décision : c'est non. Ce refus, il l'indique, en pointillé, à Déat — qui ne peut cependant soupçonner à demi-mot l'opération — lorsque le chef de l'État de Vichy lui déclare envisager « de lancer le mouvement au nom des anciens combattants ». Un mois plus tard — 29 août 1940 —, le Maréchal signe la loi créant, en zone non occupée, la Légion française des combattants, qui « obtient nombre des pouvoirs du parti unique avorté » et qui « met fin aux derniers espoirs de Déat. ... L'analyse de l'attitude du Maréchal est fondamentale. Seul, il était en mesure de donner vie au projet, ou de l'empêcher de naître [1] ».

Philippe Pétain, dans sa psychologie fermée de vieux militaire, demeure impénétrable. Face à l'ennemi, à l'adversaire, ou bien au partenaire — et Déat, à ses yeux, se range à mi-chemin entre les deux premières catégories —, il dissimule, il ruse, il égare. Il se retranche sans cesse derrière les remparts de ses arrière-pensées. A moins de prendre, à priori, vis-à-vis de son personnage, une attitude d'hostilité systématique, il ne paraît pas possible de dénier à Pétain, en cet été de 1940, la volonté de placer sa gloire au service de la patrie malheureuse. Le sentiment de sacrifice rejoint l'orgueil personnel, tapi et enrobé de modestie.

Ceux qui connaissent le mieux le Maréchal appartiennent à son entourage issu de l'armée : officiers d'ordonnance, ou bien aides de camp. Le colonel-aviateur de Gorostarzu, attaché de l'Air, affirme : « Le Maréchal croit en sa mission. Sauver la France et préserver les Français. Il en est persuadé : personne d'autre ne peut personnifier la patrie et en imposer à l'ennemi. Il nourrit un certain sentiment de fierté à l'idée que la France, une fois encore, se tourne vers les sept étoiles du vainqueur de

1. Cointet : *Revue d'histoire de la Deuxième Guerre mondiale.* Pétain est encouragé dans cette voie par Charles Maurras, qui rencontre le Maréchal à Vichy le 27 juillet et qui fulmine dans *L'Action française,* avec les milieux conservateurs et traditionalistes, contre « un projet dangereusement entaché à leurs yeux d'un autoritarisme modelé sur les patrons fascistes ». (Cointet, *op. cit.*)

Verdun. Il abrite au fond de lui-même un mélange de sacrifice et d'ambition [1]. »

L'officier d'ordonnance Bonhomme, dévoué corps et âme à Pétain, libère cependant sa conscience, en présence de ses amis intimes, lorsqu'il voit le vieux Maréchal céder, capituler, et parfois se renier, sous l'érosion du caractère : « Dieu ! Que nous sommes lâches ce matin, que nous sommes lâches [2]... »

Bien entendu, le phénomène de l'homme providentiel n'explique pas, à lui seul, les événements. En cette période, on sent se libérer à Vichy un refoulement plus que séculaire. André Siegfried analyse en termes exemplaires « le mouvement qui élève Pétain » et qui « répond à des sources [...] lointaines. Depuis 1789, il y a toujours eu, en France, une minorité, avouée ou non, qui n'a jamais accepté la Révolution française, ni les régimes issus d'elle, et notamment cette IIIe République, laïque et de gauche. Il y avait eu le ralliement, mais il persistait une hostilité irréductible au suffrage universel, à la suprématie du pouvoir civil, à la démocratie [3] ». Cette révolution nationale de Vichy porte un nom classique : la contre-révolution.

A Londres, le général de Gaulle dit — après Chateaubriand — à propos de son ancien chef : « La vieillesse est un naufrage. » Il met sur le compte de la sénescence une grande ambition, une vocation tardive en quelque sorte, alimentée par une vanité du quatrième âge.

Il n'est pas toujours simple de séparer, dans le subconscient d'un être, l'ambition patriotique et l'ambition individuelle. Pétain aime son pays et il déteste les Allemands. Toute sa vie, il a été élevé et formé dans des sentiments dirigés contre l'ennemi héréditaire : la Prusse de son enfance, l'Allemagne wilhelmienne de son âge mûr. Hitler ? Il n'est, à ses yeux, que le troisième visage de Bismarck et de Guillaume II.

Dans la guerre 1939-1940, Pétain voit la phase N° 3 de l'affrontement historique sur le Rhin. Ses horizons déclinants ne s'étendent pas aux dimensions du conflit planétaire qui

1. Gorostarzu à l'auteur. Cf. *Pétain et la France* (Plon).
2. Cf. *Pétain et la France.*
3. André Siegfried : *De la IIIe à la IVe République* (Grasset).

commence. Il s'enferme dans des haines recuites — les francs-maçons — et dans une impitoyable xénophobie — résultat de la faible natalité française et de l'arrivée massive, sur le sol national, de dizaines de milliers de réfugiés — dont les juifs deviennent tout de suite les boucs émissaires.

Déat part très vite en guerre contre Pétain, dont il dressera désormais, au fil de ses *Cahiers noirs,* la liste des défaillances intellectuelles : « Les intrigues les plus écœurantes se développent sans arrêt en cette pourriture réactionnaire de Vichy... Le Maréchal [...] incapable de se souvenir de rien d'un jour à l'autre. » (1-9-1940.)

Néo-socialistes, socialistes, radicaux, toute cette frange de la gauche française reste médusée en présence du cas Pétain, tandis que la droite n'en croit pas ses yeux à la révélation de *la divine surprise.* Léon Blum, qui a connu et estimé le Maréchal, tombe, pour sa part, dans des abîmes de perplexité. Sa subtilité s'exerce : « Comment l'attitude présente du Maréchal était-elle compatible avec le noble passé de soldat ? Fallait-il s'en prendre au grand âge ?... Plus d'un incident récent montrait à quel point le Maréchal était dépourvu de résistance devant l'influence, devant la commotion du moment... Tout se passait, en somme, depuis six ou sept ans, comme s'il avait contracté, ou comme si on lui avait inoculé l'ambition du pouvoir politique... On avait accoutumé le Maréchal à l'attente de l'autorité suprême, dévolue dans un jour de trouble ou de malheur...

« Après tout, il n'y avait rien là-dedans qui dût surprendre à l'excès. Comme au temps du Ier Empire napoléonien, nous vivions dans un temps où toutes les destinées étaient possibles... Qu'y avait-il d'étonnant qu'un maréchal de France eût formé, ou accueilli, le rêve de voir, un jour, l'autorité royale, posée sur son front avant de mourir [1] ? »

Venu pour sauver la France dans le malheur — comme Hindenburg surgit dans l'Allemagne de 1925 — Pétain songe d'abord à s'en aller sous peu [2]. Cette volonté, ou cette velléité, ne résiste pas au temps. Le Maréchal ne peut s'en aller puisque, ayant fait don de sa personne à la France, les dangers, loin de

1. Léon Blum, *op. cit.*
2. Cf. Déat : *Journal de guerre,* 23-7-1940.

diminuer, accablent sans cesse davantage le pays. Il est bien vrai aussi que Pétain prend goût, sur le tard, aux délices et aux poisons du nouveau régime. D'arguments valables en raisons élevées, de prétextes en alibis, il ne se dessaisit plus du pouvoir charismatique.

Déçu, coupé de Pétain — *le Vieux* l'appellera-t-il désormais —, ayant constaté que le Maréchal met toujours obstacle au parti unique, Marcel Déat, quant à lui, regagne Paris le 13 septembre 1940. Plus jamais, il ne mettra les pieds à Vichy. Il joue désormais la carte allemande. Le voici au cœur de la place : en ce premier automne de la défaite, la croix gammée flotte sur Paris et Déat choisit le national-socialisme. Il écrit dans *L'Œuvre :* « Que la France fasse donc sa révolution, qu'elle devienne autoritaire et l'Allemagne n'aura aucun intérêt à la maltraiter. Annexion ? La question n'est pas là. Notre véritable intérêt, à nous Français, est qu'il n'y ait plus de frontières, que nous acceptions l'insertion dans l'Europe de Hitler[1]. »

Dans la déroute, des Français s'écriaient : « Plutôt Hitler que Léon Blum. » Aujourd'hui, Déat proclame : « Plutôt Hitler que Pétain. »

1. Cité par Raymond Aron : *De l'armistice à l'insurrection nationale* (Gallimard). Déat opère ainsi une conversion accélérée. Le 3 juillet 1940, au cours d'un entretien avec Pierre Laval, il présentait des observations, encore inspirées d'un esprit différent : « Nécessité de ne pas paraître agir sous la pression de l'ennemi en le copiant, ni de présenter à l'ennemi un camouflage de son propre régime, opération qui évoque irrésistiblement la République de Weimar » (*Journal de guerre.*)

DOCUMENTS

1940 : COMMENT HITLER PROJETTE DE DÉMANTELER LA FRANCE

Tandis que les cercles de la collaboration parisienne, groupés autour de Déat, nourrissent des illusions sur la place d'un pays vaincu dans l'Europe du Reich, Hitler remodèle le continent et démantèle la France. M. Wullus-Rudiger, ancien professeur à l'École de guerre de Bruxelles, a pris connaissance — confirmant l'ensemble des recherches sur ce point — de documents secrets qui établissent, de façon irréfutable, la réalité des projets nazis, visant au démembrement de la France — à partir de cette France de l'Est qui « appartient, par son atmosphère, à l'Europe centrale [1] » :

« Peu après la conclusion de l'armistice de Compiègne de 1940, Hitler, sans en référer à son ministre des Affaires étrangères, chargea le secrétaire d'État Stuckart, du ministère de l'Intérieur, de lui soumettre un projet d'annexions au détriment de la France. Il l'avertit qu'il entendait annexer le nord de la France jusqu'à l'embouchure de la Somme, c'est-à-dire jusqu'à Abbeville. Cette vaste région devait constituer une province (Gau) dans laquelle serait englobée la Belgique, à l'exclusion de la province de Luxembourg (celle-ci devant faire partie, avec le grand-duché de Luxembourg, d'une autre province allemande comprenant l'Alsace-Lorraine, dont l'annexion pure et simple avait déjà été proclamée).

« D'après le plan soumis à Hitler, la nouvelle frontière allemande dans le nord de la France allait approximativement

1. André Siegfried : *La France en guerre,* préface (Plon).

de l'embouchure de la Somme à la région de Nancy ; d'où elle descendait vers la frontière suisse, à hauteur de Pontarlier.

« En outre, le Führer envisageait l'annexion de la Bourgogne, sous prétexte que cette région avait été colonisée jadis par la peuplade germanique des Burgondes, qui lui donna son nom. Cette annexion connut même un début d'exécution. Himmler décida, en effet, de coloniser la Bourgogne en y installant des ménages tyroliens. Mais, par la suite, il lui sembla plus urgent d'installer ces Tyroliens en Crimée ! Il déclara alors nonchalamment à Frauenfeld, le 10 juillet 1942 : " Il nous faudra donc trouver [...] une autre population pour coloniser la Bourgogne[1] ". »

Au fur et à mesure que le conflit mondial s'étend, Hitler, absorbé à l'Est, ne remet plus ces plans à l'ordre du jour des priorités. Jusqu'à la fin cependant, le Führer reste fermement attaché au projet d'incorporer, dans le futur système européen, différents ports, avec leur arrière-pays, de l'Atlantique ou de la Manche, et, en tout cas, les bases navales de Saint-Nazaire et de Lorient, ainsi que les îles anglo-normandes. (Témoignage à l'auteur d'Albert Speer, ministre de l'Armement de Hitler, qui se montre très affirmatif sur ce point. Cf. Speer : *Au cœur du IIIe Reich,* Fayard.)

*

« *JOURNAL DE GUERRE* » DE MARCEL DÉAT

Éléments marginaux

Les bombardements anglais. « Royan a été bombardé hier par les Anglais. Si les Anglais s'imaginent qu'ils vont rentrer dans les bonnes grâces des Français en démolissant le pays, ils se trompent lourdement... Nous faisons le tour de la ville,

1. Bulletin des anciens des services spéciaux de la Défense nationale, 1965/I.

toujours grouillante de gens ; nous achetons un fourneau potager pour le cas où le gaz viendrait à manquer. » (27-6-1940.)

De Gaulle. « La radio anglaise nous tourne un appel de De Gaulle sans effet, ni poids. [...] de Gaulle peut toujours lancer des appels aux armes et à la désobéissance. » (28-6-1940.)

Les troupes d'occupation. « Un viol avec assassinat du père de la violée : le soldat allemand sera fusillé. Un autre l'a été pour vol de voiture. » (28-6-1940.)

— « Journée vraiment dominicale. Défilé de toute une compagnie allemande, sans armes, au pas, sur trois rangs et chantant en cadence. » (29-6-1940.)

— « Les gens d'Arbouse [où Déat possède sa maison familiale] paraissent supporter philosophiquement la situation, moyennant quelques grognements intermittents. Ils sont agréablement surpris de ne pas avoir affaire à des barbares déchaînés. » (2-8-1940.)

Antisémitisme. Au sujet de Georges Mandel (ministre des Colonies dans le gouvernement Paul Reynaud) : « La radio anglaise nous a lu un papier de M. Élie J. Bois, ex-rédacteur en chef du *Petit Parisien* et juif persistant, qui fait un éloge fou-fou de M. Mandel. Lequel héros aurait lutté pied à pied, au Conseil des ministres, pour empêcher l'arrêt de la guerre et exiger qu'on se retire aux colonies, voire à Tombouctou. " La France est là où se trouve le gouvernement ", aurait dit ce concis. »

Vichy 1940. « Nous dînons dans une brasserie où des militaires haut gradés se gobergent et se pavanent, exactement comme s'ils avaient gagné la guerre. » (2-8-1940.)

14 juillet 1940. « Nous sommes réveillés par le pas cadencé de quelques sections d'infanterie, qui vont prendre part aux cérémonies. Soldats jeunes, maigres et minces. Tristesse générale. Je vois partir les voitures officielles pour la messe. Tout cela assez sinistre. » (14-8-1940.)

La Grande-Bretagne. « Les Anglais démolissent gentiment nos villes et nos voies ferrées en Normandie et ailleurs. Les Allemands préparent, semble-t-il, le débarquement en Angleterre, mais il n'est pas exclu qu'ils fassent d'abord une opération espagnole sur Gibraltar... La radio allemande continue de sonner l'Angleterre et insiste sur l'événement capital qu'est la rupture de l'Entente cordiale, entre la France et l'Angleterre. » (29-6-1940.)

— « Les trois dernières lignes de mon article d'hier ont été censurées... Décidément, il est difficile de dire qu'on souhaite la défaite de l'Angleterre. Il est pourtant clair que, si elle s'arrangeait avec l'Allemagne, cela serait pour nous une catastrophe. » (21-7-1940.)

— « Les Allemands sont encore dans l'incertitude vis-à-vis de l'Angleterre, avec laquelle Hitler aurait souhaité un accord. Cette entente paraît fort peu probable et serait d'ailleurs catastrophique pour nous, qui en ferions les frais. » (26-7-1940.)

— « Les Anglais bombardent peu. Ils ont d'ailleurs l'air maintenant d'en prendre un coup terrible, puisque, autour de Londres, et même sur la ville, on a le sentiment que leur aviation va être exterminée avant peu, non sans pertes pour les Allemands, cela va de soi. Mais la fin n'est pas douteuse. » (17-8-1940.)

— « Nous allons deux fois dans la matinée se promener au bord de l'Allier. Il fait très beau et on peut espérer que, cette fois, l'Angleterre va en prendre un bon coup. Les Anglais ont démoli, l'autre nuit, la gare de Vierzon, exploit supplémentaire et vraiment urgent, car il n'y passe pas un soldat allemand. » (25-8-1940.)

Mers el-Kébir[1]. « ... Les journaux confirment l'attaque inqualifiable de la flotte anglaise... C'est un joli scandale, mais qui peut avancer singulièrement nos affaires. » (4-7-1940.)

— « Les journaux sont pleins de l'affaire de Mers el-Kébir.

1. Le 3 juillet 1940, une escadre britannique se présente devant Mers el-Kébir, près d'Oran, et demande à la Flotte française de se joindre aux Alliés, ou bien de se rendre aux Antilles. Aucun accord n'ayant pu intervenir avant l'expiration d'un ultimatum, les Britanniques ouvrent le feu. 1 297 marins français trouvent la mort.

La vague d'indignation contre l'Angleterre déferle sûrement à travers tout le pays. » (5-7-1940.)

Dakar[1]. « ... Les Anglais ont dû se retirer de devant Dakar. C'est un rude échec pour de Gaulle. On est sur ses gardes et on réarme l'aviation. Les Allemands sont sidérés[1], paraît-il, de cette affaire. » (26-9-1940.)

L'argent allemand. « On décide d'avertir Laval que tous s'opposent à l'envoi de Doriot [ancien député de la Seine, chef du Parti populaire français] à Paris au nom du parti [unique] : il a avoué à Bergery qu'il avait touché de l'argent allemand. » (17-7-1940.)

Déjeuner. « Arrivée à midi et demi à la Montagne. Nous déjeunons à l'hôtel, assez haut sur la route de Ceyssat. Potée et coq au vin, champagne, propos optimistes. » (21-7-1940.)

Un protectorat. « Belin [ministre de la Production industrielle et du Travail] est très préoccupé et très pessimiste. Les quatre cents millions de francs, versés chaque jour aux Allemands pour les frais d'occupation, et qui sont sans contrepartie, sans aucune production réelle, aboutissent à l'épuisement du pays, vidé de toute substance, et à la famine. Il vaudrait presque mieux un protectorat et l'intégration à l'économie allemande. » (24-8-1940.)

1. Le 23 septembre 1940, une force navale, composée de bâtiments britanniques, ou bien appartenant à la petite marine de la France libre, se présente devant Dakar, dans l'espoir d'obtenir le ralliement aux Alliés de ce secteur stratégique de l'Afrique noire. L'opération échoue. Des Français tirent sur des Français : c'est en cela, apparemment, que, à en croire Déat, les Allemands sont « sidérés ».

CHAPITRE IV

L'HYDRE A DEUX TÊTES LAVAL-DÉAT DEVANT PÉTAIN

LAVAL RACONTE L'ENTREVUE DE MONTOIRE AVEC LE FÜHRER. — HITLER AUX PETITS SOINS. — LES TERRITOIRES RALLIÉS À LA FRANCE LIBRE EN AFRIQUE NOIRE ET LES PROJETS DE RECONQUÊTE. — DÉAT CONDAMNÉ À MORT POUR DÉNONCIATION. — LE MARÉCHAL PÉTAIN FAIT ARRÊTER LAVAL ET DÉAT. — LES CENDRES DE L'AIGLON AUX INVALIDES. — UNE CROIX SUR LES PROVINCES PERDUES DE L'ALSACE ET DE LA LORRAINE. — LE MESSAGE RÉVOLUTIONNAIRE DES ARMÉES HITLÉRIENNES. — LA NÉO-SOCIALISTE LE CÈDE AU NÉO-FASCISTE. — LES RAPPORTS INÉDITS DU GÉNÉRAL DE LA LAURENCIE. — « L'INTRONISATION » DE L'AMIRAL DARLAN.

Dans un train blindé, sous les cieux de Touraine, Hitler s'entretient avec Laval le 22 octobre 1940. Deux jours plus tard, à Montoire, a lieu la rencontre historique, au cours de laquelle le maréchal de France et le chancelier du Reich se tendent la main — geste qui saisit les Français de stupeur. Sur cette journée mémorable, Marcel Déat reçoit des informations en deux temps. Au sujet de la conférence Hitler-Laval, la relation baigne dans l'euphorie : « ... Laval est rayonnant... Cela a admirablement réussi... Les deux hommes auraient très sympathiquement accroché, et la situation de la France serait en passe de subir un changement total. Au point que le problème de la paix serait très différent de ce qu'on aurait pu imaginer...

Les Parisiens, excités par la radio anglaise, déconnent à pleine gorge[1]. »

Le lendemain du face à face Pétain-Hitler, Déat converse en tête à tête avec Laval, à l'hôtel de Matignon : « Laval arrive, m'emmène dans son bureau et me raconte l'histoire pendant une demi-heure... Hitler aux petits soins... Pas question de faire la guerre à l'Angleterre, mais d'aider contre elle, sans doute en fabriquant des avions, en escortant des convois, en fournissant des bases aériennes et militaires[2]. »

Peut-être Laval tient-il à Déat le langage que son interlocuteur aime à entendre, mais, à s'en tenir au pied de la lettre, de quoi s'agit-il, sinon d'un état de prébelligérance, que les Britanniques peuvent interpréter comme un *casus belli* ?

Rien ne permet de douter que Pierre Laval ait cru devoir prendre, seul, au nom de la France, une option très nette en politique extérieure parce qu'il demeure persuadé de l'impossibilité, en toute hypothèse, pour la Grande-Bretagne de gagner la guerre. Le Maréchal se place dans une perspective inverse. Pétain, attentiste, écrit au général Weygand, après Montoire : « Il est probable que la collaboration se reposera un jour. Je ferai en sorte qu'elle ne se pose que sur des considérations d'ordre économique, ou sur la défense de notre Empire africain, en écartant toute idée d'agression contre l'Angleterre[3]. »

Avec Laval, la collaboration entre la France et l'Allemagne, en tout cas, semble bien s'engager sans retour dans la voie tout à fait nouvelle d'une semi-alliance militaire en Afrique. Le processus entraîne à Vichy, de la part d'un petit groupe dur de ministres et d'éléments isolés, appartenant à l'armée et animés par l'esprit de revanche, la mise en place d'un plan d'intervention brutal, parce que urgent. Le plan repose sur de lourdes charges. Les conjurés estiment maintenant disposer de la preuve selon laquelle le vice-président du Conseil vient « d'aboutir à un accord complet avec Déat. Les deux compères

1. *Journal de guerre*, 24-10-1940.
2. *Ibid*, 25-10-1940.
3. Lettre manuscrite de Pétain à Weygand. Fac-similé reproduit par Weygand dans *Rappelé au service* (Flammarion)

avaient désormais partie liée [avec] l'appui total des nazis[1] ».

Ces Français en alarme crient : « Trahison ! » Ils jugent la situation d'autant plus grave qu'ils n'ont pas oublié un fait : Déat, qui, à la veille de la guerre, par son article « Mourir pour Dantzig ? », avait donné un coup de poignard dans le dos de l'armée, était déjà placé de longue date sous la surveillance des services spéciaux. Son arrestation avait été demandée au gouvernement Daladier.

Aujourd'hui, les preuves d'une véritable trahison semblent confirmées et Déat, indépendamment de son action de politique générale, sera bientôt condamné à mort, au terme de la décision commune prise par deux colonels[2] pour une affaire précise. Dans *L'Œuvre,* Déat a dénoncé le contrôleur général Carmille, directeur de l'Institut démographique — organisme récemment créé —, qui a mis au point dans ses services de curieux procédés mécanographiques : avec méthode, il s'emploie à camoufler les fiches de recensement militaire, destinées à sauvegarder les moyens techniques d'une mobilisation clandestine. L'ancien ministre de l'Air n'a pas hésité à écrire : « Qu'est-ce que cela signifie ? Est-ce un ingénieux moyen de remplacer les bureaux de recrutement ? Est-ce une entreprise militaire ou civile ? »

Les deux colonels et leurs associés se montrent d'autant moins disposés à épargner Déat que ce dernier, forçant son talent, a rédigé, par ailleurs, cette manchette sacrilège du journal *L'Œuvre :* « Les généraux allemands se reconnaissent à leurs revers... Les généraux français aussi, mais ce ne sont pas les mêmes[3] ! »

Tous les faits, gestes ou écrits de Marcel Déat sont aussitôt portés au compte — à tort d'ailleurs — de Pierre Laval.

1. Colonel Groussard : *Chemins secrets* (Bader-Dufour).

2. Il s'agit du colonel Ronin, chef du 2e Bureau Air, qui a mis sur pied un réseau de renseignements en liaison avec la Royal Air Force, et du colonel Groussard, dont nous allons reparler. « Déat devait être empoisonné. Un capitaine était allé, dans le Sud-Tunisien, se procurer un poison. La jeune femme, chargée de l'opération, n'a pu approcher Déat, d'ailleurs très misogyne. Nous avons échoué. » (Témoignage du colonel Groussard à l'auteur.) Sur la dénonciation du contrôleur général Carmille, cf. colonel Groussard : *Chemins secrets* (Bader-Dufour) et *Service secret* (La Table Ronde).

— La misogynie de Déat, évoquée par le colonel Groussard, ne fait aucun doute. Dans les trois mille cinq cents pages de son *Journal* intime, Déat ne consacre aucune mention à l'amour et aux charmes féminins.

3. *L'Œuvre* du 18-11-1940.

Dénonciations sous le regard de l'ennemi et caricature de l'armée française restent cependant d'une importance dérisoire par rapport à l'événement capital qui se trame : le général Huntziger, ministre de la Guerre, informe le Maréchal qu'au cours de conférences franco-allemandes à Paris sont arrêtées des mesures en vue de passer aux actes contre de Gaulle — et partant contre les Anglais —, en reconquérant par les armes les territoires de l'Afrique noire passés sous les drapeaux de la France libre. Le renversement des alliances apparaît inévitable au bout de l'aventure. L'analyse de l'un des principaux conjurés, le colonel Groussard, ancien commandant en second de l'École militaire de Saint-Cyr, s'écrit ainsi : « Le Tchad repris, la Grande-Bretagne n'était plus maîtresse de ses communications transafricaines. Et c'était la France engagée aux côtés des nazis [1]. »

Tel est le fait déterminant qui pousse à « la nécessité impérieuse de mettre le plus tôt possible un point final à la politique de Laval [2] » et, parallèlement, à l'action de Déat.

Un événement imprévu, en soi assez mince, mais chargé de symboles, fournit le prétexte qui permet de brusquer les opérations : « L'invitation faite par Hitler au Maréchal d'assister à la remise des cendres du duc de Reichstadt » apporte à point nommé l'occasion attendue « depuis de longues semaines pour agir contre M. Laval [3] ». En quoi consiste cette cérémonie ? Le Führer prie le chef de l'État de Vichy de venir à Paris accueillir en grande pompe les cendres de l'Aiglon. Inhumé depuis 1832 à Vienne, le sarcophage du duc de Reichstadt, roi de Rome, sera déposé aux Invalides, aux côtés de son père, l'Empereur.

Pétain, vieux soldat indécis, que les conjurés ne lâchent plus d'une semelle, se cabre. Il refuse de se rendre dans la capitale et de recevoir les honneurs de la Wehrmacht sous les projecteurs des caméras de toutes les actualités cinématographiques du

1. Colonel Groussard, *op. cit.* Entretiens et correspondance avec l'auteur.

2. *Ibid.*

— Sur les tenants et les aboutissants du 13 décembre 1940, voir, à la fin du chapitre, la note établie par l'auteur.

3. Peyrouton (ministre de l'Intérieur en décembre 1940) : *Du service public à la maison commune* (Plon). Entretiens et correspondance avec l'auteur.

monde. Le Vainqueur de Verdun ne se présentera pas sous les oriflammes nazies. Montoire lui a donné un avant-goût de l'humiliation.

La manifestation est prévue pour le 15 décembre 1940, qui marquera le centième anniversaire du jour où le cercueil de Napoléon revint de Sainte-Hélène à Paris. Au soir du 13 décembre, Pétain écrit à Hitler. Il le remercie de « la noble pensée » qu'il a eue de ramener en France les cendres de l'Aiglon. Sans transition, il annonce la décision prise de se séparer de Laval, tout en protestant de ses sentiments en faveur de la collaboration, et en affirmant que rien ne sera changé dans le domaine de la politique étrangère.

Le colonel Groussard commande à Vichy une organisation paramilitaire, à qui la Sûreté nationale offre sa couverture sous le nom de *Groupes de protection.* Son chef voit dans cette structure l'embryon de l'armée secrète. Les *G.P.* — ainsi appelle-t-on les membres de cette force — ressemblent à des *tankistes :* tous triés sur le volet, ils portent la veste de cuir et le casque des troupes motorisées. Ils circulent dans des camions américains flambant neufs et disposent de véhicules tout terrain.

Avec cette troupe spéciale, le colonel Groussard reçoit la responsabilité de mettre la main, dans la capitale, sur le dauphin du Maréchal, tandis que la police opère à Paris où, à 7 heures du matin, Déat, en pyjama, est tiré du lit par quatre inspecteurs, porteurs d'un mandat d'arrêt. Son premier mot en dit long : « A-t-on prévenu l'ambassadeur d'Allemagne[1] ? » Les inspecteurs n'ont pas tourné les talons qu'Hélène, la femme du leader collaborationniste, alerte un diplomate allemand, le Dr Grosse — socialiste comme Déat, rallié au nazisme —, qui informe aussitôt Otto Abetz et l'état-major supérieur de la Wehrmacht à Paris.

Dans son *Journal de guerre,* Déat retrace en détail les épisodes de la journée mouvementée. Réveillé par deux coups de sonnette, la police judiciaire lui présente une lettre autographe du général de La Laurencie, délégué général du gouvernement

1. Robert Aron, *op. cit.*

de Vichy en zone occupée, qui « d'ordre du Maréchal, requiert mon arrestation immédiate[1] ». Emmené à la préfecture de police, il n'y prend pas racines : libéré à midi sur intervention des autorités allemandes, il déjeune avec sa femme et ses amis « au champagne[2] ».

Le lendemain 14 décembre, Marcel Déat se rend en soirée à l'ambassade d'Allemagne : « Nous nous rassemblons dans le grand salon. Abetz et de Brinon font leur entrée en uniforme, avec leur suite. Otto Abetz [...] fait un vif éloge de Laval[3], qui a créé l'atmosphère de la collaboration et qui — déclare l'ambassadeur du Reich — *reste pour nous le garant de cette politique.* Il parle de Napoléon, de l'éveil révolutionnaire des peuples, de leurs luttes contre la réaction, dont le roi de Rome fut la victime. Cette tradition révolutionnaire a été reprise par le fascisme, le nazisme, la Phalange, et, malgré certaines tentatives réactionnaires, triomphera en France [...]. On reprend le pardessus et on monte dans des autobus qui nous conduisent aux Invalides. Deux haies de gardes républicains à pompons et shakos, torches en main. La porte de l'église ouverte, avec projections tricolores, cassolette géante, etc. Décor splendide, auquel ajoute la neige fondue. On se gèle une heure, puis les autos allemandes arrivent. Les soldats déchargent le lourd sarcophage [du roi de Rome]. Abetz remet le cercueil à Darlan. Service funèbre rapide. Je retrouve ma voiture et on rentre à travers un Paris fantomatique. J'avale une citronnade chaude et me trempe les pieds dans l'eau bouillante. On essaye de dormir tranquillement après cette journée historique[4]. »

Au lendemain de ces événements, le monde entier a les yeux fixés sur Vichy. Roosevelt et Churchill d'une part, Hitler et Mussolini, d'autre part, se demandent si le vaste théâtre politique ne cache pas le prompt départ de Pétain hors de France, accompagné de la dissidence de l'Afrique et de la Flotte.

Pierre Laval et Marcel Déat, de leur côté, avancent, la main dans la main. Les deux hommes, en réalité, n'ont pas partie liée à la vie, à la mort. Sur ce point, l'analyse des conjurés de Vichy

1. 2. *Journal de guerre,* 14-12-1940.
3. A ce moment, gardé à vue en zone non occupée.
4. *Journal de guerre,* 14-12-1940.

n'est peut-être pas assez nourrie, bien que les apparences aillent tout à fait dans leur sens [1]. En divergence sur les méthodes, mais en accord sur le destin de la France dans l'Europe hitlérienne, en concurrence à terme pour l'autorité politique de la France, mais solidaires dans la démarche immédiate, Laval et Déat sont éloignés par des ruptures fondamentales. L'un et l'autre viennent des rangs socialistes. Laval, en dépit des circonstances, prétend rester républicain dans la tradition qui a été celle de toute sa vie : « Lorsqu'on lui parle de révolution nationale-socialiste, Pierre Laval hausse les épaules [2]. » Déat envoie son bonnet par-dessus les moulins : il affiche sa foi nationale-socialiste.

Au fond du gouffre de la France, la pensée diplomatique de Laval se résume dans ce dialogue — août 1940 — avec l'écrivain Paul Morand, qui arrive de Londres où il dirigeait la mission française de guerre économique :

« Laval : Alors, vous arrivez de Londres ? J'ai lu votre rapport [3]. Très curieux. Je vous trouve optimiste pour l'Angleterre !

« — Je ne le pense pas, Monsieur le Président. Jean Fontenoy [4] me disait tout à l'heure qu'il avait dîné avec un Allemand, lequel était désigné pour être nommé surintendant des théâtres de Londres, sitôt le débarquement terminé. C'est aller un peu vite. Au début de juillet, les Allemands auraient pu débarquer sans se heurter à une très grande résistance ; mais,

1. Les rapports entre les deux hommes sont, en effet, des plus étroits, puisqu'on peut lire, entre autres, cet éditorial de Déat dans *L'Œuvre :* « ... Présentement, le gouvernement allemand a appris à connaître certains de nos hommes, et plus particulièrement Pierre Laval. C'est lui, et lui seul, qui par son goût des contacts directs et humains, par le caractère de sa pensée, a su inspirer à ses interlocuteurs une confiance qui, aussitôt, a rejailli sur la France elle-même. Il a posé les problèmes de telle sorte qu'on savait que les engagements seraient tenus. Ce facteur personnel est d'un poids décisif dans les circonstances présentes. Et de même que, le 10 juillet, l'Assemblée nationale a délégué ses pouvoirs au Maréchal, avec la certitude que, sans avoir à le nommer, Pierre Laval serait le garant des décisions prises, de même, aujourd'hui, Pierre Laval est aux yeux des Allemands, pour reprendre l'expression dont se servit Son Excellence l'ambassadeur Abetz au soir du retour des cendres de l'Aiglon, le " seul garant de la politique de collaboration ". » *L'Œuvre,* 7-1-1941. Cf. Michèle Cotta : *La Collaboration* (Armand Colin).

2. Michèle Cotta, *op. cit.*

3. Rapport confidentiel, rédigé à la demande de M. Baudouin, ministre des Affaires étrangères, par Paul Morand.

4. Journaliste, correspondant de l'agence Havas en Chine, fondateur du *Journal de Changaï.* Engagé dans les rangs allemands, tombera à Berlin en mai 1945.

aujourd'hui, tout est changé. Les Anglais ont travaillé : j'ai vu fortifier partout les côtes, j'ai vu les plages se couvrir de barbelés, de mitrailleuses. Si, aux grandes marées, les Allemands n'ont pas encore débarqué, ils n'envahiront plus l'Angleterre. »

« Laval : Possible ; n'empêche que, pour les Anglais aussi, c'est loupé. Ils ne gagneront pas la guerre. Je n'ai aucun mauvais sentiment à leur égard, mais l'heure de l'Angleterre est passée. Quoi qu'il arrive maintenant, elle perdra son Empire. Demain, elle sera devenue une Hollande. Elle ne reprendra plus pied en Europe. Elle l'a quittée pour toujours en se rembarquant à Dunkerque. Elle n'a pas voulu partager le monde avec l'Allemagne, et le monde va lui échapper. Tout ce qui ne sera pas russe sera américain.

« La puissance de l'Angleterre, c'est d'être un frein. Depuis 1918, elle freinait la France, elle freinait l'Allemagne, elle se tenait au centre de la balance. Mais, depuis 1938, elle a lâché le frein et appuyé sur l'accélérateur. Elle nous a jetés dans la guerre ; elle a offert à tous les pays d'Europe des garanties que ces pays considéraient sans enthousiasme, car ils sentaient bien que la force manquait derrière. Ceux qui les ont acceptées n'ont pas eu à s'en féliciter. Aujourd'hui, l'Angleterre est réduite à la défensive. Son histoire est là pour prouver que seule l'offensive lui réussit. Les pays terriens peuvent attendre, les nations maritimes doivent agir. Ce ne sont plus les Anglais qui gagneront la guerre. L'Empire britannique va devenir un empire américain. A Vichy, tout le monde, y compris le Maréchal, croit le contraire ; tout le monde se trompe[1]. »

Laval voit ainsi l'Allemagne dominer l'Europe de la même façon qu'en un autre siècle la France imposa sa suprématie sur le continent. Il en prend son parti[2]. Il s'estime même en mesure d'en tirer le moins mauvais parti, grâce à sa roublardise, à son habileté, à son savoir-faire. Dans cette perspective, sa grande idée s'inscrit dans ce dessein : ravir à l'Italie la seconde place,

1. Hoover Institute : *La Vie de la France sous l'Occupation,* tome III.

2. « Incontestablement, en juillet 1940, l'opinion dominante était que, pour un temps, l'Europe serait allemande, comme elle avait été française 160 ans plus tôt. » (Colloque sur le gouvernement de Vichy de la Fondation nationale des Sciences politiques, 1970. Déclaration de M. René Belin, ancien ministre de la Production industrielle et du Travail de Vichy.)

au niveau de l'Europe, dans la faveur du Reich et, au bout du compte, « rouler » les Allemands. « Foutez-moi la paix. Qu'on me laisse nager seul. J'aurai les Boches[1]. »

« En juillet 1940 — nous expose l'ambassadeur Guy de la Tournelle — les circonstances veulent que je me trouve dans le bureau du délégué général du gouvernement de Vichy à Paris. Pierre Laval est là. Il circule de long en large, une cigarette dans le coin gauche de la bouche, et il répète avec force : *Qu'on me fasse confiance ! Je vous dis que je les roulerai, que je les roulerai*[2] ! »

Pierre Laval possède un côté inspiré. Il croit volontiers en sa mission, née des circonstances. Écoutons Marcel Déat : « J'entends encore Pierre Laval dire au Maréchal : *En 1918, Monsieur le Maréchal, vous avez gagné la guerre ; la France, autour du tapis vert, a perdu la paix. En 1940, nous venons de perdre la guerre, mais, cette fois nous gagnerons la paix*[3]. »

Tout homme reste ambigu. Le 4 octobre 1940, le général de La Laurencie recueille ces propos de la bouche du vice-président du Conseil : « L'Angleterre est finie : le 10 octobre, les Allemands seront à Londres. Entre l'Allemagne et l'Angleterre, mon choix est fait [...]. J'ai une haine personnelle contre l'Angleterre qui m'a éloigné pendant de longues années du pouvoir. Elle me trouve aujourd'hui en travers de sa route. Elle verra ce qui lui en coûte[4]. »

Laval croit jouer le jeu de la France avec le Führer. En d'autres siècles, il aurait joué le jeu avec Bismarck, avec William Pitt, avec Disraeli, avec Metternich. On l'appelle le Talleyrand d'Aubervilliers[5]. Il parle, il parle, il négocie, il maquignonne. Il croit aux vertus du verbe qui s'évapore. Cet Auvergnat à la peau de gitan s'exprime avec un accent un peu

1. Laval à son ministre de l'Intérieur Peyrouton. (Cf. Marcel Peyrouton, *op. cit.* Entretiens de Peyrouton avec l'auteur.)

2. Lettre à l'auteur de l'ambassadeur Guy de la Tournelle (révoqué ensuite par le gouvernement de Vichy).

3. Cf. André Brissaud : *La dernière année de Vichy* (Librairie académique Perrin).

4. Rapports non publiés du général de La Laurencie. Le lecteur trouvera, à la fin du chapitre, d'autres extraits inédits.

5. Pierre Laval avait été député d'Aubervilliers.

chantant, assez vulgaire. Ce n'est pas un accent de salon : son accent traîne, dit Léon Blum, « comme des savates sur un plancher ». A défaut de la culture, Laval prend l'intuition pour maîtresse. La morale n'est pas son fort. « Nous sommes battus », répète-t-il. Et le général Weygand commente : « Ce mot prenait dans sa bouche une telle résonance qu'on frémissait de honte. Il était politique de se conduire en esclaves[1]. »

Au fond de son cœur, sans doute, Laval aime son pays[2], mais, pour l'heure, il juge déplacé d'engager le fer avec le vainqueur. L'Alsace et la Lorraine ? Il sait à quoi s'en tenir.

« Lorsque Brüning, chef du Centre catholique et chancelier du Reich, vint à Paris pour une conférence en 1931, Laval, président du Conseil et ministre de l'Intérieur, lui dit : " Je ne vous parle pas de l'Alsace et de la Lorraine. La question est réglée. "

« Et Brüning répondit : " Non, Monsieur le Président. Je ne peux pas vous dire cela. Pas un Allemand n'a renoncé à Strasbourg[3]. " »

Onze ans plus tard, tout se passe comme si Laval traçait une croix sur les provinces perdues[4]. Au traité de paix, la France abandonnera-t-elle aussi la Tunisie et Djibouti, au bénéfice de l'Italie ; l'Oranie et le Maroc, au bénéfice de l'Espagne ? Eh bien, on se partagera, en compensation, une partie des dépouilles de l'Empire britannique en Afrique — à condition de donner, au préalable, des gages à Hitler. Ensuite, on verra.

Laval pense aussi qu'un régime nouveau doit s'instaurer en France, dans le dessein de se rapprocher des pays totalitaires. Au fond de son être, cependant, il demeure ce qu'il est viscéralement : un routier parlementaire, un expert de la manœuvre, élevé dans le sérail de la République politicienne, avec son escorte de compromis ou de compromissions, de

1. Weygand, *op. cit.*
2. C'était, semble-t-il, avec le recul du temps, l'avis du général de Gaulle.
3. Témoignage à l'auteur de l'ambassadeur Léon Nöel, à l'époque secrétaire général du ministère de l'Intérieur.
4. A l'automne 1940, de nombreux trains de Lorrains, expulsés en quelques heures, arrivent en zone non occupée. Déat écrit : « Laval paraît considérer que l'affaire des Lorrains expulsés de France se tasse. Il avoue que la protestation [de Vichy] a eu surtout pour but de calmer les Lorrains, qui accusaient le gouvernement français d'être d'accord avec les autorités allemandes. » (*Journal de guerre*, 16-11-1940.)

pratiques et d'intrigues, de manigances et — murmurent les plus sévères — de magouilles. A Léon Blum, sa vue rappelle toujours le mot atroce du grand Retz sur Mazarin : « Il est le premier qui ait apporté la filouterie dans le Ministère[1]. » Le président du Sénat Jules Jeanneney exécute en peu de mots ce parlementaire qu'il a observé de près : « Pierre Laval... Je le connaissais depuis [...] longtemps [...]. Je voyais en lui un spécimen du bas politicien : avide, osé, retors, sans scrupule, et, hélas ! très doué pour l'emploi[2]. »

Le message du vainqueur

A partir de la fin de 1940 et du début de 1941, Marcel Déat se situe aux antipodes de Laval. Son choix ne souffre pas d'équivoque : il épouse le national-socialisme. Ce sont les grandes noces de la gauche — la gauche de Déat — et du fascisme. L'ancien ministre de l'Air entend instaurer sur la vieille terre des Gaules, en lisière de la Germanie, un nazisme de type français. Ce doctrinaire se compose du national-socialisme une image qui n'existe pas. Il possède une puissance d'illusion fabuleuse. Il croit à la supériorité totale des idées, c'est-à-dire de ses idées. L'élaboration intellectuelle se révèle étonnante. Ayant été exposées par son auteur, les idées de Déat, dans le laboratoire de sa tête, deviennent des faits. Spécialiste du sophisme et du syllogisme, « une logique dévoyée » le conduit « à inventer une Allemagne nationale et socialiste n'ayant que fort peu de rapports avec la réalité[3] ». Il va loin : il soutient que Hitler est socialiste. Il veut le croire. Il le croit.

Tandis que Laval suit sa démarche pragmatique, Déat suit son chemin philosophique. Georges Albertini, qui, ayant travaillé dans l'intimité de sa confiance, a décelé la pensée intime, écrit : « Recherchant les raisons de la foudroyante victoire allemande, et hanté par le précédent des soldats de la

1. Léon Blum, *op. cit.* Aux reproches, maintes fois adressés, de s'être enrichi entre les deux guerres, Pierre Laval, avocat, fils d'un aubergiste, répond toujours qu'il a su, en bon Auvergnat, faire fructifier son argent.

2. Jules Jeanneney : *Journal politique,* 1939-1942. Édition établie par Jean-Noël Jeanneney (Armand Colin).

3. Henri Amouroux, *op. cit.*

Révolution française, chère à son cœur républicain, Déat voit le secret du succès dans le message révolutionnaire des armées hitlériennes [1]. »

Dans ces conditions, Déat demande « à la France d'écouter le message du vainqueur [2] ». Il va jusqu'au bout de sa réflexion : il préfère « le national-socialisme allemand au bolchevisme russe, parce qu'il [dit] que jamais le nazisme intégral ne s'implanterait en France, tandis que le bolchevisme est une doctrine mondiale de la révolution [3] ».

Déat doit cependant commencer par mettre de l'eau dans son vin lorsqu'il trinque avec son ami, l'ambassadeur du Reich Otto Abetz. Le ministre de Vichy René Belin raconte ceci : « C'était en 1940. Je me souviens avoir demandé [à Abetz] comment les Allemands pouvaient être si chatouilleux sur la question du patriotisme et, simultanément, couvrir les opérations des communistes français. L'ambassadeur eut cette réponse : *Nous sommes dans une position difficile. Nous sommes très bien avec Franco, et nous sommes également très bien avec Staline. Car, sans lui, nous ne serions pas ici*[4]. »

Déat ressemble à un animal qui opère une mue. Il vire du rouge socialiste au brun nazi. Bientôt, il déclarera, au dessert d'un déjeuner au Cercle aryen [5], qu'il est « nécessaire d'accomplir une révolution national-socialiste en France, après quoi notre pays s'intégrerait avec la plus grande facilité dans le nouvel ordre européen, forcément national-socialiste lui-même [6]. »

Il barde de traits les Français qui « degaullisent » et, ne doutant pas, un centième de seconde, de la victoire de l'Allemagne, moque Churchill : « Le descendant de Marlborough voit plus grand et plus loin que son illustre ancêtre. Ce n'est pas *z'à Pâques ou à la Trinité* que son entreprise guerrière prendra fin. En tout cas, on ne saurait dire de quelle année il s'agit [7]. »

1. 2. et 3. Claude Varennes (Georges Albertini), *op. cit.*
4. Colloque de la Fondation nationale des Sciences politiques, *op. cit.*
5. Sous l'Occupation, le Cercle aryen siège 5, boulevard Montmartre.
6. Saint-Paulien — qui assiste au déjeuner — *in : Histoire de la collaboration* (Édit. L'Esprit nouveau).
7. *L'Œuvre,* 11-11-1940.

De choix en pari, d'engagement en option, Déat change à vue d'œil. Il achève sa conversion. Le voilà loin de la S.F.I.O., des camarades et de Léon Blum. Voici le chef en béret basque, chemise bleue et ceinturon. Le néo-socialiste le cède au néo-fasciste.

On songe à Taine : « On permettra à un historien d'agir en naturaliste : j'étais devant mon sujet comme devant la métamorphose d'un insecte. »

DOCUMENTS

LES RAPPORTS INÉDITS DU GÉNÉRAL DE LA LAURENCIE

Le général Fornel de La Laurencie, ancien commandant de l'École de cavalerie et du train de Saumur, occupe, du 19 août 1940 au 14 décembre 1940, le poste de délégué général du gouvernement français à Paris auprès du chef de l'administration militaire allemande, le général von Stülpnagel. Chaud partisan de la révolution nationale, soutien fidèle du maréchal Pétain, La Laurencie a siégé dans le tribunal militaire qui, en août 1940, condamna le général de Gaulle à mort par contumace.

En décembre 1940, nous l'avons vu, La Laurencie a été chargé par le maréchal Pétain d'arrêter Déat — après quoi, il fut éliminé sur ordre des autorités d'occupation.

Le général de La Laurencie n'a jamais caché ses sentiments anti-allemands et il sera interné par la suite en zone sud. En 1941, il a rédigé des rapports, composés de neuf notes, relatives à ses activités, rapports qui prennent souvent le ton d'un plaidoyer *pro domo sua,* sous une forme parfois un peu puérile, mais qui ne manquent pas de courage sous le panache. Déat mentionne dans son *Journal de guerre* (30-9-1941) que des extraits de ces rapports clandestins ont été lus à la radio de Londres.

Jugement du général de Gaulle sur La Laurencie

Dans ses *Mémoires de guerre* (tome II), de Gaulle consacre un élément de paragraphe à La Laurencie. Il relate que le diplomate américain Robert Murphy, avant de pressentir le général Giraud pour prendre la tête du mouvement en Afrique du Nord, avait d'abord appuyé le général de La Laurencie qui, à son retour de Paris, prétendait prendre la résistance sous sa coupe afin de faire pression sur le Maréchal et d'accéder au gouvernement.

« *Et de Gaulle ?* lui demandait-on.

« *Eh bien ! Nous l'amnistierons !* [...] En dernier lieu, comme La Laurencie ne ralliait personne et que Weygand refusait de s'insurger contre Pétain, M. Murphy prenait contact avec le général Giraud, évadé de captivité, brûlant de combattre à nouveau et qui lui paraissait susceptible de soulever l'armée d'Afrique dès qu'il se présenterait devant elle[1]. »

Dans sa Note n° 1, La Laurencie s'explique sur de Gaulle en trois points :

I) Je me refuse à condamner le sentiment auquel le général de Gaulle a obéi en passant en Angleterre pour y poursuivre la lutte. Dans le désarroi moral et matériel où nous étions tombés, il était difficile de discerner exactement la voie à suivre, et celle qu'il a prise pouvait se justifier.

II) Lorsque le Maréchal eut pris le pouvoir, toute hésitation devenait coupable. Le devoir était tracé : il fallait suivre le Chef sans arrière-pensée et, puisque le pays lui avait remis légalement ses destinées, il avait seul le droit de commander. Dès que sa voix s'est fait entendre, elle devait étouffer celle de notre conscience. Passé cette heure, toute dissidence était un crime contre la Patrie.

III) Ayant persévéré dans son erreur, le général de Gaulle n'a pas su maîtriser sa rancœur, et il se couvrit ensuite d'opprobre en insultant par la radio le Maréchal qui avait, avec une toute particulière sollicitude, puissamment aidé à sa carrière.

Les arrestations de Laval et Déat
Le retour des cendres de l'Aiglon

Le 9 décembre 1940, La Laurencie participe à des conférences à Vichy. Il écrit : « Il fut convenu que l'arrestation de

1. De Gaulle : *Mémoires de guerre*, tome II.

M. Déat, dont j'étais chargé, serait effectuée au reçu du mot de passe suivant : *La Maréchale franchit la ligne de démarcation à 17 heures.*

« [...] Le Maréchal avait décidé de se séparer de M. P. Laval et il écrivait au chancelier Hitler pour l'en informer. Dans la lettre manuscrite, le Maréchal disait notamment :

« " Après les entretiens de Montoire qui ont fait naître en France de grandes espérances, je reste plus que jamais partisan de la politique de collaboration, seule susceptible d'assurer à l'Europe une paix définitive que votre Excellence et moi avons le ferme désir de réaliser. Mais cette politique de collaboration est plus facile pour le vainqueur que pour le vaincu. En ce qui me concerne, l'adhésion totale de la Nation contribuerait certainement à en assurer la réussite. Pour obtenir ce résultat, ma présence à Paris me paraît indispensable, mais je rencontre des oppositions qui, jusqu'à ce jour, m'ont empêché d'effectuer ce déplacement.

« " Parmi ces oppositions, je relève certaines intrigues de mon ministre des Affaires étrangères, intrigues qui, jointes à d'autres raisons graves, m'amènent à ne plus avoir confiance en lui.

« " Son maintien au pouvoir ne manquerait pas de susciter des difficultés et peut-être même des troubles de nature à compromettre notre Politique. J'ai décidé, en principe, de me séparer de lui, mais en raison des relations qu'il entretient avec votre gouvernement, je désire avoir votre adhésion.

« " Je voudrais avoir aussi votre agrément pour la désignation comme son successeur de M. P.-É. Flandin [député de l'Yonne, ancien président du Conseil]. Ce nom me semble devoir être une garantie de sincérité pour les efforts que la France continuera de faire en vue de la réalisation de nos projets... " »

Le lendemain 10 décembre, à 16 heures, La Laurencie est convoqué, à l'hôtel de Matignon, par Laval : « Je fus immédiatement introduit dans le cabinet du ministre où se trouvait déjà M. l'ambassadeur de Brinon. M. Laval, la figure rayonnante, tenait en main une lettre du Führer, par laquelle celui-ci informait le Maréchal qu'il rendait à la France les cendres du duc de Reichstadt.

« Le vice-président du Conseil me fit connaître la décision du chancelier, mais il insista avec une telle absence de dignité sur *la noblesse* de ce geste, et me souligna avec si peu de mesure la tenue — belle d'ailleurs — de la lettre du Führer que j'en éprouvais un indescriptible malaise. Nous discutâmes ensuite des détails de la cérémonie du retour des cendres et M. P. Laval me dit :

« " Le sarcophage arrivera en gare le samedi 14 décembre à minuit : il sera convoyé à travers Paris par les troupes allemandes et remis aux autorités françaises aux Invalides. Le Führer désire personnellement que cette cérémonie soit empreinte d'une grande majesté et, voyez sa délicatesse, le Maréchal assistera à la cérémonie, c'est à lui-même que la dépouille mortelle du fils de l'Empereur sera remise. Le chancelier y tient. Bien plus, un bataillon d'infanterie allemande rendra les honneurs au Maréchal à sa descente du train et un bataillon sera sur la place Vauban : le Maréchal en passera la revue. "

« Soulignant ses paroles de gestes dont la vulgarité dépasse toute description, M. P. Laval se complut dans les détails de cette cérémonie. Il ne comprenait pas ce que ces honneurs militaires, rendus au chef de l'État français par des troupes allemandes dans la capitale même de la France, pouvaient avoir de choquant. Il me fut impossible de masquer mon indignation et je répondis à M. Laval : " Comment ! Monsieur le Président, vous allez faire faire cela au Maréchal ! Vous voulez donc le tuer dans l'opinion publique. Vous ne sentez pas ce que peut avoir de douloureux pour les Français qu'à l'occasion de son premier voyage à Paris, le Maréchal passe la revue d'unités allemandes ? A cette pensée, mon cœur de soldat se révolte ! "

« M. de Brinon, voulant soutenir son maître, osa alors prendre la parole pour me dire : " Je ne comprends pas, mon général, votre indignation. Le Maréchal a bien passé, à Montoire, la revue de la compagnie qui rendait les honneurs ".

« Je répondis assez sèchement à l'Ambassadeur : " Monsieur l'Ambassadeur, vous n'y connaissez rien ! Je suis surpris que vous ne sentiez pas la différence entre l'entrevue de Montoire et la venue du Maréchal à Paris. D'ailleurs, le Maréchal ne viendra pas. "

« A ces mots, M. Laval se cabra : " Si le Maréchal ne vient pas, ce sera une insulte personnelle qu'il fera au Führer. Ce sera grave de conséquences. " »

Comment les Allemands font libérer Déat

Le 14 décembre — Laval a été arrêté la veille à Vichy — le général de La Laurencie arrive à l'ambassade d'Allemagne et il voit, écrit-il, « un spectacle de ménagerie ». La Laurencie poursuit en ces termes :

« Je fus immédiatement introduit auprès de M. Abetz, qui était entouré de ses conseillers intimes, MM. Achenbach et Schleier. A mon entrée dans le bureau de l'ambassadeur, je me trouvai en présence d'un homme écumant de rage : M. Abetz arpentait la pièce à grands pas, gesticulant d'une façon désordonnée, dardant sur moi des yeux injectés de sang... C'était la brute déchaînée. [...]

« Abetz : Je n'ai pas à vous écouter [...] . Vous avez fait arrêter M. Déat. Je vous donne l'ordre de le faire relâcher sur l'heure [...]. Si M. Déat n'est pas libéré immédiatement, je vous rendrai personnellement responsable et vous prendrai comme otage [...]. Ah ! Votre gouvernement ! Il va donc faire arrêter tous ceux qui sont favorables à la collaboration. »

La proclamation censurée

La Laurencie termine la Note n° 4 ainsi :

« Pour être complet, il me faut encore noter cet incident. Le 14 décembre, à 20 heures, M. du Moulin de Labarthète [directeur du cabinet de Pétain] me téléphonait la proclamation ci-après que le Maréchal désirait voir insérer dans la presse de la zone occupée :

« " PARISIENS !

« " Le 15 décembre 1840, le Prince de Joinville ramenait en France les restes de l'Empereur.

« " Le 15 décembre 1940 — un siècle plus tard —, les cendres de son fils sont placées sous le dôme des Invalides, à côté de Vauban, de Turenne et de Foch.

« “ L'aigle et l'Aiglon dorment aujourd'hui côte à côte.

« “ Je remercie le chancelier du Reich, Chef Suprême des armées allemandes, d'avoir, cent ans après le retour de Sainte-Hélène, permis le retour de Vienne.

« “ Entre le mélancolique destin du duc de Reichstadt, prisonnier dans sa propre famille, et le destin cruel de la France exilée chez elle par le sort de ses armes, l'Histoire marquera une émouvante analogie.

« “ Heureuse ou meurtrie, triomphante ou vaincue, la France se recueille avec foi devant ceux qui furent au cours des siècles les artisans de sa gloire. »

Signé : Ph. Pétain.

« Les autorités occupantes, insensibles à la grandeur de langage, s'opposèrent à l'insertion de cet appel dans la presse soumise à leur contrôle. »

Abetz : « Laval ? Tuez-le, après, si vous voulez, d'une balle dans le ventre. »

L'une des conséquences immédiates du 13 décembre 1940 aboutit — à l'encontre de ce que recherchaient les auteurs de l'opération — à resserrer l'emprise allemande sur la politique française et à limiter davantage la faible marge de manœuvre dont jouit Vichy.

Ayant cessé ses fonctions, le général de La Laurencie transmet « un rapport que [lui] a remis un homme politique *qualifié,* à la suite d'un long entretien qu'il eut le 20 décembre 1940 avec l'ambassadeur du Reich ».

Outre M. Pierre-Étienne Flandin — qui vient d'être nommé ministre des Affaires étrangères et qui se montre résolument opposé à toute collaboration militaire avec l'Allemagne en Afrique, et notamment au Tchad — l'entretien porte sur Laval, puis sur l'amiral Darlan :

« M. Abetz déplora tout d'abord le départ de M. P. Laval et la crise du vendredi 13 décembre. Cette crise, dit M. Abetz, peut provoquer des catastrophes pour votre pays. Elle est un crime contre la France. En tant qu'ami de la France, je la regrette beaucoup. En tant qu'Allemand, si je ne pensais pas aux intérêts de l'Europe, je pourrais presque m'en réjouir. M. P. Laval est la personnalité qui avait créé le climat favorable aux rapports entre la France et l'Allemagne. C'est lui qui avait causé avec notre Führer. Or, le Führer aime la fidélité, c'est un homme fort, aux réactions simples et justes. Il supportera mal l'affront qui lui a été fait. En éliminant M. P. Laval, la clique réactionnaire de Vichy a fait une très grave faute, car c'est aussi une vexation envers l'Italie. En raison de sa politique antérieure, M. P. Laval avait toutes les sympathies de l'Italie. Vous savez l'effort que fait le Führer pour résister aux revendications italiennes[1]. Or, le fait qu'à Vichy on ait choisi le jour d'une grave défaite italienne[2] pour provoquer cette crise et que, dans le gouvernement, on ait éliminé un ami de l'Italie, a été interprété comme un chantage à notre égard. L'affaire italienne n'a pour nous aucune importance car, si elle en avait, nous nous en serions déjà occupés : il nous reste assez de divisions et nous pourrions toujours envoyer trois mille avions pour liquider l'affaire grecque. Si nous ne l'avons pas fait jusqu'ici, c'est à cause de l'intérêt que nous portons à la France. Avoir dans ces conditions écarté M. P. Laval du pouvoir risque de tout remettre en question. »

Un des conseillers de l'ambassade, M. Achenbach, reprit : « La France doit choisir entre deux politiques : celle symbolisée par de Gaulle, de solidarité complète avec l'Angleterre. Celle de Montoire dont M. P. Laval était le garant. Entre les deux il n'y a pas place pour un *parti neutre* qui prendrait position ni pour les uns, ni pour les autres : il s'agit au fond de savoir si vous voulez, ou non, conserver votre Empire. Le mieux serait que M. P. Laval soit réintégré dans le gouvernement et qu'il y reste jusqu'au traité de paix. »

M. Abetz ajouta avec une cynique cruauté :

« Tuez-le après, si vous voulez, d'une balle dans le ventre. »

1. Cet argument pourrait s'appeler « la carotte d'Abetz » : les diplomates du Reich à Paris font miroiter sans cesse aux milieux collaborateurs l'espoir d'un traitement de faveur, qui serait accordé à la France dans l'Europe de demain, aux dépens de l'Italie — à condition de donner des gages.

2. Le 28 octobre 1940, Mussolini adressa un ultimatum à la Grèce, exigeant le libre passage de ses troupes. En novembre et en décembre 1940, les Grecs remportent des victoires importantes. Les Allemands établissent un lien direct entre les revers de l'Axe dans les Balkans et l'affaire du 13 décembre 1940.

La personnalité de l'amiral Darlan est alors évoquée au sujet de la succession éventuelle du Maréchal :

« Nous sommes, dit M. Abetz, opposés au dauphin civil. Comme successeur du Maréchal qui est vieux, change souvent d'avis, est mal entouré et représente une victoire du passé, il faudra, le jour de sa disparition, un chef militaire victorieux. A l'heure actuelle, vous n'en avez qu'un qui, à travers la défaite, a conservé son prestige intact; c'est le chef de la marine française : l'amiral Darlan. Partout, pendant la guerre et depuis l'armistice, la marine française s'est magnifiquement battue : c'est la seule arme qui n'ait pas été vaincue. J'ai causé personnellement avec l'amiral Darlan. C'est un homme qui produit une excellente impression. Lorsque les Anglais seront battus, il faudra à l'Europe une marine formidable pour se défendre. La marine française a de belles et grandes traditions. Pourquoi ne serait-ce pas autour d'elle que se construirait la marine européenne, et pourquoi ne serait-ce pas l'amiral Darlan qui deviendrait le chef de la marine européenne, comme le maréchal Goering, qui a su donner à notre aviation une si vaste impulsion, ne deviendrait-il pas le protecteur de l'air européen ? »

M. Abetz se défendit de vouloir s'immiscer dans la politique intérieure de la France, mais ajouta :

« Pour la collaboration, il faut mettre en face de l'Allemagne des hommes qui ne lui manifestent pas une hostilité systématique. Or, l'amiral Darlan, en dehors de ses autres qualités, est anti-anglais, comme l'a prouvé son attitude lors des attaques anglaises contre à France. »

Le général de La Laurencie prend à son compte les conclusions suivantes de l'entretien (auquel, rappelons-le, il n'a pas assisté en personne) :

« M. P. Laval était présenté par M. Abetz comme le seul agent qualifié de la politique de collaboration, tout au moins telle que l'Allemagne l'envisage : c'est-à-dire dans la servitude.

« Quant à l'amiral Darlan, les gages, qu'il avait sans doute donnés, en faisaient un candidat acceptable, voire même souhaitable, à la succession de M. P. Laval. M. Abetz mania l'encensoir à l'égard du chef de notre marine avec une habileté assez grossière, mais l'encens qu'il avait déjà fait respirer à l'amiral Darlan, au cours d'entretiens particuliers (15 décembre), ne s'était pas dissipé en fumée, et l'amiral l'avait absorbé avec volupté, au point de s'en griser. Les horizons, ouverts à ses ambitions personnelles, étaient si riches de promesses qu'il n'hésita pas, bien qu'ils portassent l'estampille allemande, à s'y engager au risque de blesser l'opinion publique française dans ses plus intimes et plus respectables sentiments. »

Note de l'auteur. Le texte complet des douze notes qui constituent les rapports du général de La Laurencie se trouve aux Archives fédérales de Berne (Fonds Walter Stucki) ; au Comité d'histoire de la Seconde Guerre mondiale (Paris) ; aux Archives nationales, parmi les documents du maréchal Pétain saisis après la Libération dans le centre de la France.

*

LES TENANTS ET LES ABOUTISSANTS DU 13 DÉCEMBRE 1940

Note de l'auteur. Les véritables motifs de l'affaire du 13 décembre — politique intérieure et politique extérieure — ont été longtemps débattus. En réunissant les éléments du *Journal* non publié du général Laure, secrétaire général du maréchal Pétain (cf. *Pétain et la France,* par l'auteur, Plon) ; les rapports diplomatiques du Canadien Pierre Dupuy ; les témoignages postérieurs de l'ancien ministre de l'Intérieur Peyrouton *(op. cit.)* et du colonel Groussard ; le témoignage du colonel Fourcaud — officier d'état-major de la France libre, envoyé par de Gaulle en mission clandestine, et qui ne peut, pour sa part, être soupçonné de mémoire sélective —, la majorité des éléments conduit à conclure que la politique extérieure a commandé les événements du 13 décembre 1940. Soldat intègre, le colonel Groussard nous a souvent répété : « Notre raison fondamentale a été d'empêcher Laval de faire le jeu des Boches. » Il convient enfin de ne pas oublier les propres déclarations de Laval devant les représentants des chantiers de jeunesse, lorsque le chef du gouvernement disait apparemment la vérité à cœur ouvert (cf. *infra,* chap. VII, première partie).

Le Journal de Genève, qui, en général, est bien informé par son représentant à Vichy, très introduit au cabinet du Maréchal, donne (17-12-1940) une analyse de la situation, puisée à bonne source. (Cet article est relevé par Henri Amouroux dans *La Grande Histoire des Français sous l'Occupation,* tome III.)

Emmanuel Berl, pour sa part, inscrit cette remarque dans *La Fin de la IIIe République* (Gallimard) : « L'entrevue [de Montoire entre Pétain et Hitler] précipite sa chute [de Laval] plutôt qu'elle ne l'empêche. Elle accroît le désir qu'a Pétain de s'en défaire. »

Au demeurant, l'affaire du 13 décembre se termine par un coup d'épée dans l'eau et, en définitive, l'Allemagne étend son emprise sur la politique française. Mais l'enfer, assure-t-on, est pavé de bonnes intentions.

★

« JOURNAL DE GUERRE » DE MARCEL DÉAT

Éléments complémentaires

L'Angleterre. « Abetz considère que les Anglais sont dès maintenant vaincus, mais ils ont les réflexes lents et n'en ont pas encore pris conscience. » (4-11-1940.)

Les lendemains du 13 décembre. « Abetz a en poche des instructions précises et nettes. L'Allemagne ne tolérera pas plus longtemps les complots réactionnaires de Vichy, et exigera le nettoyage et le retour de Laval. P. a vu Abetz, qui a tapé très fort sur la table et lui a fait comprendre que la menace ridicule d'une dissidence en Afrique du Nord n'arrêterait pas l'Allemagne.

« Abetz est donc parti [1] avec une garde de dix officiers des

1. Abetz s'est rendu à Vichy avec une escorte blindée pour libérer Laval.

troupes spéciales. Trois colonnes motorisées et blindées sont prêtes à bondir sur Vichy, au premier appel. » (16-12-1940.)

— (Laval, libéré par Abetz, arrive à Paris et s'entretient avec Déat.) « Laval a été pleinement rassuré quand il a entendu le compte rendu du discours d'Abetz et, dès ce moment-là, il a été sûr que sa captivité ne durerait pas longtemps [...]. Laval a invité Abetz et ses gardes du corps à faire un tour à Châteldon [où Laval possède sa propriété], provoquant la plus vive sensation chez les populations auvergnates. Après quoi, Laval a demandé à Abetz s'il voyait un inconvénient à ce que lui, Laval, l'accompagnât à Paris [...]. La nouvelle du départ pour Paris a atterré le Maréchal et son entourage.

« [...] Laval parle durement du Maréchal, qui est un vieux bonhomme, plein de faussetés. Il rappelle que, le vendredi à trois heures de l'après-midi, le Maréchal était prêt à partir pour Paris ; il réglait avec Laval et de Brinon les détails de son voyage et il avait même l'idée saugrenue de déjeuner au Café de Paris. [...] Et, le soir, il chassait Laval, comme on ne chasse pas un domestique, et il le faisait arrêter.

« [...] Abetz a fort bien compris que les espoirs des gaullistes s'étaient réveillés partout à la suite des échecs italiens, et qu'il y avait beaucoup de cela dans l'attitude de Vichy.

« [...] Abetz souhaite qu'on arrête une centaine de cagoulards [1] comme otages, pour parer à tout attentat politique, en menaçant de les fusiller éventuellement. Abetz désire me revoir prochainement pour avoir une conversation approfondie : il s'agit maintenant de construire un régime stable, en accord avec les désirs et les tendances vrais du peuple français. Nous nous quittons très cordialement. » (18-12-1940.)

— « Je file avec la voiture à la villa Saïd. Je vois Laval tout de suite. Il a déjeuné avec Abetz. On attend en ce moment les instructions de Berlin. Que seront-elles ? Deux hypothèses : ou bien le triumvirat provisoire [2] pour ne rien casser et gagner du temps. Mais alors, cela ne durera pas. Ou bien le nettoyage complet. Mais il est à craindre que, dans ce cas, l'occupation ne s'ensuive, et aussi la dissidence africaine [...]. Laval pense que,

1. Le colonel Groussard, chef des groupes de protection, qui s'est saisi de Laval à Vichy, est accusé d'avoir recruté les membres de sa police parallèle parmi les anciens membres du Comité secret d'action révolutionnaire, appelé *la Cagoule*.

2. Le maréchal Pétain, l'amiral Darlan, le général Huntziger.

si l'on s'en tient à un rapetassage, la combinaison ne durera pas au-delà du 15 janvier. Il m'indique qu'alors il fera le ministère qu'il veut faire : ***Je n'avais pas besoin d'une piqûre de cacodylate,*** dit-il, ***mais ils m'en ont flanqué une fameuse.*** »

« Laval m'indique qu'il a écrit une lettre à Hitler et me la lit : elle n'est pas mal venue. Il remercie de l'intervention d'Abetz et plaide la cause de la France, qui n'est pas responsable de certaines manœuvres individuelles [...]. Laval semble envisager comme possible le départ du Maréchal, et l'accession de Darlan à la présidence de la République, ou quelque chose d'approchant. On pourrait lui coller deux étoiles de plus à cette occasion. » (21-12-1940.)

Vichy. « Vichy est de plus en plus un panier de crabes [...]. On n'y rencontre que des juifs, des gaullistes dans toutes les antichambres. » (27-11-1940.)

— « Visite du Dr Kurt Reichl, déjà vu il y a quelque temps. Il est allé à Vichy et revient bien convaincu que l'on a affaire à un gouvernement clérical agressivement. Il en est éberlué. » (10-12-1940.)

Antisémitisme. « Descente au journal. Je vois Mlle L. pour la suppression des annonces nécrologiques juives. Il y en a eu une hier, il y en a deux aujourd'hui. » (20-11-1940.)

CHAPITRE V

LE ROYAUME D'OTTO ET LE PARADIS DE CÉLINE

LONDRES : NAISSANCE DU V DE LA VICTOIRE. — PARIS : « L'AMBASSADE ». — LA SERVILITÉ INTELLECTUELLE. — LA VIE PARISIENNE. — CONFÉRENCES DE TRAVAIL AUTOUR D'OTTO ABETZ. — LES NATIONAUX-SOCIALISTES FRANÇAIS. — « ON A ARRÊTÉ, CE MATIN, 5 000 JUIFS DANS PARIS. » — LE DÉBUT DES EXÉCUTIONS DE SOLDATS ALLEMANDS DANS LA RUE. — HITLER INTERVIENT. — LES REPRÉSAILLES. — LE RASSEMBLEMENT NATIONAL POPULAIRE. — LAVAL PRÉPARE LES VOIES DE SON RETOUR AU POUVOIR. — LE MIRAGE PRÉSENTÉ AUX FRANÇAIS : LA SECONDE PLACE DANS L'EUROPE ALLEMANDE, AUX DÉPENS DE L'ITALIE. — LE Dr DESTOUCHES, ALIAS CÉLINE. — L'ANTISÉMITISME. — L'ÂGE DU MARÉCHAL : UNE DONNÉE STRATÉGIQUE. — LES FUSILLÉS DE CHÂTEAUBRIANT : PÉTAIN EN HOLOCAUSTE ? — UN PROJET QUI AVORTE, MAIS QUI ÉCLAIRE LE DRAME DE LA FRANCE ET LA SUITE DES ÉVÉNEMENTS.

1941 au cœur du IIIe Reich. Dans l'enceinte du Palais des Sports à Berlin, Hitler, le 30 janvier — huitième anniversaire de son arrivée au pouvoir — salue « la plus grande année de l'histoire du monde ».

1941 à Londres. Le V, symbole de la victoire, commence, le 14 janvier, une carrière fulgurante. Lancé sur les ondes [1],

1. L'initiative en est due au porte-parole de la radiodiffusion belge sur les ondes de la B.B.C. : Victor de Laveleye, député de Bruxelles, ancien ministre de la Justice (1937), ancien président du Parti libéral belge. (Témoignage de M. Maurice Schumann à l'auteur.)

popularisé par Churchill, adopté par de Gaulle, il franchit la Manche et se multiplie à la craie. En carton, en papier, il est épinglé dans le dos des capotes allemandes à la faveur des cohues du métro ou du cinéma[1].

1941 dans le monde. L'année décisive, que prédit le chancelier du Reich, restera, en réalité, l'année de la guerre des continents et du choc des Empires. Le 21 juin, Hitler envahira l'Union soviétique. Le 7 décembre, le Japon déclenchera l'attaque foudroyante de Pearl Harbor contre les États-Unis.

1941 à Paris. Croix gammées sur les Champs-Élysées. Le parti unique doit être le moteur de la révolution national-socialiste en France. Marcel Déat rêve au grand projet d'un instrument totalitaire, projet qui échoua quelques mois plus tôt à Vichy[2] : il fonde le R.N.P. — Rassemblement national populaire —, embryon, dans son esprit, du futur et seul mouvement à vocation nationale. Financée par les Allemands, l'initiative s'inscrit, pour l'immédiat, dans la suite du 13 décembre 1940. Le bras droit de Déat établit la filiation directe : « C'est le 13 décembre 1940 qui est à l'origine du R.N.P. [...]. Le but était de lancer un mouvement en faveur de la politique de Montoire et du retour au pouvoir de Pierre Laval[3]. »

« Le 13 décembre [a] soudé Déat à Laval [...]. Les deux hommes ne s'aimaient pas [...]. Il se peut, mais d'avoir été arrêté presque le même jour et, en tout cas, pour les mêmes motifs que Pierre Laval, provoque chez Déat comme un sentiment de fraternité d'armes[4]. »

Ainsi se trouvent justifiées à posteriori les lourdes charges retenues par le maréchal Pétain. Le 1er février 1941, le R.N.P. est donc porté sur les fonts baptismaux. Et maintenant nous allons suivre, dans son cortège. un étonnant parcours.

Jamais, jusqu'à présent, nous n'avons vu, de l'intérieur, tomber une lumière aussi crue, aussi brutale, sur les cénacles de

1. Cf. Robert Aron, *op. cit.*
2. *Revue d'histoire de la Seconde Guerre mondiale.* J.-P. Cointet, *op. cit.*
3. Varennes, *op. cit.*
4. Henri Amouroux, *op. cit.*

la collaboration française. Que connaissons-nous de l'époque ? Les articles de journaux, les affiches, les discours, les partis, les défilés sur la place publique, les éditoriaux de Radio-Paris et l'antisémitisme.

Désormais, documents en main, nous étudions les méthodes de pénétration utilisées par l'ambassade d'Allemagne à Paris, où, aux côtés d'Otto Abetz, tient une place considérable le conseiller Ernst Achenbach, habile et subtil, qui accueille ses hôtes dans son bureau de la rue de Lille, ou bien, rue de Grenelle, dans un « appartement très agréable, de plain-pied, avec un jardin[1] ».

« L'ambassade » — ainsi est-il de bon ton de la désigner parmi les cercles qui se placent dans le vent de la collaboration — tire les ficelles, en même temps que les Waffen SS mènent leur action parallèle, et la Gestapo son action souterraine. La Wehrmacht apparaît moins : elle montre peu de goût pour ces intrigues du sérail et se consacre aux tâches militaires.

Dans la partie qui, rive gauche, rive droite, se joue chaque jour, on ne peut prétendre, au vu de l'analyse, que les Français se révèlent les plus intelligents et les plus fins. Les Allemands de Paris, sous couvert de favoriser l'unité de la collaboration afin de placer — argument essentiel — la France en meilleure posture devant Hitler, jettent, ici, de l'huile sur le feu, ou bien, là, versent des gouttes d'acide au milieu des groupes ou groupuscules qui s'entre-déchirent et se dévorent, aveuglés par les rivalités, les ambitions, les appétits. Les Allemands sèment la division, avivent les cupidités, attisent les haines. C'est de bonne guerre pour un occupant. Dès cette période sans doute, Otto Abetz, suivant les instructions reçues et prouvées par la suite, travaille en sous-main, dans la zone occupée, contre « une volonté politique unifiée en France[2] ».

Le *Journal de guerre* de Marcel Déat, et quelques autres textes inédits, éclairent les arcanes, montrent les rouages, démontent les ressorts. Souvent, les yeux ne croient pas ce qu'ils découvrent.

1. *Journal de guerre* de Marcel Déat. Ce *Journal,* au fil de ses pages, offre l'intérêt, sinon d'un dictionnaire, du moins d'un lexique de la collaboration parisienne et mondaine.

2. Abetz, télégramme 5295 à Ribbentrop, ministre des Affaires étrangères, 19-11-1942. (Cité par Paxton : *La France de Vichy,* Seuil.)

L'ambassade de la rue de Lille, c'est La Mecque sur les bords de la Seine ; ou bien, si l'on préfère, le Vatican ; ou bien encore le Kremlin. On s'y prosterne, on s'y incline, on y lit le Livre, on adresse des rapports à l'Autorité, on lui soumet des notes. On y rencontre des Français plus allemands que les Allemands, comme d'autres côtoient, dans les pays baltes ou ailleurs, des communistes plus soviétiques que les Soviétiques.

Cet abaissement s'inscrit dans la suite de la profonde décadence qui ronge la France depuis les années 1930, la décadence [1] des mœurs et des esprits, la perte du sentiment de l'honneur dans la confusion des idéologies, où se rejoignent les factions de la droite, ou bien de l'extrême droite, mais aussi de l'extrême gauche, des anciens communistes, des renégats du parti socialiste, de la C.G.T., des élus du Front populaire, des hommes appartenant aux différentes nuances de la gauche.

Le fléchissement des cœurs et des âmes a suivi une pente inexorable à partir du moment où une partie de la droite a murmuré, au nom de l'argent : « Plutôt Hitler que Léon Blum », et où l'école pacifiste de la gauche n'a pas reculé — tel Jean Giono — devant la phrase : « J'aime mieux être un Allemand vivant qu'un Français mort [2]. »

Il restait à la double démarche de s'épanouir dans le désastre. Par quel processus se développe maintenant cette désintégration mentale parmi ceux que ne meut pas la vénalité ? Marcel Déat, le professeur doctrinaire, juge que « le monde d'après-guerre serait national-socialiste [3] ». Des mécanismes intérieurs modèlent cette espèce de « servilité intellectuelle avec laquelle Déat se rangeait toujours aux opinions de l'ambassade d'Allemagne sans jamais discuter [4] ».

1. *La Décadence :* titre de l'ouvrage de J.-B. Duroselle (Imprimerie nationale).

2. Quelque cinquante ans plus tard, on entendra dire en Allemagne : « Plutôt rouge que mort. »

3. *Histoire de la collaboration* (Édit. L'Esprit nouveau) par Saint-Paulien (pseudonyme de Maurice-Yvan Sicard, membre du bureau politique du Parti populaire français — P.P.F. de Jacques Doriot —, membre du directoire de ce parti lorsque Doriot partit pour le front de l'Est).

4. Témoignage de René Château, normalien et agrégé de philosophie comme Déat, député de la Charente-Inférieure, directeur politique, sous l'Occupation, de *La France socialiste* à Paris, jusqu'à ce que la censure allemande lui retire sa carte. Hoover Institute, III.

Le doctrinaire a raison. Il ne peut avoir tort. Il voit juste. Il accueillit « la victoire allemande comme la confirmation éclatante de sa clairvoyance politique [1] ». Il ne peut plus se tromper. Il ne doit plus se tromper.

Dans le Paris de 1941, Déat, si l'on ose dire, a les mains libres par rapport à Vichy. Il laisse exploser la force qu'il porte en sa poitrine. Le chemin se présente, bien tracé. Prenons les points de repère qui jalonnent l'itinéraire : « ... Cette collaboration n'est ni une nécessité matérielle, ni un expédient provisoire, mais une doctrine fondamentale [2]. » L'occupation allemande ? « Une fête de l'Histoire [3]. » Hitler ? « Nous avons été battus par un homme de génie [4]. »

Déat choisit une forme de protectorat du Reich sur la France. N'a-t-il pas écrit lui-même, en toutes lettres, le mot *protectorat* [5] ? La pensée court au fil de la plume : « ... Des imbéciles ou des criminels — la Cour le dira — ont joué la France au poker et l'ont perdue. Nous allons payer [...]. Il y a des gens qui ont le goût morbide de la flagellation, qui trouvent dans le martyre de leur pays une sorte de délectation relevée de sérénité. Ils courbent le front sous le destin dont ils se consolent parce qu'ils y trouvent des excuses et comme une justification : le fléchissement moral, l'abaissement des mœurs, l'indiscipline des esprits.

« [...] Mais le sang des vrais Français bout devant ces agenouillements intérieurs, devant cette hérésie noire, perfide, immonde à l'égard de la patrie... Ils prendront un jour le fouet pour apprendre à d'autres le très élémentaire devoir d'accrochage au sol, ou pour fustiger en place publique quelques momies parlantes et écrivantes qui se mêlent de leur administrer des leçons [6]. »

S'agit-il d'un sursaut ? Planiste hier [7], planiste aujourd'hui, Déat élabore depuis des mois le programme qui situe la France

1. Pascal Ory : *Les Collaborateurs* (Seuil).
2. 3. 4. Marcel Déat dans *L'Œuvre* des 5-7-1940 ; 21-9-1940 ; 12-11-1943. Extraits donnés par Ory, *op. cit.* ; Amouroux, *op. cit.*
5. *Supra*, chap. III. *Journal de guerre* de Marcel Déat en date du 24-8-1940.
6. Article de Déat, *L'Œuvre* (2-11-1940), cité dans le *Journal politique* du président Jules Jeanneney, *op. cit.*
7. En 1934, Déat avait participé à la mise au point du plan, dit du 9 juillet, dont Jules Romains était l'inspirateur.

dans la subordination économique et, partant, politique, devant le Reich :

« Choisir ! Entre une France désarticulée par l'annexion de dix ou quinze départements, ou bien une France géographiquement intacte, où chaque entreprise industrielle, ou commerciale, importante, impliquerait une participation allemande du tiers ou du quart. Choisir entre une France théoriquement libre, mais réduite territorialement, ou une France dont l'économie serait en osmose avec l'économie allemande. Je ne sais si l'alternative aura cette netteté, mais je souhaite qu'elle l'ait [1]. »

En rupture de ban avec le Maréchal, ayant pris ses distances par rapport à Vichy où, naguère, il écrivait encore ces lignes, Déat titre maintenant son éditorial : « Que de vichyssitudes [2] ! » La zone non occupée devient, par dérision, *la zone nono,* le *Nonoland...*

Plus à l'aise que sur les bords de l'Allier, l'ancien tribun des néo-socialistes Marcel Déat évolue dans Paris, où règne la loi du vainqueur, messagère de la révolution européenne. « L'ambassade », les Waffen SS, les états-majors économiques, politiques, policiers tiennent table ouverte dans les grands établissements de luxe de la capitale, favorisés par un régime spécial d'approvisionnements. Aux déjeuners et aux dîners offerts par les Allemands correspondent les repas protocolaires « en retour » de politesse, dans le style diplomatique. Déat tient le compte des invitations :

« 12 h 30. Coup de téléphone du comte Podewil, l'adjoint du major Schmidtke [3]. Il signale qu'est de passage à Paris le capitaine Löfelhören, qui est chargé de la propagande et de la presse à Bordeaux et à Angoulême. Je lui dis naturellement de venir déjeuner et je téléphone que nous serons neuf chez Maxim's. » (24-14-1941.)

« Je pars déjeuner chez Maxim's. Nous trouvons là le major Schmidkte, une dizaine d'officiers de la *Propaganda-Staffel,* les

1. Article de Déat, *L'Œuvre* (2-11-1940), cité dans le *Journal politique* du président Jeanneney.
2. *L'Œuvre* (10-1-1941). Cf. Brissaud : *La Dernière Année de Vichy* (Presses de la Cité).
3. Chef de la *Propaganda Abteilung* à Paris.

quatre du R.N.P. [...]. Conversation cordiale après un speech du major [...]. » (16-5-1941.)

« ... Nous allons rejoindre les convives à *La Rôtisserie périgourdine :* Laval [...], Achenbach. Je remets à celui-ci la liste des arrestations erronées, l'affaire Geudet, l'affaire Juin et le document sur la Synarchie[1]. » (3-7-1941.)

« Déjeuner chez Maxim's avec Boemelburg, chef de la Gestapo, très informé de toutes choses. » (10-7-1941.)

A l'issue d'un déjeuner chez Larue, selon Boemelburg, « Laval explique longuement la situation à Vichy et qu'il faut en finir. Il tâche de dissiper certaines craintes des Allemands, qui redoutent les suites d'une intervention trop brutale dans les affaires intérieures de la France. » (30-7-1941.)

« Cercle européen. Déjeuner avec [...][2], le docteur Wimmer, les lieutenants Reigner et Ewers, le capitaine Küntz, tous très cordiaux. Ils pensent décidément très bien, en bons nazis, et jugent, à leur valeur, les collaborationnistes de Vichy [...]. » (22-11-1941.)

Déat est prié à déjeuner par le général Hanesse, des armées d'occupation. Déjeuner non politique, mais mondain. L'hôte pratique un certain humour. Sous le trait anecdotique, le récit donne un bon reflet sociologique : « Le général Hanesse est, avec son état-major, installé princièrement dans l'ancien hôtel du baron Robert de Rothschild, juste auprès de l'Élysée. Le parc est splendide, et les appartements évidemment pas mal, mais bric-à-brac et rococo. Déjeuner très cordial. On parle marine, aviation, Crète[3], États-Unis. Hanesse nous amuse en

1. *Synarchie :* du nom d'une société secrète au XIXe siècle, qui avait prévu le déclin du régime parlementaire. Durant l'Occupation, un rapport sur la Synarchie circule sous le manteau, tendant à établir qu'un groupement secret de polytechniciens et de technocrates — dont plusieurs ministres de Vichy — s'efforce de mettre la main sur les principaux leviers de commande de la Nation.

2. L'auteur rappelle que, en dehors des principales têtes de la collaboration française à Paris, il supprime les noms des personnes citées, ou bien les remplace par des initiales.

3. Deux jours plus tard — 31 mai — Hitler se rend maître de la Crète, porte-avions géant au milieu de la Méditerranée, par un assaut des troupes aéroportées qui stupéfie le monde

nous contant que tout le personnel domestique est resté à leur service et que tout se passe fort bien. Le maître d'hôtel [...] a écrit, un jour, une lettre à destination de ses anciens patrons en Amérique, dans laquelle il a donné les meilleures nouvelles de la maison, se félicitant hautement de la manière dont le général la dirige, les dîners qui s'y donnent, etc., et il a insisté sur la réussite d'un cocktail de plusieurs centaines de personnes où il avait reconnu *tous nos anciens amis*. Le personnel a eu l'heureuse surprise de toucher des étrennes, pour la première fois depuis toujours, et en a adressé des remerciements émus au général. Il paraît que la vieille lingère [...] est juive, mais ils aiment autant l'ignorer, ce qui est gentil. » (29-5-1941.)

Au-delà des propos de table, les conférences de travail requièrent leur place. 21 août 1941 : Marcel Déat se rend à « l'ambassade ». Son interlocuteur s'appelle Achenbach, l'avisé conseiller d'Otto Abetz. L'objet de la rencontre ? Il s'agit de procéder à un tour d'horizon sur l'évolution du conflit à l'extérieur et sur l'attitude de Vichy à l'intérieur. De fil en aiguille, Ernst Achenbach, très en forme, constitue le gouvernement français de son choix, lequel inclut des nationaux-socialistes du R.N.P., ou bien leurs alliés.

L'opération devrait être menée en souplesse, étant entendu que le maréchal Pétain serait conservé en tant que « symbole ». Berlin a besoin, plus que jamais, de ce symbole. En pointillé réapparaît ainsi une des règles directrices de la diplomatie nazie. Depuis juin 1940, Hitler souhaite Pétain à la tête de la France [1]. Le Maréchal persiste à s'affirmer soucieux, pour sa part, d'épargner avant tout de plus grandes épreuves aux Français. A son corps défendant, par sa présence, son autorité, son prestige sur l'armée d'armistice, sur la police, sur l'administration, il libère cependant la Wehrmacht d'une partie des charges du maintien de l'ordre dans des zones stratégiques à l'ouest — en particulier au moment où, sur le front de l'Est, la méthode de

---

Churchill en est frappé au plus haut point : « On n'avait encore rien vu de comparable. Ces parachutistes nazis, vaillants, admirablement entraînés [...] étaient passionnément résolus à sacrifier leur vie sur l'autel de la gloire de leur patrie et voulaient établir l'hégémonie germanique sur le monde. » (Churchill : *La Grande Alliance.*)

1. A l'inverse, Goering, parfois en divergence de vues avec Hitler, soutient que l'armistice « a été la plus grosse faute du Führer ».

l'offensive éclair des hitlériens, pour la première fois, ne vient pas à bout, en peu de semaines, du nouvel ennemi désigné : le Russe.

Le diplomate allemand explique à Déat qui prend note et transcrit sur ses *Cahiers noirs :* « Achenbach déclare que les Allemands sont, pour le moment, attentistes. Ils attendent que la prise spectaculaire de Leningrad et de Moscou ait enlevé *le goût à Vichy de forger des chimères sur la victoire anglaise.*

« [...] J'expose franchement que, à suivre le penchant sentimental, mieux vaudrait la disparition complète de Vichy. Je suis d'ailleurs capable de comprendre des considérations plus politiques. Achenbach souhaite, en réalité, un apaisement, un rapprochement, une entente et, pour tout dire, un remaniement ministériel concerté, qui permettrait notre arrivée au pouvoir, mais avec l'aveu du Maréchal, jugé tel qu'il est, mais maintenu comme symbole. Et, crayon en main, il esquisse le gouvernement idéal. D'abord, le Maréchal, bien entendu. Puis Darlan qui demeurerait successeur désigné et vice-président du Conseil, mais n'aurait plus que la Défense nationale, avec la Marine, la Guerre, l'Air sous son contrôle. Laval serait également vice-président du Conseil et aurait sous lui les Affaires étrangères et l'Intérieur. Resteraient deux autres grands ministères, l'Économie nationale et l'Éducation nationale. Celle-ci comprenant la Jeunesse et la Propagande, et étant étroitement reliée au Parti. Lequel serait dirigé par un comité. Achenbach considère ensuite les hommes possibles, les nouveaux. » Et de les énumérer, nom par nom.

Tout national-socialiste français sacrifie au national-socialisme européen. La révolution brune laissera les attardés du siècle sur les bords de la route. Marcel Déat, l'élève de la rue d'Ulm, le fils de ses parents, humbles Morvandiaux enfoncés dans la glèbe, n'a plus, pour sa part, les pieds sur le sol de sa patrie ; il ne vibre plus avec le peuple dont il est issu ; il ne partage plus les heurs et les malheurs de ses compatriotes. Mentalement, spirituellement, un être quasi dénationalisé se dresse. Il va, il vient, il marche, il mange, il boit, guidé par le dessein d'un monde nouveau qu'il voit naître, pour l'heure, dans la guerre et dans le sang.

Sur son registre quotidien, les questions terre à terre du ravitaillement domestique et du marché noir [1] occupent plus de place que les affres des Français. Rendu insensible, ou bien indifférent, aux détresses environnantes, il écrit d'une main glacée, le 14 mai 1941, après la relation de menus faits divers, une soirée à l'opéra et un dîner au Fouquet's : « On a arrêté, ce matin, 5 000 juifs dans Paris. »

Les 19 et 20 août, Déat inscrit : « Vaste opération des polices allemande et française dans le XIe arrondissement dont les voies d'accès sont barrées. Les stations de métro sont fermées [...].

« ... L'Église soutient visiblement les juifs, parce qu'elle y trouve une nouvelle et abondante clientèle. Ils se font tous baptiser. Les curés ont fait interdire la présentation du film *Le Juif Süs* à Montpellier. Une fête juive a été honorée de la présence d'un général et de hauts magistrats. »

Le lendemain, 21 août 1941, surgit un événement grave : l'aspirant Moser, de la Kriegsmarine, tombe, au métro Barbès-Rochechouart, sous les balles d'un jeune résistant, Fabien [2]. Cet acte marque le début d'une série d'exécutions de ce type dans la rue. Déat relate les épisodes de la journée : « Arrivée de H. [Hélène, sa femme], déprimée par les scènes vues dans le métro. Tous les gens gueulent et saluent les affiches [3] où est annoncée l'exécution de quelques communistes. On a assassiné ce matin un aspirant de marine allemand au métro Barbès-Rochechouart. La foule a absorbé les assassins. Voilà qui va

1. « Dès lundi, nous aurons la charcuterie commandée. 17 h 40 : Mlle L. annonce des bananes pour tout de suite, et, ultérieurement, des pommes de terre. » (1-2-1941). « Visite de L. qui apporte des haricots. » (6-2-1941.) Toujours une belle couche de neige sur Paris.
Nous lisons aussi cette nouvelle à une date ultérieure : « Le cochon de Fernand et de Jeanne est très malade, paralysé du train de derrière. Il va probablement crever et sans être consommable. » Enfin : « Achenbach me donne gentiment des bons pour quarante litres d'essence. »

2. Georges Pierre, dit Fabien, ancien combattant des brigades internationales en Espagne, commande un des premiers groupes d'action de « l'organisation spéciale » du parti communiste. La mort de l'aspirant Moser met en mouvement « l'engrenage des attentats et exécutions d'otages. Colonel à vingt-six ans, Fabien commandera le 1er régiment F.F.I. à la libération de Paris, puis combattra dans la Ire armée française en Alsace où il tombera » (*Dictionnaire de la Seconde Guerre mondiale,* Larousse).

3. Les condamnations à mort et les exécutions des « terroristes » (Déat, suivant la terminologie à la mode, ne voit en eux que des communistes et des juifs) sont annoncées par des affiches rouge et noire, rédigées en français et en allemand : *Bekanntmachung — Avis.*

coûter cher à Paris. Et c'est sans doute le commencement des exploits communistes. »

Réflexion portée sur le *Journal de guerre* en fin de journée : « Rien sur l'assassinat de ce matin, ni sur les mesures de représailles. Mais on sait qu'on a arrêté quelques centaines de juifs et tous les avocats israélites du Palais. Je fais mon journal. Je me couche. Il est minuit quarante-cinq. »

Marcel Déat dort sur ses deux oreilles. Pas un instant, il ne doute de la victoire allemande. Le printemps de 1941 a souri au Führer qui, en moins de trois mois, a conquis l'Europe du Sud-Est et les îles de la mer Égée. Rommel a chassé les Britanniques de la Cyrénaïque. L'Axe vole de succès en succès.

Le 27 mai, il est vrai, aux États-Unis, Roosevelt a décrété « l'état extraordinaire de danger national illimité ». C'est le prélude à l'entrée en guerre. Le Président ordonne aux forces des États-Unis d'occuper le Groenland, qui commande le trafic de l'Atlantique Nord, puis l'Islande, tous territoires déclarés « avant-postes stratégiques » de l'hémisphère occidental. Par une des plus remarquables aberrations du second conflit mondial, Hitler, ainsi que les dirigeants du Reich — et Déat ne sort pas de cet étroit schéma — persistent dans une colossale erreur : ils ne croient ni à la puissance ni à la détermination américaines.

Au début de l'été de 1941, pourtant, en France et dans les autres pays occupés, le vent, semble-t-il, commence à tourner. A la fin du mois de juillet, la Wehrmacht a pénétré en profondeur dans l'U.R.S.S., mais, en face de Moscou, le groupe d'armées du centre rencontre une résistance dure. A Paris et en province, les beaux jours de la quasi-unanimité nationale autour du Maréchal s'éloignent. Soudain, le 12 août 1941 — huit jours avant l'attentat du métro Barbès-Rochechouart —, Pétain prononce un discours : « Je sens se lever un vent mauvais. » D'autres militaires allemands sont tués. La Wehrmacht fusille. Les journaux publient, sur ordre, les noms des otages passés par les armes : « Matheron Lucien, Joly René, Bonnin André, Libermann David, Bernheim Isidore, Blum Lucien... » Les communiqués précisent : « Les otages ont été pris parmi les juifs et les communistes. »

L'horreur croît d'un côté, et, de l'autre — comme pour Déat —, l'indifférence s'accroît, ou bien la volonté de rejeter toute forme de sensibilité dans ce domaine. Que comptent les épisodes de la guerre à côté du fascinant et terrifiant modèle européen — antibolchevisme, anticapitalisme, anticléricalisme, antisémitisme — que transportent les fourgons du national-socialisme ? Un révolutionnaire discerne les grands ensembles du siècle. Il néglige les incidents de parcours. Marcel Déat structure le R.N.P., son Rassemblement national populaire, « le seul parti politique sérieux, militant dans le sens de la collaboration orthodoxe et reconnu par les autorités occupantes [1] ». Les hommes [2], habillés d'une chemise bleue, d'un pantalon ou d'une culotte noire, tenue par une ceinture ou un ceinturon, portent le béret. L'insigne à la poitrine représente un fer à cheval — qui symbolise l'agriculture et qui est choisi à la demande de Laval [3] —, recouvert de trois flambeaux, bleu, blanc, rouge, tenus serrés dans une main vigoureuse. « Cette main — explique Déat, toujours désireux de rester fidèle à ses origines — rappelle le poing levé du Front populaire, mais elle unit, au lieu de diviser, elle rassemble, au lieu d'opposer. Et il va de soi que les trois couleurs et les trois flambeaux représentent la gamme des partis, réconciliés dans la nation [4]. »

Le R.N.P. marche en prise directe avec « l'ambassade ». « Mardi 28 janvier 1941. A 19 h 45, je descends au *Café de Paris*. J'attends un moment. Achenbach arrive [...]. Nous examinons longuement le problème de notre Rassemblement. Il va en parler à Abetz, qui arrive tout à l'heure, et la demande [5] sera immédiatement soumise aux militaires et vigoureusement appuyée auprès d'eux par l'ambassadeur [6] ».

« Le P.P. [c'est-à-dire le journal *Le Petit Parisien*] et Marquet [7] vont être durement sonnés par l'ambassade s'ils ne marchent pas mieux avec le R.N.P. [8]. »

1. Saint-Paulien, *op. cit.*
2. Le R.N.P. ne réunit pas plus de 20 000 adhérents (J.-P. Azéma : *De Munich à la Libération*, Seuil) ; de 10 000 à 30 000 selon Henri Amouroux (*op. cit.*). Azéma mentionne que le R.N.P. parvient « à mordre sur certaines franges des électeurs de la S.F.I.O. ».
3. Varennes, *op. cit.*
4. Déat : *L'Œuvre*, 12-3-1943.
5. Il s'agit sans doute, à cette date, de la demande d'autorisation du R.N.P.
6. *Journal de guerre*, 28-1-1941.
7. Adrien Marquet, député-maire de Bordeaux, ancien ministre appartenant à la fraction droite de la S.F.I.O., l'un des fondateurs, naguère, du parti néo-socialiste avec Déat.
8. *Journal de guerre*, 8-2-1941. Quelques jours plus tard (25-2-1941), Déat note aussi ceci : « Un nommé G., israélite, vient expliquer qu'il adhère au R.N.P. Je lui explique que non. »

L'emprise de « l'ambassade » apparaît en pleine lumière, ainsi que la pression constante, augmentée d'un chantage, qui reste exercée sur le maréchal Pétain. Selon Otto Abetz, de retour d'Allemagne, « Hitler va laisser tomber Vichy qui sera menacé d'asphyxie. Au grand étonnement de ces Messieurs sans doute. Raison de plus pour activer notre Rassemblement qui deviendra la seule chance pour la France de ne pas comparaître en vaincue au moment de la paix, mais en associée européenne. Achenbach est tout à fait d'accord et pense qu'on ne s'en tirera plus sans mouvement révolutionnaire. Il se peut aussi que la seule menace fasse, dans quelque temps, capituler le Maréchal [1] ».

Otto Abetz, dès le 8 août 1940, a déclaré : « Notre but est de semer la division en France [2]. » A la lumière de cette directive, les réflexions respectives de Déat, de Laval et de Hitler prennent un relief saisissant.

Déat transcrit, au 30 janvier 1941 : « Arrive Fontenoy [3]. Il nous montre la note que de Brinon [ambassadeur, délégué général du gouvernement de Vichy à Paris] a envoyée hier à Vichy, après avoir vu Abetz. Elle est terrible. Il signale que l'état d'esprit du côté allemand est [...] renforcé, à savoir que le coup du 13 décembre a été considéré par le Führer comme une injure personnelle et comme un crime contre la France. Hitler se propose d'envoyer une lettre personnelle au Maréchal. »

Marcel Déat, ce même jour, se rend chez Laval qui, peu auparavant, dans le plus grand secret, a rencontré Pétain, afin d'essayer de préparer les voies de son retour au pouvoir. Pour l'heure, l'amiral Darlan, vice-président du Conseil, porte la couronne de dauphin du Maréchal, en vertu d'un acte constitutionnel. Il n'empêche que Laval s'affirme bien décidé à revenir au premier plan des affaires françaises. Il ne cédera pas. Il mettra tout en œuvre, il usera de toutes les influences, il scellera toutes les alliances — y compris avec les Allemands — pour parvenir à ses fins. Déat note : « Laval me reçoit très vite. Il est très résolu. Il fera le gouvernement si vraiment il en est le chef, étant entendu que le Maréchal deviendra une espèce de

1. *Journal de guerre*, 28-1-1941.
2. Robert Aron, *op. cit.*
3. Émissaire de Laval, chargé d'établir la liaison avec Abetz (cf. Saint-Paulien, *op. cit.*).

président de la République[1]. Bien entendu, nettoyage complet [...]. Le gouvernement sera fait à Paris, étant entendu qu'une sorte de permanence pourra subsister à Vichy pour certains ministères [...]. Il me demande de lui établir une liste de *possibles* pour le gouvernement éventuel. Il indique que, d'accord avec les Allemands, il ne se mettra pas en vedette à la tête du Rassemblement mais, bien entendu, sera en liaison permanente. »

Jean Fontenoy, l'émissaire, revient en scène : « Fontenoy indique l'intérêt porté par Hitler au Mouvement [national populaire][2]. »

En mai 1941, alors que la guerre s'étend en Méditerranée et au Proche-Orient, l'ambassade d'Allemagne présente, à nouveau, des appâts à la collaboration française.

Que se passe-t-il, à cette date, sur le théâtre des opérations de la Méditerranée ? Hitler attise, en Irak, la révolte de Rachid Ali Kilani contre les Britanniques. Sa projection géopolitique s'étend jusqu'aux Indes. Le Führer négocie des accords avec l'amiral Darlan — avec qui il a conféré à Berchtesgaden — en vue d'obtenir le droit d'escales aériennes et des prélèvements de matériels de guerre sur les stocks de nos forces du Levant, stationnées au Liban et en Syrie, territoires sous mandat français. Des avions à croix gammée atterrissent à Alep. Vingt-six wagons d'armes et de munitions sont acheminés vers l'Irak. En Afrique, d'autre part, il s'agit, pour Hitler, d'amener le gouvernement de Vichy à consentir des facilités destinées au ravitaillement de l'*Afrikakorps* de Rommel, via la Tunisie. Ce sont des actes graves, non compatibles avec la doctrine de « l'attentisme », préconisée par le Maréchal, et avec le respect de l'honneur dû à nos anciens alliés.

A l'aide d'habiles arguments développés par les diplomates de l'ambassade d'Allemagne à Paris, le chantage recommence. Il concerne l'intégrité des frontières de la France — l'Alsace et la Lorraine restant, de toute façon, exclues des promesses. Reçu par le conseiller Ernst Achenbach, Déat s'entend exposer en

1. « Une potiche », dit couramment Laval.
2. *Journal de guerre,* 17-2-1941.

tête à tête : « Il faut que la France, par un geste spectaculaire, donne à Hitler des garanties suffisantes, d'où il suit — et cela confirme d'autres renseignements — que Hitler n'aurait pas une confiance particulière dans la France pour la collaboration. Et cela est singulièrement grave. Achenbach indique que Hitler se trouve en présence d'un allié effectif, qui vaut ce qu'il vaut : l'Italie ; d'un allié officieux dont on verra ce qu'il vaut : l'Espagne ; et on lui présente un allié hypothétique : la France. Encore faudrait-il qu'il cessât d'être hypothétique[1]. »

Le mirage entretenu pas la Wilhelmstrasse demeure inchangé : la seconde place en Europe sera octroyée, le cas échéant, à la France, aux dépens de l'Italie fasciste. Déat pousse ses avantages : l'heure va sonner d'une mise hors circuit de Pétain. Il livre les termes de sa réponse à Achenbach : « Je souligne la nécessité d'aller vite et fort dans notre campagne. J'indique que si, dans un mois, malgré cette pression, Vichy n'avait pas bougé, il faudrait mettre en cause la personne du Maréchal et empêcher, par tous les moyens, l'assassinat de la France. Achenbach en convient, mais espère que tout s'arrangera cependant. Moi aussi, mais je n'en suis pas sûr. Il fait allusion à une conversation d'Abetz avec Hitler : celui-ci aurait indiqué que, après la guerre, il pourrait subsister des risques du côté anglo-saxon, et que, dans ces conditions, il ne pouvait envisager de restituer purement et simplement le Nord et le Pas-de-Calais, alors qu'il y aurait lieu de tenir des garnisons sur le littoral de la Manche. A quoi, Abetz n'aurait pu que répondre : *Le problème se poserait tout autrement si la France pouvait être considérée comme une alliée dans le cadre européen*[2]. »

Otto Abetz relaie maintenant Achenbach. Non sans un art consommé, il harcèle les chefs de la collaboration parisienne, ou bien il entretient le doute. Il souffle le chaud et le froid. Déat[3] rapporte ceci : l'ambassadeur « nous parle longuement de l'entrevue Darlan-Hitler [à Berchtesgaden] et des conversations qui ont eu lieu. Il semble que l'on ait essentiellement demandé à

1. *Journal de guerre,* 5-5-1941.
2. *Ibid.*
3. *Ibid,* 15-5-1941.

la France de prendre position pour la défense de la Syrie, de l'Afrique du Nord et de Dakar. On devine qu'il serait question de fournir des armes aux Irakiens, des camions à Rommel en Tripolitaine, etc. Hitler serait toujours disposé, si la France s'engage, à garantir nos possessions africaines, à barrer les prétentions italiennes et espagnoles, et à abandonner toutes prétentions sur le littoral de la Manche [1] ».

En définitive, les protocoles dits de Paris, signés par l'amiral Darlan et le général allemand Warlimont, sont rejetés par le maréchal Pétain et par le général Weygand : ils auraient transformé, entre autres, Bizerte, port de guerre, en une base de ravitaillement pour l'Afrikakorps. C'est *non.*

En présence de ce refus, les diplomates allemands agitent, une fois encore, la menace de l'administration directe et de la nomination d'un Gauleiter en France, hantise de Pétain. Otto Abetz revient du quartier général du Führer. Il brosse un tableau sombre. La situation est mauvaise pour la France. Déat enregistre : « Si nous échouons, il semble que l'ambassade serait supprimée et que nous en reviendrions à l'occupation militaire pure et simple, comme en Belgique. Cette crise ne peut pas durer, et il faudra qu'elle se dénoue. Deux éventualités : ou Vichy cède et est nettoyé de bon gré ; ou Vichy ne cède pas et les relations sont rompues. Dans ce cas, nous allons au pire des traités de paix et nous ne pourrons remonter la pente qu'à force de foncer dans le sens révolutionnaire [du national-socialisme] [2]. »

Comment Marcel Déat peut-il accorder du crédit aux paroles de ses interlocuteurs allemands ? Ce serait un mystère si nous ne nous rappelions ce point essentiel : le professeur-doctrinaire ne reconnaît, en aucun cas, avoir tort. Il ne se trompe pas. Il a tracé une ligne. C'est lui qui a raison. Pourtant, peu auparavant, Jacques Benoist-Méchin [3] l'avertit. Déat a tout inscrit sur

1. Après la guerre, le ministre de l'Armement de Hitler, Albert Speer, dira à l'auteur, de la manière la plus catégorique, qu'à aucun moment, et jusqu'aux jours extrêmes, Hitler ne renonça à son projet de conserver au Reich des bases maritimes sur le littoral français de la Manche et de l'Atlantique, au cas où il serait maître du traité de paix. (Entretiens de l'auteur à Heidelberg.)

2. *Journal de guerre,* 26-7-1941.

3. Ambassadeur extraordinaire à Ankara, président, en 1941, de la Commission de négociations franco-italo-allemandes. Deviendra en 1942 secrétaire d'État, chargé des rapports franco-allemands.

ses *Cahiers noirs* — puis il a tout oublié : « Déclarations très importantes de Benoist-Méchin. La situation est grave. Les conversations avec les Allemands ne vont pas du tout [...]. Tout est sans cesse remis en question. Nous avons accepté d'héberger en Syrie une trentaine d'avions allemands, à leur passage vers l'Irak [...]. Nous devions, en échange, obtenir un abattement de cent millions [par jour] sur les frais d'occupation. Mais l'expert économique [allemand] a commencé à chipoter sur la réduction, puis il a posé d'autres conditions : augmentation des livraisons d'aluminium, de cobalt, livraisons de 2500 camions, etc. [...] Le grave est que Hitler [...] ne serait pas, au fond, pour la collaboration. Il pose les problèmes allemands et ne s'intéresse absolument pas aux problèmes français. Abetz a lancé la collaboration, s'y est engagé à corps perdu et avec beaucoup de courage, mais il n'est pas soutenu et il revient d'Allemagne, où il est allé chercher des réponses qui ne venaient pas. Il n'a rien apporté, s'est fait rabrouer par Hitler qui lui a demandé s'il faisait la politique de la France ou celle de l'Allemagne [1]. »

Otto Abetz présente la relation la plus capable d'inquiéter les cercles de la collaboration parisienne et, en même temps, il montre l'aspect le plus favorable de son action personnelle, sous une coloration *francophile.*

Rive gauche, rive droite, Otto Abetz règne ainsi sur un monde fermé qui n'a plus guère de rapport avec la France française, la vraie France, qui n'est ni une France de la résistance par les armes, ni une France de la collaboration. Une France en partie gaulliste, en partie maréchaliste et, souvent — à cette date encore —, à la fois gaulliste et maréchaliste [2].

Ce monde aveugle ou somnambule de la rive gauche, de la rive droite, qui, dans la capitale sans lumières, tient le haut du pavé, c'est, dit Louis-Ferdinand Céline, « le royaume d'Otto [3] ».

Le Dr Destouches, alias Céline, voit s'ouvrir, depuis 1940, les portes de son paradis : l'antisémitisme. A la veille de la

1. *Journal de guerre,* 4-6-1941.
2. *Maréchaliste :* nuance par rapport à *pétainiste,* et, plus encore, à *vichyste.*
3. Saint-Paulien, *op. cit.*

guerre (1938), il a publié « deux violents pamphlets antisémites et pro-aryens, *Bagatelles pour un massacre* et *L'École des cadavres*. On y trouve déjà tous les thèmes de la collaboration parisienne des années 40 [1] ».

Les juifs : « Deux millions de Boches campés sur nos territoires pourront jamais être pires, plus ravageurs, plus infamants que tous ces juifs dont nous crevons !... Les Boches au moins, c'est des blancs [2]. »

La *race* aryenne : « Racisme d'abord ! Racisme avant tout ! Dix mille fois racisme !... Désinfection ! Nettoyage ! Une seule race en France, l'aryenne... La France n'est latine que par hasard, en réalité, elle est celte, germanique pour les trois quarts [3]. »

Déat fréquente parfois chez Céline. Pour ne pas reculer devant le vocabulaire du Dr Destouches, ce dernier est *cul et chemise* avec l'occupant.

1. Henry Rousso : *Un château en Allemagne* (Ramsay).
2. Céline : *Bagatelles pour un massacre* (Gallimard).
3. Céline : *L'École des cadavres* (Gallimard). Cf. Rousso, *op. cit.*

DOCUMENTS

LA VIEILLESSE DU MARÉCHAL : UNE DONNÉE STRATÉGIQUE

Note de l'auteur. Dans son *Journal de guerre,* Marcel Déat, en rupture avec Pétain et avec le gouvernement de Vichy, collecte, non sans quelque plaisir malin, les informations, ou bien les rumeurs, relatives à l'état physique et mental du Maréchal. A la vérité, qui est Philippe Pétain à cette époque ? Une grande confusion persiste encore aujourd'hui à ce sujet. Le Maréchal n'est pas un vieillard atteint de sénescence avancée, traversée par des éclaircies. Il est un vieil homme lucide, avec des fatigues à certains moments de la journée — ce qui est courant à cet âge —, ou bien — ce qui est moins habituel — des défaillances graves de la mémoire, pouvant aller jusqu'à la perte de son identité, ou encore de la notion du temps. Mais le handicap le plus lourd qui frappe le Maréchal, le plus insidieux, le moins perceptible par le monde extérieur est l'affaiblissement, voire l'évanouissement de la volonté. Le Maréchal est aboulique.

Seuls connaissent la réalité ceux qui travaillent avec le Maréchal à longueur de journée et, surtout, le voient à différentes heures du matin, de l'après-midi, de la soirée. Ils décèleront aussi, peu à peu, un goût du pouvoir, toujours accompagné, ou habillé, de la certitude que, lui, le Vainqueur de Verdun, le dernier survivant des maréchaux de la Grande Guerre, demeure l'unique Français capable d'en imposer à Hitler et d'épargner des calamités au pays.

Dans cette période, les membres de l'entourage du Maréchal préféreraient se faire hacher sur place plutôt que d'avouer ce qui est, hors du cercle intime des confidents. Il y va d'ailleurs de leur sécurité. Le Dr Ménétrel, médecin personnel et éminence grise, passe la plus grande partie de son temps — en particulier, dans la seconde phase de Vichy — à empêcher que des tiers ne constatent l'état réel du chef de l'État de Vichy, ou bien qu'un ministre — tel Fernand de Brinon —, dévoué aux Allemands, n'extorque une signature — ce qui se produira néanmoins à différentes reprises.

La sénilité du Maréchal, jalonnée de phases brillantes, constitue un énorme secret d'État — connu cependant des Allemands qui se sont rendu compte sans peine que Pétain était « le maréchal Hindenburg » des Français. Cette sénilité entre dans la stratégie de Hitler, comme elle entre dans celle de Roosevelt — compte tenu de l'importance géographique de la France continentale et de la France impériale.

Après la guerre, au nom de la défense de la mémoire de Philipe Pétain, la plupart des familiers du chef de l'État de Vichy — honneur, à leur sens, oblige — maintiendront le voile épais sur ce qui était le véritable état intellectuel de Pétain aux heures noires. Ce refus d'admettre cette vérité simple pèsera lourd sur le dossier du Maréchal dans l'Histoire.

Le seul jugement juste et digne qui puisse être appliqué à Pétain est celui de Chateaubriand, réactualisé par de Gaulle : « La vieillesse est un naufrage. »

Voici des extraits du *Journal de guerre* de Marcel Déat, consacrés — parfois au conditionnel — à Pétain, à Laval et à Vichy :

« Un familier du Maréchal, présent à Paris, indiquerait que le chef de l'État comprend assez clairement qu'il ne serait plus rien dans deux hypothèses : celle de la fuite en Afrique, où de Gaulle — ou un autre — le surclasserait, et celle de la rupture avec l'Allemagne. Il y a donc quelques chances pour que, soucieux comme un vieillard de garder son fauteuil, le Maréchal capitule gentiment *in extremis,* en sacrifiant férocement tout le monde. Quitte à perdre la face par le retour de Laval. » (3-1-1941.)

Note de l'auteur. *A cette date, c'est-à-dire après l'arrestation de Laval et de Déat, le 13 décembre 1940, la menace pèse sur Vichy d'une occupation de la zone libre par la Wehrmacht.*

« Weygand aurait félicité le Maréchal d'avoir exécuté Laval : *J'avais toujours dis que cet homme ne pouvait travailler que dans la m...* » (13-1-1941.)

« Je vois Laval [...]. Laval ne se montre pas optimiste. Il croit que tous les gens de Vichy s'accrocheront, qu'on ne peut absolument pas faire fond sur le Maréchal qui change d'idée d'une heure à l'autre, et ne sait où il va. Il a souligné dans sa lettre [au Maréchal] qu'on avait bel et bien envisagé de l'exécuter après l'avoir fait arrêter... »

« ... Cela est très confidentiel. Le nommé Ménétrel [médecin personnel du chef de l'État de Vichy et chef de son secrétariat particulier] est venu à Paris ces jours-ci. Il a déclaré à un ami qui l'a raconté à Laval : *Le Maréchal est très content d'être débarrassé de Laval, car il a maintenant la certitude que les Anglais gagneront la guerre.* C'est énorme. » (16-1-1941.)

« Le Maréchal est dans un état de non-résistance mentale et paraît osciller d'une opinion à l'autre. » (24-1-1941.)

« Montagnon [ancien député socialiste, et néo comme Déat] a enfin le temps de m'expliquer ce qu'il a vu à Vichy. Du Moulin de Labarthète [directeur du cabinet de Pétain] avoue que le Maréchal a de longues heures d'absence et que, certains jours, la situation en devient tragique. » (31-1-1941.)

« Darlan avoue que le Maréchal est désormais hors d'état de gouverner. » (5-2-1941.)

« Je vois Laval [...]. Le Maréchal ne veut à aucun prix de Laval [...]. Darlan est appuyé par le Maréchal dans la mesure où il le protège contre un retour de Laval. » (18-2-1941.)

« Midi 25 : Rivollet [ancien ministre des Pensions]. Il a vu la maréchale Pétain qui lui a violemment reproché d'adhérer au R.N.P., a répété que Laval avait voulu vendre la France et a eu ce mot historique : *Nous sommes décidés à ne jamais le reprendre.* Elle a aussi dit quelques injures sur moi. Cette vieille rombière est, au demeurant, parfaitement sotte, et ses foucades n'ont guère que la valeur d'un écho. Mais, si l'entourage pense comme cela, il n'y a guère de mieux. » (10-3-1941.)

« Selon Benoist-Méchin, le Maréchal garde son jugement, mais perd la volonté. » (24-3-1941.)

« Le colonel Chapuis, qui est attaché à Pétain [membre de la Maison militaire] aurait dit à un déjeuner que le Maréchal ne reprendrait Laval que contraint et forcé, que ce serait, de toute manière, un mauvais ménage et que, le moment venu, on saurait bien s'en débarrasser. » (26-5-1941.)

« Nous avons appris hier l'arrestation de Tixier-Vignancour [secrétaire général adjoint à l'Information du gouvernement de Vichy, pendant quelques semaines, en 1940] pour propos injurieux contre le Maréchal [...]. Ces gens de Vichy sont à la fois des grotesques et des criminels à demi inconscients. Après un déjeuner copieux, alourdi d'escargots, on fait un brin de sieste. » (27-7-1941.)

« Luchaire [directeur du journal *Les Nouveaux Temps*, paraissant à Paris sous l'Occupation] croit pouvoir affirmer que Berlin se fout des galipettes vichyssoises. On y attend, pour la fin du mois, la conclusion des opérations en Russie. C'est alors que Hitler se retournera vers la France et posera les questions essentielles, en exigeant les garanties de personnes indispensables. » (13-8-1941.)

« De Brinon est personnellement satisfait de son voyage en Allemagne où il a été magnifiquement reçu. Il parle de son séjour à Vichy. Le Maréchal perd de plus en plus la mémoire et est incapable d'expliquer le coup du 13 décembre, dont le retentissement, dans l'esprit du Führer, n'est, certes, pas terminé. [...] Laval [...] a obtenu le retour des prisonniers de Châteldon [son village natal], ce qui fait naturellement un effet considérable dans la région, et spécialement à Vichy. » (6-11-1941.)

*

SE PRÉSENTER EN OTAGE AUX ALLEMANDS ?

Un projet de Pétain qui avorte et un épisode qui éclaire la suite des événements

Le premier Allemand en uniforme abattu après l'armistice s'appelle — nous l'avons vu — l'aspirant Moser, tué le 21 août 1941 à la station de métro Barbès-Rochechouart. Tombent ensuite le sous-officier Hofman, exécuté à la gare de l'Est ; le lieutenant-colonel Hotz, Feldkommandant à Nantes ; le Dr Reimers, conseiller de l'administration militaire à Bordeaux, etc. Hitler intervient en personne. Il voit dans ces attentats la preuve des activités anglaises et il exige un châtiment tel que « les Français supplient l'Angleterre de cesser les attentats en France [1] ». Quarante-huit otages — dirigeants d'anciens combattants, beaucoup de communistes et d'autres Français — sont fusillés à Châteaubriant, petite sous-préfecture blottie à quelque cinquante kilomètres de Nantes. Cinquante autres otages tombent à Bordeaux.

Le monde entier s'indigne. Roosevelt et Churchill s'élèvent contre ces cruautés. A Londres, de Gaulle parle. Il admire le patriotisme qui inspire les francs-tireurs, mais désapprouve les actes isolés. Il déclare à la radio : « Il est absolument normal et absolument justifié que les Allemands soient tués par les Français [...]. Mais il y a une tactique à la guerre. La guerre doit être conduite par ceux qui en ont la charge. Actuellement, la consigne que je donne pour le territoire occupé, c'est de ne pas y tuer ouvertement d'Allemands. Cela, pour une seule raison : c'est qu'il est, en ce moment, trop facile à l'ennemi de riposter par le massacre de nos combattants momentanément désarmés [2]. »

1. Eberhard Jäckel : *La France dans l'Europe de Hitler* (Fayard).
2. Déclaration du 23 octobre 1941.

A Vichy, le maréchal Pétain veut s'offrir en otage et se présente aux postes allemands de la ligne de démarcation. Voici révélé, aujourd'hui, d'après les Archives du Comité d'histoire de la Seconde Guerre mondiale, le projet de lettre préparé par Pétain à l'adresse de Hitler[1] :

« Nous avions espéré, vous et moi, au lendemain de Montoire, créer entre nos deux pays un climat nouveau, et il n'a pas dépendu, ni de moi, ni de vous, que ce nouvel état de choses soit instauré.

« Des événements viennent de se produire qui ont ensanglanté notre sol. Des attentats aussi lâches que criminels ont été commis. Nous vous avons exprimé, à ce sujet, notre manière de voir. La justice et la police feront tout ce qui sera en leur pouvoir pour châtier les coupables. Mais des exécutions ont été ordonnées, cent hommes ont été passés par les armes et des exécutions nouvelles doivent se produire.

« Si votre gouvernement n'a pas confiance dans le gouvernement de la France pour rechercher et punir les responsables, il m'appartient, dans ces conditions, de me substituer aux otages qui seraient à être exécutés. J'aurai donc l'honneur, après-demain à midi, de me présenter aux avant-postes allemands. »

Signé : Philippe Pétain.

La réalité du projet est attestée par les télégrammes allemands[2]. Dans son *Journal* intime — document d'époque, rédigé au jour le jour —, le général Laure, secrétaire général du chef de l'État de Vichy, retrace les épisodes dramatiques de ces journées : « Apprenant la première exécution de Nantes, le Maréchal a été plongé dans la plus profonde douleur. [...] Les représailles portant sur des Français, en majorité sur des communistes, sont iniques et susceptibles de déclencher chez nous les plus graves mouvements[3]. »

1. Dans son *Journal* intime non publié, le général Laure donne également le texte d'un projet de lettre à Hitler dont il a pris l'initiative et qui se termine par ces mots : « Si, refusant d'entendre ma voix, il vous faut encore des otages et des victimes, me voici. Je me présenterai aujourd'hui même à la ligne de démarcation de Moulins et me rendrai à Versailles où, en attendant votre décision, je me considérerai comme votre prisonnier. » (*Journal* du 24-10-1941.)

2. En particulier, Abetz (Paris 3325, 25-10-1941) et rapport de Walter Schallenberg (10-11-1941). Cf. Paxton : *La France de Vichy* (Seuil).

3. *Journal* non publié du général Laure, 24-10-1941.

Pétain se trompe d'ailleurs, sur la foi des renseignements que lui ont fournis l'amiral Darlan et le ministre de l'Intérieur, Pierre Pucheu : il croit que ces « meurtres [ont] été perpétrés à l'instigation de l'*Intelligence Service* ». Le directeur du cabinet, Henry du Moulin de Labarthète, voit « ce vieillard [prétendu] morose, cynique et cruel, pleurer comme un enfant à l'annonce du martyre des fusillés de Châteaubriant [...]. Le vendredi 24 octobre, le Maréchal me faisait appeler vers sept heures du matin. Il était debout dans son bureau, pâle, mal rasé. *Vous avez lu les nouvelles, du Moulin ? Ils ont fusillé cinquante otages. Nous ne pouvons plus rester ici. Nous sommes déshonorés. Tout ce sang va retomber sur nous.*

« Je gardais le silence. Que pouvais-je répondre à cet homme, dont les yeux s'embuaient de larmes, dont la voix semblait éteinte, qui avait vieilli tout à coup de cinq ans ? *Il faut protester, monsieur le Maréchal.*

« — *Oh ! protester, protester, c'est facile. Oui, nous allons protester. Mais cela ne suffira pas. Il faut que nous nous jetions à la traverse. Il faut arrêter cette tuerie !*

« — *Que pouvez-vous faire ?*

« — *J'y ai beaucoup réfléchi ; je n'ai pas fermé l'œil de la nuit. Il faut que j'aille à Paris me constituer prisonnier.*

« — *Vous ? monsieur le Maréchal ?*

« — *Oui, moi. Je veux être désormais le seul otage.*

« — *Ils ne marcheront pas.*

« — *Nous verrons bien*[1]. »

Mais le Maréchal cède à la cohorte de ses ministres qui font son siège et le harcèlent : « Vous serez remplacé par un Gauleiter. Le retour des prisonniers sera arrêté. » Et le directeur du cabinet restitue son dialogue final avec Pétain : « [...] Monsieur le Maréchal, où en êtes-vous ? — Eh bien, voilà, j'ai... comment dirai-je... j'ai dû ajourner le voyage. — Vous avez cédé ? — Non, pas tout à fait. Je me suis réservé une porte de sortie [...]. Ce départ aurait eu, peut-être, plus d'inconvénients que d'avantages.

« Je regarde le Maréchal, désespéré. Le geste, le beau geste,

1. Du Moulin de Labarthète : *Le Temps des illusions* (Le Cheval ailé).

qui eût pris place sur les vitraux de l'histoire est, maintenant, un geste d'abandon[1]. »

Dans son *Journal* intime, le général Laure raconte l'épisode en termes moins romantiques. Laure n'écrit pas, après coup, en ayant recours à la mémoire sélective. Il note à chaud ce que ses yeux voient, ce que ses oreilles entendent, avec la rigueur d'un militaire et l'absence de fantaisie que l'on est en droit d'attendre d'un chef d'état-major : « Ce matin, dès le point du jour, je suis entré chez le Maréchal pour lui soumettre mon idée et mon projet (de se présenter en otage aux Allemands) qu'il a trouvé d'abord d'inspiration trop sentimentale, mais auquel, après avoir envisagé tout le tragique de la situation, il s'est rallié avec une simplicité dont j'ai été frappé : *C'est bien* (me dit-il). *Nous allons préparer quelques légers bagages. Vous m'accompagnerez, ainsi que Ménétrel*[2]. »

Le général Laure, à son tour, constate bientôt que le Maréchal abandonne peu à peu le projet, sous la pression incessante de plusieurs ministres, qui ne veulent pas de l'*holocauste* (le mot est écrit par le général Laure) du Maréchal. Peut-être craignent-ils d'être obligés de se solidariser dans la démarche héroïque. Laure revient à la charge. Il sait qu'il faut, au besoin, secouer, bousculer le vieux chef. Il a préparé les termes de son adjuration à Pétain :

« Je vous ai proposé un geste courageux et chevaleresque, susceptible de rehausser ce prestige et de regagner toute la France au Maréchal. Vous craignez sans doute que ce geste n'apparaisse comme une provocation ou un défi, d'où résultera l'effondrement de la collaboration franco-allemande, à laquelle, en dépit de tant d'échecs subis, vous continuez à vous accrocher avec obstination. Croyez-moi, ne faites pas opposition à mon plan. Tous ceux qui le verront s'appliquer, et en comprendront l'inspiration, ne pourront pas se défendre d'un sentiment d'admiration devant la magnanimité et la grandeur d'âme du Maréchal. Vous aurez tout gagné : la restauration du prestige et de la popularité du Maréchal, c'est-à-dire la résurrection de l'unité française, et la possibilité d'orienter votre politique dans

1. Du Moulin de Labarthète : *Le Temps des illusions* (Le Cheval ailé).
2. *Journal* du général Laure, 19-10-1941.

de meilleures conditions, car il vous sera toujours vain d'en poursuivre une sans avoir la France entière derrière vous [1]. » Sous ses yeux désespérés, Laure qui réclame « l'honneur d'être remis (seul) en otage aux Allemands » voit passer sans retour, chez le Maréchal, « le moment héroïque ».

Ces phases des volontés et des velléités du Maréchal se révèlent très significatives, à la fois de la sincérité du vieux maréchal dans son sursaut patriotique, et de l'effondrement du caractère d'un soldat qui, précisément, avait donné, jadis, à de Gaulle l'exemple de l'homme de caractère.

Cet épisode, pris sur le vif, dans la petite principauté de Vichy, reliquat du royaume de France, reste fort mince par rapport à l'ampleur du conflit mondial. Son importance tient cependant à sa valeur symbolique, parce qu'il contribuera à éclairer, jusqu'en 1944, la série des tentatives de redressement, suivies des capitulations fréquentes de Philippe Pétain. Nous trouvons là une des clefs de Vichy et l'une des principales explications des événements qui se jouent autour d'un homme âgé, soumis aux influences, d'une part, de la diplomatie allemande, qui utilise la menace, et, d'autre part, de la diplomatie américaine qui, via l'amiral Leahy, ambassadeur des États-Unis à Vichy, s'efforce d'user de la persuasion, au nom des souvenirs de la fraternité d'armes.

L'année 1941 met ainsi en pleine lumière le drame de la France, à travers la personne du maréchal Pétain.

En définitive, le Maréchal lance, dans ce mois d'octobre 1941, un appel qui condamne les attentats, sans flétrir les exécutions :

« Français,

« Contre des officiers allemands de l'armée d'occupation, des coups de feu ont été tirés. Deux morts... Cinquante Français ont, ce matin, payé de leur vie ces crimes sans nom. Cinquante seront fusillés demain si les coupables ne sont pas découverts. Un ruisseau de sang coule à nouveau sur la France. La rançon est affreuse. Elle n'atteint pas directement les vrais coupables. Français, votre devoir est clair : il faut cesser la tuerie. Par l'armistice, nous avons déposé les armes. Nous n'avons pas le

1. *Journal* inédit du général Laure, 24-10-1941.

droit de les reprendre pour frapper les Allemands dans le dos.

« L'étranger qui ordonne ces crimes sait bien qu'il meurtrit la France en pleine chair. Peu lui importent nos veuves, nos orphelins, nos prisonniers. Dressez-vous contre ce complot. Aidez la justice. Un coupable retrouvé et cent Français sont épargnés.

« Je vous jette ce cri, d'une voix brisée. Ne laissez plus faire de mal à la France. » (22-10-1941.)

★

« *JOURNAL DE GUERRE* » *DE MARCEL DÉAT*

Éléments complémentaires

Censure et doryphore. « Le Dr Eich [chef des services de la censure allemande à Paris] s'est plaint de ce que certains journaux glissent, sans en avoir l'air, des attaques contre les Allemands. Dans le Nord, un innocent poème était un acrostiche dont les premières lettres faisaient : *Vive de Gaulle.* D'autre part, un collaborateur d'*Aujourd'hui* a signé dans ce journal un article à double sens sur le doryphore[1]. » (1-4-1941.)

Vichy : juin 36 retourné (Déat reçoit M. J. H., journaliste). « J. H. dit des choses très intelligentes, notamment celle-ci : *Vichy, c'est juin 36 retourné.* Maurras est un esthète comme Blum. Non pas juif, mais sarrasin, pareillement orgueilleux, bohème, gens de lettres et sans racines. » (16-4-1941.)

Délation. « Un bistro est venu, avec une femme fonctionnaire, donner des indications sur la façon dont on fabrique des tracts de gaullistes dans certaines administrations. » (21-4-1941.)

— « Coup de téléphone de Brinon, qui me demande d'aller

1. Sous l'Occupation, les soldats allemands sont souvent surnommés les *doryphores,* à cause de la raréfaction des pommes de terre sur le marché français, attribuée à leur présence.

le voir [...] De Brinon voulait simplement me donner ce précieux tuyau : une Madame... née Mademoiselle Grünebaum, nièce authentique de Léon Blum, vient d'être désignée par Vichy pour inspecter la Croix-Rouge des deux zones. Il ajoute quelques renseignements sur le panier de crabes de Vichy. » (22-12-1941.)

Darlan, radical. « Darlan fait risette aux vieux partis, y compris aux radicaux. Il aurait dit récemment à une délégation qui venait solliciter l'autorisation de tenir une espèce de congrès à Toulouse : *S'il n'y avait pas eu la guerre, je me serais présenté au Sénat comme radical.* On peut tirer l'échelle et jeter un voile pudique sur la Révolution nationale. » (25-4-1941.)

La guerre sur le front de l'Est, vue par Abetz. « Abetz [qui revient de Russie] déclare que les soldats russes ont l'aspect de sauvages dégénérés et qu'ils commettent les plus abominables cruautés à l'égard des prisonniers, même blessés, qui leur tombent sous la main. Il cite des atrocités sans nom. L'anéantissement se poursuit dans les meilleures conditions et on va pousser bientôt vers le Caucase, l'Iran, l'Irak et la Syrie. Abetz rapporte quelques paroles du Führer. Il a dit que la Russie serait *les Indes de l'Allemagne, et même de l'Europe.* [...] Abetz a visité, au retour, un camp de la L.V.F. [Légion des volontaires français contre le bolchevisme]. Quiproquo assez drôle : les officiers allemands, en arrivant, lui ont dit qu'il y avait là M. Herriot [1], un homme grand et gros. C'était Doriot. » (25-9-1941.)

1. Président de la Chambre des députés, maire de Lyon avant la guerre.

CHAPITRE VI

DIEU EST-IL FRANCAIS ?

UN CÉLINE CRUEL ET TRUCULENT. — LAVAL, *NÈGRE ET JUIF*. — FRIEDRICH SIEBURG ET ERNST JÜNGER. — « UN PEUPLE EN ARMES. » — UNE DÉFAITE TENUE POUR IRRÉMÉDIABLE. — DIEU EST-IL ALLEMAND ? — LA LÉGION DES VOLONTAIRES FRANÇAIS CONTRE LE BOLCHEVISME. — DANS L'AXE DE LA GRANDE ARMÉE. — LE PREMIER CONTINGENT. — ATTENTAT CONTRE LAVAL ET DÉAT À VERSAILLES. — PÉTAIN DEVANT LA GUERRE À L'EST. — LA SIGNATURE EXTORQUÉE. — LES ÉTATS-UNIS DANS LE CONFLIT MONDIAL. — LE *JOURNAL* INÉDIT DU GÉNÉRAL LAURE. — LA CORDE RAIDE DU DOUBLE JEU. — LES SURSAUTS. — ROOSEVELT SE FÂCHE. — LA SPIRALE DRAMATIQUE.

Céline fréquente chez Déat, Déat fréquente chez Céline. Au gré des semaines, l'auteur à succès de *Bagatelles pour un massacre* partage le pain et le sel avec le normalien philosophe, qui relate sur ses tablettes : « Nous dînons avec Céline. Très intéressant. Pluie de vérités truculentes sur tout le monde. Attaques raciales contre Laval, *nègre et juif*[1]. Au demeurant, très sympathique. On nous ramène à 11 heures un quart et on se couche[2]. » Céline — volcan d'outrages, coulées d'injures — tire à boulets rouges sur tous et sur tout. Dans les milieux de la collaboration parisienne, on dit, non sans drôlerie, qu'il écrit du *Proust à l'envers.* On ajoute que ses livres apportent des

1. Pierre Laval, au teint basané de gitan (il arrivait qu'on lui criât *Sidi !*, avant la guerre, dans des réunions électorales de la région parisienne), paraissait suspect, du point de vue racial, à certains nazis.

2. *Journal de guerre*, 22-12-1942.

témoignages révolutionnaires d'une formidable force de pénétration [1]. Céline écrit l'épopée noire.

Le pamphlétaire Déat, pour sa part, se voit sacrer « Maurras de la collaboration [2] ». Dans son univers littéraire n'apparaissent ni Sartre — de onze ans son cadet, rue d'Ulm — ni Drieu La Rochelle, ni Robert Brasillach, ni — à plus forte raison parmi les Allemands en uniforme que les villégiatures de l'Occupation amènent sur les bords de la Seine — Ernst Jünger. En revanche, Friedrich Sieburg évolue dans l'univers de Déat.

Ernst Jünger revient à Paris sous les drapeaux et les étendards de la Wehrmacht. Dans son *Premier journal parisien* [3], il donne des éclairages crus sur les scènes de tous les jours. Capitaine d'état-major, il aime à se promener au marché aux puces en compagnie de son ami, le colonel Hans Speidel, chef d'état-major du général von Stülpnagel, commandant en chef. Avec Speidel, il déjeune « chez l'ambassadeur de Brinon, au coin de la rue Rude et de l'avenue Foch. Le petit palais où il nous a reçu appartiendrait à sa femme qui est juive [4], ce qui, à table, ne l'a pas empêché de se moquer des *youpins*. J'ai fait la connaissance, là, de Sacha Guitry, que j'ai trouvé agréable, bien que, chez lui, l'acteur excède de beaucoup le poète. Il possède une exubérante personnalité, telle que je me figure celle de Dumas père. A son petit doigt étincelle une énorme bague à cachet, avec un grand S.G. gravé dans l'or du chaton. Je me suis entretenu avec lui de Mirbeau [5], dont il m'a raconté qu'il était mort dans ses bras, lui chuchotant à l'oreille dans un dernier souffle : *Ne collaborez jamais !*, ce que je note pour ma collection de dernières paroles. Mirbeau voulait parler des pièces écrites en collaboration — un mot qui, de son temps, n'avait pas son goût de faisandé d'aujourd'hui. Assis à table, à côté de l'actrice Arletty, que l'on peut justement voir en ce moment dans le film *Madame Sans-Gêne*. Pour la faire rire, il suffit du mot *cocu* ; aussi ne cesse-t-elle guère, ici, d'être gaie [...]. Un doigt de pouilly, bourgogne, champagne. A l'occasion de ce déjeuner,

1. Saint-Paulien, *op. cit.*
2. Varennes, *op. cit.*
3. Éditions Christian Bourgois.
4. Mme de Brinon avait été déclarée « aryenne d'honneur ».
5. Octave Mirbeau, auteur du *Journal d'une femme de chambre* et de comédies.

une vingtaine de policiers avaient été placés dans les alentours ».

Toujours inséparable de Speidel, Ernst Jünger déjeune aussi chez Sacha Guitry, princier : « A table, la salade était présentée dans un saladier d'argent, la glace dans un service d'or massif qui avait appartenu à Sarah Bernhardt [1]. »

Parmi ses missions, Ernst Jünger — outre la charge délicate de veiller à l'équilibre entre l'armée et les nazis, désireux de détenir l'*hégémonie* [2] en France occupée — traduit les lettres d'adieux écrites par les otages fusillés près de Nantes. Ces missives d'outre-tombe entrent dans les « documents pour des temps à venir [3] ».

Cette lecture « m'a fortifié », confesse Jünger, qui se déclare frappé « de voir que les mots qui reviennent le plus souvent sont *courage* et *amour.* Plus souvent encore, peut-être, *adieu* et *espoir* [4].

Un après-midi de l'automne 1941, arrivent sous les yeux de Jünger « les lettres d'adieu du comte d'Estienne d'Orves [5], fusillé après jugement du tribunal militaire [...]. Elles constituent une lecture de haute valeur, et j'avais le sentiment de tenir entre mes mains un document qui demeurera [6] ».

Au contraire de ce qui se passe dans les milieux de la collaboration parisienne, l'officier Ernst Jünger, du moins, ne ferme pas sa conscience sur la forme de la lutte à l'Est contre *les bolcheviks :* « R., retour de Russie, me parle de l'affreuse mécanique à tuer les prisonniers. On donne pour prétexte qu'il faut les mesurer et les peser ; on leur fait enlever leurs vêtements et on les mène à *la toise* qui, en réalité, règle le fusil à air comprimé, lequel leur tire dans la nuque [7]. »

Voilà le *Journal de guerre* de l'Allemand Ernst Jünger. Et

1. Jünger, *op. cit.*
2. Le mot figure dans le texte de Jünger.
3. Jünger, *op. cit.*
4. Une partie de ces lettres a été publiée dans *Ceux de Châteaubriant* par Fernand Grenier (Édit. sociales).
5. Honoré d'Estienne d'Orves, polytechnicien, capitaine de frégate, rallié au général de Gaulle, envoyé de Londres en mission clandestine sur le continent, trahi par un de ses agents, fusillé le 29 août 1941 au mont Valérien. Le tribunal allemand rend hommage « à des personnes de mérite qui n'ont agi que par amour de la patrie ».
6. 7. Jünger, *op. cit.*

voici le *Journal de guerre* du Français Marcel Déat : « L'offensive allemande en Russie donne une impression de piétinement, malgré l'avance continue des communiqués. La résistance russe est certainement plus forte qu'on ne pouvait le croire, et il ne faudrait pas que les armées soviétiques gagnent l'Oural, en gardant une certaine capacité militaire. Il faut à tout prix que la force combative russe soit brisée avant [1]. »

Éloignés l'un de l'autre, parce que allergiques l'un à l'autre, Jünger et Déat ont cependant un ami commun : Sieburg.

Qui est Friedrich Sieburg ? L'auteur-vedette du livre à gros tirage *Dieu est-il français ?*, publié en Allemagne durant l'entre-deux guerres, édité pour la première fois à Paris [2] dans l'année 1930, au seuil d'une décennie qui accentue la marche de la France vers la chute. L'essai émane d'un Germain de qualité, sincère sans doute dans le désir d'affirmer son amour du pays de Descartes. En termes choisis, où l'élégance courtoise habille cependant, d'un aimable mépris, l'admiration distinguée, Friedrich Sieburg analyse ce « peuple magnifique et insupportable [3] » : « [Ce peuple] constate de temps à autre qu'il s'est mis en retard, [...] il prend son élan pour rattraper le temps perdu, mais il bavarde en route avec des amis de rencontre et, finalement, se plaint que les autres aillent trop vite [4]. » Une idée fondamentale du livre est « l'opposition entre l'Allemagne dynamique et la France statique [5] ».

Le peuple de France en armes, Friedrich Sieburg, pourtant, l'a bien rencontré naguère et jadis. A Verdun ? A Sedan ? Non. Le jour de l'ouverture dominicale de la chasse « qui est, chaque fois, l'occasion d'une levée en masse du peuple français [6] », chacun se présentant « armé d'un fusil qui fait pif-paf » et porteur d'un sac contenant « une aile de poulet froid, accompagné de tranches de pain blanc et arrosé de vin rouge [7] ».

Alors, l'héroïsme déborde des gibecières.

Friedrich Sieburg, familier de Déat, seconde « brillamment » Otto Abetz, comme lui, « renégat de la démocratie libérale [8] ».

1. *Journal de guerre*, 26-7-1941.
2. Éditions Grasset.
3. 4. 5. 6. 7. Sieburg, *op. cit.*
8. Ory : *Les Collaborateurs.*

A la vérité, Ernst Jünger illustre fort bien, dans ses réflexions sur Paris occupé, le propos de Sieburg : « Il [Sieburg] tient la défaite de la France pour irrémédiable, mais continue à croire à une longue prépondérance de ce pays dans le domaine du goût et de la culture[1]. »

Ainsi s'exprime un jugement qui revendique la sanction historique, un jugement né outre-Rhin, répandu en Europe, un jugement qui, par contagion, sème le doute au cœur des Français, dont les dirigeants éphémères de gouvernements fugitifs ne conduisaient guère les rêves, depuis longtemps, vers les ambitions nationales. A un pays frappé du mal des nations décadentes demeuraient, concédés en lot, l'héritage des siècles et les futilités du présent : les cathédrales et les architectures, le Louvre et les châteaux de la Loire, les vignes et les vergers, les antiques et les nus en tous genres, le *French Cancan* et le *One two two*.

La réédition, en 1941, de *Dieu est-il français?* participe à l'entreprise de démoralisation d'une France écrasée par la défaite. De quoi s'agit-il, sinon, sous des vérités parfois cruelles, de suggérer : *Dieu est allemand*?

A Paris, Sieburg ne reste pas inactif. Il ne se cantonne pas dans le personnage intellectuel d'un esthète, habitué du *Café de Flore*. Il met la main à la pâte national-socialiste. Il s'entretient avec Marcel Déat et il a proposé, entre autres, à l'écrivain suisse Georges Oltramare de diriger le nouveau quotidien *La France au travail*[2], installé dans les locaux de *L'Humanité* — après qu'eut fait long feu la tentative déployée par certains communistes en vue d'obtenir des autorités occupantes l'autorisation de présenter dans les kiosques l'organe quotidien du P.C.F.

Ainsi prospère, côté cour, côté jardin, *le royaume d'Otto*.

Céline, pour sa part, en 1941, s'insurge contre Pétain et autres, accusés de faiblesse dans l'antisémitisme : à ses yeux, aucun renouveau n'est possible sans la lutte sans pitié contre *le juif*. La frénésie de l'anathème le saisit et il somme Vichy : « On

1. Jünger, *op. cit.*
2. Saint-Paulien, *op. cit.*

délivre à certains de très hauts brevets de francisme. Ils nous semoncent de battre coulpe. Nous tancent de verte façon ! Allons-y ! Nous sommes en pleines bouffes ! Veulent-ils la médaille militaire ? Moi, je veux bien ! Cependant je suis difficile ! Je voudrais qu'ils nous disent un peu tout ce qu'ils pensent de la question juive ! Nous serions heureux, jubilants ! Foi qui n'agit n'est pas sincère ! Ah ! Il faut prendre position ! Aujourd'hui même, non demain ! Tout ce qui tient plume en France, scène, film, babil, devrait sur l'heure, tout comme en loge... remplir son devoir. Que cela constitue dossier ! Compromettons-nous ! En toute liberté, bien sûr, spontanément, au pied du mur. Sans aucune pression. Et l'on saurait à qui l'on cause, enfin ! Acte de baptême n'est point tout ! Acte de foi, net, par écrit !

« Les juifs sont responsables de cette guerre, ou non ? Répondez-nous donc noir sur blanc, chers écrivains acrobates.

« Qui vive ? Qui vive ?

« On a le droit vraiment d'être désolé sur cette terre où rien ne pousse décidément [1]. »

Soutenu par le délire célinien et la démence verbale, le théâtre de l'invective se lève aux applaudissements des SS. Dans le livre *Les Beaux Draps,* qui apparaît aux vitrines des libraires en 1941, le solitaire de Meudon n'a pas de peine à forcer la note : « Plus de juifs que jamais dans les rues... dans la presse... au barreau... en Sorbonne... en médecine... au théâtre, à l'opéra, au Français... dans l'industrie, dans les banques [2]. » D'aucuns parlent de la Résistance : « Ça papillonne aux pissotières... Courage de voyoux, de métis, courage de juifs [3]. »

Le Dr Epting, directeur de l'Institut allemand, dira un peu plus tard : « Céline nous est proche [4]. » Et Otto Abetz désigne Céline comme une personnalité influente de la collaboration [5]. *Bagatelles pour un massacre* se vend très bien en Allemagne.

1. Article paru dans l'hebdomadaire *La Gerbe* du 18-2-1941. Michèle Cotta, *op. cit.*
2. 3. *Les Beaux Draps* (Paris, Nouvelles Éditions françaises, 1941). Cf. Pascal Ory, *op. cit*
4. Ory, *op. cit.*
5. Rousso, *op. cit.*

Céline illumine enfin son spectacle le 2 juin 1941, jour où paraît au *Journal officiel* le deuxième statut des juifs, promulgué par le gouvernement de Vichy. C'est un pas supplémentaire dans la négation des Droits de l'homme sur la terre des Droits de l'homme.

L'encerclement du ghetto moral et juridique se poursuit, lorsque le chef du Parti populaire français, Jacques Doriot, à qui Marcel Déat emboîte aussitôt le pas, décide de fonder la Légion des volontaires français contre le bolchevisme, la L.V.F. Les premiers Français, volontaires, vont revêtir l'uniforme de la Wehrmacht. Déat s'entretient du projet avec Abetz : « ... Dans la carence persistante du gouvernement français, un premier bataillon partira la semaine prochaine [...]. Les hommes iront en Ukraine s'équiper et s'entraîner. Pour le moment, on n'envisage que deux régiments d'infanterie et un d'artillerie, on espère trouver des cadres. Surtout, on pense que l'amorce du premier bataillon suffira à déclencher l'action du gouvernement français. Pas sûr, à mon avis. Les uniformes seront allemands, sauf écussons, brassard, drapeau tricolore sur le casque et insignes de grades. On pense éventuellement envoyer les contingents français en direction d'Odessa, du Caucase et, ultérieurement, de la Syrie. Pas question de notre départ personnel[1]. »

N'ayant pas voulu mourir hier pour Dantzig, Marcel Déat ne mourra pas aujourd'hui pour le Caucase.

Le lendemain du jour où s'est tenue cette conférence avec l'ambassadeur d'Allemagne, Déat, dans son bloc-notes, traite de l'intendance : « On va convoquer les premiers volontaires à la caserne Borgnis-Desbordes à Versailles. Premiers départs prévus pour le 27. Direction Posen [...]. Les soldes seront réglées au tarif allemand. Avec les versements aux familles, un soldat marié encaisse 3 000 francs par mois, un lieutenant 7 000, un colonel 19 000. Uniforme allemand, ce qui est fâcheux[2], avec brassard, trois couleurs sur le côté du casque, écussons et insignes de grades français sur l'épaule. Armement allemand

1. *Journal de guerre*, 21-8-1941.
2. Les Allemands refusent que les Français conservent l'uniforme de leur armée afin d'éviter aux volontaires d'être traités en francs-tireurs par les Soviétiques, puisque la France n'est pas en état de guerre avec l'U.R.S.S.

[...]. Ce sont les Allemands qui décideront des promotions, le grade de l'armée française étant, en principe, celui qu'on attribue à chacun [...]. Doriot fait une opération politique, en annonçant qu'il va partir comme sergent. Tu parles[1] ! »

Marcel Déat parle donc de « la carence persistante » du gouvernement de Vichy dans cette affaire. L'aventure ne dit rien de bon qui vaille au maréchal Pétain. L'enthousiasme manque aussi au sommet de la Wehrmacht. Le Feldmarschall von Brauchitsch déclare : « Je leur ferai décharger à l'arrière des sacs de pommes de terre[2]. » En fait, suivant les ordres personnels du Führer, la L.V.F. montera au front « selon l'axe suivi en 1812 par la Grande Armée[3] ». Elle relèvera devant Moscou le 16e régiment bavarois où avait servi Adolf Hitler durant la Première Guerre mondiale. Otto Abetz reste cependant déçu : il avait annoncé à Berlin 80 000 engagés et 3 000 hommes sont rassemblés, non sans mal, au départ[4].

Pour l'heure, en compagnie de Pierre Laval, c'est Marcel Déat qui reçoit le baptême du feu, au cours d'une prise d'armes à Versailles. Aux engagés, on remet leur drapeau. Soudain, un jeune garçon, Paul Colette, tire avec un pistolet dérisoire de 6.35. Laval et Déat — qui doit subir une laparotomie — sont atteints[5], non mortellement.

Les premiers volontaires gagnent le camp de Demba, en Allemagne. Dans l'affrontement planétaire, Pétain semble perdre parfois ses esprits, comme s'il ne se montrait plus capable d'ajuster la synthèse des éléments qui renouvellent les données du problème stratégique. Il n'évalue plus les périls à leur mesure respective.

Qui est le Maréchal ? On songe à transposer sur sa personne

1. Doriot part sur le front de l'Est avec son grade français : sergent-chef. Après trois campagnes — sur lesquelles nous aurons l'occasion de jeter un coup d'œil —, il est nommé lieutenant, capitaine, enfin chef de bataillon (Saint-Paulien, *op. cit.*).

2. 3. Saint-Paulien, *op. cit.*

4. Combien comptera-t-on de volontaires au total ? En trois ans répondront aux appels « 8 000 à 9 000 hommes, dont moins de 4 000 seront reconnus bons pour le service et quitteront la France » (Amouroux, III, *op. cit.*). « 8 000 se sont sans doute présentés au cours des six premiers mois : la moitié a été rejetée. A la mi-février 1942, on ne comptera pas plus de 113 officiers et 3 528 sous-officiers et hommes de troupe pour constituer le 638e régiment d'infanterie allemand à deux bataillons, à quoi se limitera la L.V.F. combattante. Jamais plus de 2 300 ne se trouveront en campagne » (Ory, *op. cit.*).

5. Nous donnons, à la fin du chapitre, le récit de l'attentat par Déat, extrait de son *Journal de guerre*.

le propos d'Anatole France : « Le cerveau durci par l'âge ne recevait plus aucune empreinte nouvelle. » Tantôt, il est l'homme qui professe la théorie de l'état-major français de 1914 : la guerre sur deux fronts consacrera la perte inexorable de l'Allemagne. Tantôt, il est le chef militaire qui, dans ses souvenirs, donne la priorité à la révolution bolchevique de 1917, aux réminiscences des soviets de soldats. Tantôt, il aspire à une paix de compromis, il appelle de ses vœux une paix blanche, vers laquelle son tempérament le poussait déjà, de temps à autre, en 1918, bien avant l'offensive générale de Foch.

Aujourd'hui, Staline en guerre effraie Pétain. Dans l'analyse du conflit, le Maréchal ne tient plus compte des mêmes éléments que, ambassadeur en Espagne jusqu'au début de 1940, il inscrivait dans ses rapports au gouvernement français : il dénonçait, alors, les thèmes de la propagande nazie (« l'Allemagne est le rempart contre le bolchevisme [1] ») et il écrivait au président du Conseil, au sujet d'un discours de Franco : « Le spectre du communisme trouble un gouvernement qui n'a pas encore compris que Hitler a été le fourrier de Staline en Europe, et qui s'obstine à voir, dans le Führer, le dernier rempart contre la vague rouge venue d'Asie [2]. »

Maintenant, Pétain adresse aux légionnaires du front de l'Est un message : « ...Vous détenez une part de notre honneur militaire. » La phrase glace des millions de Françaises et de Français. Comment celui qui fut le glorieux commandant en chef des armées françaises a-t-il pu la prononcer devant ses anciens soldats, les vivants et les morts, de Verdun ou d'ailleurs. Comment a-t-il pu accorder cette monstrueuse citation à ceux qui combattaient sous l'uniforme allemand?

Nous rencontrons ici le premier exemple précis d'une signature extorquée au vieillard par l'ambassadeur de Brinon, tout dévoué aux ordres ou aux souhaits d'Otto Abetz. Le directeur du cabinet de Pétain témoigne : « ... En dépit de la surveillance assez stricte que nous exercions, le général Laure et moi, sur le vestibule du Maréchal, Brinon extorque la signature du chef de l'État, au bas d'une lettre adressée au colonel

1. Dépêche du 14 septembre 1939. Archives du ministère des Affaires étrangères.
2. Cf. président Louis Noguères : *Le Véritable Procès du maréchal Pétain* (Fayard).

Labonne, chef des volontaires français contre le bolchevisme. Ce message fait l'effet d'une bombe.

« *A quoi avez-vous donc pensé, Monsieur le Maréchal ?* lui dit le général Laure. — *Je n'ai pas lu le papier. — Et comment avez-vous osé le signer ? — Brinon m'a dit qu'il y avait, là-bas, de braves gens, de bons Français qui n'avaient aucun goût pour l'Allemagne, mais qui se battaient contre les Soviets par conviction. Fallait-il les décourager ?*

« Laure a les larmes aux yeux. Je me tais. Les mots s'arrêtent dans ma bouche[1]. »

Mais qu'importent ces péripéties ! Le 7 décembre 1941, l'entrée en lice des États-Unis modifie de fond en comble le rapport des forces mondiales. La guerre des continents succède à la guerre européenne. « Le grand virage », note Déat. Et de se rendre à *l'ambassade :* « Il y a là beaucoup de monde. Abetz fait un exposé à la suite de la déclaration de guerre de l'Allemagne et de l'Italie aux États-Unis [...]. Le personnel de l'ambassade a l'air très satisfait[2]. »

Malgré l'ampleur du conflit, la politique provinciale ne perd pas ses droits : « Il semble bien que, maintenant, il soit impossible à Vichy de jouer au plus fin. Il va falloir se prononcer. Abetz dit un mot aimable pour Laval et exprime le désir de le voir rentrer promptement au gouvernement[3]. »

Précisément, le Maréchal prétend jouer au plus fin. Encouragé par les événements, dopé par ses conseillers les plus proches (« Nous sommes en 1917. Voilà les Américains ! »), il décide — toutes proportions gardées — un coup de force. Le *Journal* inédit de l'honnête et scrupuleux général Laure permet de suivre les hauts et les bas d'une tempête. Il s'agit, à vrai dire, d'une tempête dans un verre d'eau, si, d'une altitude élevée, on considère ce qui se passe. En revanche, la perturbation devient un cyclone au niveau de la collaboration franco-allemande.

Le général Laure prend, en quelque sorte, le pouls quotidien de Pétain et il retrace le drame intérieur « à propos du message

1. Du Moulin de Labarthète, *op. cit.*
2. 3. *Journal de guerre*, 11-12-1941.

préparé par le Maréchal pour le 1er de l'an (1942) et de la sévère leçon qu'il voulait y donner *à la presse de Londres et de Paris* [...]. Il y a eu un tollé presque général [de l'entourage] parce que l'opinion se cabrait contre une assimilation, non justifiée, entre la presse de Paris, asservie aux Allemands, et la presse de Londres, dont certains excès peuvent être désapprouvés ici, mais qui ne s'en applique pas moins à lutter avec une inlassable énergie contre les Allemands. Le Maréchal s'en est bien rendu compte et, au lieu de s'en prendre à *la presse de Paris et de Londres,* il est resté dans une note plus générale, en blâmant *tous ceux qui, dans la presse comme dans la radio, à l'étranger comme en France, se livrent à d'abjectes besognes de désunion, et tous ceux qui, dans le pays, recourent à la calomnie et à la délation.*

« [...] Un troisième passage de ce message a vivement mécontenté les autorités occupantes, mais le Maréchal a passé outre aux objections que lui faisaient plusieurs de ses ministres, car il tenait à affirmer au pays, dans les termes ci-après, cette sorte de captivité morale en laquelle il se trouve tenu :

« *Dans l'exil partiel auquel je suis astreint, dans la demi-liberté qui m'est laissé, j'essaye de faire tout mon devoir. Chaque jour, je tente d'arracher le pays à l'asphyxie qui le menace, aux troubles qui le guettent.*

« *Aidez-moi. Faites la chaîne en me tendant la main. Gagnez chaque jour sur vous-même de petites victoires. Rapprochez-vous davantage les uns des autres. Rouvrez vos cœurs à l'espérance.*

« *Tous ensemble, nous sauverons notre pays...* [1] ».

Le message provoque une remontée en flèche de la popularité du Maréchal. En revanche, il met le feu aux poudres à l'ambassade d'Allemagne, où sonne le branle-bas de combat. Nous suivons avec minutie le détail des événements grâce au *Journal de guerre* de Marcel Déat : « [...] Le discours du Maréchal est proprement insensé : Nous sommes des déserteurs, la radio et la presse *de Londres et de Paris*[2] font une besogne abjecte. Le Maréchal est à demi prisonnier, en demi-exil. La Constitution ne peut être promulguée qu'à Paris, il y

1. *Journal* du général Laure, 2-1-1941.
2. Entre le *Journal* de Déat et le *Journal* de Laure, on observe une contradiction au sujet des termes employés par Pétain dans son message.

viendra quand les Allemands n'y seront plus, la France doit se considérer comme mobilisée, etc. Bref, le complot éclate [...] et c'est bien pire qu'au 13 décembre [...].

« A 17 heures 15, je file à l'ambassade. Conférence par Achenbach et Feihl, en présence du major Schmidtke, de son adjoint, de Eich, Grosse, Schmidt, Schlottmann, etc. Tous les directeurs de journaux sont là. Grosse émotion côté allemand. Achenbach a téléphoné à Abetz [en séjour dans le Reich] qui est bouleversé par le discours. On ne le publiera pas, mais nous répondrons. On peut affirmer que la période de *Collaboration* première manière est terminée, et que l'autre commence, qui sera révolutionnaire et internationale [...].

« Le discours, même rédigé par Du Moulin, Gillouin [philosophe, conseiller intime de Pétain] et autres, est l'expression de la volonté du Maréchal de coller aux Américains à fond [1]. »

Roosevelt pense aux précieuses bases françaises en Afrique : le président des États-Unis envoie d'urgence son ambassadeur, l'amiral Leahy, chez Pétain pour tenter de consolider les bonnes dispositions du Maréchal. Surtout que Dakar, Casablanca, Oran, Mers el-Kébir, Alger, Tunis, Bizerte ne tombent pas aux mains de l'Axe avant le débarquement, inscrit dans les plans d'Eisenhower !

L'enjeu est d'une importance capitale pour les Alliés. Placé à un poste clef de l'hôtel du Parc à Vichy, le général Laure enregistre : « L'amiral Leahy a rendu visite au Maréchal. Il lui a remis un message cordial, aux termes duquel Roosevelt exprime sa sympathie pour le chef de l'État français et pour la France, sympathie qui sera durable et portera ses fruits aussi longtemps que notre attitude de neutralité sera maintenue en Afrique française. Le Maréchal, en me donnant ce message à lire, m'a dit : *Ces lignes m'arrivent au moment où je suis sollicité en sens inverse par la politique allemande* [2]. » On apporte, en effet, à Pétain, « les plus larges propositions de la part du Führer [3] ». Le général Laure conclut : « Nous ne saurions perdre de vue que, si double jeu il y a, c'est toujours avec prépondérance pour les sympathies américaines [4]. »

1. *Journal de guerre,* 2-1-1942.
2. 3. 4. *Journal* du général Laure, 15-1-1942.

Comment échapper cependant à l'engrenage fatal ? Hitler, à la tactique immuable, alterne promesses et pressions : dans le même temps, « nous avons appris que des réquisitions plus lourdes que jamais sévissaient dans la zone occupée [1] ».

Sous son laconisme, la lecture des notes, au jour le jour, du général Laure met en pleine lumière le processus de l'épuisement méthodique de la France économique : « La situation est tendue avec l'Allemagne, dont les sourires trompeurs se sont effacés et qui nous étreint par ses réquisitions : après 52 000 chevaux, ils exigent maintenant la livraison de 40 000 camions et de 400 locomotives. Nous résistons de notre mieux. L'amiral Leahy a eu, hier encore, une conversation très cordiale avec le Maréchal, qui a une position de jour en jour plus difficile sur la corde raide du double jeu [2]. »

Mais jusqu'où peut aller ce double jeu ? Les Américains s'exaspèrent et Roosevelt se fâche. Huit jours plus tard, le général Laure inscrit : « Le ton cordial de l'amiral Leahy a changé de note. L'amiral a apporté au Maréchal une lettre de Roosevelt se plaignant que nous ayons militairement aidé les Allemands et les Italiens en leur donnant, par la Tunisie, des facilités pour leurs communications et ravitaillements [3]. »

« [...] Sur l'autre plateau de la balance, les rigueurs allemandes pèsent lourdement. Les réquisitions s'aggravant, ainsi que les représailles à la suite de nouveaux attentats. Dix Français ont été exécutés à Tours ces jours derniers. On annonce que dix autres seront passés par les armes à Dijon le 2 mars, puis quinze autres, douze jours après, si les coupables n'ont pas été retrouvés [4]. »

En dépit de tout, malgré les réveils ou les sursauts parfois héroïques, mais sans lendemains, du vieux Soldat, la France opprimée et jugulée glisse, s'enfonce et s'enlise dans la collaboration. Les juridictions spéciales du gouvernement de Vichy envoient désormais des prisonniers au peloton d'exécution après un simulacre de jugement. C'est la spirale dramatique.

1. *Journal* du général Laure, 15-1-1942.
2. *Ibid.*, 4-2-1942.
3. *Ibid.*, 12-2-1942.
4. *Ibid.*, 28-2-1942.

DOCUMENTS

LAVAL ET DÉAT ATTEINTS PAR LES BALLES DU JEUNE PAUL COLETTE

« Vichy pavoise. » Les roses rouges de l'ambassade

A l'occasion d'une prise d'armes, qui a lieu à la caserne Borgnis-Desbordes de Versailles — où se trouve cantonné le premier contingent de la L.V.F. —, Pierre Laval et Marcel Déat sont atteints par les balles du jeune Paul Colette, le 27 août 1941.

Voici, dans son *Journal de guerre,* le récit de l'ancien ministre de l'Air, qui a revêtu son uniforme du Rassemblement national populaire : « Il faut que j'aille à Versailles, et après-midi, pour la cérémonie L.V.F. On prépare la liquette bleue, la cravate noire et le béret. »

Le *Journal de guerre* s'interrompt sur ces lignes. Déat le reprend quinze jours plus tard et résume ce qui s'est passé :

« Nous arrivons aux abords de la caserne où se presse une foule assez dense. Arrivée de Laval [...]. Nous bavardons gaiement. Les gardes républicains prennent position, sabre au clair, pour le service d'ordre et pour rendre les honneurs. Il y a également la fanfare de la garde, qui sonnera *Au drapeau.* Pas moyen de jouer *La Marseillaise*[1], mais nous convenons qu'on la chantera après que le drapeau aura été hissé [...]. Il fait beau, la foule acclame. Moment d'incontestable émotion. On chante *La Marseillaise* dès que la fanfare s'est tue. Et puis, le cortège officiel s'engouffre sous l'entrée pour aller visiter l'intérieur de la caserne. On passe à travers le réfectoire. On goûte la soupe

1. L'hymne national est interdit en zone occupée.

aux cuisines, on visite une chambrée. De tous côtés, les légionnaires s'affairent, saluent, acclament. Enfin, on sort sans se presser, dans un certain désordre [...]. Nous n'avons pas encore franchi le seuil qu'un seul coup de feu éclate. Je sens un choc au côté gauche, à hauteur du ventre. Je n'ai pourtant pas l'impression d'être blessé. D'autres coups claquent. C'est évidemment un chargeur de pistolet automatique. Je comprends instantanément de quoi il s'agit. Un énergumène est en train de tirer dans le tas. J'aperçois Laval qui, pâle, tâte son bras droit avec son bras gauche. Il est touché [...]. Je soulève ma chemise. Je regarde où j'ai senti le choc et ne vois rien [...]. Mais quelqu'un me montre que je saigne du côté droit. La balle est entrée, elle n'est pas ressortie. Aussitôt, quatre ou cinq amis m'empoignent, malgré mes protestations, et me portent à une voiture [...]. On m'assoit [...] et on roule quelques instants. Nous sommes tout de suite à l'hôpital. On me met sur un brancard et on me porte à travers des couloirs. Voici qu'on amène pareillement Laval, qui a l'air plus durement touché que moi. Il râle presque en respirant. Je l'entends qui demande qu'on prévienne sa femme et sa fille [...]. Le nommé Paul Colette, notre assassin, est un P.S.F. [1], évidemment gaulliste. Est-il isolé ?

« [...] J'ai vu Achenbach qui a apporté des roses magnifiques [...]. Tout confirme que Vichy a pavoisé en apprenant l'attentat, et a mis les drapeaux en berne quand on a su que, Laval et moi, nous en tirions. »

La voix du couvre-feu

Le lendemain de l'attentat contre Laval et Déat — événement mondial —, Maurice Schumann, porte-parole du général de Gaulle et de la France libre, parle de l'acte de Paul Colette. L'audience de l'émission « Honneur et Patrie », écoutée avec passion et anxiété, malgré les brouillages, s'accroît un peu partout dans les foyers à l'heure du couvre-feu. D'autre part, l'émission de la B.B.C., « Les Français parlent aux Français »,

1. *Parti social français,* du colonel de La Rocque, qui a succédé aux Croix de feu. Condamné à mort, Colette sera gracié à la demande de Laval.

avec Jacques Duchesne, Jean Marin, Jean Oberlé, apporte un réconfort quotidien sur le continent.

Le 28 août 1941, Maurice Schumann évoque « les coups de feu tirés par un jeune Français contre les chefs du parti de la trahison ». Il déclare en particulier :

« Imaginez le spectacle qu'ont provoqué hier les coups de feu d'un jeune Normand de vingt et un ans. A Versailles, entre la statue de Hoche et le palais du Roi-Soleil, il voit des soldats qui défilent. Ces soldats forment-ils une armée française qui va combattre pour la délivrance ? Non ! Alors, est-ce encore un régiment allemand, tout pareil à ceux qu'il regarde, depuis quinze mois, impuissant et furieux, asservir et piller son pays après l'avoir ensanglanté ? Non plus ! [...] Sur ces casques ennemis, une main sacrilège a osé dessiner un drapeau tricolore. »

*

LETTRES DE FUSILLÉS

Note de l'auteur. L'écrivain Ernst Jünger, mobilisé en tant que capitaine d'état-major à Paris, reçoit, entre autres, la mission de traduire, au titre des « documents pour les temps à venir », les lettres d'adieu à leur famille, écrites par des Français fusillés. Parmi ces lettres se trouvent celles des otages de Nantes et celles du capitaine de frégate Honoré d'Estienne d'Orves, qui « constituent — note Jünger — une lecture de haute valeur ». Voici quelques extraits des lettres adressées par le jeune officier de marine à sa femme et à sa famille :

« A l'armistice, je ne m'étais pas battu, je n'avais rien fait pour la France. J'ai considéré que mon devoir était de continuer, puisque tout n'était pas perdu. Bien d'autres Français étaient prisonniers et ne pouvaient rien faire. J'étais libre. J'ai continué la lutte pour la France, mais sans vous oublier, toi et nos enfants, je vous l'assure. J'ai pensé que j'agissais conformément à nos traditions de famille [...].

« Connais-tu la prière de saint Louis (imprimée sur une

image de Notre-Dame du Salut, en vente 4, avenue de Breteuil). Vous pourriez la dire, ou toute autre prière pour que Dieu libère la France et lui redonne intégralement sa grandeur [...].

« Je demande surtout à Dieu d'avoir envie de le prier. Je tâche de faire ces prières le plus attrayantes possible. Le matin, je dis un chapelet. Après déjeuner, prières de la messe et, le soir, vêpres et salut. Le manuel paroissial noté m'est infiniment précieux, et le souvenir de maman, que je retrouve à chaque page, est bien émouvant. Et puis j'ai l'*Évangile, Les Confessions de saint Augustin,* et surtout l'*Imitation* que je te dois et où je puise des pensées secourables.

« Les enfants, comme les miens, vivront j'espère une période de paix. Qu'ils prennent Papa comme modèle, Papa qui a tant aimé les siens et a tant travaillé pour nous tous. Réunissez tout ce que vous trouverez de sa main, ainsi que ce que Maman a écrit — que notre génération et celle de nos enfants en profitent. Maintenant, je vais dormir un peu. Demain matin nous aurons la messe.

« Que personne ne songe à me venger. Je ne désire que la paix dans la grandeur retrouvée de la France. Dites bien à tous que je meurs pour elle, pour sa liberté entière, et que j'espère que mon sacrifice lui servira.

« Je vous embrasse tous avec mon infinie tendresse,

Honoré. »

Le commandant d'Estienne d'Orves est passé par les armes au mont Valérien, en même temps que huit autres Françaises et Français. La cour martiale de la Wehrmacht a inscrit en préambule de son jugement ces considérations dont voici la traduction littérale :

« Le tribunal se trouvait en face d'une tâche lourde. Il fallait juger des hommes et des femmes qui s'étaient manifestés comme des personnes de mérite, d'une grande fermeté de caractère et qui n'ont agi que par amour de la Patrie. Mais, de même que celles-ci ont cru être obligées à remplir leur devoir envers leur Patrie, nous autres, les juges, étions tenus à remplir notre devoir envers la nôtre, et à juger les accusés selon les lois en vigueur. »

(Un livre, *La Vie exemplaire du commandant d'Estienne d'Orves,* préfacé par le général de Bénouville, a été publié à la librairie Plon.)

*

NE PAS MOURIR POUR DANTZIG...

Note de l'auteur. En 1941, paraît à Paris la traduction française d'un livre du professeur allemand Friedrich Grimm, conseiller juridique du Reich : *La France et le corridor polonais* (Édit. La Technique du livre). Marcel Déat préface cet ouvrage, consacré aux origines de la Seconde Guerre mondiale. Il reprend, en substance, les thèmes qu'il avait développés dans son fameux article (1939) : « Mourir pour Dantzig ? Non. » Il donne tort à la France et à la Grande-Bretagne. Il écrit : « Des centaines de milliers d'hommes sont donc morts pour Dantzig et, tous les jours, d'autres continuent de mourir pour la même raison initiale. Mais il y a une logique dans cette absurdité : la guerre, commencée à Dantzig, se concentre sur Londres. C'est là que le drame a été machiné, c'est là qu'il aura son dénouement. »

Déat parle de « logique dans cette absurdité. » Il y aura, au bout du drame, une autre absurdité : Déat ne voulait pas mourir pour Dantzig et pour les démocraties. Mais, parmi ceux qui le suivent, certains, en 1945, iront mourir en Allemagne, en U.R.S.S. et en Pologne, pour Berlin et pour Hitler.

*

LE « JOURNAL » INÉDIT DU GÉNÉRAL LAURE

Note de l'auteur. Le *Journal* inédit du général Laure, dont nous avons donné des extraits dans ce chapitre, présente un intérêt certain dans la mesure où il est écrit par un officier patriote, honnête, placé directement aux côtés du maréchal Pétain. Il convient toutefois de remarquer que le général Laure, très suspect aux Allemands, retient parfois sa plume, malgré les précautions qu'il prend pour dissimuler ses feuilles de notes. Il passe ainsi sous silence des événements importants. Le *Journal* s'arrête en avril 1942, date à laquelle Laure, limogé, quitte Vichy.

Au sujet du général Laure, nous avons déjà eu l'occasion (cf. *Pétain et la France*) de mentionner qu'il avait eu sous ses ordres, à l'état-major du maréchal Pétain, le jeune officier Charles de Gaulle. Lorsque le général Laure mourut en 1957, le général de Gaulle écrivit au fils aîné, René Laure, également général, la lettre suivante : « Je viens d'apprendre la mort de votre père. Sachez que les circonstances et les événements qui nous avaient dirigés, le général et moi, dans des chemins différents, n'ont jamais rien, non rien changé à la haute estime, ni à l'ancienne affection que je lui portais [...]. Je ne saurai jamais l'oublier. Le reste..., ce fut ce que Dieu a voulu. »

CHAPITRE VII

DE GAULLE : « LES TRAÎTRES... »

DEUX SEULES POLITIQUES POSSIBLES. — LE GÉNÉRAL BRIDOUX ET SES *CAHIERS*. — LES QUATRE CAPITAINES DE L'ÉCOLE DE GUERRE. — LES CHOIX DE 1940. — LE RETOUR EN GRÂCE DE PIERRE LAVAL. — PÉTAIN : « J'AGIS SOUS LA CONTRAINTE... PLAIGNEZ-MOI. » — HITLER : UN *DIKTAT* NOMMÉ *DÉSIR*. — UNE AIDE EFFICACE. — LA REVANCHE DU 13 DÉCEMBRE. — LAVAL RETOURNE *LE VIEUX MONSIEUR*. — LE MARÉCHAL ADORE CE QU'IL A BRÛLÉ. — « JE SOUHAITE LA VICTOIRE DE L'ALLEMAGNE, PARCE QUE... » — LAVAL S'EXPLIQUE. — SON GLAIVE. — LA FRANCE, L'AUVERGNE ET LE MASSIF CENTRAL. — LE CHER VIEUX PAYS. — « FERRER » LE FÜHRER. — UNE SYMÉTRIE INSOLITE DANS LE RAISONNEMENT : DE GAULLE ET HITLER. — LA HAINE ANCESTRALE. — HITLER SUR PÉTAIN. — « LA COLLABORATION : UNE VALEUR MOMENTANÉE. » — LA FRANCE DEVRA CHÈREMENT PAYER. — DANS L'EUROPE DU REICH, PAS DE PLACE POUR LA FRANCE DE LAVAL.

Sous les bombardements de la Luftwaffe qui brûlent Londres, s'avise-t-on de parler à de Gaulle des équipes parisiennes, enrôlées, la main dans la main, avec l'ennemi ? En présence du Général, mieux vaut peser ses mots. Il ne convient pas de dire : *les collaborateurs*. Ni *les collaborationnistes*. Ni même — fût-ce en appuyant sur la première syllabe — *les kollabos*. De Gaulle répond : « Les traîtres. »

Au cœur des événements, le Général prend parfois le temps de se pencher sur le passé et, dans la tourmente, de regarder les têtes politiques de Paris qu'il a connues aux postes de responsabilités durant l'avant-guerre. Un nom capte toujours son attention : Marcel Déat[1], un de ceux pour qui il nourrissait, naguère, une réelle estime intellectuelle.

Aujourd'hui, Déat trahit les intérêts de la France. Son cas reste très différent de celui de Philippe Pétain et, pourtant, de Gaulle — ce qui ne manque pas de surprendre parfois ses interlocuteurs — condamne le Maréchal en termes plus sévères que Déat. A son chef d'état-major, Pierre Billotte, il explique : « Deux seules politiques sont possibles : celle de la France libre et celle de Déat. Vichy n'a aucun sens[2]. » Pour de Gaulle, le choix ne souffre aucune équivoque : « L'enjeu de cette guerre est clair pour tous les Français : c'est l'indépendance ou l'esclavage[3]. »

Dès le 18 décembre 1940, le Général écrivait à son fils Philippe, élève-officier à l'École navale qui venait d'ouvrir ses cours à Portsmouth : « Je crois que l'équivoque Pétain-Vichy est en train de se dissiper, même pour les aveugles-nés. Bientôt, les fantômes et les rêves auront disparu, et l'on verra partout, même en Angleterre (!) qu'entre la France vraie et nous, *les gaullistes,* il n'y a que l'ennemi. Alors, sans doute, il nous sera plus facile de faire ce que nous avons à faire, je veux dire, combattre pour la patrie.

« [...] Au revoir, vieux garçon. Je t'embrasse de tout mon cœur[4]. »

Le maréchal Pétain — thème permanent du général de Gaulle — commet le crime d'empêcher l'Empire et la Flotte de se joindre aux Alliés. Vichy représente l'obstacle qui interdit à la France de tenir son rang, aux côtés des Alliés, avec un potentiel de combat considérable, encore disponible dans la Méditerra-

1. Dans une lettre au président Roosevelt, écrite en 1942, de Gaulle évoque les hommes politiques de l'avant-guerre, puis il cite Déat au passage. (26-10-1942. *Mémoires,* tome II.) D'autre part, Maurice Schumann, porte-parole de la France libre, consacre un éditorial, dans son émission du 6 mai 1942, à Marcel Déat « qui [...] sept fois par semaine invite les jeunes Français qui ne sont pas dans les stalags et les oflags à mettre joyeusement *sac au dos* pour Hitler ».

2. Témoignage à l'auteur du général Billotte (alors colonel).

3. De Gaulle, le 23 juin 1942. Déclaration publiée dans les journaux clandestins de la zone occupée et de la zone non occupée.

4. Charles de Gaulle : *Lettres, notes et carnets,* tome III (Plon).

née, dans l'Atlantique, dans l'océan Indien, aux Antilles ou ailleurs. En juin 1940, certes, la lutte était devenue impossible en deçà des Pyrénées, compte tenu du cadre étroit de l'hexagone. Le premier mouvement du maréchal Pétain a été le bon : *que le président de la République — c'est-à-dire l'État — et le gouvernement partent pour l'Afrique du Nord. Moi, Philippe Pétain, je reste dans le territoire envahi pour protéger les Français. Je ne sortirai pas de ce rôle apolitique.* Les circonstances en décidèrent autrement.

A Londres, cette année-là — 1942 — de Gaulle l'explique lui-même devant l'assistance des « Français de Grande-Bretagne », réunie à l'Albert Hall : « Nous n'avons jamais admis que la France fût sortie de la guerre. Pour nous, la défaite dans la bataille de 1940, le soi-disant armistice, la prétendue neutralisation de nos forces et de nos territoires, l'abdication dans la panique et sous la menace, au profit d'un pouvoir personnel, de ceux qui avaient reçu du peuple mandat de le représenter, les atteintes portées aux institutions, aux lois, aux libertés de la République française par d'impudents usurpateurs, la violation de nos alliances pour le compte de l'envahisseur, ne sont que des péripéties, effroyables, certes, mais passagères, dans la lutte que la France mène, depuis bientôt trente années, à l'avant-garde des démocraties [1]. »

Et de Gaulle termine ainsi sa philippique : « ... Pour nous, les autorités françaises qui, trompées par le mensonge d'un pouvoir illégitime, ou abusées par un prestige dévoyé, ou hantées par le souci d'utiliser la défaite au profit de certaines doctrines, ont renoncé à la guerre et empêchent ceux qui dépendent d'elles d'y participer sont dans l'erreur et hors du devoir [2]. »

Dans le panorama des *traîtres* que de Gaulle a bien connus et fréquentés, en d'autres temps, sous un visage sans haine et sans reproche, voici qu'apparaît un autre nom : celui du général de corps d'armée Eugène Bridoux.

Qui est Eugène Bridoux ? Dans les années 1922 à 1924, la 44e promotion de l'École supérieure de guerre — cent officiers,

1. et 2. *Mémoires de guerre,* tome I.

presque tous capitaines, triés sur le volet du concours d'admission, rescapés, hormis les stagiaires étrangers, de la Grande Guerre — se pressait dans la cour Riberpray de l'École militaire à Paris. Une fois par mois, quatre d'entre eux se rejoignaient le soir au *Café de Tourville,* à deux pas du Champ-de-Mars, pour discuter de leurs études, de la paix et de la guerre, de l'armée et de la France. Dans cet *atelier,* ils étaient là quatre capitaines, qui s'appelaient Georges Loustaunau-Lacau (major de la promotion, il connaîtra un destin turbulent et héroïque[1], Charles de Gaulle, Perré et Bridoux. Les quatre capitaines aiment à s'entretenir — plaisantait, un peu pédant, l'un d'eux — *de omni re militari, et quibusdam aliis,* de toutes questions militaires et de quelques autres.

Plus tard, devenu général à son tour, l'ex-jeune officier Perré — qui commande la garde à Vichy — se souviendra : « De personne à personne, Bridoux et de Gaulle n'accrochaient pas beaucoup. Bridoux était ambitieux, froid et brutal. Il trouvait de Gaulle ambitieux, prétentieux et insupportable. Il le moquait : *C'est un pet de loup !* disait-il[2]. »

Aucun officier n'atteignait de Gaulle par la taille. Et par l'esprit ? Les uns — dont le général Hering, commandant de l'École, en accord sur ce point avec le maréchal Pétain — pressentaient que de Gaulle, officier d'une intelligence exceptionnelle, mais très réservé, presque timide, dont l'abord n'incitait guère au tutoiement, deviendrait l'un des grands chefs de l'armée française, sinon le plus grand. Les autres n'appréciaient guère cette indéfinissable grandeur, portée par un être qu'ils jugeaient hautain, distant et « pet de loup ».

Les « Cahiers » du général Bridoux

« Pet de loup », s'exclamait donc Bridoux, parlant de Charles de Gaulle. A Vichy, en 1942, appelé soudain à siéger dans le fauteuil du ministre de la Guerre, le général Eugène Bridoux,

1. Officier à l'état-major du maréchal Pétain avant la guerre ; grièvement blessé en 1940 ; fondateur à Vichy du célèbre réseau « Alliance » ; arrêté et déporté par la Gestapo ; député sous la IVe République.

2. Témoignage à l'auteur du général Perré, qui précise : « Nous appelions *cabotins* les gens de théâtre ; *ducs* les gens de l'Académie, les maréchaux, les cardinaux ; *pets de loup* les gens de l'Université. De Gaulle avait un air professoral. »

saint-cyrien de la promotion « Centenaire de l'Empereur », quatre citations des deux guerres, paraît prendre une revanche lointaine sur Charles de Gaulle qui, après tout, en 1940, n'a pas dépassé le niveau de sous-secrétaire d'État dans le cabinet Paul Reynaud.

A partir de son entrée au gouvernement, Bridoux tient quasiment chaque jour ses *Cahiers* personnels. Il les rédigera durant deux ans, jusqu'à la veille de son départ pour l'Allemagne en 1944, dans les fourgons de la Wehrmacht. Après avoir rompu avec le maréchal Pétain, qui refusera de le recevoir à Sigmaringen, refuge de la colonie des émigrés français, le général Bridoux se prêtera, aux côtés de Déat, de Brinon, de Doriot, à une étrange parodie, symétrie de la France libre à l'envers, croyant à son tour qu'une bataille était perdue, non la guerre.

Dans ses *Cahiers* non publiés, le général Bridoux — fait curieux — ne parle à peu près jamais du général de Gaulle. Il semble l'ignorer, et il s'engage dans la voie de la collaboration à outrance.

Chef de l'O.R.A. (Organisation de résistance de l'armée), le général Revers nous dit : « Libéré par les Allemands en 1941, à la demande de l'ambassadeur Fernand de Brinon, Bridoux était devenu un germanophile déclaré. Néanmoins, à deux ou trois reprises, il m'a prévenu de certaines recherches, dangereuses pour nous, qu'effectuaient les Allemands [1]. »

Une des règles essentielles de la vie s'écrit peut-être ainsi : il faut, sans cesse et toujours, approfondir les mobiles, saisir les comportements de son vis-à-vis, fût-il votre adversaire, ou bien votre ennemi. Le général de corps d'armée Bridoux a-t-il décidé de trahir la France ? Répondre *oui* d'emblée serait prendre une vision sommaire d'un état complexe :

« Lorsque Bridoux a été nommé ministre — nous précise le commandant de Beaufort — je suis allé le voir, en compagnie

1. Témoignage à l'auteur du général Revers. Dans ses *Cahiers,* Bridoux, à propos d'un Conseil des ministres, écrit : « On a confirmation de l'activité particulière de Revers. » (24-7-1942.) La veille, le secrétaire d'État à la Guerre a déjà noté : « Le général P. signale que Revers aurait repris la constitution de groupes d'auto-défense en zone occupée. »

du commandant Dupuis, pour le prévenir : *N'acceptez-pas.* Il nous a répondu : *Vous n'y comprenez rien. Les Allemands gagneront la guerre. Ils mettront à genoux les Anglais et les Russes avant l'arrivée des Américains. C'est fini. La France doit garder une force militaire. Elle reprendra sa place plus tard. Nous sommes en 1806. La Prusse, battue à Iéna, s'allie à qui ? A Napoléon. Une armée prussienne existe. Napoléon chancelle. Et c'est Blücher qui bat l'Empereur à Waterloo.*

« *L'intérêt du pays passe avant tout. Nos alliés britanniques ? Nous ne devons rien à l'Angleterre. Il n'y a pas de morale en politique*[1]. »

Les exposés des deux commandants sur le véritable rapport mondial des forces militaires et économiques ne modifient en rien la résolution de Bridoux. A la même date, le général Halder, du haut commandement allemand, plus lucide, inscrit, quant à lui, dans son *Journal :* « Le mythe de l'invincibilité germanique est renversé[2]. »

A Londres, de Gaulle, en un jugement tranchant, commente le début de la carrière gouvernementale de son ancien camarade Bridoux. Il s'exprime en présence de son chef d'état-major, le colonel Billotte, dont Bridoux — *une fine cravache*, disait-on de lui dans l'armée — a été le professeur de cavalerie à Saint-Cyr. De Gaulle déclare : « Bridoux était destiné à s'engager dans la mauvaise direction. Il est ambitieux et limité[3]. » Selon le général de Gaulle, au demeurant, le retour de Laval, dans le fracas mondial des armes, au gouvernement de Vichy apparaît comme « une formalité[4] », tout comme son renvoi, le 13 décembre 1940, avait marqué « une velléité officielle de redressement[5] ».

1. Témoignage à l'auteur du commandant Grout de Beaufort, de l'état-major de l'armée (plus tard, général, chef de l'état-major particulier du général de Gaulle, président de la République, en 1959).
2. Pr Raoul Girardet : « Le 22 juin 1941 » *in : Dix leçons sur le nazisme* sous la direction du Pr Alfred Grosser (Fayard).
3. Témoignage de Billotte à l'auteur.
4. Discours prononcé à la radio de Londres, le 18 avril 1942.
5. De Gaulle : *Mémoires de guerre,* tome I (Plon).

Comment Bridoux accède-t-il au gouvernement ? Il doit ce choix à Pierre Laval. Et comment Pierre Laval revient-il à la tête du gouvernement, nanti de pouvoirs accrus, alors que le Maréchal, seize mois auparavant, avait fait incarcérer « cet agent des Allemands » ?

Pétain a soudain changé de cap. Pourquoi ? Nous arrivons à une rencontre d'événements où le partage entre la psychologie secrète du Maréchal, la chute croissante du caractère et les pressions extérieures se révèle difficile à tracer.

Faut-il croire que Pétain redoute, par-dessus tout, l'arrivée au pouvoir, imposée par les Allemands, des *ultras* parisiens, venus du royaume d'Otto : Déat, Doriot, Brinon ?

Qu'en est-il, d'autre part, des rumeurs concernant la rentrée en scène de Laval ? Dans son *Journal de guerre,* Marcel Déat nous éclaire : « J'indique à de Brinon qu'à mon avis la page de la collaboration, système Laval, est tournée, et que, désormais, il s'agit pour nous, si nous voulons sauver quelques-unes des chances françaises, de nous placer sur le plan de la révolution européenne. Il en est tout à fait d'accord[1]. »

La révolution européenne, c'est-à-dire la révolution national-socialiste. Voilà qui effraie *le Vieux Monsieur,* ainsi que les diplomates appellent Pétain. Son secrétaire général, le minutieux général Laure, confie des lignes frémissantes à son *Journal de bord* :

« La situation s'aggrave quand, au printemps 1942, le jeune Chambrun, gendre de Laval, réussit, à l'hôtel du Parc, à forcer les consignes qui arrêtent les visiteurs indiscrets sur le palier du deuxième étage : il vient apporter les offres d'une entrevue sur laquelle on étend le voile d'un absolu secret. Peu après, le Maréchal, selon le protocole convenu, rencontre mystérieusement Laval en forêt de Randan. Il l'a fait à mon insu et ce n'est qu'à son retour qu'il nous en parle, à du Moulin et à moi-même. Il nous dit que l'entretien de Randan n'aura pas plus de suites que celui d'il y a un an à La Ferté. Il le croit et le désire d'ailleurs, en plein accord avec nous, mais nous sentons un danger beaucoup plus sérieux et faisons l'impossible pour l'écarter... Nous sommes cette fois définitivement et personnel-

1. *Journal de guerre,* 19-2-1942.

lement battus... Laval reprenant le pouvoir, et, comme il le convoitait depuis longtemps, en tant que *président du Conseil,* il ne me reste plus qu'à me retirer, et le Maréchal me répond avec une sincère émotion quand je l'incite à faire comme moi : *Vous avez de la chance, vous, de pouvoir partir... Moi, je n'en ai pas le droit, et il me faut boire le calice jusqu'à la lie.*

« Le maréchal Pétain — et je m'en suis rendu compte dans ma retraite — a cruellement souffert de ce chemin de croix qu'il gravissait sans pouvoir intervenir selon sa volonté pour s'opposer à des décisions ou à des actes qu'il désapprouvait : l'organisation du travail obligatoire au profit de l'Allemagne, la persécution des juifs, la désignation de ministres ou de hauts fonctionnaires nettement collaborateurs... S'il est resté néanmoins à son poste, c'est avec l'espoir d'empêcher, par sa présence et son prestige, l'évolution vers le pire de la politique d'un gouvernement dont il n'était plus le chef. »

Les réalités, en tout cas, sont là. L'envoyé spécial d'Abetz, le diplomate Ernst Achenbach, monte dans l'autorail pour Vichy le 24 février 1942. Il déjeune et dîne avec Pétain. Il lui expose que, si Laval ne revient pas, un Gauleiter sera nommé[1]. Le chantage commence. Le siège du vieux soldat dure un peu moins de deux mois. Après quoi, Pétain accepte Laval. Il capitule. Il dit à ses ministres : « Messieurs, j'agis sous la contrainte [...]. Plaignez-moi, car, vous savez, maintenant, je ne suis plus qu'un homme à la dérive[2]. »

Marcel Déat écrit tout crûment : « Abetz a fait connaître que le chancelier [Hitler] désirait le retour de Laval et il a laissé entendre que, dans ce cas, on pourrait tout de même accorder immédiatement un certain nombre de choses, parmi lesquelles, probablement, la suppression de la zone intercite. » (13-4-1942.)

Sous la forme d'un *Diktat* nommé *désir,* Hitler impose Laval. Le lendemain, Déat écrit dans son *Journal de guerre :* « Laval est chef du gouvernement. C'est tout de même la revanche du 13 décembre et nous gagnons enfin la bataille que nous menons depuis janvier. » La France est satellisée, mais la fiction de la

1. 2. Cf. Robert Aron, *op. cit.*

zone libre — la réalité aussi, dans quelques domaines préservés — demeure.

Vingt-quatre heures s'écoulent. Déat se rend à l'hôtel de Matignon où — le ravitaillement de Paris devenant de plus en plus difficile — « il y a des pommes de terre à la place de la pelouse du jardin ». Le chef du R.N.P. a perdu la partie. Les Allemands ont obtenu gain de cause, sans trop casser les vitres, sans courir le risque de provoquer le départ de Pétain par un appel aux *ultras*. Ils ont dosé les pressions et gradué les menaces. Ils ont su jusqu'où ne pas aller trop loin. Déat fait contre mauvaise fortune bon cœur. Il s'entretient avec le nouveau chef du gouvernement : « Laval se sent environné de traquenards. Il n'a aucune confiance dans Darlan, ni dans le Maréchal [...]. L'aide allemande, celle de Hitler en particulier, a été très efficace, encore qu'il n'y ait eu aucune pression. Laval a la certitude qu'Abetz rapportera du quartier général [du Führer] des avantages substantiels. Laval a vu, seul à seul, le Maréchal et lui a posé la question de confiance, lui indiquant que le pouvoir ne signifiait pour lui que la possibilité d'agir pour le bien du pays, en usant le peu de crédit personnel dont il peut disposer. Il a indiqué que l'appui du Maréchal lui était nécessaire et qu'il ne prendrait naturellement aucun engagement du côté allemand sans lui en référer. Le Maréchal a dit à de Brinon que ces déclarations de Laval étaient *émouvantes*, et il en a paru satisfait. »

Laval a retourné, à son avantage, *le Vieux Monsieur*. Il a juré qu'il lui en référerait en tout et pour tout. Pierre Laval est parvenu à ses fins. Il atteint l'objectif recherché depuis juin 1940 : Pétain sera *une potiche sur la cheminée*. C'est dans cette conjoncture politique que le général Laure boucle ses cantines et quitte le service du Maréchal. Un rempart s'écroule autour de la personne de celui qui fut le Vainqueur de Verdun. Le fidèle Laure protégeait Pétain contre lui-même.

Le président du Sénat Jules Jeanneney inscrit dans son *Journal politique* les propos tenus le 11 juin 1942 par le Maréchal devant les délégués de la Légion des anciens combattants et il termine sur un portrait gravé à l'acide. Philippe Pétain s'est exprimé ainsi : « Il n'y a plus de nuages entre nous. Monsieur

Laval m'a donné sa confiance en arrivant. Nous nous sommes serré la main et, maintenant, nous marchons la main dans la main. Quand Monsieur Laval parle, il est d'accord avec moi, comme je le suis moi-même avec lui, quand je m'adresse à vous. Il est responsable du gouvernement. Il trace la ligne à suivre. C'est la communion parfaite de nos idées et de nos actes.

« Et Laval, rompant avec le protocole, a répondu : *Vos paroles me sont allées droit au cœur !* et il avait, dit-on, des larmes aux yeux... ce crocodile ! Voilà qui montre en quel état de putréfaction l'entreprise Pétain est tombée. Le Maréchal avait dogmatisé orgueilleusement que le pouvoir vient d'en haut, du Chef, que les ministres sont responsables devant lui. Et voici que Laval, responsable du gouvernement, trace la ligne à suivre. Aucun doute. L'entêtement sénile dans son ambition de régner et être adulé est tout ce qui subsiste en lui. Étant revenu à Laval — son vomissement —, le voilà entre ses mains, redevenu son jouet. Abdication d'un cerveau sclérosé ou calcul désespéré, et de plus en plus bas ? Jusques à quoi Laval conduira-t-il Pétain ? »

Les *Cahiers* du général Bridoux contribuent, de leur côté, à éclairer certaines phases importantes de Vichy et de l'Occupation. L'analyse de plusieurs textes nous y invite.

Deux mois après son retour au pouvoir, Laval atteint un des sommets de l'impopularité, au-delà desquels chacun croit toujours que le chef du gouvernement ne pourra pas battre son propre record. On traite Pierre Laval d'un agent du Reich. On le tient « pour pire qu'un Boche ». L'opinion met sur son dos tous les malheurs de la Patrie. Elle lui reproche tout, et d'abord sa fortune alors que lui, *Black Peter* (ainsi surnommé par les Américains), proteste : « En bon Auvergnat, je fais travailler mon argent. C'est tout. » Des phrases terribles circulent sous le manteau : « Si, par malheur, Laval prenait la place du maréchal Pétain à la tête de l'État français, il faudrait d'urgence remplacer les coqs ornant la flèche de nos clochers par des faisans[1]. »

Sans crier gare, Laval, avec son air inimitable de bohémien

1. Saint-Paulien, *op. cit.*

des campagnes, son éternelle cravate blanche et ses bottines à boutons, prononce un discours qui explose à la face du monde : « Je souhaite la victoire de l'Allemagne. » Le second membre de la phrase est oublié sitôt prononcé : « [...] parce que, sans elle, le bolchevisme s'installerait partout. »

Nous sommes le 22 juin 1942. Quelques semaines plus tard, en présence des formidables remous, qui n'en finissent plus, provoqués par le discours, Laval s'explique à Vichy devant les représentants des chantiers de jeunesse. Le général Bridoux reproduit la sténographie :

« Je crois — déclare Laval —, je sais que le plus grand malheur qui pourrait s'abattre sur l'Europe et sur la France, c'est que le communisme s'instaure partout. J'ai la certitude — et ne doutez pas une seconde que je n'exprime la vérité — que, si l'Allemagne était battue, le communisme ferait la loi en Europe demain. Or, quel peut être mon devoir ? Quand je viens d'énoncer une phrase qui peut heurter profondément la sensibilité française, quand je parle au nom d'un pays battu par l'Allemagne et que j'ajoute que je souhaite la victoire de l'Allemagne pour éviter le bolchevisme à la France, sentez-vous le drame intérieur que je vis tous les jours ?

« Eh bien ! Pourquoi je dis cela et pourquoi j'agis comme je le fais ? Parce que, si je souhaite le succès de l'Allemagne pour éviter le bolchevisme, il faut que j'ajuste la politique de la France de telle façon que la France ne soit pas la victime de la victoire de l'Allemagne. Avez-vous compris ? Voilà une politique. Oh ! elle est douloureuse [...]. Je sais que je blesse, mais je veux que les Français méditent [...] : *J'accepte de courir pour ma personne tous les risques pourvu que la France, elle, puisse courir toutes ses chances.*

« Et je n'ai qu'une déclaration à vous faire. Elle sera très courte : *J'irai jusqu'au bout de mon devoir et, aussi longtemps que le Maréchal m'accordera sa confiance, je ne déserterai jamais mon poste, quoi qu'il advienne.* »

La veille du discours, Laval a reçu l'écrivain-diplomate Paul Morand, grâce à qui nous arrivons à un captivant parallèle entre deux récits authentiques :

« A la fin du jour, j'entre dans le petit salon d'angle à trois fenêtres de l'hôtel du Parc, à Vichy, et je trouve le Président, seul, à son bureau.

« — Lisez cela.

« Le Président me tend le texte de l'allocution qu'il prononcera demain à la radio. Il m'observe tandis que je lis. En rencontrant la phrase : *Je souhaite la victoire de l'Allemagne...*, ma figure a dû marquer la surprise, car il dit :

« — Alors, vous aussi ?

« — Monsieur le Président, vous ne pouvez pas laisser cela. Que ne mettez-vous : *Je souhaite que l'Allemagne ne soit pas vaincue,* ce qui est votre vraie pensée : l'arrêt de la guerre et l'arbitrage de la France.

« — Vous parlez comme Rochat[1]; tous les mêmes, ces diplomates ! Vous êtes pourtant parmi les plus intelligents.

« Ses yeux deviennent d'un noir de charbon avec une terrible pointe incandescente ; son visage, patiné par la bile et le souci, se rend hors de la pénombre où il s'enfonçait. Il mâche nerveusement sa cigarette. Sa jambe droite s'agite sous la table.

« — Lisez donc cette phrase jusqu'au bout : *Je souhaite la victoire de l'Allemagne, car, si elle était vaincue, le bolchevisme se répandrait partout en Europe.*

« — Monsieur le Président, la mauvaise foi ne mettra pas une virgule après *la victoire de l'Allemagne,* elle mettra un point.

« Cet argument sensé l'exaspère :

« — Vous êtes formidable ! Croyez-vous que je n'y ai pas pensé ? Est-ce que vous vous imaginez que cela me ferait plaisir de voir les Allemands gagner la guerre ? Mais si j'aime mieux, moi, les payer en paroles qu'en actes ; parce que cela coûte moins cher ; parce que c'est ce qui coûtera le moins cher à la France. Une phrase comme celle-ci, cela veut valoir le retour de cent mille prisonniers. Une politesse à la radio, cela me permet de refuser à cette brute de Sauckel[2] les travailleurs qu'il me demande par centaines de mille pour l'Allemagne [...].

« Je reviens à la charge.

« — Vous dites toujours : *On peut critiquer mes méthodes, pas*

1. Secrétaire général du ministère des Affaires étrangères.

2. Commissaire du Reich nommé par Hitler pour l'emploi massif des travailleurs dans les pays occupés, les réquisitions et les déplacements de la main-d'œuvre, etc

mes mobiles. Demain, vos ennemis se hâteront de présenter votre méthode comme votre mobile.

« Ses yeux bridés, où la colère a fait place au dédain, me dévisagent comme un homme de la Carrière [...].

« — *Demain,* dit-il, *à Matignon, ce n'est pas vous, c'est moi qui ferai face à Sauckel, à Abetz, qui les regarderai dans les yeux. Ils me parleront comme toujours de leur glaive qu'ils me mettent dans les reins.*

« *Mon glaive à moi, ce sera cette phrase ; je n'en ai pas d'autres. Laissez-moi donc tranquille ; ça se passera parfaitement ; et continuez...* [1]. »

Que penser du personnage Pierre Laval ? Par rapport à « une certaine idée de la France » et au regard de tout Français bien né, le doute ne semble pas permis : Pierre Laval se classe parmi les traîtres. Qu'en est-il, à la vérité, dans le fond de sa conscience, dans la source la plus profonde de ses intentions ? Laval aime son pays. En tout cas, il entoure d'une ferveur exceptionnelle sa province natale, l'Auvergne. Et, pour lui, l'Auvergne, c'est la France.

« Quand j'ai vu Hitler la dernière fois — raconte Laval —, je lui ai fait un cours de géographie. Je lui ai exposé en détail le rôle géologique et politique du Massif central dans l'histoire de la France. Je lui ai démontré que la France s'est constituée autour de roches éruptives très anciennes. Son socle, c'est un morceau de granit. C'est Le Puy, le Bourbonnais, patrie des Bourbon.

« *Je vois,* m'a répondu Hitler. *Ce qui a manqué à la Pologne, c'est un Massif central* [2]. »

Scribe rigoureux, Bridoux enregistre les paroles de Laval devant les représentants sélectionnés des chantiers de la jeunesse, réunis à Vichy. Pierre Laval parle, parle. Il discourt sur le ton familier, dans le style, inauguré par Roosevelt, de la « causerie au coin du feu ». Chacun croit être seul, en tête à

1. Témoignage de Paul Morand. Hoover Institute, III.
2. Paul Morand. Hoover Institute, III. (Déclarations de Laval à Morand.)

tête, avec le diable d'Auvergnat, madré et habile, séduisant et convaincant. Chacun croit recevoir, loin des oreilles indiscrètes, des confidences d'État. Chacun croit participer à l'élaboration de la politique française au plus haut niveau.

Laval dessine les contours d'un vaste *troc* diplomatique, qui nous ramène à l'avant-guerre : les mains libres à l'Est pour Hitler, en échange de l'expansion outre-mer pour la France. Toujours, la grande idée lavaliste repose là, sous-jacente : ravir à l'Italie la seconde place dans l'Europe de Hitler et se « payer » en Afrique sur les dépouilles des Britanniques.

« L'Allemagne, expose-t-il, a réalisé à l'Est des conquêtes formidables. Elle n'a pas des cadres en quantités inépuisables, et ceux dont elle dispose lui permettront à peine de tirer le profit de ses victoires à l'Est. Or, elle peut nous imposer, à nous, Français, une condition, et je l'accepte d'avance : c'est celle qui consistera désormais, pour nous, à nous désintéresser de l'Europe centrale et de l'Europe orientale. Mais à une condition : c'est que la France pourra tourner les yeux ailleurs. Eh bien ! moi, je les tourne ailleurs, avec joie, avec enthousiasme. Je les tourne vers l'Empire. »

Tantôt gouailleur, tantôt goguenard, charmeur ou enjôleur, cynique ici, ému là, Laval excelle à utiliser les ressources de l'art oratoire, ou bien les astuces des tribunes de meetings :

« ... Voyons, j'essaie de me faire bien comprendre... Je voudrais que vous sentiez tous le but que je me suis assigné... » Il se montre compréhensif : « Je sais que, dans votre esprit, des questions demeurent sans réponse... »

Le voici bon enfant. Le voilà pathétique. De sa voix sourde et chaude, presque haletant, Laval s'adresse au cœur et aux tripes de son auditoire. Il en prend à témoin ces garçons ardents qui voudraient bien enfin savoir ce que commande le véritable intérêt de la France :

« Je n'ai qu'un but. Je ne peux pas en avoir d'autre. Ce ne peut pas être pour satisfaire une ambition personnelle que j'occupe ce poste. Je l'ai occupé d'autres fois. J'y suis, en ce moment, aux jours de malheur de mon pays. Nous ne réalisons pas l'importance historique du moment que nous vivons. Je suis sûr qu'il faudra au moins cent ans pour que, dans les écoles, on dise aux jeunes Français ce qu'a été le drame des heures et des mois que nous vivons...

« Eh bien ! Je voudrais qu'à ce moment-là, à des petits Français, on puisse dire aussi que ceux qui avaient la charge de la France ont tout fait, tout, pour essayer de sauver notre territoire et notre Empire. Car vous comprenez bien que c'est là le but essentiel et le but unique. Bien sûr que, demain, on se disputera, puisque c'est dans notre nature. Mais si on se dispute demain, si nous avons sauvé notre territoire et notre Empire, nous serons entre Français. »

Si prévenus qu'ils soient, tous ne résistent pas à ce talent, à cette puissance du verbe, à cette force de persuasion : « ... Je crois en mon pays. C'est un vieux pays, c'est le plus grand pays, celui qui a la plus belle et la plus fière histoire, on ne peut pas la détruire. J'ai foi en lui. »

De tels morceaux de bravoure tirent les larmes des yeux. Alors, s'agit-il de l'éloquence creuse d'un tribun ? Des effets de prétoire d'un avocat politicien ? L'exposé de Pierre Laval sur sa politique, exposé long, poignant ou dramatique, qui surgit ainsi des *Cahiers* de Bridoux, ne manque pas d'émotion, de souffle patriotique, et parfois de grandeur. Pour qui se prend Pierre Laval, sinon, de toute évidence, pour Talleyrand ? L'ombre du prince de Bénévent rôde dans la démarche, dans le fil ou dans les sphères cachées de la pensée, dans la façon dont Pierre Laval répète qu'il réussira bien, oui, lui, *le bougnat* à « ferrer » Hitler au bout de l'hameçon de ses mots. Lorsqu'il affirme, envers et contre tout : « Je souhaite la victoire de l'Allemagne, parce que... », le mot *honneur* ne revêt rigoureusement aucun sens dans sa tête. Si Laval ne l'exprime pas, il pense plus simplement à Machiavel : « Que ce soit dans la gloire du pays ou dans l'ignominie, de toute manière, la patrie doit être sauvée. »

Pierre Laval discourt à Vichy à huis clos, ou bien à Paris en public. Les dirigeants du Reich, dans la même période, débattent en secret de la France. Laval, sans doute, est sincère. Mais Laval est berné.

Adolf Hitler, dans ses *Libres propos*[1] quotidiens — recueillis sur l'ordre de Martin Bormann, chef de la chancellerie du Reich —, rejoint, par une symétrie insolite, sur un point essentiel, l'analyse du général de Gaulle. A Londres, le chef de la France libre, nous le savons, répète à son chef d'état-major Pierre Billotte : « Deux seules politiques sont possibles : la nôtre et celle de Déat. Vichy n'a aucun sens. » Et, en son quartier général, Hitler, un soir, au cours du dîner, met les points sur les i : « Il n'y a que deux chemins tracés pour une politique française, et la France ne saurait sortir de l'alternative suivante :

« a) elle renonce à son territoire métropolitain, son gouvernement s'installe en Afrique du Nord et elle poursuit la guerre contre nous avec toutes les ressources de son empire colonial africain ;

« b) elle se joint aux puissances de l'Axe et sauve ainsi la majeure partie de son territoire. Elle intervient en Afrique centrale et s'assure là des possessions qui compenseront pour elle la perte des territoires qu'inévitablement, elle devra céder, au moment du traité de paix, à l'Allemagne, à l'Italie et à l'Espagne[2]. »

Quelques jours avant le retour de Laval au pouvoir, Hitler a déjà déclaré sans ambages : « Durant les cinquante années qui viennent, le destin de la France sera de réparer l'erreur [du traité] de Versailles[3]. »

Voilà cependant Laval aux affaires, grâce à la bénédiction du Führer, mais Hitler, dans la réalité, juge ainsi : « Laval n'a derrière lui qu'un passé de parlementaire. Il résulte de tout cela que le gouvernement de Vichy n'a aucun pouvoir réel. Un gouvernement fantôme représente toujours un danger. Si la France est actuellement à l'abri de la décomposition, préservée des coups de main et de la guerre civile, elle le doit à la présence

1. Flammarion.
2. Hitler : *Libres propos,* 13-5-1942.
3. *Ibid.,* 5-4-1942.

de nos troupes d'occupation, lesquelles constituent le seul pouvoir réel en France[1]. »

Quant au maréchal Pétain, le Führer, très en verve ce soir du 13 mai 1942 — et aussi très informé — en présente un portrait qui offre plus d'ombres que de lumières : « Un pays dont l'avenir dépend d'une alternative aussi tragique [c'est-à-dire le choix entre les Alliés ou l'Axe] devrait avoir à sa tête un homme capable de tirer froidement les conséquences de la situation. Le maréchal Pétain n'est pas cet homme. Il est vrai qu'il a une extraordinaire autorité sur les Français, mais il le doit surtout au prestige conféré par la vieillesse. Quand il s'agit de prendre des décisions dont tout dépend pour l'avenir de son pays, absolument tout, je pense que l'expérience d'un homme de cet âge constitue un handicap. Moi-même, je constate qu'aujourd'hui j'y regarde à deux fois pour prendre une décision, là où, il y a une dizaine d'années, je me serais lancé sans aucune hésitation. Les conditions étant ce qu'elles sont, une conversation avec le maréchal Pétain me paraît dénuée d'intérêt — quel que soit le respect que j'éprouve pour cet homme droit[2] [...]. Pour faire une comparaison, je dirais qu'il serait tout aussi indiqué de confier le grand rôle d'un opéra à un vieux chanteur couvert de gloire et, en présence du résultat lamentable, de se consoler à la pensée que, trente ou quarante ans auparavant, il avait de l'or au fond de la gorge[3]. »

Si les Allemands ont beaucoup d'oreilles en France, Laval manque d'écoutes à Berlin. Dans son *Journal* intime — sauvé par miracle des ruines de Berlin en 1945 —, Goebbels n'use pas de litotes : « Ce qui est nécessaire avant tout, c'est que la guerre contre la France aboutisse à un résultat décisif dans l'Histoire. Car, tant que la France aura un souffle de vie, elle restera au fond notre adversaire. Nous devons donc éliminer définitivement la puissance politique et militaire de la France du futur

1. Hitler : *Libres propos,* 13-5-1942.

2. En d'autres circonstances, Hitler et les chefs nazis s'en prennent à « l'hypocrisie » du maréchal Pétain, qu'ils appellent *der alte Fuchs,* le vieux renard. Sur Laval, Hitler tient aussi des propos parfois contradictoires.

3. Hitler, *op. cit.,* 13-5-1942.

échiquier des forces européennes. A cet égard, le Führer obéit à un instinct politique et national, très subtil, bien que de larges cercles du ministère des Affaires étrangères soient d'un avis différent[1]. »

Huit jours après la réintronisation de Laval à Vichy, Goebbels voit Hitler à midi : « En ce qui concerne la France, le Führer estime toujours que nous ne pourrons jamais nous entendre à l'amiable avec elle. Les bavardages sur la collaboration n'ont qu'une valeur momentanée. Ce que veut d'ailleurs le Führer, c'est voir des actes, et non pas entendre des mots. Si la guerre, dit-il, se termine comme il le désire, la France devra chèrement payer, car c'est elle qui l'a provoquée et déclenchée. La France sera rejetée sur ses frontières de 1500 ; en d'autres termes, la Bourgogne rentrera dans le sein du Reich[2]. »

Tout feu, tout flammes, Pierre Laval cependant s'efforce de déployer sa politique de rapprochement franco-allemand et, quatre jours plus tard, Goebbels précise encore : « Naturellement, Vichy aimerait bien conclure une paix séparée avec nous. Mais le Führer a entièrement raison de s'y refuser. La France ne songerait nullement à se considérer comme liée par une telle paix au cas où nous serions battus, mais elle s'en prévaudrait si nous étions vainqueurs. De la sorte, toute amputation [territoriale] serait pratiquement exclue [...]. Si les Français savaient ce que le Führer a l'intention d'exiger d'eux, il est probable que les yeux leur en sortiraient de la tête. Aussi est-il bon de garder, pour le moment, ces choses secrètes et d'essayer de tirer le plus possible de *l'attentisme* des Français[3]. »

Otto Abetz, *nolens volens,* reste un ambassadeur en trompe l'œil. Par son existence, la première mission du « royaume d'Otto » est de diviser la France. Mission naturelle de la part d'un occupant. Pour Hitler, la collaboration ne peut avoir qu'un intérêt tactique, au bénéfice du Reich.

Dans l'Europe du Führer, il n'y a pas place pour la France de Pierre Laval.

1. *Le Journal du Dr Goebbels* (Le Cheval ailé), 7-3-1942.
2. *Ibid.*, 26-4-1942.
3. *Ibid.*, 30-4-1942.

DOCUMENTS

LES « CAHIERS » INÉDITS DU GÉNÉRAL BRIDOUX

Éléments complémentaires

Hitler à la conférence de Montoire, vu par Laval : « A Montoire, le chancelier Hitler m'a dit, et ce sont ses propres paroles : *Je vous offre la collaboration. Si vous l'acceptez, nous ferons la paix aux dépens de l'Angleterre. Vous pouvez refuser la collaboration. C'est votre droit. Vous pouvez préférer attendre la fin de la guerre. Vous pouvez même espérer l'épuisement de l'Allemagne. Dans ce cas, je vous préviens que nous ferons une paix différente, et, si, entre-temps, l'Angleterre m'offre une paix de compromis, je n'ajouterai pas aux souffrances de l'Allemagne pour ménager la France.*

« J'ai répondu au chancelier Hitler : *Vous êtes le plus fort. Vous pouvez nous écraser. Vous pouvez nous faire souffrir. Nous souffrirons, mais, parce que c'est une loi de la nature, un jour, nous nous révolterons, et ça recommencera. Je suis venu ici pour autre chose.*

« *Moi aussi,* dit-il, *et je n'imposerai pas à la France une paix de vengeance.* Voilà Montoire résumé, mais très exactement résumé. Le Maréchal est venu deux jours après. Il a entendu les mêmes propos. Nous n'avions arrêté que le principe de la collaboration. »

(Extrait de la sténographie de l'exposé présenté par Laval aux représentants des chantiers de la jeunesse, telle qu'elle est retranscrite par le général Bridoux.)

La clef du 13 décembre 1940. « Jusqu'au 13 décembre, le chancelier Hitler a cru que la France avait fait son choix [en faveur de la collaboration]. Ce jour-là, un événement s'est produit dont je dois vous parler avec discrétion, parce que, en apparence, j'en étais la victime, mais qu'en réalité c'est la France qui risque d'en supporter durement les conséquences.

« Pourquoi le 13 décembre s'est-il produit ? Je répète que je dois être discret, mais il y a tout de même une chose que je dois dire : avant le 13 décembre, il y avait eu, le 9 décembre, une réunion à l'ambassade d'Allemagne, à laquelle assistaient le général Warlimont, représentant le chancelier Hitler — Warlimont, nom français, un souvenir de l'édit de Nantes et, du côté français : l'amiral Darlan, le général Huntziger, un représentant du ministre de l'Air et moi-même.

« Qu'a-t-on fait ce jour-là à l'ambassade d'Allemagne ? Eh bien ! on a discuté et arrêté le principe, et presque les modalités d'une entreprise française pour essayer de reprendre à de Gaulle les colonies qu'avec le concours anglais, il nous avait prises. Et quelque chose devait être tenté du côté du Tchad au printemps 1941, en tout cas à l'automne 1941.

« J'ai comme une idée vague, mais mon instinct me trompe rarement, que lorsque l'Angleterre a compris que, des paroles j'allais passer aux actes, tout a été mis en œuvre et que le 13 décembre devait se produire. Il s'est produit[1]. »

(Extrait de la sténographie de l'exposé présenté par Laval aux représentants des chantiers de la jeunesse, telle qu'elle est retranscrite par le général Bridoux.)

Félicitations. « Reçu [...] le baron Krug von Nidda, consul général d'Allemagne, venu m'apporter les félicitations de l'ambassade, à l'occasion de ma nomination au grade de général de corps d'armée. » (*Cahiers,* 25-4-1942.)

Pétain et Laval (Bridoux en audience chez le chef de l'État de Vichy). « Le Maréchal est très satisfait de son nouveau gouvernement et de son chef. » (*Cahiers,* 4-5-1942.)

Épuration. Conseil des ministres : « Il y a eu, la semaine dernière, une petite émeute fomentée à Paris par les communistes. Parmi ceux-ci, pas mal de fonctionnaires. D'où nécessité

1. Cf. *supra,* p. 84 (Les événements du 13 décembre 1940).

d'une prompte répression et d'une épuration des cadres. » (*Cahiers,* 5-6-1942.)

Gaullistes. « Le président Laval a demandé d'obtenir que les gaullistes pris à Bir-Hakeim, en Cyrénaïque, ne soient pas traités comme francs-tireurs, et que ceux qui le désireraient soient mis en disponibilité de faire leur soumission au Maréchal. » (*Cahiers,* 17-6-1942.)

L'armée. « Le général O., qui va quitter son commandement, vient faire sa visite d'adieu. Il résume son impression sur l'état d'esprit de l'armée, en disant qu'elle est à la fois anglophobe et germanophobe. » (*Cahiers,* 18-6-1942.)

Réquisitions allemandes. Conseil des ministres : « M. Hemmen [président allemand de la commission économique d'armistice] vient de notifier les demandes pour la campagne 1942-1943 :

« 16 millions de quintaux de blé et d'avoine : 200 000 tonnes de viande ; 2 millions et demi de quintaux de pommes de terre ; 10 000 tonnes de fromages ; 17 500 tonnes d'huile ; 400 000 tonnes de foin ; 650 000 tonnes de paille. C'est lourd, mais réalisable, sauf pour l'avoine. Le Président s'en servira pour sa politique. » (*Cahiers,* 3-7-1942.)

La menace d'amputations territoriales. Conseil des ministres : « Le président Laval [...] a eu une conversation avec Abetz, au cours de laquelle celui-ci a laissé entendre qu'une hypothèque pourrait être prise sur le Nord et sur le Pas-de-Calais, si le climat, à la fin de la guerre, n'était pas plus favorable qu'il ne l'est aujourd'hui. Il faut créer un climat favorable et ne pas oublier que le Reich a sans doute pris des engagements vis-à-vis de l'Italie, engagements auxquels il faudrait donner une autre orientation. Laval reste optimiste et pense que l'Italie pourra recevoir des compensations, et aussi que le Führer est susceptible de comprendre qu'une Europe viable ne peut se faire qu'avec la France, et une France non diminuée. » (*Cahiers,* 7-8-1942.)

Défilé de SS. « Le défilé des troupes SS à Paris a produit une forte impression par l'effectif présenté, la tenue des unités, l'état du matériel. » (*Cahiers,* 8-8-1942.)

Les Alsaciens et les Lorrains. Conseil des ministres : « Le Führer aurait pris la décision d'incorporer les Alsaciens. Mesure très grave, d'abord parce que contraire aux conventions de l'armistice, puis par ses répercussions morales et politiques. Peut-être pourra-t-on arriver à la faire rapporter ? Sinon, le gouvernement se trouvera obligé à une protestation énergique. » (*Cahiers,* 29-8-1942.)
— « Le Président va transmettre à Abetz une protestation au sujet de l'introduction du service obligatoire en Alsace et en Lorraine. » (*Cahiers,* 4-9-1942.)

Les juifs. « Le clergé, qui s'était montré très récalcitrant à propos des juifs, commence à comprendre que les protestations ne font qu'aggraver la situation de ceux-ci. L'archevêque de Toulouse[1], qui avait fait un mandement hostile au gouvernement, vient d'en publier un autre dans lequel il affirme son loyalisme au Maréchal et aux pouvoirs publics. » (*Cahiers,* 2-10-1942.)

L'activité des 2es Bureaux et des S.R. *Note de l'auteur.* En juillet 1942, l'amiral Canaris, chef de l'Abwehr (service de renseignements et contre-espionnage allemands) provoque une conférence à Paris, à laquelle l'amiral Darlan et le général Bridoux délèguent leurs chefs de cabinet. Des agents de la Gestapo pénètrent en zone libre. Des postes de radiogoniométrie, convoyés par les services de sécurité allemands, arrivent en zone libre pour détecter, avec l'aide de policiers français, les postes clandestins qui correspondent avec les Alliés. Les véhicules allemands sont immatriculés en France. Près de trois cents cartes d'identité en blanc sont remises aux Allemands.
Dans ses *Cahiers,* Bridoux s'occupe souvent des 2es Bureaux

1. Il s'agit de Mgr Saliège qui, dans une lettre lue en chaire, s'était exprimé ainsi, le 23 août 1942 : « Que des enfants, des femmes, des pères et des mères soient traités comme un vil troupeau, que les membres d'une même famille soient séparés et embarqués pour une destination inconnue, il a été réservé à notre temps de voir ce triste spectacle. Seigneur, ayez pitié de nous. »

« qui se sont laissé entraîner par leur hostilité systématique à l'Allemagne ». (11-5-1942.) « Un récent incident a attiré à nouveau l'attention des Allemands sur l'activité du S.R. [Service de renseignement] en zone occupée. » (8-7-1942.) « Un autre fait délicat est le cas Devillers, agent français du S.R. allemand, qui a rendu des services aux deux pays en signalant l'activité de groupements gaullistes et qui a été condamné ici et fusillé [1] comme espion. Abetz y voit la marque de l'esprit anti-allemand de l'armée. » (16-7-1942.) « Cinq officiers et sous-officiers anglais, internés aux environs de Nice, se sont évadés. Il y a certainement des complicités françaises, probablement d'agents du S.R. » (24-8-1942.) « Cinquante-huit Anglais, internés près de Nice, se sont évadés. » (6-9-1942.)

Le 15 octobre 1942, Bridoux mentionne « les groupes mixtes franco-allemands [constitués] en vue de déceler les postes anglais clandestins ».

Conseil des ministres, 23 octobre 1942 : « Le Président [Laval] énumère les résultats obtenus par la police : 5 460 agents communistes arrêtés, ainsi que plus de 400 terroristes de marque ; plus de 40 tonnes d'armes découvertes ; 800 individus inculpés de menées anti-nationales. Sur sa proposition, le Conseil rend hommage à l'œuvre et au dévouement de la police. Avant de terminer, il pousse une pointe vigoureuse contre les 2es Bureaux et annonce que la question sera traitée dans son ensemble au retour de l'amiral [Darlan]. » « Le général von Stülpnagel a adressé à Laval une lettre de remerciements pour l'action de la police contre le terrorisme. »

*

« *JOURNAL DE GUERRE* » *DE MARCEL DÉAT*

Éléments complémentaires

Arrêter les bolcheviks sur le Rhin. « Doriot m'a un peu parlé de son passage à Vichy, d'où il retient que le Vieux

1. Tandis que des services français prêtent la main à la police allemande, d'autres autorités de Vichy continuent leur mission : elles arrêtent, jugent, condamnent et passent par les armes les espions allemands opérant en zone sud, ou bien en Afrique.

[Pétain], après avoir parlé de l'écrasement nécessaire du bolchevisme, n'a plus parlé que de sa *dislocation*. Encore une idée que Leahy a dû lui fourrer dans le crâne. Avec un nouveau Kerensky et en faisant marcher à rebours la machine à faire la révolution, on pourrait peut-être retrouver une Russie bien pensante, capitaliste, avec laquelle on poursuivrait gentiment la guerre contre l'Allemagne. La grande idée est d'arrêter les bolcheviks sur le Rhin, une fois l'Allemagne écrasée. Ces gens sont de plus en plus idiots. » (23-1-1942.)

Pétain. « Lequerica [ambassadeur d'Espagne] considère que je suis toujours au-dessous de la vérité quand je parle de Vichy. C'est pire que tout et c'est un malheur pour la France et l'Europe. Leahy et son entourage tiennent l'entourage du Maréchal. D'ailleurs, Pétain croit, lui aussi, à la victoire américaine et à la défaite allemande. » (2-2-1942.)

— « Benoist-Méchin arrive. Nous causons très cordialement. Il est décidément très net sur Vichy et dans un bon état d'esprit. Il constate enfin quelques évidences : que Vichy est pourri de trahison, que des gens comme Du Moulin de Labarthète sont des agents anglais, que l'amiral [Darlan] est un médiocre et que le Maréchal est gaga, avec des lueurs de temps en temps, et de l'allure. » (31-3-1942.)

Laval et les Allemands. « Laval se renforce de jour en jour. Consigne a été nettement donnée aux services allemands et aux officiers de l'armée, comme des SS, d'être favorables à Laval, et, tout au moins, strictement neutres, donc de ne pas soutenir Doriot. » (12-6-1942.)

Les 80 millions de Doriot. « Mme Kleinknecht [femme du major allemand Kleinknecht] indique que Doriot est lâché par la Wehrmacht et elle confirme qu'on lui avait donné 80 millions. » (10-7-1942.)

Les vieux souvenirs du Maréchal. « Roger de Saivre, chef de cabinet du Maréchal, a exprimé l'horreur du Maréchal pour Doriot, en confirmant ce que Laval nous a dit, par ailleurs. Il s'en irait si on lui imposait Doriot qu'il considère comme un traître, à cause de l'affaire du Rif[1] en 1925. » (7-10-1942.)

Les frères ennemis : Doriot sur Déat. « B. m'indique que, dernièrement, un de ses amis a entendu, dans un restaurant chic, Doriot dire à des amis : *Déat, je lui couperai les couilles et je lui boufferai les tripes.* Ce qui est pittoresque et suggestif. » (1-12-1942.)

Les gaullistes. « Le nettoyage policier serait commencé. On découvre tous les jours des nids gaullistes et les organisations de l'*Intelligence Service.* » (4-5-1942.)

— « Visite de B. qui [...] dit que toute l'armée et toute la police sont gaullistes. Eh bien ! La France gaulliste ira à sa perte, voilà tout. » (1-10-1942.)

— « Il y a un scandale formidable à La Villette. Les bêtes crèvent par centaines, tant l'afflux est grand. Et cela par la faute de l'intendant Gigot et de Roche qui se sont obstinés à donner des primes pour l'abattage des jeunes bêtes, qui arrivent en masse de la zone libre. On massacre à plaisir le cheptel *pour que les Allemands n'aient rien,* car cette manœuvre est dans son fond gaulliste. » (3-9-1942.)

Juifs et armes (Déat déjeune à l'hôtel de Matignon). « Les Allemands ont enfin débloqué les armes[2] pour l'Afrique occidentale française. Laval a tenu bon, tant qu'on ne les lui a pas données, car il a eu une explication nette avec Sauckel, qui a rapporté la conversation à Hitler, lequel a donné raison à Laval. Succès qui compense les demandes excessives qui portaient sur la livraison de quelques milliers de juifs supplémentaires à Paris, etc. Grosse détente et sensible amélioration, par conséquent, dans les rapports franco-allemands à propos de l'Afrique et quant à la situation intérieure. Nos affaires vont bien. » (7-10-1942.)

1. En 1925, le maréchal Pétain avait été envoyé par le gouvernement au Maroc pour venir à bout de la révolte fomentée par Abd el-Krim dans le Rif. A cette époque, Doriot, député communiste de Saint-Denis, dénonça le colonialisme et envoya un télégramme d'encouragement à Abd el-Krim.

2. Il s'agit d'armes destinées à équiper les forces françaises, fidèles au gouvernement de Vichy, en vue de s'opposer à un éventuel débarquement de troupes alliées et des Français libres.

*

LA COLLABORATION VUE DE BERLIN

Le Gobelin du maréchal Goering

Voici le compte rendu sténographique d'une conférence consacrée à la situation alimentaire, tenue par le Reichsmarschall Goering avec les commissaires du Reich et les commandants militaires. Cette conférence se réunit le jeudi 6 août 1942, à 16 heures, au ministère de l'Air à Berlin. Goering parle :

« En ce qui concerne la France, j'affirme que sa terre n'est pas encore cultivée au maximum. La France pourrait avoir un rendement agricole bien différent, si Messieurs les paysans étaient contraints de travailler davantage. D'autre part, la population française s'empiffre de nourriture que c'en est une honte. J'ai vu des villages où ils ont défilé avec leurs longs pains blancs sous le bras. Dans les petits villages, j'ai vu des oranges à pleins paniers, des dattes fraîches d'Afrique du Nord [2]. Hier, quelqu'un m'a dit : *C'est vrai, la nourriture normale de ces gens s'obtient par le marché noir et le troc, la carte n'est qu'un appoint pour ces gens.* C'est là le secret pourquoi les gens sont si gais en France... sans cela, ils ne le seraient pas...

« Il n'est pas question ici du seul ravitaillement, mais je m'époumone pour affirmer que je considère, au fond, toute la France occupée par nous comme pays conquis. Il me semble qu'autrefois la chose était plus simple. Autrefois, on pillait. Celui qui avait conquis le pays disposait des richesses de ce pays. A présent, les choses se font de façon plus humaine. Quant à moi, je songe tout de même à piller, et rondement... Je vais envoyer une quantité d'acheteurs pourvus de pouvoirs exceptionnels, d'abord en Belgique et en Hollande, puis en France, qui auront tout loisir, d'ici la Noël, d'acheter à peu près tout ce qu'ils trouveront dans les belles boutiques et dans les

1. En admettant que le maréchal du Reich ait chaussé de bonnes lunettes, il ne peut s'agir que de distributions exceptionnelles, effectuées à la suite d'arrivages d'Afrique du Nord, contre tickets et réservées à certaines catégories de consommateurs.

beaux magasins, et cela, je le ferai mettre en vitrine pour le peuple allemand dans les boutiques allemandes, et il pourra se le procurer. Je n'ai pas envie que chaque Française s'attife comme une cocotte qui se donne des airs. Dans peu de temps, elle n'aura plus rien à acheter...

« [...] Il faut que vous organisiez une véritable battue si vous voulez avoir quelque chose pour le peuple allemand ; il faudrait que ça ne fasse qu'un bond pour sortir des stocks et venir chez nous...

« On a dit encore qu'on ne devait pas — Dieu nous préserve ! — payer aux soldats allemands leur solde, etc., *sans quoi la France subirait une inflation !* C'est tout ce que je désire. Qu'il en vienne une, et sonnée. Le franc n'a pas besoin d'avoir plus de valeur qu'un certain papier réservé à un certain usage. Alors seulement, la France sera frappée comme nous voulons qu'elle le soit.

« La collaboration, c'est seulement M. Abetz qui en fait, moi pas. La collaboration de Messieurs les Français, je la vois seulement de la façon suivante : *Qu'ils livrent tout ce qu'ils peuvent jusqu'à ce qu'ils n'en puissent plus ; s'ils le font volontairement, je dirai que je collabore ; s'ils bouffent tout eux-mêmes, alors ils ne collaborent pas. Il faut que les Français s'en rendent compte.*

« Dites aux usines qui ne livrent pas qu'elles n'auront plus rien à se mettre sous la dent. Je leur enverrai des vieilles selles de cosaques. Les Russes en ont bien bouffé.

« Vous m'objecterez la politique extérieure de Laval... M. Laval apaise M. Abetz, et je veux bien que M. Laval ait le droit de se rendre au *Maxim's,* interdit aux autres Français. Mais, quant à ceux-ci, il faudra vite leur faire la leçon. Ils ont un culot inimaginable. Ils font de l'usure dès qu'ils apprennent qu'il s'agit d'un Allemand. Ils vous collent trois fois le prix et, si le Reichsmarschall veut acheter quelque chose, c'est cinq fois le prix. J'ai voulu acheter un Gobelin. On m'en a demandé deux millions de francs. On a dit à la femme que l'acheteur voulait voir le Gobelin. Elle a répondu qu'elle ne pouvait s'en dessaisir et qu'il fallait l'amener chez l'acheteur avec la pièce en question. On lui a dit alors qu'elle allait se rendre chez le Reichsmarschall. Une fois chez moi, le Gobelin valait trois millions de francs. »

(*Cahiers d'histoire de la guerre,* n° 4. Cf. *La Documentation française :* « Paris sous l'Occupation », par Claude Lévy, chargé de mission au C.N.R.S., et Dominique Veillon, docteur en histoire. Azéma : *La Collaboration* (P.U.F.). Document introduit par l'accusation soviétique devant le tribunal international de Nuremberg.)

CHAPITRE VIII

HUIS CLOS EN CONSEILS DES MINISTRES : VICHY ET LES JUIFS

UN INVENTAIRE ET UNE ANALYSE. — LES OREILLES DE LA GESTAPO. — LE PAVILLON SÉVIGNÉ. — LA RELÈVE. — LE GAULEITER SAUCKEL. — LES SILENCES DU MARÉCHAL EN CONSEIL. — LAVAL ET LA PÉRIODE DES « ÉCHÉANCES ». — LES EXIGENCES DU REICH ET LE RECENSEMENT DES JUIFS. — FRANÇAIS ET JUIFS ÉTRANGERS. — EICHMANN À PARIS : LA TRAGÉDIE. — LA SOLUTION FINALE EST MISE EN MARCHE. — NUIT ET BROUILLARD. — « LE TROC » DE PIERRE LAVAL : « UN ÉTAT JUIF À L'EST DE L'EUROPE. » — LE GÉNÉRAL OBERG. — LES ENFANTS JUIFS. — LES RAFLES. — LE SILENCE TOMBE EN CONSEIL. — MASSACRE ET JARDINAGE. — LES ARCHIVES DIPLOMATIQUES DE LA SUISSE. — LAVAL PRIS À LA GORGE. — « LES PETITES CONCESSIONS. » — PÉTAIN : LE COMBAT SINGULIER CONTRE DE GAULLE. — HITLER SUR DE GAULLE ET LAVAL. — *FINASSIEREN.* — LES SIX, DOMINATEURS ET TOUT-PUISSANTS. — VICHY : LE DOSSIER « JUIFS » DEVANT L'HISTOIRE.

Il reste un point où l'État français de Vichy demeure dans la tradition de la République : aucun procès-verbal n'existe qui permette d'éclairer les responsabilités prises par chacun des participants au cours des délibérations du Conseil des ministres. Au regard de la Constitution, tous les membres du gouvernement étaient et demeuraient solidairement responsables.

Pour une période assez courte de l'Occupation, nous disposons cependant du compte rendu officiel des séances tenues sous la présidence du maréchal Pétain. Ces textes couvrent la seconde moitié de 1942, que marquent des événements dramatiques : la déportation accélérée des juifs, puis l'occupation totale du territoire national. Sur ces faits, nous pouvons enfin juger — de façon partielle — sur pièces.

Nous procéderons donc à un inventaire inédit et à une analyse. Les documents ont été découverts à une date postérieure à la Libération [1], et l'ensemble repose aujourd'hui aux Archives nationales, enrichi d'un apport provenant du Comité d'histoire de la Deuxième Guerre mondiale.

L'examen du calendrier conduit à penser que l'initiative des comptes rendus revient à Pierre Laval. Succédant à l'amiral Darlan, le nouveau chef du gouvernement l'aurait prise peu après son retour au pouvoir. Pourquoi fut-il mis fin à la tradition ainsi instaurée en 1942 ? Peut-être par volonté de ne pas laisser derrière soi des papiers compromettants sur des sujets brûlants et dangereux pour l'après-guerre. Peut-être aussi les papiers ont-ils été détournés ou détruits [2], qui intéressaient les années 1943 et 1944 ? Si les explications manquent, des documents, en tout cas, ont survécu, d'une valeur exceptionnelle et d'une authenticité incontestable.

L'honnêteté commande cependant d'accompagner les comptes rendus des Conseils des ministres de plusieurs observations critiques. Précisons-le : nous nous trouvons en présence de *comptes rendus*. Il ne s'agit ni de procès-verbaux, ni de rapports prétendant à un caractère analytique. Des prises de position, des interventions ou bien des éléments d'interventions sont sans doute passés sous silence. Nous devons en prendre acte, puisque, dans chaque dossier qui enferme le compte rendu du Conseil hebdomadaire, se trouvent des notes, prises au crayon par le secrétaire général, chargé de la rédaction finale. Et ces notes ne figurent pas toujours dans le texte officiel.

Des raisons de sécurité, d'autre part, entrent en ligne de compte. Certains ministres et secrétaires d'État se gardent probablement d'intervenir, ou bien s'abstiennent de dévoiler le fond de leur pensée. Ils craignent les indiscrétions du côté des

1. Voir, à la fin du chapitre, une note de l auteur à ce sujet.

2. Certains dossiers hebdomadaires, marqués « Conseils des ministres », sont quasiment vides.

Allemands, très soucieux de savoir ce qui se passe au pavillon Sévigné, « l'Élysée » de Vichy. Deux secrétaires d'État au moins — la suite devait le révéler — jouent d'ailleurs le rôle d'informateurs d'Otto Abetz. Le premier de cordée s'appelle, en l'occurrence, l'ambassadeur Fernand de Brinon [1], qui siège au Conseil à partir de 1942, en tant que secrétaire d'État auprès du chef du gouvernement. Les ministres se méfient des uns et des autres. Ils se regardent en chiens de faïence à l'intérieur ; à l'extérieur, ils redoutent les oreilles de la Gestapo — tandis que le petit carré attentiste, proche du Maréchal, traite de « collaborateurs » les activistes de l'autre camp.

Et maintenant, violons le secret des cartons d'archives. Le 19 juin 1942, à 12 h 30, voici tous les ministres réunis sous la présidence du maréchal Pétain. Ils prennent place sur des sièges de style Louis XV ou Louis XVI, autour d'une très grande table, recouverte du classique tapis vert. La salle sévère, au plafond élevé, sourit d'une console en bois doré.

Devant le cénacle, Laval parle à huis clos. Il évoque d'abord « l'accueil enthousiaste reçu par le Maréchal à Toulouse [2] ». Le chef du gouvernement rend compte des entretiens qu'il a eus à Paris avec plusieurs hautes personnalités du Reich : le Gauleiter Sauckel, chargé de la main-d'œuvre, le ministre de l'Armement du Führer, Albert Speer, et le maréchal de l'Air Milch.

En U.R.S.S., tout ne va pas pour le mieux selon les desseins de Hitler. Le maréchal de la Luftwaffe remonte le moral de ses interlocuteurs français, s'il en était besoin : « Le maréchal Milch a fait part au chef du gouvernement de la certitude allemande de l'emporter sur les forces bolcheviques, grâce notamment à la supériorité aérienne du Reich. »

Le problème de la main-d'œuvre, qui doit être mise au service de l'effort de guerre du Reich, revêt une importance capitale, d'où l'innovation du système de *la relève.* Laval souligne que les exigences allemandes, touchant les travailleurs volontaires, sont « ramenées à 150 000 ouvriers, métallurgistes de préférence ; en échange, 50 000 prisonniers, choisis principalement parmi les paysans, seraient rendus [...]. Il va sans dire

1. Ory, *op. cit.*
2. Les citations entre guillemets, ainsi que celles qui suivent, sont extraites des comptes rendus officiels des Conseils des ministres (Archives nationales).

que le pourcentage de l'échange paraît nettement insuffisant [au chef du gouvernement] et que sa tâche essentielle consistera désormais à le rendre plus avantageux pour la France ».

Faut-il mobiliser les affectés spéciaux ? Le Gauleiter Sauckel le demande. La réponse de Laval, en Conseil des ministres, est *auvergnate :* « La réquisition des affectés spéciaux irait au-delà des clauses de l'armistice. Elle ferait entrer la France dans une collaboration active avec le Reich. Il faudrait donc prévoir toutes les conséquences de cet acte [...]. Si, un jour, cette loi apparaissait nécessaire, il y aurait lieu de la justifier par l'insertion, dans le texte même, d'une clause stipulant qu'elle a pour but essentiel d'assurer la relève des prisonniers et d'améliorer leur sort. »

Sept jours plus tard — 26 juin 1942 —, « la séance est ouverte à 10 h 30 sous la présidence du maréchal Pétain, chef de l'État ». Entre-temps — 22 juin — Laval a glissé, dans son mémorable discours, la phrase fatidique : « Je souhaite la victoire de l'Allemagne, parce que, sans elle, le bolchevisme s'installerait partout. »

Selon le protocole en vigueur chaque semaine, Laval, ce 26 juin, ouvre les délibérations et présente un tableau de la politique générale : « Le chef du gouvernement expose au Conseil les raisons qui l'ont amené à prononcer, avec l'autorisation du Maréchal, une importante allocution le lundi précédent. Sa tâche était difficile parce que ses paroles devaient nécessairement heurter un certain nombre de Français, encore mal informés. Il était nécessaire de les éclairer. D'une part, le gouvernement doit affirmer sa politique. D'autre part, il fallait adresser aux travailleurs français un appel direct, tant pour amorcer la relève des prisonniers que pour éviter aussi longtemps que possible des mesures de réquisition. »

Le maréchal Pétain ne présente aucune remarque [1]. Souvent,

1. Lors de son procès, le maréchal Pétain déclarera : « J'ai eu une réaction très violente quand j'ai entendu, dans le discours, cette phrase de M. Laval : *Je souhaite la victoire de l'Allemagne.*

« Il a dit tout à l'heure qu'il était venu me trouver avec M. Rochat, qui représentait le ministre des Affaires étrangères, pour me montrer cette phrase. Eh bien ! Jamais M. Rochat n'aurait accepté de maintenir cette phrase, et j'étais d'accord avec lui. Et puis, quand je l'ai entendue à la radio — je crois que c'était fait, qu'il avait arrangé l'affaire —, quand j'ai entendu

d'ailleurs, les séances se déroulent sans que — à en croire les comptes rendus — le Maréchal ouvre la bouche. Il se tient coi. Prudence ? Surdité ? Incapacité à saisir les débats ? Déjà, sous le gouvernement Paul Reynaud, en mai et juin 1940, des ministres s'étaient montrés frappés, à plusieurs reprises, par le mutisme étrange du Vieux Soldat, alors que chacun, au cœur des circonstances dramatiques, attendait sa voix auguste.

Le Maréchal ne dit à peu près rien. Et voici que, pour la première fois dans les archives dont nous disposons, Laval aborde la question juive. Nous assisterons désormais, de huit jours en huit jours, au calvaire, puis au martyre juif — un martyre qui reste traité, dans les documents gouvernementaux, d'une manière administrative et sèche, où n'apparaissent guère l'émotion, la révolte, le refus. Mais, sous la lecture glacée des mots, court l'épouvante.

Tel un sujet presque banal, le problème juif entre, à la suite, dans la nomenclature des départements ministériels, intercalé entre les paragraphes I, II, III, IV, V, etc. : prisonniers de guerre, main-d'œuvre, transports ferroviaires, wagons, locomotives, matières grasses, tonnages de viande, récolte de blé, hectolitres de vin, collecte de beurre et de fromage, surfaces ensemencées de colza, plan de fabrication de confitures, stocks de vaccins et d'insuline.

Ainsi, le 26 juin 1942, Pierre Laval rend compte de ses négociations avec les Allemands au sujet du ravitaillement des Antilles et des îles du Pacifique. Il déclare s'être entretenu aussi avec M. Hemmen, président allemand de la Commission économique d'armistice. Objet : « Retards apportés par les autorités françaises à la livraison à l'Allemagne [...] d'huile, de phosphates, de minerais de fer, de diamants industriels. »

Laval continue l'ordre du jour :

« Le chef du gouvernement en arrive enfin à une question fort délicate : la question juive. Celle-ci a été résolue, on le sait, en Allemagne, d'une manière extrêmement sévère. L'opinion

que cette phrase était répétée à la radio, j'ai bondi. Je ne me suis pas rendu compte. Je croyais que c'était supprimé et je suis navré qu'elle soit restée. » (Sténographie du procès. *Journal officiel.*)

française accepterait difficilement que des mesures identiques soient prises en France où cette question n'a jamais présenté la même acuité.

« Le gouvernement français, auquel les autorités allemandes demandent de renforcer les mesures de contrainte à l'égard des juifs, doit agir en cette matière avec la plus grande prudence. Le chef du gouvernement indique qu'il a décidé de procéder, avant toute mesure d'exécution dont il rendra compte préalablement au Maréchal, à un recensement des juifs, de façon à discriminer les juifs français des juifs étrangers.

« Résumant l'ensemble des négociations engagées depuis plusieurs semaines avec les autorités allemandes, le chef du gouvernement souligne que nous entrons dans une période difficile : la période *des échéances*. Celle-ci durera vraisemblablement aussi longtemps que l'offensive allemande à l'Est. Pour défendre les intérêts de la France, le chef du gouvernement et les ministres devront redoubler d'efforts. »

Laconique, le Conseil se termine, avant l'heure du déjeuner, sur une brève intervention de M. Cathala, ministre-secrétaire d'État aux Finances, qui « fait approuver le principe de la conversion en obligations 3 1/2 % de deux émissions du Trésor : 4 1/2 % 1938 et 5 % 1939 ».

En marge du Conseil des ministres, il convient de prendre connaissance des notes au crayon que le rédacteur a couchées sur le papier, en style télégraphique, en vue de secourir sa mémoire. Les notes se trouvent jointes au texte dactylographié. Nous citons : « Ce matin, visite [à Pierre Laval] de Bousquet [secrétaire général à la police], qui a apporté un télégramme. M. Legay [délégué, en zone occupée, du secrétaire général à la police] a été prié par le capitaine Theodor Dannecker [SS Obersturmführer, chef de la section juive à Paris, Judenreferat] de venir le voir. Aux termes accord, on devrait interner 10 000 juifs en zone libre. M. P. Laval déclare qu'il n'a jamais donné aucun accord. Erreur fondamentale.

« Décision des autorités allem. d'interner 10 000 juifs dans la région parisienne (40 % de Français). Réponse Laval : *Je donnerai moi-même une réponse. Elle sera négative.* »

Encore quatre jours, et le drame éclate. Adolf Eichmann, trente-six ans, chef du *Judenamt* au R.S.H.A. (Reichssicherheitshauptamt, c'est-à-dire : administration centrale de la sûreté du Reich), arrive à Paris le 30 juin 1942. Dans sa serviette se trouve une instruction brutale de Himmler : tous les juifs de France doivent être déportés [1].

La solution finale commence. Eichmann crée les camps d'extermination : Auschwitz en ce mois de juin, Treblinka en juillet, Maïdanek à l'automne [2]. Par millions, les juifs d'Europe vont y affluer. *Nacht und Nebel.*

3 juillet 1942, 10 h 30, au pavillon Sévigné, Conseil des ministres sous la présidence du maréchal Pétain :

« Le président Laval fait le point de la question juive dont il a exposé les divers éléments à la dernière réunion du Conseil. Il a donné des ordres pour procéder à un recensement des juifs en zone non occupée, de façon à pouvoir distinguer, le moment venu, les juifs français et les juifs étrangers. Des mesures particulières pourraient être envisagées à l'égard des juifs qui sont arrivés en France depuis septembre 1939.

« Le Maréchal estime que cette distinction est juste et sera comprise par l'opinion.

« Le chef du gouvernement indique ensuite qu'il a pris rendez-vous avec le général Michel, à Paris, pour examiner avec lui diverses questions techniques qu'il énumère rapidement : problème de la soudure [des récoltes] ; relèvement général des salaires ; attribution des primes de bombardement ; retard dans les livraisons de certains produits à l'Allemagne.

« Il donne ensuite la parole à M. Bichelonne, secrétaire d'État à la Production industrielle, pour fournir au Conseil quelques indications sur les concentrations d'usines. »

Touchant le problème juif, nous voyons se former l'idée centrale de Pierre Laval, telle qu'on pourra la cerner avec plus de rigueur au fil du temps : « Se débarrasser des juifs étrangers,

1. Marrus et Paxton : *Vichy et les juifs* (Calmann-Lévy).
2. *Dictionnaire de la Seconde Guerre mondiale.*

mais protéger les juifs français des deux zones, quitte à les abandonner moyennant des avantages substantiels[1]. »

Sur ce, le Conseil examine sans transition « les demandes allemandes portant sur les produits de la terre pour la campagne 1942-1943 ». Il entend le ministre de l'Agriculture et du Ravitaillement souligner que « ces demandes sont sensiblement plus lourdes » par rapport à celles de l'année précédente. Une fois encore, Pierre Laval évoque les obligations qui incombent du fait de la guerre à l'Est. De nouveau, il met en évidence les fameuses *échéances :* « Le chef du gouvernement rappelle que nous entrons dans *la période des échéances.* Cette période sera très lourde pour le pays jusqu'à la fin de la campagne de Russie. Si le gouvernement français ne peut obtenir une réduction des demandes allemandes en ce qui concerne les produits de la terre, du moins devra-t-il attirer avec énergie l'attention des autorités allemandes sur les achats faits par celles-ci, en dehors des accords officiels, car on lui signale de différents côtés l'existence d'un marché noir au profit des Allemands. »

Pour ce Conseil, comme pour le précédent, nous trouvons dans le dossier des notes manuscrites au crayon, qui complètent la relation des propos tenus par Laval :
« Juifs. Difficultés avec les Allemands. Demande des SS de mettre en [mot illisible] camps de concentration plusieurs dizaines de milliers de juifs de Paris [mot illisible]. Ils demandent, pour la zone libre, d'arrêter 10 000 juifs et mettre dans camps de concentration. Il faut distinguer entre juifs français et déchets[2] expédiés par les Allemands eux-mêmes. L'intention du gouvernement allemand serait de faire un État juif à l'est de l'Europe. Je ne serais pas déshonoré si j'expédiais, un jour, vers cet État juif les innombrables juifs étrangers qui sont en France.

« J'évoque la question. Je ne demande pas de décision. Je me borne à faire un recensement des juifs en France depuis 1-9-1939 (10 000 ?). »

1. Léon Poliakov : *Bréviaire de la haine* (Calmann-Lévy).
2. *Déchets :* il s'agit des réfugiés juifs, non français.

Sept jours s'écoulent encore. Le 10 juillet 1942, à 10 h 30, selon la formule rituelle, ministres, secrétaires d'État et secrétaires généraux se réunissent au pavillon Sévigné, sous la présidence du maréchal Pétain. Laval expose, et le compte rendu indique : « La question juive a fait l'objet d'un échange de vues entre le chef du gouvernement et le général Oberg [commandant en chef des SS et de la police en France depuis avril 1942]. En ce qui concerne la zone libre, le général Oberg limiterait sans doute ses demandes initiales à la remise à la disposition des autorités allemandes des juifs apatrides. Le nombre de ceux-ci n'est pas encore connu, mais, en ce qui concerne les juifs arrivés en France depuis le 1er septembre 1939, on l'estime à 50 000 environ.

« Dans une intention d'humanité, le chef du gouvernement a obtenu — contrairement aux premières propositions allemandes — que les enfants, y compris ceux de moins de seize ans, soient autorisés à accompagner leurs parents.

« Le général Oberg demande que leur soient rendus les juifs apatrides de zone occupée et de zone libre. Ils ne voulaient pas prendre les enfants en dessous de seize ans. Ils les acceptent maintenant. Pour les autres juifs — ceux qui sont rentrés depuis septembre 1939 — aucun inconvénient à les renvoyer aux Allemands [50 000, dit Pierre Laval, mais pas de chiffre certain].

« P. L. [Pierre Laval] a dit à Tuck [chargé d'affaires de l'ambassade des États-Unis à Vichy] : " Voulez-vous reprendre les juifs étrangers ? " Tuck a répondu : " Nous avons cinq millions de juifs. C'est suffisant [1] ". »

18 juillet 1942 : Laval présente au Conseil des ministres un très long exposé. Il a protesté auprès du gouvernement des États-Unis, mis en accusation parce qu'il vient d'adresser un mémorandum « au comité dissident, dit *national français.* Le gouvernement américain ne reconnaît pas, il est vrai, le gouvernement de Gaulle dans le sens diplomatique du terme [...]. Néanmoins, ses dernières initiatives méritaient d'être relevées par la France, ce qui a été fait ».

1. Sur la question des enfants juifs, voir les documents à la fin du chapitre.

Ravitaillement des grands centres en légumes, stockage du beurre, récolte de colza : les dossiers de routine se succèdent. Quatre lignes en bas de page recèlent l'horreur : « Enfin, [Pierre Laval] a mis le Conseil au courant des mesures décidées par les services allemands de sécurité en zone non occupée, ainsi que l'accord intervenu entre le général Oberg et M. Bousquet, secrétaire général à la police. » C'est tout.

Depuis quarante-huit heures cependant — 3 heures du matin : *Police, ouvrez !* —, des milliers de juifs, hommes, femmes, 4 000 enfants, ont été arrêtés et internés à Drancy, avant de prendre la route des camps d'extermination. Les nazis ont baptisé l'opération « Vent printanier ». Selon Robert Aron, le Maréchal s'indigne : « Il faut arrêter ce déshonneur », dit-il à Laval[1]. Et, en public, il interpelle sur un ton très triste Darquier de Pellepoix, nouveau commissaire général aux Affaires juives : « Monsieur le tortionnaire... »

Le Conseil des ministres ne porte pas trace d'une intervention du Maréchal. Silence et obscurité. Silence qui terrifie, ou obscurité qui angoisse ?

A Paris, 9 000 gendarmes ou policiers français ont prêté la main pour arrêter les juifs. Et, pourtant, « la colossale rafle parisienne ne fournit que la moitié[2] du contingent prévu (25 000 personnes) à la suite des nombreuses indiscrétions de l'administration et de la police[3] ». Des milliers de juifs se sont échappés. En province, les Allemands ne cachent pas qu'ils sont également déçus par le résultat des rafles.

Dès lors, après ces rendez-vous de la mort, le Conseil des ministres semble appliquer à ses propres séances la solution finale du problème juif, en ce sens que les comptes rendus restent muets. Seules subsistent deux petites mentions parmi les notes manuscrites au crayon :

— « 31 juillet [à propos de l'exposé de Pierre Laval] : Juifs.

1. *Histoire de Vichy* par Robert Aron, qui place le propos dans la bouche du Maréchal à la date du 24 juillet 1942. Voir les cinq tomes parus de *La Grande Histoire des Français sous l'Occupation* par Henri Amouroux.
2. Soit 12 884 personnes.
3. Poliakov, *op. cit.* Rapport du SS Obersturmführer Röthke, 18-7-1942 (cité par Poliakov).

Problème des enfants est réglé. Les enfants seront conduits du 8 au 12 août à leurs familles. »

— « 28 août 1942. Juifs. M. P. Laval. 4 500 sont partis. 7 500 ont été collectés dans les camps. »

En septembre, le silence total tombe [1]. Dans cette période, le pasteur Marc Boegner, président de la Fédération protestante de France, expose comment, en gare de Vénissieux, près de Lyon, alors que les juifs étaient obligés de monter dans les wagons à bestiaux, des personnes de grand cœur et de grand courage réussirent « à prendre des enfants et, sous la protection du cardinal Gerlier, à les sauver du départ pour l'Allemagne où l'on me répétait, à Vichy, qu'ils ne seraient pas séparés de leurs familles et que, d'ailleurs, tous ceux qu'on emmenait feraient à loisir de l'agriculture en Pologne [2] ». Et, le 9 septembre 1942, le pasteur Boegner est reçu en audience par le chef du gouvernement de Vichy : « J'ai donc vu Pierre Laval et, dès l'entrée, je lui ai dit tout ce que je me proposais de lui dire. Sa réponse tenait en deux courtes phrases : *Je ne puis faire autrement* et *Je fais de la prophylaxie.* Il déclarait ne pas pouvoir faire autrement en face des exigences allemandes. Pour sauver les juifs français, il fallait livrer les juifs étrangers [...]. Certaines exceptions étaient prévues dont, d'ailleurs, je lui déclarai qu'on ne tenait aucun compte. En dehors d'elles, tous les juifs étrangers devaient partir. Ce serait autant de gagné pour la France, qu'ils avaient envahie sous des gouvernements dont elle payait les fautes. Et cela, c'était de la prophylaxie ! [...] Que pouvais-je obtenir d'un homme à qui les Allemands avaient fait croire — ou qui faisait semblant de croire — que les juifs emmenés de France allaient en Pologne du Sud pour y cultiver les terres de l'État juif ? Je lui parlais de massacre, il répondait jardinage [3]. »

1. A défaut des comptes rendus officiels, qui ne comprennent rien désormais sur le problème juif, nous ne trouverons plus, dans les dossiers hebdomadaires, que ces notes au crayon, difficilement lisibles, en date du 2 octobre 1942 : « Juifs. Départ de 000 juifs fs [français]. Négociations ont permis d'éviter (on a arrêté 3 500 juifs fs) livraison des Fs arrêtés par la Justice fse. Nous avons obtenu qu'il n'y ait pas de prélèvement dans les camps.

« M. P. Laval : M. Herriot [président de la Chambre des députés] placé en résidence surveillée. Il a refusé de prendre l'engagement de ne pas quitter la France. »

2. Déposition du pasteur Boegner, postérieure aux événements. 1945 : procès Pétain, sténographie du *Journal officiel.*

3 Pasteur Boegner : *Les Clandestins de Dieu.*

A Vichy, le corps diplomatique s'émeut. Dans un rapport à son gouvernement, M. Walter Stucki, ministre de Suisse, signale que l'épiscopat, l'Église protestante et des milieux de gauche réagissent de façon très vive aux mesures prises contre les juifs.

En étudiant après coup, sur place, les Archives fédérales de la Confédération helvétique, qu'apprenons-nous ? M. Stucki a eu connaissance de l'entretien Laval-Boegner, et, peu après, il écrit au conseiller fédéral Pilet-Golaz ce qui suit[1] : « Laval m'a déclaré, ainsi qu'à d'autres, que toutes ces protestations le laissent tout à fait indifférent et qu'il continuera son chemin inébranlablement. Cependant, comme on le croit même dans son entourage le plus proche, les suites peuvent être bien plus graves qu'il ne se le représente. Un de ses meilleurs et plus fidèles collaborateurs m'a dit, en proie à une forte émotion : *Même un chef de gouvernement n'a pas le droit de falsifier devant l'Histoire et devant le monde le visage noble de la France*[2]. »

Quarante-huit heures après l'envoi du rapport Stucki aux autorités suisses, Laval — 19 septembre 1942 — s'explique en clair, au cours d'une journée de la Légion française des combattants. Il répond aux inquiétudes exprimées, touchant le sort des anciens combattants juifs :

« Le gouvernement a été amené à prendre des mesures à la demande du gouvernement allemand, c'est clair. Concernant quels juifs ? Les apatrides. Ceux qui sont entrés en France depuis 1936, chassés ou partis pour des raisons politiques de leur pays. Ils viennent tous de l'Europe centrale ou orientale. La France est trop malheureuse, elle est trop malade pour supporter chez elle tant d'éléments étrangers. Elle était devenue un peu comme le dépotoir du monde et de l'Europe. Et, parmi tant d'indésirables, combien qui ne travaillaient pas, se consacraient au marché noir, à la propagande gaulliste ou communiste[3]. »

La vérité tient en peu de mots : Laval est pris à la gorge par les Allemands. Dans son rapport inédit, M. Walter Stucki, bon

1. Rapport inédit de M. Stucki, 17-9-1942. Archives fédérales de Berne.
2. En français dans le texte du rapport, écrit en allemand. *Le fidèle collaborateur* de Laval s'appelle sans doute Jean Jardin, directeur du cabinet.
3. Texte d'après Robert Aron, *op. cit.*

observateur, écrit au gouvernement de Berne : « Avant et depuis son retour au pouvoir, Laval a déclaré, à plusieurs reprises, devant des cercles d'initiés, que l'on sera étonné par sa politique, qu'il n'a aucunement l'intention de se montrer servile à l'égard de l'Allemagne, qu'il sera, au contraire, beaucoup plus résolu, qu'il est en état, grâce à sa forte position en Allemagne, d'utiliser tous les atouts de la France, et d'obtenir par de petites concessions vis-à-vis de Berlin davantage que cela n'avait été possible à ses prédécesseurs [1]. »

Un côté *prophète inspiré* habite Pierre Laval, prompt à se draper dans la toge de l'homme providentiel. Le diplomate helvétique achève sa psychanalyse du personnage en des termes affinés : « En fait, durant les premiers mois de son premier gouvernement, Laval n'a pas accordé à l'Allemagne des concessions essentielles [...] et il a évité la rupture avec les États-Unis. Cependant, il s'est visiblement trompé quant à la solidité de sa position auprès des Allemands. Non seulement il n'a rien obtenu d'eux, mais Berlin a tout fait pour rendre plus difficile encore sa situation, qui l'était déjà [2]. »

A Berlin, et à « l'ambassade » de Paris, on parle ferme de donner un successeur à Laval — note encore M. Stucki, qui ajoute : « Cela semble n'avoir pas été sans influencer Laval, qui a tenté de raffermir sa position vis-à-vis de l'Allemagne, ou, du moins, de la maintenir par de petites concessions [3]. »

La radiographie de la politique lavaliste en 1942 révèle un cliché exempt d'ombres : *les petites concessions* aboutissent à une cascade de *petits Munich,* ou bien à une série de graves capitulations.

Où s'alimente cependant l'antisémitisme de Vichy ? On décèle, dans ses sources, « l'antisémitisme de peau, l'antisémitisme de religion, l'antisémitisme d'État [4] ». Cet antisémitisme, à l'origine, sourd moins du racisme que du nationalisme. André Siegfried en établit la démarche historique : « Depuis Drumont existe en France un antisémitisme, dont il faut cependant spécifier le caractère très particulier, moins raciste (sauf en

1. 2. 3. Rapport inédit de Stucki, 17-9-1942. Archives fédérales de Berne.
4. J. P. Azéma : *De Munich à la libération* (Seuil).

Alsace) que doctrinal et national : il est, en effet, d'extrême droite, de source catholique plus que protestante, et surtout nationaliste. Il s'alimente naturellement des souvenirs, non oubliés, de l'affaire Dreyfus, et plus récemment du rôle important des juifs dans le Front populaire, sous l'égide de Léon Blum [...]. Les juifs ont été puissants sous la IIIe, et c'en est assez pour qu'on les assimile aux francs-maçons dans l'épuration massive qu'on entend réaliser. Tel est l'antisémitisme de Pétain, qui se situe surtout dans une tradition de droite. Celui de Laval [...] est plus semblable à l'antisémitisme hitlérien : c'est être européen à la manière allemande que s'y rallier [1]. »

Laval lutte sur deux fronts : le front intérieur, face aux collaborationnistes de Paris, Déat et Doriot en tête ; le front extérieur, face aux nazis, dont les exigences, en matière de main-d'œuvre, deviennent de plus en plus écrasantes au fur et à mesure que la guerre totale à l'Est dévore la jeunesse allemande.

Le Maréchal, pour sa part, paraît continuer, à travers les ondes, un combat singulier contre de Gaulle. Dans les départements annexés du Bas-Rhin, du Haut-Rhin, de la Moselle, les Allemands appellent sous les drapeaux les Alsaciens et les Lorrains. Le 11 septembre 1942, le Conseil des ministres adopte un texte de protestation [2].

A Londres, de Gaulle et la France libre considèrent qu'il s'agit d'un geste sans valeur, d'un acte sans portée : un chiffon

1. André Siegfried : *De la IIIe à la IVe République* (Grasset). On peut élargir et approfondir l'analyse avec Poliakov : « L'antisémitisme de Vichy était le produit d'un croisement de la xénophobie, si caractéristique d'une certaine bourgeoisie française, avec une vieille doctrine antisémite, traditionnellement réactionnaire et cléricale, qui prétendait puiser ses inspirations chez les docteurs de l'Église moyenâgeuse, et se réclamait de la *Somme* de saint Thomas d'Aquin. » (Poliakov, *op. cit.*)

2. Voici le texte de cette protestation, extrait des délibérations du Conseil des ministres, en date du 10 octobre 1942 : « A la suite des mesures prises dernièrement par les autorités allemandes locales, concernant notamment l'incorporation d'Alsaciens et de Lorrains dans diverses formations et dans l'armée allemande, l'attribution de la nationalité allemande et les conditions de résidence en Alsace et en Lorraine, le gouvernement français, tenant compte des clauses de l'armistice, a protesté auprès du gouvernement allemand contre ces décisions qui ont vivement ému la Nation et son chef. »

de papier. Alors, Pétain se fâche. Il voit rouge et il impose un communiqué. Souvent — des diplomates l'ont remarqué —, le meilleur moyen de tirer le Maréchal de sa torpeur, lorsqu'il en est saisi, reste de prononcer le nom : de Gaulle. Voici le communiqué extrait des dossiers du Conseil des ministres :

LE MARÉCHAL PÉTAIN
CHEF DE L'ÉTAT

Secrétariat général

« M. de Gaulle se permet de donner des leçons de patriotisme aux Français qui n'ont pas abandonné la Patrie.

« Le gouvernement, qui s'est formé sur le sol national pour faire face aux difficultés qui assaillent la France, n'a pas attendu M. de Gaulle pour protester contre les mesures prises par les autorités locales allemandes en Alsace et en Lorraine. » (19-9-1942.)

De Gaulle, Pétain, Laval ? Hitler, pour sa part, ne fait pas de quartier. Considérés du nid d'aigle de l'Obersalzberg, tous ces Français de la même farine sont à mettre dans le même sac. Le Führer déclare : « Il y a [...] un trait commun qui lie de Gaulle à Laval. Au fond, le premier cherche simplement à obtenir par la force ce que Laval essaie, au contraire, d'atteindre par la ruse [1]. »

Laval, à vrai dire, n'a jamais rencontré de Gaulle. Socialiste sorti du peuple, pacifiste jusqu'à la lâcheté au niveau de la Nation (dans le sens : rien ne vaut de perdre la vie), capable de courage à titre individuel, il demeure étranger à cet immense général hiératique, qui parle de la France en mystique et qui prend les armes. De Gaulle lui apparaît comme un illuminé. Laval, par son comportement, rappelle le démon dans un enfer qui serait pavé de bonnes intentions. Il veut « rouler les Fritz » — et de prononcer les *rr* avec un fort accent du terroir.

Il est « roulé » par eux. Knochen, le chef des services de

1. Les propos de Hitler sont cités dans un télégramme à son gouvernement par M. Dino Alfieri, ambassadeur d'Italie en Allemagne. Hoover Institute, III.

sécurité, écrit dans son rapport secret : « Des juifs de nationalité française, arrêtés pour n'avoir pas porté l'étoile ou pour d'autres infractions, devaient être déportés. Bousquet [secrétaire général de la police de Vichy] déclara que la police française ne se prêterait pas à cette mesure. A notre réponse que celle-ci serait effectuée par des forces allemandes, la police française répliqua en organisant une rafle et en arrêtant 1 300 juifs étrangers. Ces juifs furent remis à la police allemande avec l'indication de les déporter à la place des juifs français. Il va sans dire qu'en l'espèce les deux catégories de juifs vont être déportées [1]. »

Aux yeux de Pierre Laval, le verbe est roi. Laval pense toujours s'en tirer, marchander, échanger, voire troquer, gagner du temps avec des paroles. Négociateur-né, maquignon de tradition ancestrale, avocat des causes perdues, il persiste à prendre les chancelleries, les conférences et les palais gouvernementaux ou de Justice pour une forme supérieure du champ de foire.

Pour l'heure, où sont, à Paris, ces occupants à l'orgueilleuse casquette, chamarrés d'aigles et bordés de svastikas, qui se dressent en présence du petit Auvergnat voûté, au teint olivâtre sous le chapeau mou ?

Outre Otto Abetz et ses diplomates, une cohorte dominatrice et toute-puissante s'efforce de maîtriser la France occupée :

— Le général Heinrich von Stülpnagel, commandant des troupes d'occupation : de retour du front russe, il vient de succéder à son propre cousin, le général Otto von Stülpnagel. Il siège à l'hôtel Majestic.

— Le général Elmar Michel : il contrôle avec rigueur l'économie française, en liaison avec le Dr Hans Richard Hemmen, président allemand de la commission économique d'armistice à Wiesbaden, qui, au bout de sa mission, établira ce constat : « Pendant quatre années, la France est devenue le plus important fournisseur de marchandises de l'Europe [2]. »

— Le général Karl-Albrecht Oberg, général d'armée SS, envoyé sur les bords de la Seine par Himmler, chef suprême de

1. Rapport de Knochen. Paris, 12-2-1943. Cf. Poliakov, *op. cit.*
2. Azéma, *op. cit.*

la Gestapo, et, depuis peu, intronisé Höherer SS und Polizeiführer en France.

— Le Standartenführer SS (colonel) Helmut Knochen, qui a pris ses quartiers avenue Foch. Chef de toutes les formations de sécurité (S.D.), il réussit à pénétrer en zone libre, grâce au général Bridoux.

— Le jeune officier SS — vingt-neuf ans — Theodor Dannecker, Hauptsturmführer, chargé de la police spéciale des questions juives, que Laval épingle de cette phrase : « Son fanatisme faisait de lui un véritable aliéné [1]. »

— Le Gauleiter Fritz Sauckel, tout frais nommé, par décision personnelle de Hitler, commissaire aux pleins pouvoirs pour l'emploi des travailleurs dans le Reich et dans les territoires occupés. Surnommé le *négrier,* il deviendra le pourvoyeur des maquis en France [2].

Au total, six hommes à main de fer sans gant de velours, jour et nuit en service commandé pour mettre et maintenir, coûte que coûte, la France à l'heure allemande.

Sauckel obsède Laval. Le chef du gouvernement de Vichy reçoit l'ancien Gauleiter de Thuringe, reître colossal, large d'épaules comme une armoire. L'entretien a lieu à l'hôtel de Matignon et, à l'issue, Laval confie à Benoist-Méchin : « Vous avez entendu les grognements de cet ours ? Ce Sauckel est un véritable animal ! Il ne veut rien céder, rien... Mais je vais voir Ribbentrop et j'arrangerai tout. Il comprendra que c'est impossible. Je roulerai Sauckel. J'en ai mis d'autres dans ma poche, qui étaient plus fort que lui [3]. »

Illusion naïve du cynique Laval, qui espère, encore et toujours, *finassieren,* finasser selon la méthode employée naguère par l'insinuant Stresemann vis-à-vis de la France, du temps où la République de Weimar se trouvait en position de faiblesse.

Laval, à la vérité, s'est mis dans la gueule du loup. Moins

1. *Laval parle* (La Diffusion du livre).

2. Selon une déposition du colonel Knochen, postérieure à la guerre (Hoover Institute, III), Laval reprocha un jour à Sauckel d'organiser « lui-même le maquis de telle sorte que l'A.S. ne signifiait plus *Armée secrète,* mais *Armée Sauckel* ».

3. Saint-Paulien, *op. cit.*

d'un mois après son retour au pouvoir, il a écrit au ministre des Affaires étrangères von Ribbentrop :

« Afin de protéger l'Europe d'une bolchevisation qui détruirait notre culture jusque dans ses bases, l'Allemagne s'est préparée à une lutte gigantesque, — le sang de sa jeunesse va couler. Je voudrais que vous sachiez que le gouvernement français ne reste pas indifférent devant l'ampleur immense des sacrifices auxquels votre pays consent volontairement, et, dans votre malheur, je voudrais vous dire, spontanément et simplement, que la France est disposée, selon ses possibilités et sans aucun ajournement, à contribuer pour sa part à vos efforts.

« L'Allemagne a mobilisé, en vue de la plus grande bataille de l'histoire, les éléments les plus jeunes et les plus actifs de son peuple, elle a par conséquent besoin d'hommes. Je comprends ces nécessités et je suis prêt à mettre mon aide à votre disposition.

« J'ai le désir, en conséquence, que des Français, aussi nombreux que possible, prennent dans vos usines la place de ceux qui partent sur le front de l'Est. Les Français sont liés à leur sol, mais je sais qu'ils seraient prêts à le quitter pour une tâche dont la signification historique et nationale leur a été exposée. Je ferai de mon mieux dans ce sens et je vous prie de m'aider en vue de créer un terrain psychologique qui pourrait faciliter mon action. »

Ribbentrop répond : moins de paroles, des actes. Et voici, aujourd'hui, que Pierre Laval se plaint en Conseil des ministres. Si le compte rendu officiel (19-9-1942) ne mentionne rien sur ce point, les notes abrégées au crayon relatent, en revanche, l'intervention du chef du gouvernement : « J'ai dit à Sauckel : *Je suis venu faire une politique d'entente. J'attends un mot, un geste du Reich pr. faire accepter par les Fs cette politique de sacrifice. Le gouvernement fais n'a rien refusé de ce que vous demandez. Eh bien ! Ça ne pourra pas encore* [*durer*] *longtemps.*

« *Vous dites que les ouvriers russes*[1] *travaillent dans l'enthousiasme, mais les nôtres croient au paradis bolchevik, alors que les Russes connaissent l'enfer bolcheviste.*

1. Il faut sans doute lire : *les ouvriers russes employés par le Reich.*

« *L'Allemagne doit faire la paix avec la France. Ça* [un mot illisible] *les gaullistes. Je voudrais parler avec le chancelier. Si vous vous mettez d'accord avec la France, vous causerez un grand trouble avec l'Amérique.* »

D'après Marcel Déat dans son *Journal de guerre,* Laval déclare à Otto Abetz : « Je n'ai plus qu'à m'en aller[2]. » Il en faut davantage pour émouvoir « l'ambassade ».

Pierre Laval croit travailler pour la France. A son corps défendant, il travaille pour le roi de Prusse.

1. Voir *Journal de guerre* de Déat, à la fin du chapitre.

DOCUMENTS

LES ENFANTS JUIFS

Au sujet, d'une part, de la tragédie des enfants juifs, et, d'autre part, des rapports entre Pierre Laval et le chargé d'affaires des États-Unis Tuck, l'historien américain Robert O. Paxton et l'historien canadien Michaël R. Marrus écrivent dans leur livre *Vichy et les juifs* ce qui suit :

« Grâce aux efforts des *Quakers* et du *Joint Distribution Committee,* quelques centaines d'enfants juifs avaient pu partir avant que les voies ordinaires de l'émigration ne soient fermées pendant l'été 1942. En août 1942, tandis que l'U.G.I.F. (Union générale des Israélites de France) implorait Bousquet de laisser partir encore cinquante enfants qui avaient déjà reçu des visas d'entrée aux États-Unis, un plan beaucoup plus ambitieux naquit des conversations entre Laval et le chargé d'affaires des États-Unis, H. Pinkney Tuck. Alors que Tuck lui faisait des reproches [...] au sujet des déportations, et soulevait la question des enfants, Laval lui demanda ironiquement pourquoi les États-Unis ne les prenaient pas tous. Piqué au vif, mais dépourvu d'instructions officielles, Tuck fut pris de court. Il demanda alors, de façon pressante, au département d'État de faire une proposition concrète à Laval [...]. Tuck estimait que 5 000 à 8 000 enfants seraient bientôt dans des maisons d'accueil. Il ajoutait que, vu le caractère des déportations nazies, *un grand nombre de ces enfants [pouvaient] déjà être considérés comme des orphelins.* Le 28 septembre, le secrétaire d'État Cordell Hull offrit 1 000 visas d'entrée et la possibilité d'en obtenir 5 000 autres pour des enfants juifs, *sous réserve de l'approbation des autorités françaises en ce qui concerne l'autorisation de quitter la France.* Laval restait encore décidé, le 9 septembre, à faire partir les enfants avec leurs parents déportés : *Pas un ne doit rester en France,* dit-il ce jour-là au pasteur Boegner, au cours d'une entrevue orageuse. Tout en exprimant son intérêt pour les propositions de Tuck, il en fit un rapport détaillé au diplomate allemand Roland Krug von Nidda. Les Allemands multiplièrent, au cours du mois suivant, les mises en garde à l'égard de Laval : il ne fallait pas que le départ des enfants juifs pour les États-Unis devînt une occasion de propagande anti-allemande ou anti-française. Le 12 octobre, en réponse aux pressions allemandes, Laval dit à Krug von Nidda qu'il insisterait pour que le projet de Tuck ne concernât pas les enfants séparés de leurs parents déportés à l'Est. Le 24 octobre, il n'accepta de laisser partir les enfants que si les États-Unis s'engageaient à n'organiser aucune cérémonie publique à leur arrivée et à ne pas attirer autrement l'attention sur l'affaire. »

Les pourparlers traînent en longueur, les négociations se prolongent, sans cesse retardées par l'inertie, ou bien la mauvaise volonté. Le 9 novembre 1942, un dernier appel parvient à Laval, mais, la veille, les Alliés ont débarqué en Afrique du Nord. Le 11 novembre, les Allemands envahissent la zone sud. 350 enfants réussissent, semble-t-il, à émigrer clandestinement après cette date.

Rapport à Berlin de Dannecker (chef de la section spéciale des questions juives de Paris), en date du 6 juillet 1942 : « Le président Laval a proposé, lors de la déportation des familles juives de la zone non occupée, d'y comprendre également les enfants âgés de moins de seize ans. La question des enfants juifs restant en zone occupée ne l'intéresse pas. » (Cf. Poliakov *op. cit.*)

En 1945, interné à Fresnes avant d'être condamné à mort et fusillé, Laval a rédigé des notes et mémoires, pour sa défense, dont nous extrayons le passage suivant : « Je ne puis accepter la responsabilité des mesures inhumaines et injustes qui frappaient les juifs étrangers. Dans toute la mesure de mes moyens, j'ai tenté de les sauver. J'ai obtenu notamment que les enfants ne soient pas séparés de leurs parents, mais je ne pouvais agir autrement que je l'ai fait sans sacrifier nos nationaux [...]. Le droit d'asile n'a pas été respecté. Comment pouvait-il l'être dans un pays occupé par l'armée allemande, et comment les juifs pouvaient-ils être protégés dans un pays où sévissait la Gestapo ? J'ai largement facilité l'exode individuel ou familial des juifs à l'étranger. J'ai essayé de négocier l'envoi de 5 000 enfants juifs aux États-Unis ou en Suisse, et je me suis heurté à un refus brutal des Allemands, qui le motivaient en disant que l'arrivée de ces enfants dans ces pays servirait de prétexte à des manifestations anti-allemandes [...]. J'accepterais volontiers d'être jugé [...] par des juifs français. Eux, mieux que d'autres sans doute, comprendraient aujourd'hui ce qui leur serait advenu si je ne m'étais pas trouvé là pour les défendre. » (*Laval parle.*)

*

VICHY : LE DOSSIER « JUIFS » DEVANT L'HISTOIRE

Les statistiques des juifs déportés en France, en Belgique, aux Pays-Bas

Dans *La France de Vichy* (Seuil), Paxton écrit : « La responsabilité de Vichy dans les déportations inhumaines de 1942-1944 est probablement plus lourde que ne le donnent à penser les documents allemands. Parce que l'antisémitisme français est culturel, que les Israélites assimilés sont acceptés, ce qui est totalement étranger au racisme nazi, Abetz a l'impression [...] que les gens de Vichy sont des tièdes, des empêcheurs de danser en rond, ou même des *philosémites.*

« [...] Il est exact que le gouvernement français n'a pas prévu que la discrimination tournerait au génocide. Vichy a, de toute évidence, bloqué certaines mesures allemandes. Pétain a interdit, en zone libre, l'étoile jaune devenue obligatoire en zone occupée après le 28 mai 1942 ; elle n'a même pas été exigée après l'occupation totale de la France en novembre 1942. Lors d'un déjeuner avec le colonel SS Oberg, le 2 septembre 1942,

Laval lui a déclaré que les juifs ne pouvaient pas être livrés ***comme dans un Prisunic, à volonté et au même tarif.*** Tenant compte de la sensibilité des Français, il a essayé de faire dire à Oberg qu'il n'y aurait plus de déportations, lorsque les juifs allemands, autrichiens, polonais, hongrois et tchèques auraient été remis à l'occupant. En juillet-août 1943, il a refusé obstinément, en dépit des pressions du Reich, de promulguer une loi retirant la nationalité française à tous les Israélites qui l'avaient obtenue depuis 1933, ce qui aurait permis de les déporter. Les autorités allemandes, en lisant le compte rendu des explications tortueuses et dilatoires qu'il a fournies, l'ont annoté de remarques de ce genre : ***le renard*** ou ***quand l'insolence devient une méthode*** [...]. Il est certain que l'abri et l'aide que des milliers de Français ont offerts aux Israélites comptent parmi les actions qui font le plus honneur à la Résistance.

« Il n'en reste pas moins que le gouvernement de Vichy a fait délibérément des juifs un groupe à part, leur a voué un mépris particulier et a pris à leur encontre des mesures discriminatoires. Il a, par là même, ouvert en France le terrible chemin qui allait conduire, le moment venu, à la ***solution finale.*** »

M. Léon Poliakov, Français, juif, le meilleur historien français et mondial du racisme, a traversé l'Occupation dans les deux zones. Ses travaux s'appuient sur les documents et aussi sur son expérience personnelle. Il porte un jugement lucide, sans faiblesse et sans haine :

« ... Le concours prêté par Vichy aux Allemands fut essentiel, assurant par l'effet du recensement, du *numerus clausus* et d'autres opérations préalables, l'isolement des juifs au sein de la population française — ce qui est une technique indispensable au génocide — et enlevant, de plus, aux occupants le souci des opérations policières, effectuées en zone libre, mais aussi en zone occupée par les forces de la police française. De cette complicité délibérée, rien ne pourra jamais laver les vichyssois. »

M. Léon Poliakov écrit ensuite :

« Le bilan définitif se présente de la manière suivante : 90 000 juifs déportés de France, 25 000 de Belgique et 110 000 des Pays-Bas, ce qui par rapport au nombre des juifs se trouvant dans ces pays au moment de l'invasion (qu'on peut évaluer respectivement à 300 000, 45 000 et 140 000) correspond à des pourcentages approximatifs de 30 %, 55 %, et 79 %.

« L'écart entre le premier et le dernier chiffre est, certes, frappant. Si on cherche à en saisir la raison, différents facteurs apparaissent, dont le premier saute aux yeux lorsqu'on regarde une carte géographique : superficie seize fois plus grande, grands massifs montagneux, d'où, en France, plus grandes facilités de refuges ; solidement tenue, la petite Hollande a été soumise, pendant cinq années, à un ratissage policier particulièrement intensif. De plus, une ligne de démarcation, aisément franchissable, partageait la France en deux parties, et le régime du maréchal Pétain était installé à Vichy. Et cela nous ramène au rôle joué par Vichy dans la question juive et particulièrement dans celle des déportations.

« Du sort relativement plus clément des juifs de France, Vichy fut, en fait, le facteur prépondérant. Par l'existence même, tout d'abord, de la *zone libre,* dans laquelle, dès l'invasion de 1940, juifs français, hollandais ou belges s'étaient réfugiés par milliers. » (Poliakov *op. cit.*)

*

« CAHIERS » INÉDITS DU GÉNÉRAL BRIDOUX

Les Conseils des ministres et les juifs

L'examen des *Cahiers* du général Bridoux permet, en analyse parallèle du compte rendu des Conseils des ministres, de suivre la marche des déportations.

3 juillet 1942. Exposé de Laval : « Quelques difficultés à propos des affaires juives. Les Allemands envisagent la chose de façon très absolue. Le point de vue français est de faire une différence entre les juifs français et ceux venus, chez nous, de tous les coins d'Europe. On va d'abord faire le recensement de ceux-ci et, ensuite, on leur donnera une destination. »

10 juillet 1942. Compte rendu par Laval de ses négociations à

Paris avec les Allemands : « Avec le général Oberg, il [Laval] a envisagé la situation des juifs. Très probablement, seront rendus au Reich les apatrides et les immigrés allemands, venus en France après le 1er septembre 1939. »

31 juillet 1942. Exposé de Laval : « Les Allemands ont décidé de faire rejoindre les enfants des juifs apatrides, récemment arrêtés et qui avaient été momentanément séparés de leurs parents. »

28 août 1942. Exposé de Laval : « Quatre mille juifs apatrides ont déjà été refoulés vers la zone occupée. Sept mille sont réunis dans les camps et sont en instance de départ. Le Président a eu, à ce sujet, un entretien avec le représentant du Nonce, auquel il a signalé l'attitude favorable aux juifs de certains ecclésiastiques français qui ne comprennent rien à notre situation. »

*

« *JOURNAL DE GUERRE* » *DE MARCEL DÉAT*

Les réquisitions de main-d'œuvre. Déat est reçu par Laval le dimanche 30 août 1942 à Paris. Il écrit : « Laval est extrêmement préoccupé par une affaire dont m'avait un peu parlé Achenbach [conseiller à l'ambassade d'Allemagne]. Une ordonnance allemande du Gauleiter chargé de la main-d'œuvre institue la réquisition dans tous les pays occupés, sans spécifier d'exception pour la France. Laval a dit à l'ambassadeur qu'il n'avait plus qu'à s'en aller si on lui impose la réquisition sous cette forme. On espère obtenir que l'ordonnance ne s'applique pas [à la France] et Laval va être obligé de faire la réquisition lui-même, comme d'ailleurs j'en étais convaincu depuis longtemps. Du moins pourra-t-il faire valoir le retour des prisonniers et la non-application de l'ordonnance à la France. »

*

LAVAL PAR LAVAL

Parmi les notes rédigées par Laval dans sa cellule en 1945, nous lisons ceci : « C'est en mai 1942 que le Gauleiter Sauckel aborda le gouvernement français pour lui signifier que le nombre des volontaires était tout à fait insuffisant et pour lui notifier qu'il exigeait de voir le chiffre atteindre 250 000 avant la fin de juillet 1942 [...]. Sauckel disposait [...] d'un moyen de pression : il pouvait, à son gré, en nous faisant refuser le charbon, les carburants et les lubrifiants, créer dans ce pays une énorme masse de chômeurs à sa disposition. Jusqu'au jour de la première visite de Sauckel, je n'avais pas encore mesuré tout ce que pouvait avoir de douloureux notre situation. Je compris que sous le vocable de *volontaires,* c'était une véritable déportation d'ouvriers français qui allait commencer. Nous étions impuissants à pouvoir éviter cette humiliation et ce sacrifice [...].

« La discussion — une des plus rudes que j'eus à soutenir — dura plusieurs heures. J'étais à ce point ému, fatigué, angoissé, que j'eus une défaillance. Je fus pris d'une syncope en présence de Sauckel et notre entretien dut être interrompu. Nous sommes loin, on le voit, de l'aide volontaire et spontanée que, d'après l'acte d'accusation, j'aurais voulu apporter à l'Allemagne [...].

« Les immenses besoins de l'Allemagne augmentaient tant en hommes qu'en matériel, la bataille de Stalingrad commençait [...].

« Sauckel fit observer que la France ne pouvait pas, dans une guerre mondiale où tous les peuples étaient mobilisés, demeurer inerte et les bras croisés, sans faire un effort de travail. Il présenta avec complaisance et brutalité le spectacle qu'offraient Paris et les grandes villes de France, dont les cafés et les cinémas, disait-il, regorgeaient d'oisifs et de trafiquants. »

★

SOURCE : LES CONSEILS DES MINISTRES DE VICHY

Les comptes rendus des Conseils des ministres, qui n'intéressent malheureusement qu'une partie du gouvernement de Vichy, sont parvenus assez tardivement à la connaissance de la Haute Cour de justice, via le ministère de l'Intérieur qui, les ayant reçus en dépôt, les achemina avec diligence [1]. De simples allusions y ont été faites au cours du procès Pétain. Ainsi, le jeudi 9 août 1945, le procureur général Mornet déclare avoir sous les yeux le compte rendu du Conseil du 8 novembre 1942.

Me Lemaire (un des défenseurs du Maréchal) : « De qui émane ce compte rendu ? Parce que, vous savez, comme moi, qu'il n'y a pas de comptes rendus, ni de procès-verbaux dans les Conseils des ministres. »

Le procureur général Mornet : « Ce compte rendu ou procès-verbal a été saisi dans les bagages qui accompagnaient le Maréchal [...]. Ce n'était pas un procès-verbal... C'était un compte rendu qui était dressé après chaque Conseil des ministres. »

Me Lemaire : « Par qui ? »

Le procureur général Mornet : « Il est certain qu'il a été trouvé dans les bagages du Maréchal. »

Le bâtonnier Payen : « On a exposé à plusieurs reprises qu'il n'y avait pas de procès-verbaux, ni de traces écrites des délibérations des Conseils des ministres. »

Me Lemaire : « C'est M. Paul Reynaud lui-même qui a donné cette précision. »

Le premier Président : « Le document n'a pas un caractère officiel, mais, ce qui est intéressant, ce sont les propos, les discussions qui ont véritablement eu lieu. » (*Journal officiel.*)

1. Témoignage à l'auteur de M. Claude de Kemoularia, attaché au cabinet de M. Tixier, ministre de l'Intérieur (gouvernement provisoire de Gaulle).

*

LE MYSTÈRE DES MALLES DU MARÉCHAL

En 1944, après que les Allemands eurent emmené en Allemagne le Maréchal, un chauffeur du Dr Ménétrel entreposa en secret des dossiers à Mareuil-sur-Arnauld (Cher). Alertés, avec plusieurs mois de retard, des membres de la Résistance informèrent, à leur tour, les autorités. On découvrit ainsi une vingtaine de caisses, contenant des archives personnelles de Pétain, des milliers de lettres et des cadeaux : sabres, décorations, argenterie, etc. C'est ce qu'on a appelé *les malles du Maréchal.* Entre-temps, des documents — dont un dossier sur les rapports franco-allemands — auraient été enlevés par le commandant Allard, de la maison militaire de Pétain.

Après avoir été découvertes, les précieuses archives restèrent encore plusieurs semaines sans surveillance. (D'après une note de M. Jean Bedel, déposée au Comité d'histoire de la Deuxième Guerre mondiale.)

Selon le procureur général Mornet (Comité d'histoire, *op. cit.*), qui a examiné quelques comptes rendus des Conseils des ministres de 1942, ces archives, si elles avaient été mieux connues et exploitées, auraient contribué à une meilleure connaissance de la politique intérieure et extérieure du maréchal Pétain.

A la connaissance de l'auteur, les comptes rendus des Conseils des ministres, cités dans ce chapitre, sont inédits. Pour le mois de novembre 1942 — objet du chapitre suivant — plusieurs comptes rendus, en revanche, ont été publiés par l'ambassadeur de France Kammerer, dans son livre : *Du débarquement allié au meurtre de Darlan* (Flammarion).

CHAPITRE IX

UN VIEUX SOLDAT « S'ÉVAPORE »...

LES ALLIÉS EN AFRIQUE DU NORD. — LE MONDE BASCULE. — LES SILENCES DU MARÉCHAL. — ATONIE ET ABOULIE. — VICHY ACCEPTE LE CONCOURS DES AVIONS DE L'AXE. — L'ANALYSE DES CONSEILS DES MINISTRES. — LAVAL CHEZ HITLER. — UN PROJET D'ALLIANCE « POUR LE MEILLEUR ET POUR LE PIRE ». — UN TOUR DE PASSE-PASSE VERBAL DE LAVAL. — PÉTAIN VEUT METTRE LAVAL SOUS LES VERROUS. — DE L'AUBE AU CRÉPUSCULE : LE MARÉCHAL HARASSÉ ET AFFAISSÉ. — LES FUREURS DU GÉNÉRAL WEYGAND. — LE MARÉCHAL PÉTAIN REÇOIT LE MARÉCHAL VON RUNDSTEDT : UN ENTRETIEN GLACÉ. — UNE PROTESTATION SOLENNELLE. — LE COMA POLITIQUE. — PÉTAIN N'OUVRE PAS LA BOUCHE EN CONSEIL DES MINISTRES. — LES CLEFS DE L'HISTOIRE. — LES FOURRIERS DU COMMUNISME.

Les télégrammes chiffrés et les écoutes radiophoniques tombent en rafales sur les bureaux de Vichy dans la nuit du 7 au 8 novembre 1942 : une armada alliée se présente devant les côtes de l'Afrique du Nord. Des actions armées éclatent à Alger, à Oran, à Casablanca. Le débarquement commence. « Franklin arrive ! Franklin arrive ! » Toutes les heures, la B.B.C. diffuse la phrase-code qui annonce les Anglo-Américains. Le cœur des Français se soulève de joie et d'espoir.

Sur le continent européen, la surprise se révèle totale. Dans les dossiers de Conseils des ministres (30 octobre 1942), nous découvrons ces lignes manuscrites : « *Police :* remerciements allemands à la police. Amiral Darlan [à cette date, commandant en chef des forces militaires de terre, de mer et de l'air], récit du voyage en Afrique. Les Américains n'ont pas l'intention d'attaquer actuellement l'Afrique. »

En mer, l'immense convoi avance, mais les Allemands — comme Darlan — croient que les Anglo-Américains visent Malte et la Sicile. Le général Bridoux, secrétaire d'État à la Guerre, note d'ailleurs dans ses *Cahiers* intimes : « On prévoit, pour les nuits prochaines, le passage, au-dessus de la zone libre, d'assez importantes forces aériennes allemandes, se rendant en Sicile. Les ordres nécessaires sont donnés en conséquence. »

Le 6 novembre à Vichy, le Conseil s'occupe du troisième centenaire de la mort de Sully. Le 7 novembre, au soir, Darlan, présent à Alger, confirme au Maréchal, par code secret, que le convoi allié paraît avoir pour objectif Malte et la Tripolitaine [1].

L'aube ne pointe pas encore, et le général Bridoux note : « Alerte à 4 heures en raison de l'attaque américaine sur l'Afrique du Nord. »

A 11 heures du matin, le dimanche 8 novembre, un Conseil exceptionnel — premier d'une série dont on lira les comptes rendus à la fin de ce chapitre — se réunit sous la présidence du Maréchal, à l'hôtel du Parc.

Le point saisissant et terrifiant surgit en pleine lumière : le monde bascule, la guerre change de face, Eisenhower et ses armées arrivent aux portes de l'Europe. Et le vieux Maréchal reste étranger à l'ampleur planétaire de l'événement. Où est le grand chef de 1914-1918 ? Les vieux soldats — selon l'image d'un poète militaire — « s'évaporent ».

Le Maréchal n'intervient pas. A peine ouvre-t-il la bouche sur des points mineurs. Il semble sans voix, sans réflexe et sans sursaut. Laval s'impose aussitôt, en tant que seul patron. Philippe Pétain ne domine pas la situation. Il demeure quasi absent, en tout cas lointain, inconsistant. Il ne saisit pas à bras-le-corps l'aventure prodigieuse que lui apporte le dieu de la guerre. En forçant le trait, on pourrait soutenir : le Maréchal a disparu. En ces heures historiques, il ne donne aucune direc-

1. Amiral Auphan : *Les Grimaces de l'Histoire* (Les Iles d'or).

tive. Il ne lance aucun appel à ses ministres. Il ne les presse pas. Il ne les adjure pas. Il ne les émeut pas. Tout simplement, il ne tient plus la barre.

Aux diplomates américains de Vichy, le Maréchal, à l'orée du jour, avait cependant paru revigoré par l'annonce du débarquement. Le mur du silence se dresse ensuite. Le Maréchal ne s'élève pas lorsque « le Conseil unanime » estime que le message de Roosevelt « ne cadre pas avec notre honneur ». Qu'a déclaré le président des États-Unis ? Ceci, entre autres : « ... Je n'ai pas besoin de vous dire que le but ultime et le plus grand est la libération de la France et de son Empire du joug de l'Axe. »

Les ministres du gouvernement Laval ont été choisis parce qu'ils affirment — hormis quelques cas — des sentiments très prononcés en faveur d'une collaboration de pointe.

Le professeur de droit Joseph Barthélemy, ministre de la Justice, introduit des arguties de droit à l'heure du danger. Il argumente. Il voudrait obtenir de Hitler la garantie totale du territoire français — ce dont le Führer n'a cure. Le garde des Sceaux souhaiterait, explique-t-il, « pratiquer l'art du vaincu ». Le contre-amiral Auphan, honnête et patriote [1] — il démissionnera quelques jours plus tard, mais, ce 8 novembre, un ferme caractère pourrait beaucoup aider les Alliés —, s'en tient, dans le feu des événements, à la notion étroite de la fidélité aveugle au Maréchal : on se défend contre tout agresseur, quel qu'il soit, à l'exemple dont Vichy en usa contre de Gaulle, à Dakar, en septembre 1940. En termes clairs : on tire. Le choix du secrétaire d'État à la Marine reste bloqué, au départ, sur le respect d'une règle absolue qu'illustrera plus tard le général Noguès : « Un engagement solennel avait été pris de défendre notre Empire envers et contre tout. C'était le seul moyen d'éviter que les Allemands ne prennent la défense à leur compte [2]. » Il n'empêche que le secrétaire d'État à la Marine

1. Auphan écrira plus tard (*Les Grimaces de l'Histoire*) ce qui suit : « C'est un grand malheur que personne du côté des Alliés n'ait prévenu sérieusement l'un des Français qui — comme moi — se trouvaient alors aux leviers de commande, sans pour autant être inféodés à la politique de M. Laval, de la proximité du débarquement en Afrique du Nord. » Mais l'amiral Auphan ne pouvait être prévenu.

2. Ambassadeur de France Kammerer, *op. cit.*

télégraphie aux états-majors d'outre-Méditerranée : « De l'amirauté à Préfet maritime, 4e Région Alger pour l'amiral Darlan. 8 novembre. O.K.W. propose concours aviation Axe basée sur Sicile-Sardaigne. Sous quelle forme et en quel lieu désirez-vous ce concours ? Signé : Auphan [1]. » Et Darlan répond : « De PM [Préfet maritime] 4e Région à Amirauté française. Concours sur transports au large d'Alger. Signé : Darlan [2]. »

Le Conseil des ministres de ce 8 novembre 1942 n'atteint pas son point final qu'un télégramme de l'amirauté part déjà à destination des commissions d'armistice de Wiesbaden et de Turin : « Le gouvernement français accepte le concours des avions de l'Axe agissant directement de leurs bases de Sicile et de Sardaigne contre les transports et les forces navales devant Alger [3]. »

A suivre le déroulement des débats gouvernementaux, comment mesurer et distinguer l'aberration intellectuelle ou bien la perversion du patriotisme, l'illusion de bonne foi ou bien la préméditation criminelle, l'inconscience ou bien la trahison ? Tout à trac, l'amiral Platon [4] propose de fusiller le général Béthouard, commandant la division de Casablanca, interné par les forces fidèles à Vichy, après avoir accueilli les Américains à bras ouverts : « L'amiral Auphan préférerait qu'on le jugeât auparavant. Le Maréchal est entièrement de cet avis. »

La séance est levée à 12 h 30. Le Maréchal, selon son habitude, consacre quinze ou vingt minutes à une courte promenade à pied, en compagnie du Dr Ménétrel. Les passants s'inclinent avec respect. Le vieux monsieur, courtois, soulève son chapeau. Quelle noble allure ! Le Maréchal garde l'œil vif, le pas rapide. Sa canne n'est qu'une coquetterie. 13 heures : le Maréchal déjeune. Il fera ensuite la sieste. D'Alger, l'amiral Darlan, avant que sonne midi, lui a télégraphié : « Alger sera

1 et 2. Ambassadeur de France Kammerer, *op. cit.*

3. Télégramme n° 10876. Kammerer, *op. cit.*

4. Platon se distingue, dans ces journées, par des positions outrancières. Le 13 novembre, il porte au Maréchal une note : « … Il faut reprendre les armes partout où c'est possible. Il n'y a pas de déshonneur à combattre à côté des Allemands. Le secours n'a pas d'odeur. Il ne s'agit pas même de secours, il y a unité de cible… » (Amiral Auphan, *op. cit.*, à qui Pétain remet la note.)

Léon Blum à Vichy (juillet 1940), avant le vote de l'Assemblée nationale qui porte le maréchal Pétain à la tête de l'État. Photo Tallandier.

Par un froid rigoureux, le maréchal Pétain, accompagné du Dr Ménétrel, son médecin particulier, marche, comme chaque jour, aux alentours de l'hôtel du Parc. Photo H. Roger Viollet.

Paul Reynaud à Vichy (juillet 1940) après un grave accident d'automobile qui a coûté la vie à la comtesse de Portes. (Photo refusée à l'époque par la censure.) Photo Keystone.

L'Alsace et la Lorraine annexées : Hitler visite la cathédrale de Strasbourg. Au second plan, Keitel. Photo H. Roger Viollet.

Les troupes d'occupation défilent, place de la Concorde.
Photo Tallandier.

De Gaulle à bord d'une vedette lance-torpilles.
Photo Keystone.

14 juillet 1940 : le général de Gaulle passe en revue des troupes à Londres.
Photo Keystone.

Pierre Laval et Marcel Déat (ce dernier porte l'uniforme du « Rassemblement national populaire », l'un des principaux partis collaborationnistes). Photo Illustration.

Les taxis de la pénurie.
Photo Keystone.

En raison des difficultés du ravitaillement, les pelouses du Luxembourg sont transformées en jardins potagers. A l'hôtel de Matignon, on cultive les pommes de terre. Photo A. Zucca-Tallandier.

La France divisée en plusieurs zones : vérification de papiers à Moulins, où passe la ligne de démarcation. Photo Keystone.

Précédant les déportations, le port de l'étoile jaune est imposé aux juifs en zone occupée. Photo A. Zucca-Tallandier.

Un exemple de la propagande antisémite. Photo Illustration.

Victor Faynzylber, grand mutilé de la guerre 1939-1940, avec ses enfants. Photo Tallandier.

Le maréchal Pétain, en conférence avec l'ambassadeur d'Allemagne Otto Abetz (au centre) et l'amiral Darlan. Photo Gallia.

L'ambassadeur de Brinon, délégué général du gouvernement de Vichy à Paris, en compagnie d'Otto Abetz. Photo D.R.

Le colonel de l'air de Gorostarzu, officier du cabinet militaire du maréchal. En 1942, il adjure Pétain de prendre l'avion pour Alger. Le Maréchal lui répond : « Je n'abandonnerai jamais les Français. » Il dit aussi : « L'avion, l'altitude sont contre-indiqués à mon âge. » Photo D.R.

Le colonel Groussard, commandant en second de Saint-Cyr. En décembre 1940, il arrête Laval sur ordre du Maréchal. Photo Keystone.

Le colonel Bonhomme, officier d'ordonnance du Maréchal. Fidèle, mais lucide, il soupire devant ses intimes, en voyant la force de caractère abandonner le Vieux Soldat : « Dieu, que nous sommes lâches, ce matin... » Photo Gallia.

Un régiment de Waffen SS français en Allemagne.
Photo Illustration.

Recrutement.
Photo Tallandier.

Les Waffen SS français : prise d'armes.
Photo Illustration.

Jacques Doriot, ancien député communiste, chef du Parti populaire français, volontaire pour le front de l'Est. Photo Rapho-R. Gendre.

Défilé franco-allemand à Paris : en tête, Joseph Darnand, chef de la milice. Photo A. Zucca-Tallandier.

Mgr Mayol de Luppé, aumônier de la division « Charlemagne ». Photo A. Zucca-Tallandier.

Le maréchal Pétain et Pierre Laval quittent le pavillon Sévigné à Vichy, à l'issue du Conseil des ministres hebdomadaire. Photo Gallia.

Grand quartier général du Führer : Hitler reçoit Laval. (De gauche à droite : Ribbentrop [de dos], Schmidt, interprète officiel, Laval, Hitler, le comte Ciano, gendre de Mussolini, le maréchal Goering.) Photo H. Roger Viollet.

Le colonel Labonne, commandant la Légion des volontaires français contre le bolchevisme. Photo H. Roger Viollet.

Avril 1944 : le général Puaud, commandant la division « Charlemagne » des Waffen SS français, part pour le front de l'Est avec sa femme. Puaud se battra jusqu'au bout et disparaîtra dans la tourmente. Photo H. Roger Viollet.

1

2

1 - Le maréchal von Kluge, en route pour Berlin, s'empoisonne près de Metz (juillet 1944). Photo H. Roger Viollet.

2 - Le maréchal Rommel, au moment du débarquement en Normandie : impliqué dans le complot contre Hitler, il se tirera une balle dans la tête. Photo Tallandier.

3 - Le général Heinrich von Stülpnagel, convoqué par Hitler, tente de se suicider près de Verdun. Aveugle, il est pendu. Son cousin, le général Otto von Stülpnagel, se suicidera au Cherche-Midi. Photo H. Roger Viollet.

4 - Le général Speidel, chef d'état-major de Rommel (photographié après la guerre). Photo Keystone.

5 - Le général Boemelburg, chef de la Gestapo, sort du palais de Chaillot. Photo Tallandier.

3

4

5

Le commandant d'Estienne d'Orves, venu de Londres en mission clandestine : arrêté et fusillé. Le tribunal militaire allemand rend hommage à son patriotisme.
Photo H. Roger Viollet.

AVIS

1. Le lieutenant de vaisseau **Henri Louis Honoré COMTE D'ESTIENNES D'ORVES,** Français, né le 5 juin 1901 à Verrières,

2. l'agent commercial **Maurice Charles Émile BARLIER,** Français, né le 9 septembre 1905 à St-Dié,

3. le commerçant **Jan Louis-Guilleaume DOORNIK,** Hollandais, né le 26 juin 1905 à Paris,

ont été condamnés à mort à cause d'espionnage. Ils ont été fusillés aujourd'hui.

Paris, le 29 Août 1941.

Der Militärbefehlshaber in Frankreich.

Photo Tallandier.

Les casquettes au vestiaire dans un cabaret de Paris. Photo Roger Schall.

L'ambassadeur de Brinon, le général von Stülpnagel et le général Bridoux (camarade du capitaine de Gaulle à l'École de guerre) qui, en 1942, devient ministre de la Guerre à Vichy avant de se réfugier dans le Reich en 1944. Photo H. Roger Viollet.

Hôtel du Parc à Vichy. A gauche, Renthe-Finck, conseiller diplomatique spécial, détaché par Hitler pour « chambrer » Pétain; au centre, le général von Neubronn, représentant le haut commandement allemand à Vichy. Photo D.R.

Le château de Sigmaringen, sur les bords du Danube, siège du « gouvernement » français replié dans le Reich. Photo Tallandier.

Août 1944 à Paris : la Libération. Photo Roger Schall.

Louis-Ferdinand Céline. Photo Keystone.

vraisemblablement prise ce soir [...][1]. » A 17 h 01, ce câble traverse la Méditerranée : « L'amiral Darlan au maréchal Pétain. Alger. 8 novembre. Les troupes américaines ayant pénétré dans la ville malgré notre action retardatrice, qui était à la baie d'Hussein-Dey, à la batterie Duperré et à l'amirauté, et les forces françaises restant divisées et faiblement armées, j'ai autorisé le général Juin, commandant en chef, à parlementer pour la ville d'Alger exclusivement. Darlan[2]. »

18 h 15 : le Conseil des ministres se réunit une fois encore. De toute évidence, les opérations militaires revêtent une envergure considérable. Il ne s'agit pas d'un raid de commandos. Le conflit oscille, le destin balance. Voici le début du second front.

Le Maréchal continue apparemment de ne prendre aucune vue d'ensemble. Nulle synthèse ne se dégage, nulle décision ne surgit. Pétain donne son accord pour le survol du territoire national par les avions de la Luftwaffe se rendant en Italie. Après quoi, il s'inquiète d'un aspect marginal de l'immense conflit : le nombre des bateaux coulés, ici ou là. Quant à Laval, il déploie les efforts de son imagination pour ne pas être amené à prendre une initiative : rompre les relations diplomatiques avec les États-Unis. Il ne veut pas couper les ponts avec Washington, d'autant qu'un rêve l'habite en permanence : jouer le rôle d'intermédiaire dans la paix de compromis en laquelle il se plaît à croire.

La séance est levée à 18 h 50. Dans de si graves circonstances, la délibération a duré trente-cinq minutes.

La nuit tombe, l'obscurité aussi. Dès potron-minet, la journée gravit les degrés de l'intensité dramatique et atteint son paroxysme. L'angoisse étreint les cœurs. Que faire ? Pétain demeure le Symbole. Le Dr Ménétrel, les larmes aux yeux, s'exprime en carabin : « Il faut prendre le Maréchal quand il est frais. » Tenir debout, dans la tempête mondiale — qui oserait prétendre le contraire ? — dépasse la capacité d'un homme de quatre-vingt-six ans, harassé, harcelé, soumis à la torture mentale — fût-il doté d'une bonne santé.

1. 2. Kammerer, *op. cit.*

Laval devant Hitler

Le 10 novembre au matin, Laval, convoqué par Hitler, arrive à Munich, d'où il gagne Berchtesgaden, escorté par Otto Abetz. Craignant de subir les foudres du *Diktat* — selon les précédents du Tchèque Hacha, naguère, ou bien du chancelier autrichien Schuschnigg —, il a placé dans sa pelisse une petite ampoule de cyanure de potassium, celle avec laquelle il tentera, en 1945, d'échapper au peloton français d'exécution.

A la vérité, Hitler ne menace pas le Français des pires représailles, de destructions par le feu et par le fer, de bombardements aériens.

« Le Führer m'a dit des choses aimables », racontera Laval au Maréchal et aux ministres [1]. Hitler a besoin de la France. Il a besoin de garder à Toulon la Flotte de haute mer qui, d'un instant à l'autre, pourrait encore rejoindre les Alliés. Il a besoin de ne pas acculer au départ Pétain — ce qui obligerait l'armée et l'administration allemandes à supporter tout le poids de la gestion directe du pays.

Hitler n'évoque même plus le projet d'alliance en bonne et due forme, qu'il avait proposé à Laval trois jours auparavant, et que le chef du gouvernement avait d'ailleurs refusé, après avoir conféré avec Pétain et les ministres militaires. Qu'avait-il été offert à la France de Vichy ? De collaborer avec le Reich *pour le meilleur et pour le pire.* Autrement dit, la cobelligérance. Réponse : la France, réduite à l'impuissance, ne peut se prononcer. Henri Amouroux cite cette réflexion d'Otto Abetz à Laval : « Vous venez de perdre une chance inespérée. Vous ne retrouverez pas une pareille occasion pour votre pays [2]. »

Le Führer, en revanche, veut prendre pied tout de suite en Afrique du Nord française avec ses troupes. Voici le dialogue dans les termes exacts rapportés par Laval :

Hitler : « Vous serez battus en Afrique du Nord si vous n'avez pas notre concours. »

Laval : « Allez-y sans notre autorisation. »

1. Voir les comptes rendus des Conseils des ministres à la fin du chapitre.
2. Amouroux, tome V. Tous les autres tomes sont à consulter sur la vie sous l'Occupation.

Hitler : « D'accord. »
Laval : « J'ai alors annoncé une protestation du Maréchal. »

Ainsi, une fois encore, Laval jongle avec le verbe et use d'un stratagème. Il dispose sans hésiter de Pétain, persuadé qu'à son retour, comme à l'accoutumée, il réussira bien à « retourner le Vieux ».

A peu près dans le même temps, l'amiral Auphan, le cœur serré, note : « J'ai vécu peu d'heures aussi dramatiques que cette matinée du 10 novembre avec, d'un côté, Darlan et les Américains négociant avec Hitler et, au milieu, à Vichy, un vieux Maréchal, assailli de télégrammes et d'objurgations, cherchant la solution. C'était bien l'image de la France écartelée[1]. »

Laval revient d'Allemagne au début de l'après-midi du 11 novembre. Toujours accompagné d'Otto Abetz, il se rend aussitôt, la flatterie en poche[2], auprès du Maréchal « sensible, malgré tout, aux compliments, habilement apportés de la part de Hitler, au *vainqueur de Verdun et de Douaumont*[3] ».

Le Maréchal écoute. Il est subjugué ou dominé par Laval. La veille au soir, Pétain, cependant, lucide, dans un passage de bonne forme intellectuelle, voulait renouveler le coup du 13 décembre : mettre l'Auvergnat sous les verrous. Écoutons l'amiral Auphan : « Le Maréchal, en forme, était dans une relative euphorie [...], mais il était furieux. Il estimait que Laval avait trop facilement *largué* la Tunisie. Il me retint à dîner avec le général Weygand [...]. Il me prit à part et me demanda si j'avais les moyens de *mettre à l'abri* le président Laval[4]. » L'amiral Auphan fit « constituer immédiatement un commando musclé de fusilliers marins[5] ».

Hier encore jour de gloire, aujourd'hui jour de deuil, ce 11 novembre 1942 voit s'ouvrir, à la tombée de la nuit —

1. Amiral Auphan, entretien avec l'auteur. Cf. Auphan : *Les Grimaces de l'Histoire.*

2. L'amiral Auphan donne, à ce sujet, un récit coloré : « Laval était un séducteur. Il commença par émouvoir en racontant son voyage à Munich et Berchtesgaden, presque un pèlerinage. Tout le monde avait été très gentil pour lui. Il avait trouvé dans sa chambre un bouquet de fleurs tricolores. Ciano [ministre italien des Affaires étrangères et gendre de Mussolini qui assistait à l'entretien] était charmant. Hitler l'avait chargé d'une pensée particulière pour le vainqueur de Verdun... » (*L'Honneur de servir.* France-Empire.)

3. Amiral Auphan, *op. cit.*

4. 5. Auphan : *Les Grimaces de l'Histoire* et *L'Honneur de servir.* Entretiens avec l'auteur.

17 h 30 — le troisième Conseil des ministres en ces journées capitales. Fatigué, le Maréchal n'en peut plus. Il est fragile, vulnérable, inconstant.

« *Vous êtes la honte de la France* »

De l'aube au crépuscule, comment s'est présenté le paysage de la France enchaînée ? Depuis le matin, les Allemands et les Italiens occupent la totalité du territoire national. Colonnes, convois, escadres aériennes déferlent vers le littoral méditerranéen et la Corse.

La zone dite libre a vécu. Les officiers généraux de Vichy — ceux qui osent ouvrir la bouche — en viennent aux défis de rage : « ... Arriva l'amiral Platon, qui était, au même titre que Laval, *la bête noire* d'Auphan et de Weygand. Entièrement dominé par Laval et très inféodé à l'Allemagne, il dit : *Est-il vraiment urgent de protester ?* Auphan bondit, Weygand rugit et lui cria : *Amiral, ce que vous dites est effroyable. Vous êtes la honte de la France.* Et il répéta ce qu'il disait depuis 1940 à Laval : *Vous êtes pire qu'un chien. Vous vous roulez dans* [la m...] [1]. »

Pétain — von Rundstedt : un entretien glacé

Devant l'hôtel du Parc, à 10 h 30, le maréchal von Rundstedt descend d'une grande Mercedes, qu'escortent trois véhicules montés par des soldats en bottes et casques de la Wehrmacht, mitraillette au poing. Pétain — uniforme kaki, médaille militaire — le reçoit, après avoir d'abord opposé un refus : il consent à l'audience, en définitive, parce qu'il y voit l'occasion de lire la protestation solennelle qu'on lui a préparée.

La journée commence. Philippe Pétain est « frais ». L'accueil qu'il réserve au visiteur est glacial. Aucun échange de poignées de main n'a lieu entre les deux maréchaux.

Rundstedt, en grande tenue, salue de son bâton et prend congé. Il tourne les talons et, de quart d'heure en quart d'heure, la radiodiffusion — en dépit du veto de Laval — rend publique

1. Ambassadeur Kammerer, *op. cit.*

la protestation : « Le maréchal a reçu, ce matin à 10 h 40, le maréchal von Rundstedt, commandant en chef du groupe des armées allemandes. Il lui a déclaré : *J'ai reçu, cette nuit, une lettre du Führer m'annonçant qu'en raison des nécessités militaires il était dans l'obligation de prendre des mesures ayant pour effet de supprimer, en fait, les données premières et les fondements de l'armistice. Je proteste solennellement contre ces décisions incompatibles avec les conventions d'armistice.* »

Le vieux maréchal, toutefois, ne saisit pas au vol l'occasion historique pour proclamer : *L'armistice est rompu. Je délie l'armée, la marine, l'aviation du serment à ma personne.*

Les Françaises et les Français, en revanche, entendent, toutes les quinze minutes, un message poignant :

« Aux Français de la France et de l'Empire.

« Français, je croyais avoir vécu les jours les plus sombres de mon existence : la situation aujourd'hui me rappelle les mauvais souvenirs de 1940. Je salue avec douleur les militaires, les marins, les aviateurs et tous ceux qui tombent pour l'honneur de l'Empire et la sauvegarde de la Patrie. Français de la métropole et de l'Empire, faites confiance à votre Maréchal qui pense à la France. »

Signé : Philippe Pétain.

Au bout d'une heure, les Allemands en armes occupent les émetteurs de la radiodiffusion et s'emparent des disques.

S'agit-il, avec ces messages, d'un coup d'épée — épée brisée — dans l'eau ? Bien au-delà des télégrammes secrets, échangés à travers la Méditerranée entre Pétain et Darlan, à propos desquels les exégèses ne prendront jamais fin[1], l'acte revêt, en réalité, « la plus haute importance, qu'il faut porter au crédit du Maréchal et d'Auphan. Il a servi de base au revirement d'attitude des autorités d'Afrique du Nord. Il a permis de dire que, le Maréchal étant prisonnier, ses ordres n'avaient plus de valeur et que son dernier acte valide était une protestation. Ainsi, agir selon les termes de cette protestation était suivre sa pensée véritable[2] ».

1. Sur les télégrammes secrets : Haute Cour de justice : procès Pétain. (Sténographie du *Journal officiel.*) Pierre Dhers : *Regards nouveaux sur les années quarante* (Flammarion). Amouroux, *op. cit.*

2. Kammerer, *op. cit.*

Le Maréchal : un coma politique

La Gestapo, cependant, pénètre en toute liberté dans la zone sud. Son premier soin est « d'épurer de leurs juifs les départements frontaliers et côtiers de la zone nouvellement occupée [1] ».

A l'hôtel du Parc, l'amiral Auphan se trouve maintenant seul en face du Maréchal. Avant que le Conseil se réunisse pour entendre Laval, de retour de Munich, il adjure Pétain d'opérer un renversement de sa politique, de donner l'ordre à la flotte de haute mer d'appareiller pour échapper aux Allemands.

Vingt ans plus tard, le secrétaire d'État à la Marine nous exposera : « Le Maréchal m'a dit : *Je suis de votre avis.* » Auphan ajoute : « Je ne dis pas que le Maréchal était de l'avis du dernier qui avait parlé, mais... » En fait, telle est bien la vérité : Pétain était de l'avis du dernier qui avait parlé.

L'amiral rejoint les membres du gouvernement, réunis en Conseil, fort d'une quasi-certitude : le revirement est décidé. Le Maréchal ne lui a-t-il pas dit : *oui* ? Mais « en Conseil des ministres — nous précise Auphan — le Maréchal m'a regardé d'un air désolé, voyant que je n'étais soutenu par personne [2] ». Laval, triomphant devant un Pétain effondré et affaissé, lit un communiqué aussitôt adopté : « ... Le Maréchal et le gouvernement rendent hommage à la fidélité et à la bravoure de l'armée d'Afrique et comptent sur elle pour continuer la lutte jusqu'à la limite de ses forces, dans l'intérêt de la France et de son Empire. »

Auphan a déclaré : « Continuer à se battre, c'est se battre pour l'Allemagne [3]. » « Une meute hurlante s'est retournée contre l'amiral [4]. »

Il est 19 heures. Le soir tombe sur le Maréchal. Le champ de vision se restreint.

L'analyse du compte rendu de ce Conseil des ministres, tenu en ces heures dramatiques de la Patrie, montre que Pétain n'a

1. Jäckel : *La France dans l'Europe de Hitler* (Fayard).
2. Entretien d'Auphan avec l'auteur. Cf. *L'Honneur de servir.*
3. Kammerer, *op. cit.*
4. Commandant Archambeaud, chef de cabinet d'Auphan.

pas ouvert la bouche. Est-ce croyable ? Son intervention a-t-elle été tue pour raisons de sécurité ? Le texte a-t-il été expurgé ? Non. Honnête, l'amiral Auphan ne cèle pas l'effroyable vérité : « Le Maréchal n'a pour ainsi dire pas parlé[1]. » C'est un euphémisme : le Maréchal n'a pas parlé. La stratégie de l'espace l'a quitté. Ce 11 novembre, anniversaire de la victoire de 1918, le Maréchal tombe dans une sorte de coma politique. Ses collaborateurs les plus intimes sont décomposés. Ils glissent entre les dents : « Le Maréchal n'y est plus. Il ne comprend plus. Il ne saisit plus. »

« Le Maréchal n'y est plus » : c'est ce que répète le secrétaire général Jean Jardel au chef de cabinet André Lavagne.

Les clefs de l'Histoire

Outre les témoignages que nous avons recueillis à ce sujet, souvent sous le sceau du secret à garder tant que les intéressés vivaient, nous disposons de notes extraites du *Carnet de bord* — document unique et irremplaçable — de M. André Lavagne, chef de cabinet du Maréchal, à qui il est dévoué corps et âme, fonctionnaire d'une extrême rigueur, issu du Conseil d'État, et Français d'un ardent patriotisme, catholique militant et monarchiste de tradition. Ses collègues l'appellent *le Saint.* Devant Dieu et devant les hommes, devant le Maréchal et devant sa conscience, André Lavagne, au jour le jour, couche sur son journal intime, d'une mince écriture à peine déchiffrable, des lignes qui donnent les clefs de l'histoire de la France douloureuse en cette période.

Le 11 novembre 1942, André Lavagne considère que le Maréchal est acculé au choix : soit se regarder comme roi-prisonnier, à l'exemple du souverain belge, soit tomber au rang de Hacha, le président de la République de Tchécoslovaquie, devenu président d'État du protectorat de Bohême-Moravie après le démantèlement de son pays par les nazis. André Lavagne écrit[2] : « Jardel [secrétaire général du chef de l'État de

1. Auphan à l'auteur.
2. L'auteur complète ici les extraits des notes que lui a communiquées M. Lavagne et dont il a déjà donné quelques passages dans *Pétain et la France.*

Vichy] est de mon avis. Il reconnaît que le Maréchal, fatigué par ces journées terribles, ne voit pas clairement cette nouvelle question [...]. »

— « Conseil des ministres houleux. Ils [les ministres] n'osent décréter la cessation des combats en Afrique du Nord. Jardel revient navré et désespéré du Conseil des ministres. Le Maréchal a flanché, quoiqu'il l'ait remonté, et, avec les ministres, on a décidé d'un communiqué félicitant les troupes et leur donnant l'ordre de continuer le combat dans la limite de leurs possibilités. » (11-11-1942.)

— « Le Maréchal impose aux ministres et à Marion [secrétaire d'État à l'Information] la publication à la radio de sa protestation, car ils n'osaient pas, surtout avant le retour [d'Allemagne] de Laval... Vers 15 h 15, Laval monte avec Abetz chez le Maréchal... Si Laval n'était rentré que cette nuit, ou demain, nous avions le temps de faire dire au Maréchal ce qu'il faut dire, mais maintenant... » (11-11-1942.)

Le Maréchal s'entend alors pressé de trancher le choix dramatique : ou bien le sort du satellite Hacha à Prague, ou bien le statut du roi des Belges, chef d'État prisonnier qui ne gouverne plus. André Lavagne inscrit : « Jardel est de mon avis et reconnaît que le Maréchal, fatigué par ces journées terribles, ne voit pas clairement cette nouvelle question. » (11-11-1942.)

— (*Les Allemands arrêtent le général Weygand, qui sort de l'hôtel du Parc, et l'emmènent en Allemagne.*) « Le Maréchal s'entête. Il est très fatigué, très secoué par la monstrueuse nouvelle de cette nuit. » (13-11-1942.)

— « Le drame affreux de cette semaine arrive à sa fin, fin terrible, honteuse. Jardel m'appelle avec le commandant Féat. Le Dr Ménétrel entre peu après. Jardel est décomposé. Il nous apprend en secret [Ménétrel est pleinement d'accord avec ce qu'il dit] que depuis deux ou trois jours le Maréchal ne réagit plus. Il est complètement envoûté par Laval et va même au-delà [...].

« Le Maréchal, à son grand âge, a gardé une vigueur

physique et une intelligence miraculeuses, mais il n'a plus de volonté. Jardel révèle avec désespoir que le Maréchal ne réagit plus, qu'il a beau le remonter avant le Conseil des ministres, ou les conversations avec Laval. Il cède tout, s'il ne va pas au-delà. En vieillard, il n'a plus d'énergie. Il se bute, il s'accroche. Jardel a proposé au Maréchal d'aller se reposer, de se dire souffrant pour une huitaine. Il ne veut rien entendre. » (15-11-1942.)

L'amiral Laborde : un marin « anglophage »

L'État de Vichy agonise ainsi, un mort vivant à sa tête, encore chargé de gloire et de prestige aux yeux de l'armée et d'une partie du pays. Cette France morcelée, écartelée et apeurée se sent frileuse. Elle a peur de devenir orpheline : d'où les incohérences, les désarrois, les contradictions de ceux qui détiennent les responsabilités au deuxième degré et dont la tête éclate de mots-chocs : devoir, discipline, obéissance, hiérarchie, honneur, Pétain, de Gaulle. Le 11 novembre, à l'heure exacte où Pétain reçoit Laval et Abetz, de retour de Munich, l'amiral Darlan a télégraphié d'Alger à Toulon, où siège l'amiral Jean de Laborde, commandant en chef de l'escadre. Il l'invite à rejoindre Dakar[1] avec ses quelque cent soixante bâtiments, pour partie navires très modernes de classe internationale, pour partie unités diverses.

Le comte Jean de Laborde n'y va pas par quatre chemins : il répond, sans plus, par le mot de Cambronne. Personnage étrange et quelque peu médiéval, fougueux, d'un tempérament sanguin, l'amiral commandant l'escadre de Toulon ne se distingue point par les vues politiques. Certains le caricaturent volontiers : il a l'intelligence, prétendent-ils, et la violence d'un boulet de canon. D'autres lui attribuent une haute réputation de stratège en mer, et ils n'ont peut-être pas tort. Chacun, de

1. Au sujet de ce télégramme de Darlan à Laborde, Auphan a une explication grave : « Si l'amiral Darlan avait voulu réellement que la Flotte se rallie, il m'aurait télégraphié en code. S'il a télégraphié à l'amiral Laborde — sachant très bien que celui-ci n'obéirait qu'à un ordre supérieur du Maréchal —, c'était pour se couvrir du côté des Américains et leur donner une satisfaction sans lendemain. Télégraphier directement à Laborde, qui le détestait, c'était s'attirer le M... retentissant. » (Témoignage d'Auphan. Consulter aussi sur ce point les ouvrages de l'amiral Auphan.)

toute façon, en tombe d'accord : Laborde n'est pas anglophobe, il se dit *anglophage.*

Rien ne se révèle simple pourtant dans ces années compliquées : en juin 1940, Laborde avait donné l'ordre à ses navires de rallier les ports britanniques. Dans son second mouvement — honneur et discipline —, il s'était incliné lorsque Pétain et Darlan lui enjoignirent de respecter l'armistice.

Au cours de la nuit du 12 au 13 novembre 1942, la démence atteint son sommet. Étudions les témoignages écrits de la main de l'amiral Auphan. A 4 h 20 du matin, le secrétaire d'État à la Marine est réveillé : « C'était la voix de l'amiral de Laborde, à bord du *Strasbourg* à Toulon, me disant qu'il avait fait allumer les feux et qu'il allait appareiller pour combattre les Anglais dans le golfe du Lion. Surpris et ahuri, je l'interrogeai.

« Renseignement pris, il s'agissait d'une information plus que douteuse, provenant de Brinon à Paris [1]. » Le commandant en chef de l'escadre brûlait d'en découdre avec les Anglais.

Le 15 novembre, l'amiral de Laborde arrive à Vichy. Il voit Pétain, Auphan, et « après déjeuner, il alla seul faire visite au président Laval et repartit ensuite vers Toulon, ancré dans son idée que la cobelligérance aux côtés des Allemands pour défendre l'Europe et l'Afrique était la seule attitude acceptable [...] ».

« Il frétillait d'impatience à la pensée d'aller, avec son escadre, bousculer les agresseurs de fait [2]. »

Weygand : « Vous vous faites le fourrier du communisme »

Quant à Weygand, appelé au secours par le Maréchal — *appelé au chevet,* serait-on tenté d'écrire —, il ne compose pas. Il se dresse, tout feu tout flammes contre Laval. Voici les dialogues littéraux, transcrits, de source directe, par le Dr Ménétrel, sorte de Père Joseph :

Le général Weygand (s'adressant à Laval) : « Je veux vous dire ce que je pense. Je vous déclare solennellement que la politique suivie par le gouvernement détache le pays du

1. Auphan, *op. cit.* Entretiens avec l'auteur.
2. *Ibid.*

Maréchal [...]. Le Maréchal perd du terrain dans l'opinion publique. »

Laval : « Que faire, alors ? J'ai la certitude que, si les Anglo-Saxons sont vainqueurs dans cette guerre, ce sera le bolchevisme. Ce que nous courons actuellement, c'est le risque de la chape de plomb que les Allemands feront peser sur le territoire français. »

Weygand : « Je vous répète que le gouvernement, par sa politique, se fait le fourrier du communisme [...]. »

Laval : « J'ai la hantise du communisme. Je ne me suis jamais trompé, et, si nous ne nous battons pas, je suis certain que le communisme s'étendra sur l'Europe. Je ne conçois pas, d'ailleurs, une entente avec l'Allemagne, sans une complète liberté spirituelle de notre pays. »

Weygand : « Regardez ce qui se passe pour la relève : les ouvriers anti-allemands deviennent communistes pour ne pas aller travailler en Allemagne [...]. A la vérité, la France ne s'unira que contre l'Allemagne. Et il faut que la France s'unisse[1]. »

Tandis que Laval s'enlise et que le Vieux Soldat s'évapore, les continents frémissent. Antony Eden résume l'état du monde en une formule magistrale : « La guerre rapetisse la terre. »

1. Notes Ménétrel. Archives nationales et livre de M. Louis Noguères, président de la Haute Cour de justice : *Le Véritable Procès du maréchal Pétain* (Fayard).

DOCUMENTS

LES ALLIÉS DÉBARQUENT EN AFRIQUE DU NORD

LES MINISTRES DÉLIBÈRENT A VICHY

I) Conseil des ministres du dimanche 8 novembre 1942, 11 heures, sous la présidence de M. le maréchal Pétain à l'hôtel du Parc.

« Étaient présents :

« MM. Pierre Laval, Joseph Barthélemy [garde des Sceaux, ministre secrétaire d'État à la Justice], Max Bonnafous [secrétaire d'État au Ravitaillement], le général Bridoux [secrétaire d'État à la Guerre], le contre-amiral Auphan [secrétaire d'État à la Marine], le général Jannekeyn [secrétaire d'État à l'Aviation], Hubert Lagardelle [secrétaire d'État au Travail], le gouverneur général Brévié [secrétaire d'État aux Colonies], le Dr Grasset [arrivé en cours de Conseil, secrétaire d'État à la Famille et à la Santé], le vice-amiral Platon [secrétaire d'État auprès du chef du gouvernement], Paul Marion [secrétaire d'État à l'Information], Guérard [secrétaire général auprès du chef du gouvernement], Bousquet [secrétaire général à la police], Jardel [secrétaire général auprès du chef de l'État].

« Le président Laval fait un exposé de la situation telle qu'elle se présente après l'attaque par les Américains et les Anglais de nos possessions de l'Afrique du Nord, au cours de la nuit du samedi 7 au dimanche 8 novembre.

« Des premiers renseignements reçus, il résulte que les très importants convois anglo-américains, dont le départ de Gibraltar avait été signalé récemment, ont abordé l'Afrique du Nord française. Des tentatives de débarquement ont été effectuées, par surprise, en de nombreux points des côtes, tant sur l'Atlantique qu'en Méditerranée. Un certain nombre de ces opérations ont réussi ; en d'autres lieux, les assaillants ont été repoussés. Les détails manquent encore. Des combats sont en cours, ainsi que des engagements entre forces navales.

« L'alerte avait pu être donnée le samedi soir à 22 heures, à la suite des révélations faites par le commandant d'aviation Faye [1], gaulliste notoire, arrêté à Marseille, qui était au courant des projets d'envahissement.

« Soit au début, soit en cours de séance, il est donné connaissance, au Conseil d'un certain nombre de documents : 1) communiqué de Wiesbaden rédigé par le colonel Boehme [2] ; 2) message du président Roosevelt.

« Le Conseil est unanime à penser que cette déclaration ne cadre pas avec notre honneur. Il approuve sans réserve la décision prise par le Maréchal de résister par les armes. Cependant, afin de pouvoir, vis-à-vis de l'opinion publique, répondre à la promesse faite par le président Roosevelt de maintenir l'intégrité de l'Empire, il décide de demander au Reich de prendre un engagement similaire.

« Le président Laval précisera aux autorités allemandes qu'il a besoin de cet engagement pour pouvoir rompre avec les États-Unis. Il le leur demandera en se référant aux accords de Montoire. Un projet de télégramme à l'ambassadeur Abetz est rédigé en ce sens.

« L'amiral Auphan demande qu'une déclaration publique soit faite, annonçant que l'intégrité de l'Empire sera défendue. M. Barthélemy désire qu'il y soit ajouté : " Et du territoire. "

« — Télégramme de l'amiral Esteva [3] indiquant que le

1. A ce sujet, Bridoux écrit dans ses *Cahiers* inédits : « 8 novembre. 0 h 30. On a arrêté à Marseille le commandant Faye qui assure que les Anglo-Américains débarqueront au Maroc dans la nuit. »

Note de l'auteur. Le commandant Faye, qui appartient au réseau « Alliance », n'a révélé, en connaissance de cause, le débarquement allié qu'au moment où le secret pouvait être levé. On ne trouve pas trace d'une alerte donnée par Vichy. Aucun télégramme ne fut adressé à Darlan, aucune mesure de sécurité prise en France. Ainsi qu'il arrive souvent, un renseignement aussi précis ne fut sans doute pas pris au sérieux. Le poste émetteur-récepteur du commandant Faye et de Marie-Madeleine Fourcade avait été détecté par les voitures spéciales de la police allemande, dont l'entrée en zone sud avait été autorisée par le général Bridoux et par Pierre Laval.

2. Il s'agit, en réalité, du général Boehme, représentant du haut commandement allemand (O.K.W.) à la Commission d'armistice de Wiesbaden.

3. Résident général à Tunis.

consul américain lui a remis un ultimatum demandant sa reddition et indiquant que toute résistance serait vaine, l'Afrique du Nord étant occupée par des forces américaines s'élevant à 140 000 hommes.

« — Télégramme de l'amiral Michelier, commandant la marine du Maroc, précisant les dispositions prises par le Protectorat en vue de la résistance et mentionnant l'arrestation à Casablanca du général Béthouard, qui était passé à la dissidence.

« — Réponses adressées par le Maréchal au président Roosevelt, au gouverneur général Châtel [Algérie] et aux résidents généraux à Rabat et à Tunis.

« — Proclamation du gouverneur général Chatel à l'Algérie.

« — Télégramme de l'amiral Darlan, signalant la dissidence du général Giraud.

« Lecture est donnée de l'allocution prononcée le matin par le général Giraud, du poste Radio-Alger, et retransmise des postes américains, pour inciter les troupes à la dissidence. A cette occasion, il est rappelé au Conseil les termes de la déclaration de loyalisme au Maréchal et au gouvernement, signée au mois de mai par le général Giraud.

« En cours de Conseil, le docteur Ménétrel entre pour annoncer que, contrairement à ce qui avait été affirmé, le général Giraud n'est pas chez son frère à Aix-en-Provence ; il semble même n'y être jamais venu. Ceci confirme donc son départ en dissidence.

« — Communiqué de l'Amirauté sur les combats d'Oran et sur l'engagement naval à l'intérieur du port, au cours duquel deux de nos torpilleurs ont été coulés et un autre avarié.

« — Lecture au téléphone, à M. de Brinon, du télégramme du général Noguès : " Le Maroc se défend, la dissidence a échoué. "

« Le gouvernement est mis au courant d'une communication, faite à 11 h 10, par M. de Brinon, de la part du gouvernement allemand, proposant une aide militaire pour notre défense.

« Avant de prendre une décision, le Conseil désirerait connaître le point de vue militaire sur les possibilités de défense : soit par un déblocage de matériel sous contrôle ; soit au moyen d'une aide apportée par l'armée allemande.

« L'amiral Auphan fait un exposé de l'état des opérations.

« Le président Laval demande au Conseil ce qu'il pense de la proposition allemande, et, en particulier, s'il doit être fait appel aux forces d'aviation du Reich. Cet appel présenterait l'avantage de permettre de gagner du temps, mais l'inconvénient d' " appeler la foudre ".

« L'amiral Auphan indique que l'amiral Darlan demande que des avions allemands soient envoyés devant Alger pour attaquer les bateaux assaillants. L'amiral Auphan est d'accord sur ce point [1]. Le général Bridoux aussi, mais il pense qu'il faut, de plus, attaquer les terrains.

« Le président Laval estime que l'amiral Darlan, sur place, est seul et meilleur juge.

« M. Barthélemy voudrait que nous pratiquions l'art du vaincu :

« — au point de vue militaire, faire ce que nous pouvons ! ;

« — au point de vue politique, se méfier de l'habileté du président Roosevelt et de l'habileté des Allemands, qui consiste à nous faire demander leur aide.

« Le président Laval précise que l'Allemagne n'envisage pas une déclaration publique de demande de concours.

« Pour répondre à une question de M. Barthélemy, l'amiral Auphan estime qu'il est improbable que l'Allemagne puisse nous apporter un concours efficace. La région d'Oran et les au-delà paraissent être hors du rayon d'action de l'aviation allemande. Il semble, dans ce cas, inutile au garde des Sceaux de solliciter l'aide allemande.

« Le président Laval pense que ne pas demander le concours de l'Allemagne équivaut à le refuser et à avoir l'air de soutenir la

1. Sur un point voisin, mais différent — des avions allemands prenant leurs bases en Afrique —, l'amiral Auphan écrira après la guerre (*Les Grimaces de l'Histoire*) : « Au Conseil des ministres [...] quelqu'un proposa de demander aux Allemands le concours de leur aviation qui serait basée sur nos aérodromes africains. Je m'élevai avec vigueur contre cette suggestion et, sûr de la réponse qu'on obtiendrait, j'insistai pour qu'on demandât l'avis du commandement local avant de faire une chose aussi grave que d'ouvrir nos terrains aux Allemands. Sans moi, la chose eût été faite tout de suite, mais j'obtins gain de cause. Bien que l'entourage de M. Laval ait remanié le projet de télégramme que je présentai, pour lui donner un sens tendancieux appelant un acquiescement, les réponses furent toutes négatives. Mais elles n'arrivèrent que dans la journée du 9. Or, dans la nuit du 8 au 9, sur demande allemande, M. Laval et l'amiral Platon avaient, sans attendre des réponses, télégraphié en Tunisie pour ouvrir nos aérodromes aux Allemands. »

« Il est impossible — commentera, le lendemain, Laval dans un télégramme à l'amiral Esteva — après l'agression américaine d'empêcher l'aviation allemande de venir en Afrique du Nord. Nous ne pouvons que subir. » (Robert Aron, *op. cit.*)

dissidence. Il propose au gouvernement de faire sienne la demande de concours de l'amiral Darlan.

« Le général Bridoux insiste en faveur de l'aide.

« L'amiral Platon voudrait qu'il soit demandé à l'amiral Darlan s'il envisage l'action des avions sur les terrains.

« Le président Laval téléphone à M. de Brinon pour lui demander d'intervenir auprès des autorités allemandes, afin qu'il donne satisfaction aux demandes de l'amiral Darlan.

« Il rapporte au Conseil que le conseiller Rahn a indiqué que l'O.K.W. [Oberkommando der Wehrmacht] propose son appel [1] en partant de Sardaigne et de Sicile et demande que nous mettions, en zone libre, des terrains à la disposition des avions allemands.

« Le général Bridoux ajoute qu'il faut désigner ceux qui régleront les conditions de la coopération militaire.

« Le président Laval indique que M. de Brinon a eu l'idée d'une conversation politique, et que cette proposition a été acceptée par l'O.K.W.

« L'amiral Platon voudrait que l'ordre soit donné de fusiller le général Béthouard. L'amiral Auphan préférerait qu'on le jugeât auparavant. Le Maréchal est entièrement de cet avis.

« A une question de M. Barthélemy demandant quelle est l'opinion des ministres militaires sur les opérations en Algérie, le Maréchal répond qu'aucune appréciation n'est possible, qu'il appartient à l'amiral Darlan de voir sur place.

« L'amiral Platon estime qu'il appartient à l'amiral Auphan de transmettre les communications à la commission de Wiesbaden.

« Le président Laval signale qu'un certain nombre de questions accessoires se posent, en particulier celle de la suppression du meeting Doriot. Il annonce au Conseil que le Maréchal et lui ont demandé au général Weygand de venir à Vichy. Il arrivera cet après-midi par avion.

« Les secrétaires d'État décident de tenir une nouvelle réunion dans l'après-midi. La séance est levée à 12 h 30. »

(Source : Archives nationales.)

1. Il faut sans doute lire : *appui*.

II) Conseil des ministres du dimanche 8 novembre 1942, sous la présidence de M. le maréchal Pétain, à l'hôtel du Parc (18 h 15).

« Le président Laval ouvre la séance en faisant un exposé des rapports diplomatiques entre les États-Unis et la France.

« " Le gouvernement français, dit-il, en particulier, a décidé de ne jamais rien faire pour amener une rupture avec les États-Unis. Aujourd'hui, l'Amérique nous a attaqués ; des Français meurent, des batailles se livrent, cruelles ; Alger risque d'être prise ce soir. Je vous fais une proposition — je ne demande pas la rupture : je constate simplement que les États-Unis, par leur agression contre la France, ont rompu les relations. Un jour, nous les reprendrons, c'est entendu. Si nous ne prenions pas cette décision, il y aurait à redouter une réaction allemande, et, déjà, le général Oberg a téléphoné à M. Bousquet que le fait que la France n'a pas encore rompu fait le plus mauvais effet à Berlin. "

« L'ambassadeur Abetz a réuni la presse et a déclaré qu'il félicitait le gouvernement français de son attitude.

« L'amiral Auphan pense qu'il n'est pas possible de continuer les relations diplomatiques avec les États-Unis. Le communiqué suivant est alors rédigé : " Le Conseil des ministres constate que les États-Unis, en portant la guerre sur les territoires de l'Afrique du Nord, ont, de ce fait, rompu les relations diplomatiques."

« Le président Laval fait connaître qu'à 17 h 10 est arrivé un nouveau télégramme de M. Abetz, indiquant que la Luftwaffe veut envoyer des avions en Italie du Sud, en passant par la France. Wiesbaden voudrait obtenir l'autorisation de survol et, d'autre part, la libre disposition de terrains [1].

« Le Maréchal est d'avis d'accorder ces autorisations, l'amiral Platon aussi.

« Le président Laval précise : 1) pour le survol : d'accord. 2) pour les terrains, il faut :

« a) poser la question aux chefs militaires en Afrique du Nord, et

1. A la même heure, il n'est déjà plus question, en réalité, pour le haut commandement allemand de demander des autorisations : il s'agit de les notifier.

« b) entamer des conversations avec Wiesbaden.

« L'amiral Auphan donne communication du projet de télégramme qu'il vient de préparer à cet effet.

« Le président Laval a reçu un télégramme de M. François Pietri. Notre ambassadeur [à Madrid] a vu le comte Jordona [1], qui l'a informé que " l'Espagne n'entendait prendre aucune initiative en territoire africain ".

« L'amiral Auphan donne connaissance au Conseil d'un certain nombre de renseignements sur les opérations navales.

« Le Maréchal observe qu'il y a de nombreux bateaux coulés ou avariés ; il demande qu'on cherche à réduire les pertes.

« Le président Laval fait savoir qu'il n'y a eu aucun incident en France. En réponse à une question de M. Barthélemy, il signale que le général Weygand est arrivé. Le Maréchal l'a déjà vu et désire le revoir.

« Le prochain Conseil est fixé, en principe, au lundi 9, à 11 heures. M. Bichelonne [Production industrielle] est chargé d'assurer l'intérim de M. Gibrat [Communications]. Il est décidé que les ministres resteront à Vichy.

« La séance est levée à 18 h 50. »

(Source : Archives nationales.)

III) Conseil des ministres du mercredi 11 novembre 1942, à 17 h 30, sous la présidence de M. le maréchal Pétain, à l'hôtel du Parc.

« Le président Laval [2] rend compte, en ces termes, au Conseil de son entrevue avec le chancelier Hitler :

« Quand l'Amérique a attaqué l'Afrique du Nord, dit-il, cela

1. Ministre des Affaires étrangères de l'Espagne.

2. Ce jour-là, le gouvernement siège au grand complet. Aux ministres, secrétaires d'État et secrétaires généraux dont nous avons cité la présence lors du premier Conseil consacré aux événements d'Afrique du Nord, sont venus s'ajouter Cathala (Finances), Abel Bonnard (Éducation nationale), Bichelonne (Production industrielle), Gibrat (Communications), Barnaud (délégué général aux Relations franco-allemandes), Rochat (secrétaire général aux Affaires étrangères), Guérard (secrétaire général auprès du chef du gouvernement), Hilaire (secrétaire général à l'administration du ministère de l'Intérieur).

a été une surprise, et j'ai reçu du chancelier un télégramme très confidentiel. Le Führer m'a demandé si le gouvernement français était décidé à collaborer définitivement, dans le meilleur comme dans le pire (expression allemande intraduisible [1]). Comme il était impossible de répondre affirmativement ou négligemment, une conversation a été engagée.

« Le lendemain matin, le consul général d'Allemagne Krug von Nidda m'informait que j'étais convoqué à Berchtesgaden avec l'ambassadeur Abetz. Avant de partir, j'ai eu un entretien avec le Maréchal et les ministres de la Défense nationale. J'ai expliqué que je ne pouvais donner de réponse négative ou affirmative, les conditions morales et matérielles étant telles que la France ne peut rien faire.

« Je n'ai d'ailleurs pas eu à répondre ; à Munich, il ne m'a pas été parlé de cette lettre [2], car il ne s'agissait que des événements d'Afrique du Nord. J'ai eu une première conversation avec le ministre des Affaires étrangères, M. von Ribbentrop, mardi à midi, qui m'a annoncé une entrevue avec le Führer, en présence du comte Ciano, vers 17 ou 18 heures. Il m'a été demandé de faire le récit des événements d'Afrique du Nord. Hitler était préoccupé par l'attitude des chefs de l'armée : général Giraud, général Noguès, et surtout l'amiral Darlan.

« Le chancelier Hitler a fait l'historique de nos rapports et il a prononcé un réquisitoire très sévère contre le général Giraud. Puis il a évoqué l'entrevue de Montoire et indiqué que l'Allemagne ne devait pas payer les conséquences de la guerre. L'Angleterre, pense-t-il, ne rendra rien de ce qu'elle a occupé. Il m'a dit des mots aimables. Il a constaté que la France ne pourrait pas faire face seule à l'agression anglo-américaine, qu'il

1. L'expression allemande est ***durch dick und dünn***, qui peut se traduire : pour le meilleur et pour le pire. La communication, reçue le 8 novembre par Laval, était la suivante : « Le chancelier Hitler demande au gouvernement français s'il est disposé à combattre aux côtés de l'Allemagne contre les Anglo-Américains. En présence de l'agression à laquelle viennent de se livrer les Anglo-Saxons, la rupture des relations diplomatiques ne saurait être considérée comme suffisante et il faudrait aller jusqu'à une déclaration de guerre aux Anglais et aux Américains. Si le gouvernement français prend une position aussi nette, l'Allemagne est prête à marcher avec lui ***durch dick und dünn***. »

L'historien allemand Jäckel (***op. cit.***) estime toutefois que Hitler ne pensait pas réellement à cette alliance et qu'il s'agissait d'un « tour de passe-passe », dû à Abetz.

Le texte de la communication allemande se trouve aux Affaires étrangères. Cf. Cathala : *Face aux réalités* (La Pensée libre).

2. Laval veut dire : le *télégramme* (dont il vient de parler).

fallait se préoccuper de l'organisation de la nouvelle Europe et de la défense de cette nouvelle Europe.

« Je lui ai, en réponse, expliqué la situation et marqué le regret que l'Allemagne ne nous ait pas donné les armes suffisantes pour défendre nos possessions. Je me suis retourné surtout, à ce moment, vers le comte Ciano.

« Hitler m'a répondu qu'il n'avait pas confiance. Il a cité le cas du général Giraud, les nombreuses dissidences, etc. Il a parlé de renseignements donnés par les deuxièmes bureaux. “ Nous voulons, a-t-il dit, envoyer des forces à votre secours en Tunisie et à Constantine. Nous demandons votre agrément. ”

« Je lui ai répondu que je ne pouvais prendre aucune décision, que je pouvais discuter, mais non donner mon adhésion.

« J'ai rappelé que, si l'Allemagne nous avait battus, l'Italie pas. Or, celle-ci a des revendications officielles que nous n'admettons pas. Si l'Italie débarque en Tunisie, on ne comprendra pas que la France donne son agrément à cette décision. Il n'y a pas de paix possible avec la France si ces revendications sont maintenues.

« Le chancelier m'a répondu : “ Vous serez battus en Afrique du Nord si vous n'avez pas notre concours ”, et j'ai rétorqué : “ Allez-y sans notre autorisation. ”

« Hitler m'a dit : “ D'accord. ” J'ai alors annoncé une protestation du Maréchal.

« On m'a remis la notification du débarquement germano-italien en Tunisie. J'ai vu ce papier. J'ai fait modifier un mot : au lieu de “ en commun avec les troupes françaises ”, j'ai obtenu que l'on mette : “ et compléter les forces armées allemandes ”.

« J'ai parlé longuement avec Hitler, Ciano n'a rien dit. Je dois dire — c'est une impression et rien de plus — que les Italiens ont dû exercer un chantage sur les Allemands. Ils ont une peur panique de l'entente franco-allemande.

« Du côté de Hitler, s'il était vainqueur, nous pouvons, sous certaines conditions — psychologiques surtout —, obtenir beaucoup. Le 13 décembre et le retour des cendres l'ont blessé. L'affaire Giraud a soulevé en lui une grande colère. Les Allemands sont plus près de nous que les Italiens.

« Hitler m'a dit : “ Je vous verrai ce soir. ” C'est vers

1 heure du matin que le chancelier m'a reçu, seul, avec le ministre von Ribbentrop. L'entretien a été plus chaud et plus politique. Hitler est entré dans une violente diatribe contre le communisme. Je lui ai demandé de faire quelques gestes et de dire quelques paroles d'espérance et je lui ai fait ressortir que la collaboration était, en ce moment, à sens unique.

« Hitler m'a répondu : " Oui, dans le sens Allemagne-France ! " Il a ajouté : " Il faut que la France et l'Allemagne marchent ensemble et je battrai l'Angleterre. " Il m'a longtemps gardé les mains dans les siennes. Je lui ai dit en terminant : " Je vous demande d'être grand dans la paix comme dans la guerre. " Il m'a répondu : " Je désire ardemment l'entente avec la France. "

« Le président Laval poursuit son exposé :

« J'ai reçu une note du ministre Schleier pour la Tunisie, comportant plusieurs paragraphes :

« Premier paragraphe : maintien des instructions pour le maintien de l'ordre. J'ai répondu que c'était fait.

« Deuxième paragraphe : confirmation par le Maréchal de l'ordre donné à Tunis d'aider les troupes allemandes et italiennes entrant en Tunisie.

« Le général Bridoux voudrait que l'on évite le mélange d'unités françaises et germano-italiennes. Il faut regrouper les troupes, mais ne pas abandonner le territoire tunisien. Le président Laval lui demande de renouveler ses ordres.

« Le général Jannekeyn rend compte d'une protestation du commandement de l'aviation, contre une collaboration des forces aériennes françaises et de celles de l'Axe.

« Troisième paragraphe : confirmation de l'ordre de combattre et demande d'une collaboration entre les troupes françaises, allemandes et italiennes.

« Le président Laval indique que l'ensemble des troupes a été fidèle. On ne peut pas accepter la thèse allemande, mais on ne peut pas abandonner l'Empire. On s'est battu à Madagascar. L'Amérique ne nous rendra jamais l'Afrique du Nord. L'Allemagne ne nous la rendra pas non plus, si nous ne nous défendons pas. " J'ai été, dit-il, contre la guerre. On s'est battus pour assurer le droit à l'existence. Je ne dis pas : continuez le feu, mais battez-vous à la limite de vos moyens. "

« L'amiral Auphan indique : " On défend un pays qui a des

frontières, en avons-nous ? 1) — Les forces italiennes entrent non seulement en Tunisie, mais aujourd'hui à Nice et en Corse. Quel trouble chez les officiers ! 2) — Au passage des troupes allemandes à travers la ligne de démarcation, on ne fait rien, alors qu'en Afrique on continuerait à se défendre ! 3) — Quel malheur de reprendre un morceau d'Empire avec l'aide des étrangers et de faire tirer sur nos villes ! 4) — Casablanca est tombé. Oran doit actuellement être tombé. Bougie est occupé. Les Allemands ont évidemment le temps de prendre pied en Tunisie, mais nos moyens sont les plus faibles. Je souhaite donc la cessation des hostilités, faute de moyens. "

« Le gouverneur général Brévié s'étonne que nous puissions nous déclarer vaincus après deux jours de combat, et avec une armée intacte. Que dirait-on, dans les colonies, d'une pareille éventualité ? L'Afrique du Nord nous intéresse. Si les Allemands la reprennent sans notre aide, ils ne nous la rendront pas.

« Le président Laval pense que donner l'ordre de cesser le feu en Afrique du Nord équivaudrait à l'ouvrir en France.

« Pour M. Barthélemy, un problème politique ne se résout pas par *oui* ou *non*.

« Les arguments de l'amiral Auphan portent : l'armée d'Afrique est sans armes. Il faut que le feu cesse le plus vite possible. L'Allemagne a désarmé la France. Il est impossible de ne pas émettre le vœu que cette tuerie cesse le plus tôt possible.

« Le président Laval propose la rédaction suivante pour le communiqué du Conseil des ministres : " Le Maréchal et le gouvernement rendent hommage à la fidélité et à la bravoure de l'armée d'Afrique et comptent sur elle pour continuer la lutte jusqu'à la limite de ses forces, dans l'intérêt de la France et de l'Empire. "

« Le Conseil décide de porter à la connaissance du public la lettre du Führer. Celle-ci est lue par le président Laval. La séance est levée à 19 heures. »

(Source : Archives nationales.)

CHAPITRE X

« L'ABDICATION », L'HISTOIRE ET LA LÉGENDE

LES DÉLIBÉRATIONS DU CONSEIL DES MINISTRES. — LE POUVOIR À PIERRE LAVAL. — LE THÉÂTRE TRAGIQUE DE VICHY. — LES INJONCTIONS ALLEMANDES. — LETTRE SECRÈTE DE PÉTAIN À SON CHEF DE GOUVERNEMENT. — L'INCOHÉRENCE COULE À PLEINS BORDS. — « DEMI-ABDICATION, DEMI-LÂCHETÉ. » — AU CŒUR DE LA FICTION. — LE MARÉCHAL « FATIGUÉ », « ÉPUISÉ ». — « JE SUIS UN MORIBOND. » « JE SERAI FUSILLÉ. » — LA FAUSSE MENACE DU GAULEITER. — L'ABOULIE. — UN BLOCAGE DE LA VOLONTÉ. — LA SECONDE PENSÉE. — LE PROJET D'ALLIANCE FRANCO-ALLEMANDE. — MORT DE L'ARMÉE D'ARMISTICE. — LE GÉNÉRAL DE LATTRE DE TASSIGNY. — LA SURPRISE : « DES DÉPÔTS D'ARMES D'UNE AMPLEUR EXTRAVAGANTE » EN ZONE SUD.

Le Brumaire du Maréchal n'est pas celui d'un coup d'État. Il est celui de la déchéance. L'analyse des quatre derniers Conseils des ministres du mois de novembre 1942, pour lesquels nous disposons de comptes rendus officiels, éclaire les degrés qui, un à un, conduisent Philippe Pétain à l'abdication.

Sans doute pour ménager les forces déclinantes du Maréchal, ces Conseils des ministres se tiennent tous désormais à l'hôtel du Parc, et non, selon la tradition, au pavillon Sévigné. 12 novembre : nous ne trouvons dans les dossiers des Archives nationales qu'un bref communiqué : le général Giraud, qui a pris les armes en Afrique avec ce mot d'ordre : *Un seul but, la victoire,* s'entend condamner en termes d'infamie. Pétain — en marche vers ses quatre-vingt-sept ans — prend le commandement en chef. Lisons ce texte concis :

« Les ministres se sont réunis cet après-midi à 18 heures, sous la présidence du maréchal Pétain, chef de l'État.

« Le président Laval a mis le Maréchal au courant de la situation actuelle en Afrique du Nord et de toutes les conversations qu'ont suscitées les récents événements. Le Maréchal et le gouvernement ont constaté que le général Giraud, en acceptant de l'étranger le commandement d'éléments français dissidents en Afrique du Nord, a manqué à sa parole, forfait à l'honneur et trahi son devoir d'officier.

« En conséquence, ni les troupes, ni les fonctionnaires, ni la population ne lui doivent obéissance. Le Maréchal, chef de l'État, a pris personnellement le commandement en chef des troupes françaises, et, seuls, ses ordres doivent être exécutés. »

Les adieux du Maréchal

Le 14 novembre 1942 marque les adieux du Maréchal. Le Conseil se préoccupe de la succession du chef de l'État. C'est entendu : Laval cumulera les fonctions de chef du gouvernement et de chef de l'État par intérim. Dans le délai d'un mois, les membres du gouvernement désigneront le chef de l'État. Le Maréchal se voit transformé en « potiche sur le dessus de la cheminée », rôle que lui destinait Laval depuis juin 1940, et même dès l'avant-guerre. Le cycle lavaliste est bouclé.

Avant de se retirer, Philippe Pétain s'inquiète de l'arrestation du général Weygand, effectuée par les Waffen SS sur l'ordre de Hitler — véritable camouflet infligé par le Führer. Ce qui blesse, en outre, au plus profond le Vieux Soldat reste un fait divers : le quotidien parisien *Le Matin* a publié un cliché représentant le vainqueur de Verdun aux côtés de Hitler et de Mussolini. Pétain se montre ulcéré. Telle est une des grosses affaires du Conseil. Le Maréchal « demande la suspension du *Matin,* faute de quoi il protestera à la radio [1]. » En marge du compte rendu, le secrétaire général, notant l'insistance du Maréchal, écrit à la main : « Le Maréchal veut une solution ! »

Le 17 novembre, tout est consommé. Pétain passe l'essentiel, sinon la totalité, du pouvoir (en l'espèce, la signature des lois et

1. Voir le compte rendu dans la partie *Documents.*

décrets) à Laval, ce chef du gouvernement honni, ce traître que, lui, le Maréchal, voulait placer sous les verrous peu de jours auparavant. Aujourd'hui, il salue son « patriotisme », sa « clairvoyance ». Il rend « hommage à son courage ». Inconscience, ruse, dissimulation extrême ? Pierre Laval, hissé presque au niveau d'un dictateur, mène les débats tambour battant et au pas de charge. Le Conseil se réunit à 13 heures. En quelques minutes, l'ordre du jour étant épuisé, on lève la séance. En moins d'un quart d'heure, le Maréchal, à bout de force, abdique devant quatorze ministres ou secrétaires d'État et cinq secrétaires généraux.

Dépouillé, le roi n'est cependant pas nu. En état de moindre résistance, mais dopé, repris en main par son entourage, Pétain, in extremis, n'a pas accordé les pleins pouvoirs à Laval[1]. Le théâtre tragique de Vichy vient d'assister, dans la coulisse, à un acte brutal : pas de blanc-seing. Qu'est-il advenu ?

Les mises en demeure d'Abetz

De très bonne heure, le 17 novembre, l'amiral Auphan est appelé par le secrétaire général du chef de l'État. Il raconte la scène : « L'hôtel du Parc était en ébullition. Sous la pression des événements, et aussi parce que le Maréchal était épuisé par cette longue crise, le chef de l'État allait déléguer tous les pouvoirs exécutifs au chef du gouvernement. Ainsi [...], il serait moins compromis personnellement par la politique outrancière que Laval allait mener[2]. » L'amiral Auphan — d'autres aussi — approuve cette attitude. Lui-même démissionnaire, il déclare à Pétain que « la seule chance de sauvegarder ce que son nom symbolise pour les Français était de prendre une position de détachement analogue à celle du roi des Belges. Il fallait laisser Laval gouverner sous sa seule responsabilité[3] ». Marcel Déat inscrit sur son inépuisable *Journal de guerre :* « ... Il y a un effort, autour du Maréchal, pour l'amener à l'idée d'un gouvernement sans couleur politique, genre *Croix-Rouge et Secours national.* »

1. Voir les textes dans la partie *Documents.*
2. 3. Auphan, *op. cit.* Témoignages à l'auteur.

A 9 h 35, toujours en présence de l'amiral Auphan, Pétain reçoit Laval, accueilli comme un diable dans un bénitier. Le Maréchal n'accepte plus rien de ce qui était proposé. Laval lit alors une communication verbale d'Otto Abetz, transmise par l'ambassadeur de Brinon, qui exige sur quatre points : la constatation que l'état de guerre existe entre la France, l'Angleterre et les États-Unis ; l'octroi des pleins pouvoirs à Laval ; la création d'une Légion spéciale (pour lutter contre les Alliés en Tunisie) ; une déclaration de confiance à Laval [1].

Face aux injonctions des Allemands, Laval voudrait publier un communiqué constatant l'état de guerre entre la France et les Alliés, sans déclarer formellement la guerre [2]. Pétain refuse de mettre le doigt dans l'engrenage. Il renierait lui-même la politique de l'attentisme. Bon gré, mal gré, Laval, qui fait la grimace, doit accepter la lettre secrète que le Maréchal lui adresse. Que contient-elle ? L'article I représente ce qui tient le plus à cœur à Philippe Pétain : en aucun cas, Laval ne pourra déclarer la guerre. La cobelligérance aux côtés de l'Axe contre les Alliés demeure la hantise de Pétain, son cauchemar. Les autres articles [3], relatifs au respect des convictions religieuses ou philosophiques, aux droits des détenus, des réfugiés, s'apparentent à l'humour noir.

Le Maréchal a frappé du poing sur la table. Il s'est réveillé. Il s'est ressaisi. Le pire déshonneur pour la France serait d'entrer, fût-ce juridiquement, en guerre contre les Alliés, aux côtés de Hitler, de Mussolini et de l'empereur du Japon.

De Pétain, le premier mouvement, en général, est le bon. Malheureusement, Pétain ne le suit pas. A peine s'est-il effacé

1. Ambassadeur de France Kammerer, *op. cit.*

— En 1945, interné dans sa cellule de Fresnes, Laval donnera une version un peu différente des faits : « Le 17 novembre 1942, le Maréchal et moi recevions à Vichy la visite de M. Schleier, chargé d'affaires de l'ambassade d'Allemagne, qui nous notifiait un véritable ultimatum d'avoir à déclarer immédiatement la guerre à l'Amérique [...]. J'opposai, en ce qui concerne la déclaration de guerre, un refus catégorique, qui fut approuvé à l'unanimité par le Conseil des ministres. » (*Laval parle.*)

2. Ce point a été débattu au cours d'un Conseil de cabinet réuni le 15 novembre à Vichy, Pétain étant trop fatigué pour présider un Conseil des ministres. Le compte rendu de ce Conseil de cabinet ne figure pas aux Archives nationales. Il a été publié par l'ambassadeur de France Kammerer, *op. cit.*

3. Voir les textes dans la partie *Documents.*

que, contre toute attente — amour sénile du pouvoir ? — il revient sur la scène. Il s'était résolu à ne plus parler à la radio, à ne plus présider le Conseil des ministres, à se retirer sur l'Aventin. Le surlendemain — stupéfaction — Pétain prononce une allocution. A l'amiral Auphan, désespéré, venu prendre congé, il déclare, cordial et sans gêne : « ... On veut que je parle à la radio ce soir... Les Allemands ont exigé que je débute par un paragraphe qui ne me plaît guère. J'ai dû m'incliner. Mais l'ordre que je donne de continuer la lutte contre les Anglo-Saxons est sans valeur puisque ce n'est qu'un discours[1]. » L'amiral Auphan en a le souffle coupé. Le Maréchal ajoute, en guise d'excuse : « Ce discours n'est doublé d'aucun ordre hiérarchique[2]. »

L'incohérence coule à pleins bords. Et, le soir, Pétain lance sur les ondes : « Français ! Des officiers généraux, au service d'une puissance étrangère, ont refusé d'obéir à mes ordres. Généraux, officiers, sous-officiers et soldats de l'armée d'Afrique, n'obéissez pas à ces chefs indignes. Je vous réitère l'ordre de résister à l'agression anglo-saxonne... Vous n'avez qu'une Patrie que j'incarne : la France. »

L'amiral Auphan reçoit un coup au cœur. Fidèle parmi les fidèles, il décroche de cet univers à la Kafka. Il regarde Pétain : « Je ne pus retenir un regard affligé qui lui fit mal sans doute[3]. »

Volte-face, hésitations, retournements et reniements habitent le Vieux Soldat. A tout prix, il s'agit que les Français ne soupçonnent pas la réalité. Sous le visage coiffé du képi de gloire, les affiches ne le proclament-elles pas : « Savez-vous mieux que lui ?... »

Sur son *Carnet de bord,* l'incorruptible André Lavagne note : « Ce qui m'a le plus impressionné, c'est de voir Ménétrel grave, hésitant, doutant de lui et du Maréchal. Leur destin les effraie : ils vont passer pour des traîtres, déshonorer leurs familles et ne se sentent pas le droit de se dégager : il est trop tard... » (15-11-1942.)

1. 2. 3. Amiral Auphan, *op. cit.*

— « C'est une demi-abdication du Maréchal, une *demi-lâcheté,* comme il le dit lui-même. » (16-11-1942.)

— « Le drame rebondit. Le Maréchal a été un peu souffrant, premier symptôme de sa fatigue. La Maréchale est arrivée ce matin, très catégorique, s'opposant à cette demi-abdication... Je reste un moment avec Jardel, Rochat et Ménétrel. Il y a, hélas ! de sérieuses raisons de craindre que l'Allemagne ne nous inflige, d'ici peu, le traitement de la Pologne. Il faut que Laval essaie encore de sauver le pays. » (17-11-1942.)

— « Le Maréchal veut s'accrocher à son autorité, à l'exercice extérieur de ses anciennes prérogatives. » (19-11-1942.)

— « (Démissions, cas de conscience, départs en *dissidence.*) Laval très monté contre eux, et le Maréchal aussi, qui garde ses idées de discipline et de hiérarchie, et veut qu'on lui obéisse. S'y ajoute la plus grande importance qu'il attache au serment de fidélité [à sa personne]. (20-11-1942.)

— « (Afrique du Nord : les départs en *dissidence.*) Jardel conclut : ***Ils sont tous fous.*** Le Maréchal a répondu : ***Tous ? A moins que ce ne soit nous qui soyons fous.*** » (23-11-1942.)

— « (Lettres à signer au Maréchal.) Il est calme, aimable, l'esprit à tout et me parle un peu. Il sort avec moi et s'habille pour se promener, malgré le froid et le vent. Cet équilibre physique et intellectuel, cette maîtrise de soi cachent, en réalité, une perplexité, une angoisse profondes. Jardel me dit combien il est changé : sombre, inquiet, doutant de lui. Il [le Maréchal] sent combien nous sommes dans la fiction. » (25-11-1942.)

— « Vu Mgr Chappoulie [délégué des cardinaux et archevêque de France auprès du gouvernement]. Très simplement, avec pudeur, il m'avoue l'émotion qu'il a eue, jusqu'aux larmes, de son dernier entretien avec le Maréchal. Le Maréchal lui a confié ses cas de conscience, ses tristesses, lui demandant de dire au cardinal Suhard [archevêque de Paris] combien il souffre. Il ajoute que ses souffrances sont infinies, mais qu'il tient à les cacher [...]. Tout cela montre qu'il a parfaitement repris une étonnante maîtrise de soi, cette sérénité qui, avec une volonté inouïe, se domine. Il n'y a eu, en somme, que de très rares jours où il s'est abandonné à laisser apparaître sa tristesse, ses tragiques cas de conscience. » (5-12-1942.)

« De très rares jours... » Mais il s'agissait des jours décisifs, des jours où oscillait le destin de la patrie.

Regardons, une dernière fois, les événements dans le miroir triste des jours qui coulent. L'amiral Auphan, qui n'a guère quitté Pétain durant les heures éprouvantes de novembre, l'a vu « fatigué [1] », « épuisé [2] », pris au milieu d'une « cadence des événements [...] lourde à soutenir pour un homme de l'âge du Maréchal [3] ». « Il avait son âge et le crescendo de la crise le fatiguait beaucoup[4]. »

Pétain entre parfois dans un brouillard du temps et de l'action. A travers un monde en flammes, tout va trop vite, à un rythme infernal... Qui est qui ? Un halo entoure les hommes, les lieux, les événements. Alors, un souffle pathétique traverse la chambre de l'hôtel du Parc, où le Maréchal, dans un agréable confort, mais sans luxe, a pris ses quartiers, gardant sous les yeux, à portée de la main, la cantine métallique de l'officier de troupe.

Le Maréchal ne tient plus la barre. Un visage d'hagiographie cache l'absence ou la paralysie. Pétain perd l'œil tactique et la vision stratégique. Les théâtres de la guerre quittent sa tête, puis la réinvestissent avec éclat. Il se rend bien compte de son état. Peu de mois auparavant, il déclare à son ministre de l'Éducation nationale, Jérôme Carcopino : « Je ne suis plus qu'un homme à la dérive[5]. » A M. Robert Gibrat, ministre démissionnaire des Communications, il pose cette question d'angoisse : « Croyez-vous que je suis un bon Français [6] ? » Au diplomate canadien Dupuy, il lui arrive de dire : « Je serai fusillé [7]. » Quant au diplomate suisse Walter Stucki, il télégra-

1. 2. 3. 4. Auphan, *op. cit.*
5. Carcopino : *Souvenirs de sept ans* (Flammarion).
6. Robert Aron, *op. cit.*
7. Tournoux : *Pétain et la France* (Plon).

phie à son gouvernement : « Le Maréchal s'est qualifié aujourd'hui de *moribond*[1]. »

Le Maréchal reste manœuvré par Hitler. Pour terroriser Pétain, il suffit au Führer de prononcer le mot *Gauleiter*. Alors, oui, le Maréchal tremble pour la France et pour les Français. Le Führer, en son for intérieur, n'a cependant nulle envie de nommer un Gauleiter, ni même un Quisling à la Déat, parce que ce changement de statut aboutirait, pour le Reich, à se mettre sur les bras le poids de la France. Le Führer a besoin de l'administration française, formée par des siècles de tradition, solide et consciencieuse.

De Philippe Pétain, les absences intellectuelles, les trous de mémoire, même intermittents et fugitifs, ne constituent pas le handicap le plus lourd. L'effondrement de la volonté angoisse les proches témoins. Les défaillances du caractère terrifient d'autant plus qu'elles interviennent dans la lucidité. Le Maréchal est atteint d'aboulie. Qu'est l'aboulie ? Guislain, l'auteur de *Leçons sur les phrénopathies*, spécialiste des maladies de la volonté, la décrit ainsi : « Les malades savent vouloir intérieurement, mentalement, selon les exigences de la raison. Ils peuvent éprouver le besoin de faire, mais ils sont impuissants à faire convenablement. »

Les notes inédites du chef de cabinet André Lavagne illustrent cet état : « ... Le Maréchal cède tout, s'il ne va pas au-delà. En vieillard, il n'a plus d'énergie. Il se bute, il s'accroche. »

La légende du siècle — entretenue avec un culte religieux par les admirateurs aveugles et fervents de Pétain — veut, de nos jours encore, à quatre décennies de distance, que le Maréchal soit demeuré le chef infaillible, sans faute et sans reproche, détenteur d'une authentique pensée politique et inventeur d'un grand dessein. Telle se présente l'image d'Épinal haute en

1. *Moribond* : en français dans le texte. Rapport Stucki, 27-11-1942. (Jour du sabordage de la Flotte à Toulon.) Archives fédérales de Berne.

couleur, riche en mythologie : un drapeau, un képi aux feuilles d'or et un bâton parsemé d'étoiles.

Les intégristes de Vichy chargent, à leur insu, devant le tribunal des grandes causes nationales, le Soldat érigé en Idole : pour leur propre défense, ils reportent sur ses épaules des responsabilités que le Maréchal assumait par éclipses.

Dans la tempête de 1942, le Maréchal ne répond plus. Son patriotisme est révulsé, son cœur bat la révolte. Impuissant, il a trop présumé de ses forces. Il avouera la vérité plus tard, beaucoup plus tard, devant la commission d'enquête parlementaire qui l'interrogeait : « Pourquoi ne pas avoir rejoint Alger ?

« — Pendant que les Allemands occupaient la France, je m'étais fait un devoir de ne pas quitter le pays... Je crois avoir rendu service aux Français, mais j'aurais peut-être rendu service à la France si j'étais passé de l'autre côté [1]. »

Ne fermons pas le dossier. Pourquoi Pétain n'a-t-il pas pris l'avion pour Alger, où sa présence subite aurait créé, du point de vue politique et diplomatique, une situation quasi inextricable pour le général de Gaulle ?

Le Maréchal déclare à son secrétaire général Jean Jardel : « ... La voie du devoir n'est pas la plus commode, la plus facile. Pour moi, partir, c'est, de beaucoup, la voie la plus facile, c'est celle qui me délivrera du calvaire que je gravis. Je ne puis pas abandonner les Français. Je suis un paratonnerre pour les Français. L'histoire dira plus tard que je leur ai évité de graves choses. Je peux encore leur en éviter. Je resterai, devrais-je en souffrir encore beaucoup plus [2]. »

Ce langage, c'est le thème permanent de Philippe Pétain, réservé aux visiteurs intimes. Ce langage, Pétain le répète au colonel-aviateur de Gorostarzu, brillant officier de son cabinet militaire, prêt à décoller avec un équipage aux commandes de l'avion rapide (il s'agit d'un appareil américain, désarmé, Gleen-Martin, basé sur l'aérodrome de Vichy-Rhue) et à

1. Pétain (10-7-1947) à l'île d'Yeu, devant la commission d'enquête parlementaire (Assemblée nationale).

2. Déposition de Jardel au procès Pétain (*Journal officiel*). Entretiens de Jardel avec l'auteur.

s'envoler sans délai pour l'Afrique du Nord. En tête à tête, Gorostarzu entend aussi ces mots qui l'obséderont jusqu'à la mort : « L'avion, l'altitude sont contre-indiqués à mon âge[1]. »

Pilote aérostier du XIXe siècle (ballon libre et ballon captif), Pétain se montre allergique aux aéronefs à moteur. Le mode de locomotion sur des machines vrombissant dans les airs n'appartient pas à son époque. Dans l'entourage du Maréchal, parmi ceux qui ont vécu les heures de 1942, deux officiers au moins, de haut niveau et de haute qualité, maréchalistes fidèles, non pétainistes aveugles, s'affirment persuadés que le véritable blocage de la volonté du Maréchal a été la peur de prendre l'avion, de s'envoler dans la nuit et dans l'inconnu. Essayons de reconstituer le processus mental, à l'aide de nos interlocuteurs : « A partir de ce *blocage,* Pétain, en son subconscient, se donne, ensuite, à lui-même, les raisons de rester, les raisons de croire et d'espérer. Il se fabrique, en somme, dans la plus parfaite bonne foi, un système de justifications à postériori. » Ce n'est pas là une certitude. C'est une hypothèse. Mais, dans la tête de quelques-uns, c'est une conviction.

Sacrifice pour les Français ? Ambition de vieillard ? Goût du pouvoir ? Crainte de l'aventure (à quatre-vingt-six ans) ? Il faudrait lire — selon la formule subtile des Anglais — « la seconde pensée » du Maréchal.

Ce qui demeure établi par les faits, par l'analyse des Conseils des ministres, par des témoignages irrécusables, reste ceci : au moment du choix pour la France et pour lui-même, le Maréchal ne tient plus le gouvernail. Un instant de maîtrise de soi, et le destin changeait de camp : « Si le Maréchal avait donné l'ordre à l'amiral de Laborde d'appareiller avec la Flotte de haute mer, Laborde aurait obéi sur-le-champ, sans hésitation ni murmure », jure l'amiral Auphan en notre présence.

L'Histoire doit passer avant la légende.

1. Témoignage à l'auteur du colonel de Gorostarzu.

DOCUMENTS

LE « JOURNAL DE GUERRE » DE MARCEL DÉAT ET LES « CAHIERS » INÉDITS DU GÉNÉRAL BRIDOUX

Le *Journal de guerre* de Marcel Déat, d'une part, les *Cahiers* inédits du général Bridoux, d'autre part, apportent des compléments d'information, de premier ordre parfois, sur les événements de novembre 1942.

Le grand coup du débarquement. Le 8 novembre 1942, au matin, Déat écoute la radio : « ... A travers le bluff, on devine le grand coup, prévu et annoncé [...]. De toute manière, cette crise ne laissera plus place à aucune équivoque : on sera avec les Anglo-Saxons, ou avec l'Allemagne [...]. Il y a eu tentative de dissidence au Maroc. Le général Béthouard, le « héros » de Narvik, est arrêté, mais pas encore fusillé. Alger semble encerclée.

« On dîne, on fait un lexicon. Discours de Hitler à Munich, devant les vétérans du parti. Il annonce la guerre sans compromis, mais parle fort peu de l'Algérie. On se couche sans enthousiasme, c'est le moins qu'on puisse dire. »

— « La trahison est partout. » (Déat, 9-11-1942.)

— « Radio du matin [...]. Le ton de Vichy est inimaginable : on ne dit plus un mot de réprobation contre les Américains. » (Déat, 10-11-1942.)

Le projet d'alliance franco-allemande. « Date historique. Proclamation du Führer au peuple français, et message au Maréchal. On nous offre l'alliance [...]. On sent que la trahison est pleinement décelée et qu'elle a été loin [...]. Gueules des gaullistes. On va voir ce que va répondre Pétain. » (Déat, 11-11-1942.)

Le Vieux et le fossoyeur. « [...] On écoute la radio. Stupeur. Le Maréchal, ayant reçu von Rundstedt, a élevé une protestation solennelle contre les propositions de Hitler, lues et relues depuis le matin, et qui sont parfaites de ton. C'est l'assassinat délibéré de la France. Le Vieux a choisi d'être le fossoyeur.

« [...] On donne le sel au boucher pour le cochon. » (Déat, 11-11-1942.)

Le traité d'alliance était prêt, le Maréchal a refusé. « Abetz visiblement préoccupé, ce qui est fort naturel. Il explique que la France pouvait tout gagner à Munich [lorsque Laval y a rencontré Hitler]. Le traité d'alliance était prêt, avec toutes les conséquences prévisibles. Le Maréchal a refusé. Puis les événements ont précipité le déclenchement du dispositif militaire. Et Laval est rentré à Vichy. » (Déat, 13-11-1942.)

— « Abetz reparle avec amertume de l'occasion manquée du dimanche 8 novembre et de l'alliance. » (Déat, 17-11-1942.)

— « Laval me confirme qu'en effet, Hitler a offert l'alliance et qu'un communiqué flamboyant était préparé. Mais ce sont les événements mêmes qui ont empêché d'aboutir, car, déjà, la dissidence s'affirmait et Darlan donnait l'ordre de cesser le feu. Dans ces conditions, on ne pouvait traiter, d'autant qu'il y avait Vichy à convaincre, ou à contraindre. » (Déat, 23-11-1942.)

L'abdication du Maréchal. « Je vois Brinon, vers 1 heure. Il revient de l'ambassade. Les choses ne vont pas trop mal. Il a vu hier le Maréchal, assurément vieilli et fatigué, mais d'accord pour sonner Darlan, pour redonner la succession à Laval, pour constater l'état de guerre avec l'Angleterre et les U.S.A. » (Déat, 16-11-1942.)

— « Vichy n'est que pourriture et intrigues. » (Déat, 20-11-1942.)

— « Radio-Vichy donne enfin les décisions attendues, sous la forme d'un procès-verbal du dernier Conseil des ministres, signé de Pétain et de Laval, et ensuite les actes constitutionnels. Le Maréchal garde le pouvoir constituant, mais Laval signe et promulgue les lois et décrets. Il a donc tout le pouvoir effectif. » (Déat, 17-11-1942.)

— « Laval ne veut rien faire de décisif, tant qu'il ne sera pas assuré d'être maître de sa politique intérieure, et il a besoin, pour cela, d'un accord solide avec Hitler. La thèse se défend. Laval insiste sur l'impossibilité d'agir, une fois cet accord obtenu, s'il ne peut briser les oppositions. Les deux oppositions : celle des gaullistes et celle des pseudo-collaborationnistes à la Doriot. » (Déat, 23-11-1942.)

— « [...] Laval a indiqué nettement qu'il ne tenait pas à être, dans l'avenir, le successeur effectif du Maréchal, et qu'il souhaitait bien davantage réduire le chef de l'État à un rôle représentatif et tenir effectivement le pouvoir. Il a reconnu que nous venions tout au plus de rentrer, après deux ans de folies, dans la vérité du 10 juillet 1940. » (Déat, 23-11-1942.)

La milice. « Laval [m']affirme sa volonté expresse de constituer la force civique qui lui donnera la maîtrise contre toutes les oppositions. Il n'en est encore qu'à une esquisse de projet, mais il songe à une *Milice française,* étendue aux deux zones. Il avoue qu'il pense à Darnand comme secrétaire général. » (Déat, 23-11-1942.)

« Ils se vautrent sur la France. Marcel Déat rencontre Laval, qui attend un nouveau rendez-vous avec Hitler. Il écrit : « Laval ne veut absolument rien faire tant qu'il n'aura pas vu Hitler, et il attend de cette entrevue une confirmation de ses pouvoirs, et une garantie plénière de la souveraineté française. C'est ainsi qu'il ne rentrera à Paris qu'à condition d'avoir le contrôle de la presse. Ses vues sont, par ailleurs, inquiétantes sur la Milice, etc. De sorte qu'on a l'impression qu'il est passé au camp attentiste avec le Maréchal et qu'il médite d'obtenir des pouvoirs contre ses meilleurs amis, à moins qu'il ne cherche une porte de sortie et un terrain de chute. » (Déat, 5-12-1942.)

— « Je vois Laval. Conversation significative et inquiétante : il attend encore le rendez-vous [avec Hitler], on lui assure qu'il aura lieu avant Noël. Mais les Allemands " durcissent " terriblement. On lui prend les derniers bateaux de commerce qu'il avait pu préserver pour la France, pour le service de la Corse en particulier. Les Italiens en veulent leur part. Les Allemands demandent deux cents millions de plus par jour pour les frais d'occupation. On lui demande de défendre la monnaie, d'organiser le ravitaillement, mais il faudrait que les Allemands cessent d'alimenter le marché noir, de s'opposer aux arrestations, de libérer les gens qu'on arrête, de retirer de force leurs dossiers. On a voulu lui imposer un commissaire aux Finances. Il a répondu que nous n'étions pas la Turquie. On a même émis la prétention de contrôler la liste des Conseils départementaux. Il a refusé. D'ailleurs, l'ambassade est d'accord là-dessus. Il résume en une formule singulière son impression : *Ils se vautrent sur la France.*

« Laval insiste sur la difficulté de sa tâche et de son rôle. Je retiens de tout cela un singulier glissement vers une attitude " nationale ", qui pourrait bien conduire à une impasse, à moins que ce ne soit à une porte de sortie, soigneusement repérée d'avance. » (Déat, 16-12-1942.)

Gaullistes. « Laval passe son temps avec le Maréchal et en perd beaucoup à peloter Ménétrel. Tous demandent à grands cris le retour à Paris du gouvernement, mais le Maréchal ne veut rien savoir. S... est allé à Lyon, où il a passé la nuit dans la gare, et a entendu les pires propos gaullistes dans la bouche des jeunes soldats démobilisés de l'aviation. L'esprit public est celui du lendemain de l'exode. Pagaille et abrutissement. » (Déat, 4-12-1942.)

De Lattre de Tassigny. « Cet imbécile de De Lattre de Tassigny a pris le maquis et a été cueilli par les gendarmes. » (Déat, 14-11-1942.)

Note de l'auteur. Le général de Lattre de Tassigny commande, à cette date, la 16e division militaire à Montpellier. Le 11 novembre, au moment où les Allemands occupent la zone sud, de Lattre gagne le plateau des Corbières avec son état-major. Ses troupes ne peuvent le rejoindre. Arrêté, condamné à dix ans de réclusion pour « abandon de poste et tentative de trahison », il s'évade et gagne Alger, via Londres.

Les propagandes allemandes et complices essaient de ridiculiser de Lattre. Au cabinet de Pétain, André Lavagne inscrit sur son *Carnet de bord :* « Le Maréchal a réagi violemment — et pas du tout dans le sens de Ménétrel, mais dans le mien : cette affaire de Lattre est honteuse et ridicule, on n'a pas le droit de traiter ainsi un officier qui a treize palmes à sa croix de guerre.

Il a été scandaleux de déformer, de dénaturer les faits et, si jamais on le condamne, je le gracierai.

« Bref, le Maréchal [...] voit sainement les choses. » (1-1-1943.)

D'autre part, nous donnons cet extrait du *Bulletin de l'amicale des anciens des services spéciaux de la Défense nationale,* présidée par le colonel Paul Paillole, publié sous le titre *Une précision importante :*

« Le général Olleris, sous-chef de l'état-major de l'armée en 1942, au moment de l'occupation de la zone libre par les Allemands, fait observer que, le 9 novembre, sur son initiative, l'ordre fut donné aux généraux commandant les divisions militaires " de se tenir prêts ", sitôt que les Allemands franchiraient la ligne d'armistice, à exécuter des déplacements de troupes en dehors des garnisons et axes de pénétration. Toutes munitions seront prises. Mesure d'exécution à l'initiative des généraux.

« Ces dispositions marquaient bien la résolution de notre état-major de se battre dès le premier contact avec les forces allemandes d'invasion. Malheureusement, les Allemands, avisés, sont intervenus auprès du général Bridoux, ministre de la Guerre, qui a, immédiatement et sans passer par l'état-major de l'armée, envoyé l'ordre aux généraux de regagner les garnisons.

« Cet ordre, exécuté partout, sauf par le général de Lattre, eut bien pour résultat de faire rester nos troupes l'arme au pied quand les Allemands entrèrent en zone libre. » (Bulletin n° 9.)

Les prisonniers politiques livrés aux Allemands. Le 8 novembre 1942, le général Bridoux note sur ses *Cahiers* inédits : « Ordre de la 17ᵉ division militaire de renforcer surveillance au Portalet. »

Au fort de Portalet, dans les Pyrénées, sont internés plusieurs dirigeants de la IIIᵉ République, Paul Reynaud, Daladier, Georges Mandel. Au moment où les troupes allemandes, suivies de la Gestapo, pénètrent en zone sud, les portes des cellules ne sont pas ouvertes. Les prisonniers sont livrés à l'ennemi, qui les déportera. Paul Reynaud écrit à Pétain cette lettre (retrouvée après la guerre) : « Monsieur le Maréchal, au moment où vous me livrez à l'ennemi, je vous réponds : *Vive la France !* » (Note de l'auteur.)

Mort de l'armée d'armistice et de la Flotte. « Le Président m'appelle à 5 heures pour me donner communication d'une lettre du Führer, faisant connaître sa décision de démobiliser les forces militaires françaises. Une nouvelle armée pourra être organisée lorsque la situation politique de la France aura été précisée. Dans le détail, tout le personnel militaire est renvoyé dans ses foyers ; les armes sont stockées sans contrôle ; les officiers peuvent emporter leur sabre. » (Bridoux, 27-11-1942.)

— « De Brinon m'apprend que, la trahison ayant gagné Toulon, les troupes de l'Axe l'ont occupé, et que la Flotte française s'est sabordée. Une lettre du Führer au Maréchal exige la dissolution immédiate de l'armée et de la marine. Cela a bien l'air d'être le commencement de la fin. Quelle va être la réaction du Vieux et celle de Laval ? » (Déat, 27-11-1942.)

— « Lourde atmosphère de déliquescence et de désastre définitif. On lit les journaux. La P.Z. [*Parizer Zeitung*] se moque ouvertement de la manière dont on démobilise l'armée française, en promettant trois mois de solde aux gens qui ont abandonné leur poste, si seulement ils veulent bien se faire inscrire régulièrement. » (Déat, 4-12-1942.)

*

DES DÉPÔTS D'ARMES D'UNE AMPLEUR EXTRAVAGANTE

En occupant la zone sud, les Allemands sont stupéfaits de constater l'importance des dépôts d'armes secrets que l'armée avait constitués en vue de « la revanche » (elle n'usait guère du terme *la résistance*). Cette affaire confirme qu'il reste impossible de juger en bloc Vichy, pour la simple raison qu'il existe plusieurs Vichy.

Hitler parle, indigné, à Laval, des dépôts d'armes, le 19 décembre 1942. Réponse de Laval : « La trahison ne sera plus possible désormais, puisqu'il a obtenu les pleins pouvoirs. Des dépôts d'armes et d'approvisionnements ont été découverts. Mais, après 1918, la France n'a pu empêcher le réarmement de l'Allemagne : les canons sortaient des rivières[1]. »

Le 21 décembre 1942, Marcel Déat est introduit « dans le bureau de Laval, où [il] le trouve en compagnie de Bousquet et de Brinon [...]. Volonté de hâter le nettoyage de l'entourage du Maréchal. Bousquet révèle l'ampleur du complot militaire, des dépôts d'armes, dissimulés dans la nature, des stocks de souliers et de vivres, que les Allemands ont pu prendre ou qui sont encore dissimulés, alors que l'ordre avait été donné de les passer à l'intendance civile ».

Déat, à l'issue d'un nouvel entretien avec Laval, écrit : « Laval se défend assez mal sur l'affaire des dépôts d'armes, dont il reconnaît qu'ils sont d'une ampleur extravagante. Il avoue qu'il en a connu l'existence [...] *tardivement.* Il dit que toutes les armées du monde ont fait cela après une défaite, que sa préoccupation a été d'empêcher qu'ils tombent aux mains des gaullistes ou des communistes (par quoi il reconnaît implicitement qu'il aurait pu en révéler l'existence et qu'il ne l'a pas fait), et qu'en fin de compte il a empêché qu'il y ait un coup de fusil tiré au moment de l'occupation par les troupes allemandes. Il s'étend amèrement sur l'intention des Allemands d'enlever les machines de dix usines et de les transporter en Allemagne : *plus d'or, plus d'ouvriers, plus de machines,* dit-il. *Il ne restera que la terre, parce qu'ils ne peuvent pas l'emporter.*

« Donc, toujours le même état d'esprit. » (Déat, 11-1-1943.)

— « Les Italiens ont, paraît-il, découvert des dépôts d'armes à Gap et en Corse. Il y en a d'autres, d'ailleurs. Ces dépôts ont été constitués en 1940, sur l'ordre du général Weygand. Depuis, on les a conservés. Lorsque j'en ai eu connaissance, j'en ai rendu compte au Président [Laval], et il avait été convenu qu'il les déclarerait aux Allemands à la première occasion favorable. Il considérait comme telle son entrevue avec Hitler. Il n'a pas eu malheureusement la patience d'attendre et il en a dit un mot, l'autre jour, au général von Neubronn, qui n'a pas manqué d'en faire état aussitôt dans son rapport. » (Bridoux, 15-12-1942.)

— « Le général L... est inquiet au sujet des dépôts d'armes

1. Cf. Guérard (secrétaire général du chef du gouvernement de Vichy) : *Criminel de paix* (N.E.L.) ; Mallet (familier de Laval) : *Pierre Laval,* tome II (Amiot-Dumont).

se trouvant sur son territoire et au sujet desquels les Allemands lui demandent des explications : la question est à traiter par les préfets, se mettant en rapport avec les SS, qui en sont chargés du côté allemand. » (Bridoux, 22-12-1942.)

— « On nous annonce que nous recevrons prochainement une note nous faisant connaître que tout notre matériel doit être considéré comme étant la propriété de la Wehrmacht. » (Bridoux, 24-12-1942.)

— (Lettre du commandement allemand au secrétaire d'État auprès du chef du gouvernement.) « L'ensemble des armes et des engins de guerre, la totalité de l'ancien équipement, ainsi que les installations immobilières des forces armées françaises, doivent servir à la défense de l'Europe. Ils seront pris en charge, à cet effet, par l'armée allemande pour autant qu'il en sera besoin. Le gouvernement français a le devoir de donner son appui par tous les moyens aux ordonnances prises à cet effet par le commandement en chef pour la région Ouest. » (Bridoux, 27-12-1942.)

— « Le versement des matériels clandestins aux dépôts sous contrôle paraît s'effectuer sans difficultés : les Allemands ne paraissent pas désireux de faire des recherches au sujet de la constitution de ces dépôts qui, d'ailleurs, ne les intéressent qu'au point de vue de la sécurité de leurs unités et des possibilités de récupération qu'ils peuvent donner. Il est à noter que, contrairement à ce que pensent certaines gens, tout cela aurait dû être livré en 1940, et que, par conséquent, sa disparition actuelle ne constitue pas une véritable perte. » (Bridoux, 29-12-1942.)

— « Le Président [Laval] a reçu la visite du colonel von Rost, adjoint au général von Neubronn, qui lui a exposé que la question des dépôts d'armes devait être liquidée avant le 23 janvier. » (Bridoux, 8-1-1943.)

— « Le Président a mis au point les projets qu'il doit soumettre au maréchal von Rundstedt. Avant de partir, il a également donné des ordres pour liquider définitivement l'affaire des dépôts d'armes. » (Bridoux, 10-1-1943.)

Note de l'auteur. Selon le général Mollard, chef des services du camouflage du matériel, arrêté par la Gestapo et déporté, les stocks secrets portaient sur « 85 000 armes individuelles ; 9 500 mitrailleuses et fusils-mitrailleurs ; 263 canons de 75, 47 et 25 ; 15 000 véhicules ; 150 000 grenades, des munitions, du matériel de génie, etc. [...] Les ordres de Vichy étaient : " *Sous peine de mort,* vous déclarerez les dépôts d'armes que vous avez et que vous connaissez " ». (*Bulletin de l'Amicale du réseau des anciens du camouflage du matériel,* n° 1. Entretien du général Mollard avec l'auteur.)

— Après son retour des camps de représailles, le général Mollard a déclaré, au sujet du général Bridoux : « Je n'ai vu le général Bridoux qu'une seule fois dans les circonstances suivantes. Convoqué dans son bureau, il m'a félicité de l'action entreprise pour camoufler du matériel, déclarant que, chaque fois qu'une armée ne pouvait pas s'armer ouvertement, il fallait qu'elle le fasse de façon occulte. Il m'assura de sa confiance et de son appui moral. Cela se passait en juillet 1943 [...]. J'ai fait l'impossible pour que cette entrevue fût la plus courte possible et je n'ai pas cherché à deviner ses pensées sur son orientation contre l'Allemand ou contre les Anglo-Saxons. J'avais surtout le désir d'écourter, pour éviter d'avoir à répondre à des questions qu'il me poserait. » (Déposition devant la Haute Cour de justice, 27-10-1946. Archives nationales.)

— Chef du cabinet militaire du Maréchal, le général Campet devait déclarer après la Libération : « S'il avait cru à la victoire allemande, le Maréchal n'aurait pas admis les dépôts clandestins, les dépôts d'armement qui ont été faits et que le Maréchal connaissait effectivement, j'en suis témoin pour en avoir parlé souvent au Maréchal.

« Si le Maréchal avait cru à la victoire allemande, il n'aurait pas non plus invité ses commandants de région, ou ses commandants de divisions militaires, à préparer les armements et à préparer les effectifs pour le jour où on en aurait besoin. » (Hoover Institute, II.)

Nota : aux stocks d'armes clandestins, découverts en France, il convient d'ajouter les importants dépôts secrets qui avaient été créés au Maroc.

*

OPÉRATIONS CONTRE LES ALLIÉS

Le gouvernement de Vichy prévoit d'organiser « la guérilla » sur les arrières des Alliés en Afrique du Nord — projet qui fait long feu — et d'établir un service de renseignements clandestin. S'agit-il d'aller plus loin dans la collaboration militaire avec le Reich ?

Le général Bridoux écrit : « A Paris, on est dans l'attente de l'entrevue Hitler-Laval. Au point de vue militaire, il semble que celui-ci soit trop optimiste lorsqu'il pense pouvoir poser le principe d'une collaboration effective. Certains indices paraissent bien montrer que l'O.K.W. [haut commandement allemand] ne veut pas de celle-ci. » (13-12-1942.)

— « Confirmation des réticences allemandes à l'égard de toute participation militaire à des actions extérieures. Tout ce qui pourrait être envisagé, dit-on, c'est le front russe par le renforcement de la L.V.F. [Légion des volontaires français contre le bolchevisme]. » (14-12-1942.)

— « Les généraux du cadre de réserve M... et G... se sont mis en rapport avec l'ambassade d'Allemagne en vue de susciter des opérations de guérilla en Afrique du Nord et en Afrique occidentale française. C'est une question à traiter par le gouvernement et je les invite à voir le Président à ce sujet. » (28-12-1942.)

Propositions au service de l'Axe. « Télégramme Schleier à von Ribbentrop, ministre des Affaires étrangères. Berlin.

« Paris, le 4 janvier 1943. 16 h 55. N° 27 du 4.1

« Le président Laval a fait savoir qu'il est sur le point de reconstituer le service de renseignements, désorganisé par les événements en Afrique du Nord, pour procurer au gouvernement français de nouvelles possibilités d'informations sur la situation dans les territoires occupés par les Anglais et les Américains. Le président Laval estime qu'il y a encore, en Afrique du Nord et en Afrique occidentale, de nombreux

Français, fidèles au gouvernement, qui pourront y coopérer, mais que l'on doit atteindre et regrouper. Un tel service de renseignements n'aurait pas seulement un intérêt d'ordre général, et d'ordre militaire aussi pour les puissances de l'Axe, mais il serait encore qualifié pour rassembler de la documentation, destinée à la propagande en Afrique qu'il faut reconstituer. Dans le secteur militaire, c'est le général Bridoux, ministre de la Guerre, qui doit recevoir la haute direction.

« Je demande que l'ambassadeur Abetz intervienne pour que le point de vue allemand soit formulé à l'égard de ces propositions, au sujet desquelles il faudra aussi consulter le service de renseignements du commandant suprême de l'armée [allemande], ou encore le service de sécurité du Reich [...].

« Je recevrai avec gratitude des instructions par télégramme. »

Signé : Schleier.

(Source : Archives nationales, Paris).

— « D'après M. Schleier [ministre conseiller près de l'ambassade d'Allemagne à Paris], la réponse, au sujet de nos projets militaires, ne se ferait pas attendre. Contrairement à ce qui avait été envisagé, nous ne devons pas organiser de service de renseignements en Afrique du Nord. Des missions individuelles pourront cependant être données, comme celle qui a été confiée à B... » (Bridoux, 23-1-1943.)

*

LAVAL : « LES LARMES AUX YEUX... »

Le ministre de Suisse à Vichy, M. Walter Stucki, ne se montre, en général, pas très indulgent pour Laval. Le 2 décembre 1942, il écrit cependant à son gouvernement : « Laval m'a dit que, par sa politique, patiente et dépourvue d'héroïsme, il a tout de même obtenu des choses essentielles, notamment en préservant de nombreux Alsaciens-Lorrains ; de même, pour les anciens soldats, échappés des camps de mobilisation, [en les préservant] de molestations par les Allemands. Il se réfère aussi au succès du fait que, malgré tous les hurlements de la presse de Paris, il a refusé et continuera à refuser de prendre dans le cabinet MM. Déat, Doriot, etc. Il donne, d'autre part, l'impression d'un homme fatigué et résigné, mais qui tiendra bon dans toutes les circonstances. Dès qu'on lui dit quelque chose d'aimable pour la France, il a les larmes aux yeux. » (Document inédit. Archives fédérales, Berne.)

★

LES ALLEMANDS OCCUPENT TOUTE LA FRANCE ET LES MINISTRES DÉLIBÈRENT A VICHY

I) Conseil des ministres, réuni le 14 novembre 1942, à 11 h 45, hôtel du Parc, sous la présidence du maréchal Pétain, chef de l'État.

« M. Pierre Laval met au courant le Conseil des événements en Afrique du Nord et des questions que pose l'attitude prise par l'amiral Darlan.

« Vendredi soir, O.F.I. d'Alger [l'agence : Office français d'information] a transmis trois proclamations de Darlan, Noguès [résident général au Maroc] et Châtel [gouverneur général de l'Algérie]. Dans la proclamation Darlan, celui-ci indiquait qu'il assurerait la défense de l'Afrique du Nord en collaboration avec les Américains. Il a été immédiatement envoyé à Darlan un télégramme de Pierre Laval, demandant des explications sur ce passage de la proclamation.

« Darlan a répondu ce matin que la proclamation était exacte. Elle a cependant produit une grosse émotion dans les milieux allemands, qui demandent que le gouvernement français désavoue Darlan. Un projet de télégramme dans ce sens est présenté au Conseil, qui l'adopte.

« M. Pierre Laval rend compte de certaines satisfactions qui ont été obtenues (Toulon, occupation italienne de la Saône, etc.).

« M. Pierre Laval entretient le Conseil de la question de la succession du Maréchal en cas d'empêchement de celui-ci à remplir les fonctions de chef de l'État.

« Le Maréchal a décidé, sur proposition de Pierre Laval, de faire cumuler les fonctions de chef du gouvernement et de chef de l'État à Pierre Laval, et de faire désigner, dans le mois, le chef de l'État par le Conseil des ministres à la majorité des voix.

« Le Conseil des ministres fixera également la répartition des pouvoirs et attributions entre le chef de l'État et le chef du gouvernement, dont les fonctions vont être distinctes.

« Le Maréchal demande la suite donnée à la lettre qu'il a adressée au gouvernement allemand, au sujet de l'arrestation du général Weygand [...] [1].

« Le Maréchal signale au Conseil la photographie publiée par *Le Matin* et présentant, côte à côte, les photographies du Maréchal, de Hitler et de Mussolini.

« Le Maréchal est très blessé de ce document. Il demande la suspension du *Matin,* faute de quoi il protestera à la radio.

« Le Conseil est levé [2]. »

LE MARÉCHAL PÉTAIN
CHEF DE L'ÉTAT

Secrétariat général

II) Conseil des ministres du 17 novembre 1942, à 13 heures, à l'hôtel du Parc, sous la présidence de M. le maréchal Pétain.

« Étaient présents : MM. Pierre Laval, Joseph Barthélemy, Pierre Cathala, Max Bonnafous, Abel Bonnard, le général Bridoux, le contre-amiral Auphan, le général Jannekeyn, Jean Bichelonne, Hubert Lagardelle, Robert Gibrat, le gouverneur général Brévié, le Dr Grasset, le vice-amiral Platon, Jardel, Rochat, Bousquet, Hilaire, Guérard.

« Le président Laval explique brièvement aux ministres les décisions prises :

« 1° Délégation de pouvoirs au président Laval, par un texte lui déléguant la signature des lois et décrets ;

1. Ici se place, dans le compte rendu, le récit détaillé de l'arrestation, donné par Laval.
2. Archives nationales.

« 2° Publication d'un acte constitutionnel n° 4 quinquès, concernant la suppléance du Maréchal. En cas d'empêchement du Maréchal, le président Laval cumule les fonctions de chef du gouvernement et de chef de l'État. Si l'empêchement est définitif, le Conseil des ministres désigne à la majorité des voix et dans un délai d'un mois le nouveau chef de l'État. Les fonctions de chef du gouvernement et de chef de l'État sont distinctes. Il appartient au Conseil des ministres de fixer les pouvoirs respectifs de l'un et de l'autre.

« Le Maréchal lit ensuite le communiqué qu'il a paraphé avec M. Pierre Laval. Le Maréchal dit quelques mots émus, auxquels répond M. Pierre Laval, et la séance est levée immédiatement. » (Archives nationales.)

Au compte rendu sont joints un court texte et un procès-verbal :

« Le 17 novembre 1942 à 13 heures, les ministres et secrétaires d'État se sont réunis au Conseil, à l'hôtel du Parc, sous la présidence du maréchal Pétain, chef de l'État.

« A l'issue de ce Conseil, un procès-verbal signé par le maréchal Pétain et le président Laval a été établi et il a été décidé de procéder à son insertion au *Journal officiel.*

« Procès-verbal de la séance du Conseil des ministres du 17 novembre 1942.

« Le chef du gouvernement a fait un exposé de la situation politique et militaire. Il a fait état, notamment, des renseignements que l'amiral Platon a rapportés de la mission qu'il vient d'accomplir en Tunisie.

« Tenant compte des circonstances exceptionnelles, le Maréchal, qui continue, comme chef de l'État, à incarner la souveraineté française et la permanence de la Patrie, a décidé de donner au président Laval les pouvoirs qui sont nécessaires à un chef du gouvernement pour lui permettre de faire face rapidement, à toute heure et en tout lieu, aux difficultés que traverse la France. Le Maréchal a déclaré qu'il avait apprécié, en toutes circonstances, le patriotisme et la clairvoyance de M. Laval. Il a rendu hommage au courage avec lequel le chef du gouvernement sait prendre ses responsabilités.

« Le chef du gouvernement a remercié le chef de l'État de la confiance qu'il lui manifestait en ces heures tragiques et l'a assuré de sa volonté de servir la France de toute son intelligence et de tout son cœur.

« Il espère que ses efforts, dont il lui rendra compte, permettront d'assurer le salut du Pays. »

Signé : Philippe Pétain,
Pierre Laval.
(Archives nationales.)

La lettre secrète. Voici le texte de la lettre secrète adressée par Pétain à Laval, le 17 novembre 1942 :

Le maréchal de France, chef de l'État,
à M. le chef du gouvernement.

« Par l'acte constitutionnel n° 12 en date du 17 novembre 1942, je vous délègue la promulgation des lois et décrets.

« Conscient de l'étendue et de la gravité de cette délégation que les circonstances imposent actuellement pour le salut du Pays, je vous la donne sous les réserves suivantes :

« 1°) Vous ne pourrez pas déclarer la guerre — l'article 1 § 9 de l'acte constitutionnel n° II en date du 11 juillet 1940 est clair à cet égard —, mais vous devrez défendre le sol national s'il est attaqué.

« 2°) Vous respecterez les traditions spirituelles de la France en protégeant de toute atteinte, notamment, les convictions et coutumes religieuses ou philosophiques, l'exercice du culte, les droits de la famille, les mouvements de jeunesse, etc.

« 3°) Soucieux de remplir à l'égard de tous les Français les devoirs que l'humanité et l'honneur national imposent, vous garantirez notamment la sécurité personnelle et matérielle absolue des Alsaciens et des Lorrains, des détenus politiques et de tous ceux qui, sans avoir été les instigateurs de la guerre, ont trouvé asile chez nous.

« 4°) Je continuerai à suivre personnellement la politique intérieure qui ne doit avoir d'autre but que de réaliser la Révolution nationale dont les grands principes sont définis dans mes messages, ainsi que les questions d'organisation corporative et sociale.

« 5°) Aucun ministre ou secrétaire d'État ne pourra être nommé sans mon assentiment.

« Je précise enfin que, si la délégation, que je vous donne sous ces conditions, s'étend à toutes les lois et à tous les décrets, elle ne vous donne pas compétence pour promulguer les actes constitutionnels. »

Signé : Philippe Pétain.

DEUXIÈME PARTIE

LES CHEMINS DE L'ENFER

CHAPITRE PREMIER

LA MUSETTE DE GRENADES ET LE PAVÉ DE L'OURS

L'ÉCHEC ALLEMAND DEVANT STALINGRAD. — HITLER ET LA CAPITULATION DU MARÉCHAL PAULUS. — LA GUERRE TOTALE. — LE FÜHRER, AUTHENTIQUE « SOCIALISTE ».— DRIEU LA ROCHELLE. — ANTISÉMITISME ET ANNIVERSAIRE DE LA MORT DE LOUIS XVI. — L'EXTRAVAGANTE DÉMARCHE AUPRÈS DE L'AMBASSADE D'ALLEMAGNE DE LAVAL, DÉCIDÉ À RESTER EN PLACE CONTRE LA VOLONTÉ DU MARÉCHAL. — « S'IL LE FAUT, PAR LA FORCE. » LE TÉLÉGRAMME À BERLIN DU MINISTRE SCHLEIER. — CORRESPONDANCE : HITLER À PÉTAIN ET PÉTAIN À HITLER. — MUSSOLINI EST ÉLIMINÉ. — PÉTAIN ET LA CONTAGION ITALIENNE. — LA COURSE À LA RÉPUBLIQUE. — LA LÉGITIMITÉ. — DE GAULLE À ALGER. — LE SCHÉMA CONSTITUTIONNEL DU MARÉCHAL. — PÉTAIN CAPITULE. — LA NEUTRALITÉ PASSIVE. — L'ATTENTISME DU FANTASSIN. — LE GÉNÉRAL BRIDOUX : « SOUMISSION À LA CAUSE ALLEMANDE. » — POUR DEVENIR MINISTRE DE L'INTÉRIEUR... — PÉTAIN ET L'ARMÉE SECRÈTE.

L'offensive avance à pas de géant au Caucase, dans le Donetz et ailleurs. Hitler avait donné l'ordre de progresser jusqu'à la Volga, vers Stalingrad, sous le commandement d'un chef prestigieux, le Feldmarschall Paulus. La guerre atteint ses points culminants.

Stalingrad... Le général Adolf Heusinger, chef de la section *Opérations* au quartier général de l'armée de terre, conserve des notes [1] relatives à des scènes du front, ou bien à des conférences

1. Publiées, après la guerre, sous le titre : *Befehl in Widerstreit.* Traduction française : *Hitler et l'O.K.H.* (Berger-Levrault). Correspondances avec l'auteur du général Heusinger, qui devait être blessé le 20 juillet 1944, lors de l'attentat contre Hitler.

du haut commandement. A la mi-janvier 1943, des fantassins combattent dans une tourmente de neige, près de Stalingrad :

Un sous-officier : « ... Je vais en finir. Un cochon n'y résisterait pas. Depuis des semaines, à peine une cuiller de nourriture chaude ou de café. Et, par là-dessus, le froid et pas un bout de bois de chauffage. Je n'en peux plus. »

Un caporal : « Mon vieux Karl, ne t'abandonne pas. J'en sortirai bien avec mon boulot[1] gelé. Quelquefois, je me dis : si seulement tu en avais reçu une dans la figure, cette vie de chien serait finie. Les animaux ont tous bien plus de chances que nous dans l'existence. »

Un adjudant : « Il faudrait prendre le type qui nous a valu cela ! Si seulement on savait qui c'est... Gustave, lui, a de la veine. Une balle dans la tête, évacué par avion, il va se réveiller chez nous. »

Le caporal : « Il ne se réveillera plus. C'est plutôt nous qui en sortirons. Adolf ne va tout de même pas nous laisser crever ici. Non, il ne fera pas cela. Notre lieutenant le pense aussi. »

L'adjudant : « Lui aussi, il a l'air d'un fantôme ; rien que la peau et les os. Où prend-il son cran ? Debout toute la journée et il n'a pas plus à boulotter que nous. Et il lui faut encore secouer les feignants. Qu'est-ce qu'il a dit ? »

Le caporal : « Une grande offensive est en cours et nous n'avons qu'à tenir le coup. »

L'adjudant : « Hier, on entendait tirer à l'Ouest. Vous allez voir, ils vont arriver. »

Le sous-officier : « Savoir si les Russes nous tueront s'ils nous attrapent. »

Le caporal : « Pas si tu as de la veine. Mais la Sibérie n'est pas non plus du carton-pâte. »

L'adjudant : « Cela vaut toujours mieux que la fosse commune. Mon pauvre gars, si seulement nous ne nous étions pas lancés dans cette pétaudière ! »

Le 31 janvier 1943, le général Heusinger assiste au rapport du grand quartier général du Führer, près de Rastenburg :

1. *Boulot :* pain long, de forme cylindrique.

Zeitzler (chef d'état-major de l'armée de terre) : « Et voilà ! Aucune radio de Stalingrad depuis hier. La dernière émission du poste de l'armée disait : *Les Russes devant notre abri. Trafic terminé. Vive l'Allemagne !*

« Hitler, au bout d'un long moment et des larmes dans les yeux : " La radio russe a annoncé la chute de Stalingrad et la capture de Paulus... Je ne puis pas croire que Paulus se soit laissé faire prisonnier. C'est un coup de la propagande russe. Le Feldmarschall avait le choix entre la vie et l'immortalité. Je ne puis imaginer qu'un maréchal choisisse la vie. " (Il arpente de long en large la salle de conférences, vivement agité). Un long silence, puis : " Un coup qui ne nous abat pas ne fait que nous durcir davantage. Keitel, communiquez immédiatement à Goebbels : Stalingrad doit devenir un fanal pour tout notre peuple. Zeitzler, les divisions de la VIe armée seront reformées sous leur ancienne appellation. L'armée ressuscite ". »

Aux côtés de Paulus, vingt-quatre généraux capitulent. Le premier désastre s'abat sur Hitler : quelque cent cinquante mille cadavres allemands restent gelés sur place, sans qu'il soit même possible de les enterrer. Dans les longues, longues colonnes de prisonniers misérables, on identifie un petit-fils de Bismarck.

Où gît le rêve de repousser « le colosse bolchevique » jusqu'à l'Oural ? Stalingrad, nouveau Verdun, devient le symbole de la défaite allemande.

A Londres, de Gaulle parle : « Ce recul entre la mer Blanche et le Caucase, ces corps d'armée encerclés, ces généraux qui capitulent [...], comment [l'Allemagne et ses alliés] pourraient-ils maintenant imaginer la victoire [1] ? » A la radio, le porte-parole de la France libre, Maurice Schumann, souligne l'étrange silence de Hitler en ces heures d'enfer pour son pays : « Les agresseurs de Stalingrad viennent d'être exterminés, alors qu'ils envahissaient et qu'ils ensanglantaient les terres et les foyers d'autrui, parce que [...] leur Führer leur a bouclé les voies de la retraite. Leur véritable épitaphe, la voici : *Passant, va dire au monde que nous sommes morts ici pour obéir aux lois d'un insensé qui, follement, s'était mis au-dessus des lois.* »

1. Discours du 4 février 1943.

Les Allemands soutiennent, dans leur programme, que les immenses espaces de l'U.R.S.S. permettront désormais à la Wehrmacht de reculer pour mieux battre l'ennemi. Le thème officiel devient : c'est nous qui, maintenant, jouissons de l'avantage des espaces.

Déat ne doute pas un instant de la victoire allemande. Il prête l'oreille aux assurances de l'*ambassade :* « Achenbach dit qu'il y aura encore un ou deux mois de difficultés, et que l'offensive du printemps sera formidable. » Le jour de la capitulation du Feldmarschall Paulus, le professeur de philosophie note les plats de son menu parisien, saupoudrés de sels et de poivres politiques : « Déjeuner : crêpes aux champignons somptueuses et bourratives [...]. Les Italiens ne paraissent pas disposés à appliquer les lois contre les juifs.

« [...] Selon Châteaubriant [L'écrivain Alphonse de Châteaubriant], les Allemands ont cent divisions en réserve, avec un armement nouveau ; on parle de cinquante mille chars. Il est vrai que les Russes, pour l'hiver prochain, équipent et exercent une armée nouvelle en Sibérie. C'est la lutte contre l'Asie. Hitler contre Staline. Et la France ne comprend toujours pas[1]. »

Les jours se suivent et se ressemblent. Après le désastre de Stalingrad, Rostov est évacué : « Il semble que les Allemands vont reculer jusqu'au dégel, et probablement sur la ligne du Dniepr. L'important est que tout se passe en bon ordre, en démolissant le maximum de Russes.

« [...] On va fabriquer un tract communiste clandestin, destiné à accroître la panique de nos bons bourgeois [...]. De L... m'affirme que le coadjuteur de Suhard lui a dit, à propos du service funèbre que l'on avait projeté à Notre-Dame, à la mémoire des légionnaires tombés sur le front de l'Est : *Je dois vous dire, au nom du cardinal, que la messe sera dite aussi bien pour les Russes que pour les Français.* Hénaurme[2] ! »

1. *Journal de guerre*, 15-2-1943 et 17-2-1943.
2. *Ibid.*

A Vichy, Pétain oscille entre ses réminiscences d'état-major (la lutte sur plusieurs fronts conduit l'Allemagne à sa perte) et la crainte du bolchevisme[1]. Ayant cessé de porter le titre de ministre de la Guerre pour prendre celui, plus modeste, de ministre de la Défense, le général Bridoux entre dans les vues de Berlin : « Il semble bien que la manœuvre en retraite des armées allemandes, entreprise à partir de Stalingrad et du Caucase, touche à son terme. S'il en était ainsi, cette manœuvre apparaîtrait comme un grand succès stratégique. » (25-2-1943.)

A la conférence d'Anfa, réunie près de Casablanca, Roosevelt et Churchill viennent cependant d'exiger la reddition sans conditions de l'Allemagne, de l'Italie et du Japon. L'époque des grandes victoires triomphales paraît révolue pour le Führer. La chasse aux responsabilités commence. Des clans de généraux allemands critiquent en silence les directives stratégiques de Hitler. « Le sort de Stalingrad n'était pas inéluctable : il faut l'attribuer à l'inflexibilité et à l'esprit borné de Hitler[2]. » S'agit-il de mettre le Führer hors d'état de conduire le *Vaterland* à la ruine ? Dès à présent, Speidel, obsédé par ce cas de conscience, réfléchit beaucoup sur ce point. Il confessera après la guerre : « Les chefs suprêmes, au cours de la guerre, n'ont pas toujours pu faire le départ entre l'obéissance vis-à-vis de Dieu, et la conscience, l'obéissance vis-à-vis des hommes. Mais cette confusion ne s'est pas bornée à l'Allemagne. Un refus d'obéissance et la préparation d'un coup d'État exigeaient, pour les chefs suprêmes, et pour ceux-là seuls, une profondeur et une ampleur de vues toutes particulières, ainsi qu'un *courage civil*[3] métaphysique. Cette décision aurait été facilitée aux meilleurs de ces hommes si, à Casablanca, n'avait pas été exigée d'eux la capitulation sans conditions, la *unconditional surrender :* c'était, précisément, pour les soldats, un obstacle psychologiquement très difficile à mesurer[4]. »

1. Le général Bridoux écrit le 13 février 1943 : « Le Maréchal est très soucieux du péril communiste. »
2. Général Hans Speidel, à l'époque chef d'état-major du Vᵉ C.A., plus tard chef d'état-major de Rommel en France. Cf. *Invasion 44,* par Speidel (Berger-Levrault). Correspondance de Speidel avec l'auteur.
3. En français dans le texte.
4. Speidel, *op. cit.* Correspondance avec l'auteur.

A Berlin, Goebbels, ministre de la Propagande, Ley, chef du Front du travail, prononcent les mots de *guerre totale :* « Nous voulons une victoire totale, nous devons donc faire une guerre totale. »

Dans un lointain écho, de Gaulle réplique : « Quant aux serments des orateurs de Berlin, jurant que l'Allemagne ne capitulera jamais, l'expérience nous a appris que le courage du désespoir, noble expression littéraire, n'est pas une réalité guerrière. Est-ce à dire que nos ennemis en sont là ? Certes, non[1]. »

La guerre dévorera encore les hommes et dévastera les continents, estime de Gaulle : « La force et la ruse des dictatures ont encore assez de ressources pour balancer le destin. Une phase de la guerre commence [...]. Comme dans les grandes tragédies classiques, l'issue demeurera douteuse jusjusqu'à la scène du dénouement[2]. »

Advient-il qu'un Français libre parle à de Gaulle de Marcel Déat, ce personnage naguère ami, devenu un fantôme de l'avant-guerre ? Le Général balaie l'homme, le nom, le souvenir, d'un geste large : l'ancien ministre de l'Air repose dans la fosse des déshonneurs nationaux.

Déat se range corps et âme dans le camp national-socialiste de l'Europe nouvelle. En rupture de plus en plus prononcée avec Laval — suspect, jugé tiède et trop mou —, le chef du Rassemblement national populaire n'y va point par quatre chemins : « ... Je serai ministre le jour où on se décidera à faire la révolution, où le gouvernement sera à Paris, où le Maréchal ne comptera plus et où le pouvoir sera symbolisé par une musette de grenades à portée de la main[3]. »

Son *Journal de guerre* demeure inépuisable en tous genres. Bien que rarissime, l'humour surgit ici et là, puis s'enfuit : « Fatigue stomacale et crânienne. Je cherche des manchettes pour *L'Œuvre.* » Les menus détails, en revanche, domestiques

1. De Gaulle : discours du 4 février 1943.
2. *Ibid.*
3. *Journal de guerre,* 19-1-1943.

ou alimentaires, abondent dans le débit dactylographié de cet universitaire, réputé distingué. Étonnant document humain d'un normalien à nul autre pareil, qui, entre une leçon de philosophie et « les Allemands attaquent à Smolensk », inscrit : « Madame D... [son employée à la campagne] se coupe le doigt en épluchant un lapin. » Triomphant : « On nous livre de la bidoche. » Épicier : il énumère ce qu'il reçoit du marché noir : biscottes, caisses de petits pois, un lièvre, du gras-double, de la tête de veau, du cognac. Les bombes s'abattent sur la région parisienne et, à côté des grands malheurs, les estomacs se plaignent de leurs petits dérangements : « Nous avons été malades à plusieurs reprises cette nuit, évidemment intoxiqués par le cassoulet de Loulou. Des coups de fil à la ronde permettent de constater que tout le monde est atteint du même mal d'entrailles, sauf Séverine [...]. Nuit agitée, D.C.A., nouvelles rafales au retour des avions. Coliques, après digestion difficile [...]. Le fils de Montagnon [ancien député socialiste de la Loire, devenu compagnon de route de Déat] a été opéré, ce matin, de l'appendicite. Il paraît que c'était plus grave qu'on ne le pensait [...]. Wolf (dans la Nièvre) chasse quelques lièvres ; mais il a de la rétention d'urine et paraît vaseux [...]. On déjeune. La radio est assez bonne : les fronts tiennent à l'Est. » Tout à trac, la littérature réapparaît : « Georges va chercher les œuvres complètes de Proust. » La vie quotidienne : « Les arrestations se sont étendues à quatre-vingts généraux et colonels, et l'évêque de Meaux en serait. Cela commence à devenir intéressant. »

Haut et fort, Marcel Déat proclame sa foi national-socialiste : « On nous prête généreusement le dessein de tyranniser les Français, parce qu'on n'ose pas tout à fait en accuser le national-socialiste. Mais c'est tout comme. Et voilà le fond de la querelle : on ne croit pas que le national-socialisme soit une révolution, la seule révolution européenne possible, entre le bolchevisme et la ploutocratie capitaliste[1]. »

Au jugement de Déat, Hitler est un authentique socialiste. Opinion dont Déat ne possède pas le monopole à Paris : « ... J'ai la conviction que le national-socialisme apporte enfin à l'Europe la réalisation du socialisme[2]. »

1. Déat : *L'Œuvre,* 13-14 mars 1943.
2. Marc Augier : *La Gerbe*, 6-11-1941. Cf. Pascal Ory, *op. cit.*

Contre vents et marées, le doctrinaire Déat prétend avoir raison jusqu'au bout de la démonstration entreprise depuis plus de deux ans : « En quoi cette révolution exclut-elle la République ? Il me paraît, au contraire, qu'elle en reprend et en prolonge les meilleures traditions. Il n'est pas paradoxal de prétendre qu'elle l'achève et qu'elle en retrouve l'esprit [1]. » Sa force d'illusion et sa capacité d'auto-persuasion vont de pair dans une insondable démarche intellectuelle. Il prétend aboutir à « un socialisme moderne, national, autoritaire et populaire [2] ». Sur les lisières, Lucien Rebatet parle de « socialisme aryen [3] ». De toute façon, Déat oppose l'argument suprême : On pourra dire ce que l'on voudra sur le régime allemand : sans lui et sans son armée, il n'y a plus d'Europe [4]. »

Le néo-socialiste d'hier s'identifie au néo-nazi d'aujourd'hui. Professeur très secret, revêtu de l'uniforme du R.N.P., le béret basque planté sur sa petite tête ronde, il présente un air aussi naturel, habillé en chef fasciste, que Hitler le serait, déguisé en saint Nicolas.

Ces hérauts de la collaboration semblent frappés d'un sort. Le général Bridoux paraît envoûté par la puissance du Reich, et dominé par le culte de la force : « Notre cause », dit-il au général von Neubronn [5]. Déat, quant à lui, fasciné par le national-socialisme, n'écoute guère les exhortations que lui adressa naguère, dans l'émission *Honneur et Patrie,* Maurice Schumann [6].

La nouvelle gauche de la collaboration, originaire du Front populaire, cohabite ainsi avec *la nouvelle droite* de même tendance, issue de la Cagoule ou de *l'Action française,* qui subit ce que le Pr Raoul Girardet appellera « un phénomène d'imprégnation fasciste » et qui relaie « un maurrassisme vieilli et dogmatique [7]. »

1. Déat : *L'Œuvre,* 24-10-1940.
2. Varennes, *op. cit.*
3. Rebatet : *Les Décombres* (Denoël).
4. Déat : *L'Œuvre,* 25-2-1943.
5. Bridoux : *Cahiers* inédits, 31-3-1943.
6. Émission du 23 août 1942.
7. J.-P. Azéma, *op. cit.*

Au milieu de ces courants composites, on dénombre la collaboration économique de la grande industrie, la collaboration ouvrière des travailleurs, la collaboration mercantile du marché noir, la collaboration militaire des volontaires sur le front de l'Est, et la collaboration intellectuelle. L'écrivain Drieu La Rochelle apporte son adhésion au national-socialisme — après l'avoir donnée au fascisme — par réflexion : « Qu'adviendrait-il, écrit-il, si ces armées venues de l'Ouest et ces armées venues de l'Est se trouvaient face à face ? [...] Pour nous, il nous paraît évident que [le conflit] éclaterait tout de suite, et qu'il prendrait instantanément la tournure d'un avantage irrésistible pour ceux qui viendraient de l'Est. Alors, à ce moment-là, à l'Ouest, on regretterait l'Allemagne. Mais que serait devenue l'Allemagne ? De quel côté verserait la plus grande partie de cette énorme masse populaire, de cet énorme prolétariat, le plus nombreux et le plus puissant d'Europe [1] ? »

Drieu La Rochelle devait payer ses erreurs, ses illusions et son honnêteté par le suicide, non sans avoir confessé : « Oui, je suis un traître. Oui, j'ai été d'intelligence avec l'ennemi. J'ai apporté l'intelligence française à l'ennemi. Ce n'est pas ma faute si cet ennemi n'a pas été intelligent... Nous avons joué. J'ai perdu. Je réclame la mort [2]. »

Ce langage, jamais Déat ne le tiendra. Il préside ses meetings, entouré, patronné par les diplomates du Reich, Achenbach, Schleier, etc., qui siègent à ses côtés, en uniforme. Sécurité oblige : le *Chef* arrive à la Mutualité, camouflé dans une camionnette du Secours national, ornée du pavillon de la Croix-Rouge.

Non content de parler au nom de la France dans l'Europe de Hitler, Marcel Déat intervient auprès des autorités allemandes, faisant fi de la décence et foulant la pudeur. Il envoie des rapports à l'ambassade, il obéit aux convocations. Il va au-devant des desiderata de ses interlocuteurs. Il sermonne les Allemands : « Exigez... ne demandez pas. » Marcel Déat écrit en toutes lettres : « Je tape une note à l'usage de l'ambassade.

1. Drieu La Rochelle : *Nouvelle Revue française,* janvier 1943. *Chronique politique* (Gallimard).
2. Drieu La Rochelle : *Récit secret* (Gallimard).

[...[. 18 heures : Hoffmann [conseiller, chargé des affaires politiques] me demande de venir demain matin à 9 heures, pour voir l'ambassadeur avant qu'il n'aille à Vichy. Hoffmann a un mot charmant : *Mon ambassadeur est innocent comme un ange.* Il sied que je lui enlève un peu de sa candeur, car il va chez les brigands. » (27-12-1943.)

« Je vois Abetz. Je lui dis mon sentiment sur les intrigues de Vichy : si on laisse faire, tout sera à recommencer avant peu. Abetz laisse entendre que le Maréchal recommence à bouder et à résister depuis deux jours [...]. Je dis à Abetz que, s'il demande, il n'obtiendra rien, que s'il exige, il obtiendra tout. » (28-12-1943.)

Ce n'est plus la collaboration. C'est l'intégration [1]. D'où vient l'argent ? Une note, émanant de la police nationale de Vichy, direction des Renseignements généraux, indique ceci :

Subventions de la propagande allemande.

Source : bonne.

« L'une des organisations les plus coûteuses est le Rassemblement national populaire. Tous les dirigeants sont payés. En dehors du président [Déat], dont la subvention n'est pas connue, les membres du comité directeur touchent sept mille francs par mois [idem pour les délégués en province]. La plupart des Français qui sont au service de la propagande allemande cumulent un grand nombre de fonctions, subventionnées séparément [2]. »

La campagne antijuive prend de l'ampleur. Le R.N.P. s'empare des appartements ou bien des locaux appartenant à des juifs : domicile de Georges Mandel, 68, avenue Victor-Hugo ; des antiquaires Wildenstein, 57, rue La-Boétie ; siège de la L.I.C.A. (Ligue contre l'antisémitisme) 40, rue de Paradis, etc.

Comment ont lieu les confiscations ?

1. A cette date, le colonel Navarre (plus tard, général) a pris en main la direction du contre-espionnage en France occupée. A ce titre, il surveille en premier lieu Déat et le R.N.P., pour le compte des autorités françaises d'Alger. Mais ses moyens d'action restent évidemment faibles. (Témoignage de Navarre à l'auteur.)

2. Archives nationales, Paris.

« Dans tous les immeubles, les opérations s'accomplirent avec des formalités semblables : dès la prise de possession, affichage dans les locaux du portrait du maréchal Pétain, après quoi l'huissier relevait les chiffres marqués aux différents compteurs et procédait à l'inventaire. Pendant ce temps, les légionnaires déboulonnaient les plaques indiquant les raisons sociales juives. L'état-major du R.N.P., MM. Deloncle, Déat, Fontenoy, Jean Goy, Vanor faisaient la navette pour se rendre compte de la bonne marche de l'opération[1]. »

Les militants du R.N.P. *invitent* le garçon d'un café, boulevard des Capucins, à ne pas servir des clients juifs. Ils giflent un juif à la terrasse de la brasserie Weber[2]. L'antisémitisme fait flèche de tout bois. En cette année 1943, l'anniversaire de la mort de Louis XVI est présenté comme « un crime voulu et préparé par les juifs, les francs-maçons et les Anglais[3] ».

Une extravagante démarche de Laval

Sur ce terrain privilégié pour ses desseins, la diplomatie allemande se déploie au royaume d'Otto. Entre Paris et Vichy, Laval se sent cependant entouré de dangers. Partisan déclaré de la collaboration, il se voit dépassé par le camp des ultras, dont les uns sont stimulés par l'idéologie, et les autres poussés par l'argent ou l'ambition.

Laval pressent, d'autre part, que le Maréchal — comme en décembre 1940 et pour les mêmes raisons — songe à se débarrasser de sa personne par une nouvelle révolution de palais. Auprès du *Vieux,* au demeurant, le Dr Ménétrel prend de plus en plus d'influence, au fur et à mesure que déclinent les capacités du chef de l'État de Vichy. Depuis longtemps, l'ennemi juré de Laval et de Déat s'appelle Bernard Ménétrel. Désormais, le carabin Ligueur tire les ficelles. Il manœuvre. Il complote. Il s'initie, avec plus ou moins de bonheur, à l'art de la politique. Sa démarche procède toujours d'intentions patrioti-

1. Article du quotidien *Le Matin.*
2. Amouroux, *op. cit,* tome V.
3. *Le Cri du peuple.* Cf. Ory, *op. cit.*

ques, mais ses erreurs ou ses maladresses prennent souvent un tour retentissant. En ce cœur de Lorrain, la haine de l'Allemand reste le principal moteur. Il mange du Boche tous les matins. Ah ! combien, en l'entendant, le Maréchal est heureux !

Pour se garder d'un côté — Pétain —, pour se garder de l'autre — Déat —, Pierre Laval se décide à une folle démarche : il sollicite l'appui des Allemands contre le Maréchal et, de façon indirecte, sans le nommer, contre les collaborationnistes parisiens. Otto Abetz étant absent, il s'entretient, durant plusieurs heures, avec le ministre conseiller Rudolf Schleier, quarante-quatre ans, un des diplomates que ne cesse d'étonner le vivier de ces politiciens français.

De quoi s'agit-il au cours de la conférence Laval-Schleier, en tête à tête, à huis clos ? D'établir, la main dans la main, une stratégie commune et complice, de sceller un pacte, de s'entendre avec le Führer contre le maréchal Pétain... Si le Maréchal entend renouveler le coup du 13 décembre 1940 et envoyer Laval aux oubliettes, eh bien ! lui, Laval, ne se laissera pas phagocyter.

A dépouiller le document, on a le sentiment de lire la relation d'un entretien irréel, d'une mesure surréaliste, qui s'apparenterait à un dialogue imaginaire.

Être amoral, l'Auvergnat, à la vérité, ne recule pas devant l'énormité de propos extravagants, sinon déments. Il attribue même, sans aucun doute, un grand intérêt pour la France à ce marchandage éhonté, sans foi ni loi. La fin justifie les moyens. Ne s'agit-il pas de « rouler les Fritz » ?

Laval, en tout cas, dans sa psychologie intime, se donne ainsi bonne conscience à peu de frais : « Contre la volonté du Maréchal [1] », l'Auvergnat restera au pouvoir, « s'il le faut par la force [2] ». Laval le discerne bien : on veut, une fois encore, « qu'il renonce à sa politique étrangère, bien nette et alignée sur l'Allemagne [3] ». Il le répète : « Sa décision de rester au pouvoir, s'il le faut même contre la volonté du Maréchal, n'a qu'un

1. Extrait du rapport Schleier à Ribbentrop en date du 24 avril 1943, 22 heures. (Voir document complet à la fin du chapitre.)
2. *Ibid.*
3. *Ibid.*

unique motif, à savoir assurer la continuation loyale de la politique de collaboration avec l'Allemagne[1]. » N'est-il pas, personnage idéal en l'occurrence, « le partenaire pour la politique de collaboration[2] », puisque « M. le ministre des Affaires étrangères lui [a] déclaré que l'Allemagne avait confiance en lui[3] » ? Dans ces conditions, « il serait reconnaissant [...] si, du côté allemand, on lui donnait la possibilité de s'opposer avec efficacité à ce conflit menaçant [avec le Maréchal][4] ».

Laval présente, en somme, au Führer une offre d'alliance. Pour le meilleur et pour le pire ? Peut-être Pierre Laval, artiste du vocabulaire et maquignon du verbe, a-t-il cru, selon son travers, vendre à l'Allemand des phrases creuses et des mots de paille. Quelle importance ! Autant en emporte le vent.

A voir... Rudolf Schleier, diplomate consciencieux, méthodique et dépourvu d'imagination, adresse, dès le lendemain, à son ministre, Joachim von Ribbentrop, un télégramme, *Très urgent,* qui relate par le détail — treize feuillets — cet entretien, d'une importance jugée exceptionnelle.

In fine, Rudolf Schleier donne son avis motivé. Plein de bonne volonté, le diplomate souhaiterait aider ses amis français auprès de Ribbentrop et du Führer. Par rapport à l'univers de Pétain, il lance le pavé de l'ours — et quel pavé ! — dans la politique de Laval : « De l'avis concordant des autorités d'ici [c'est-à-dire de Paris], aucun gouvernement successeur ne fera preuve de l'empressement et n'aura la possibilité de maintenir, et de poursuivre avec la même ampleur, les prestations faites jusqu'ici par la France à l'Allemagne, comme c'est le cas pour le gouvernement Laval. A ce sujet, je dois mentionner que le Gauleiter Sauckel, lors de son dernier séjour à Paris, m'a déclaré que *seule*[5] la France avait exécuté à cent pour cent le programme de main-d'œuvre. Signé : Schleier. »

1. Extrait du rapport Schleier à Ribbentrop en date du 24 avril 1943, 22 heures.
2. *Ibid.*
3. *Ibid.*
4. *Ibid.*
5. Souligné dans le texte en allemand. (Traduction à la fin du chapitre.)
— Il convient de noter que, trois mois plus tard, Fritz Sauckel écrira à Hitler : « Mein Führer... » Et de s'en prendre en termes vifs à Laval. Il communique à Hitler le texte d'une lettre qu'il vient d'adresser à Schleier : « Après avoir réfléchi avec calme et sang-froid,

On hésite à qualifier ce texte : attestation de bonne conduite ? Certificat de bons et loyaux services ? Parvenu à Berlin, le télégramme Schleier ne s'endort pas dans les cartons de la Wilhelmstrasse : Hitler en reçoit aussitôt communication. La riposte éclate en fureur. Que se passe-t-il ?

Le prolongement diplomatique du document, nous l'avons trouvé, quelque quarante ans plus tard, aux Archives fédérales de Berne, dans le dossier complet [1] du Fonds Walter Stucki (ministre de Suisse à Vichy jusqu'en 1944). Le 28 avril 1943 — Schleier a télégraphié le 24 avril, à 22 heures —, Hitler écrit à Pétain d'urgence, sur son papier à lettres d'excellente qualité, marqué de l'aigle, tenant entre ses serres la croix gammée. En dessous, en grosses lettres : ADOLF HITLER. *Hauptquartier.* Et le Führer stipule, en résumé et en substance : .. Il ne saurait être question du remplacement de Laval... Je ne tolérerai pas un second *13 décembre 1940*... La politique de Laval est la bonne... Que le Maréchal se le tienne pour dit, etc. [2]. Cette adresse porte un nom : ultimatum, ou, au minimum, mise en demeure.

Sur-le-champ, en vingt-quatre heures, Pétain répond : Ces intrigues ? Elles sont sans fondement... Le Maréchal réaffirme sa fidélité à l'entente entre les deux pays, et sa résolution de continuer sa politique intérieure « en harmonie avec une politique extérieure, qui est la seule raisonnable et *à laquelle je me suis librement associé* [3]. Ces sept derniers mots sont toutefois rayés d'un coup de plume sur l'exemplaire photographié de la lettre, lettre qui se trouve déposée aux Archives fédérales de Berne. Le texte porte la mention manuscrite, en haut, à gauche : *Corrigé* [4].

---

je dois vous faire savoir que j'ai totalement perdu la foi en l'honnête bonne volonté du président du Conseil français Laval. » Paris, le 9 septembre 1943. (Archives de Nuremberg. Réf. 5780/366/43.) Cf. *Tout ce qu'on vous a caché sur Laval* (L'Élan).

1. Le capitaine de vaisseau Tracou, directeur du cabinet de Pétain en 1944, a publié (*Le Maréchal aux liens,* Édit. A. Bonne) des extraits de la lettre de Hitler, amputée des passages essentiels.

2. Voir la photographie de la lettre originale de Hitler (accompagnée de la traduction), p. 273-274.

3. Voir le texte de la lettre de Pétain à la fin du chapitre.

4. L'auteur ne croit pas se tromper en considérant que le texte corrigé de cette lettre est donné, à l'époque, au ministre de Suisse par le Dr Ménétrel, qui confie ainsi, pour l'Histoire, des documents à tels ou tels membres du corps diplomatique, représentant des pays neutres. Il conviendrait de retrouver le texte définitif de la lettre, dans la forme où Hitler l'a reçue, mais le document semble avoir disparu des archives allemandes.

Le maréchal Badoglio remplace Mussolini

Par la grâce de l'intervention du Führer, Laval obtient un sursis. Le Maréchal et son entourage voient la guerre prendre de nouveaux développements. Les rapports de forces se modifient et, soudain, éclate un coup de tonnerre. Marcel Déat écrit : « Temps magnifique. Une nouvelle énorme nous tombe sur le crâne. Mussolini a démissionné. Il est remplacé par le maréchal Badoglio. On liquide la dictature au profit de la royauté[2]. » Churchill, après avoir rencontré Roosevelt aux États-Unis, déclare aux Communes : « La douce lumière de la victoire baignait les entretiens de Washington. » En même temps, les Alliés perfectionnent ce que les experts appellent *le siège vertical de l'Allemagne,* c'est-à-dire le bombardement stratégique du Reich. C'est l'idée de la victoire par l'aviation. Les Anglo-Américains surclassent désormais l'Axe par leur production aéronautique : « Si l'on embrasse la guerre dans son ensemble, constate Churchill, on ne peut douter que ce soit là un facteur de première importance dans la marche à la victoire. »

Outre l'Italie, les centres industriels de la Ruhr sont pilonnés. Le débarquement des Alliés en Sicile abat le régime mussolinien et, de ses mains, le Grand Conseil fasciste renverse le Duce. De connivence avec le roi, Badoglio devient chef du gouvernement. La guerre continue, affirme le vieux maréchal italien. Personne ne s'y trompe.

Au cours du mois d'août, les Russes accumulent les victoires et atteignent le Dniepr. A Vichy, Pétain, très influencé par les événements et la nouvelle situation à l'italienne, tente, une fois encore, de jeter Laval par-dessus bord, de rompre avec une politique trop inféodée au Reich. Son entourage met au point le schéma d'un habile coup d'État constitutionnel. L'objectif se révèle d'ailleurs double. Pourquoi ? De Gaulle, installé à Alger, constitue le Comité français de Libération nationale, qui apparaît comme le nouveau pouvoir central de la France, et, d'autre part, il forme une Assemblée consultative, qui préfigure

1. *Journal de guerre,* 26-8-1943.

le Parlement de la Libération. L'urgence commande de couper l'herbe sous le pied du Général. Pétain (« Je détiens, seul, la légitimité », légitimité que le Maréchal regarde comme son *dépôt sacré*) annonce la mise à l'étude d'une nouvelle Constitution. Il prévoit que le pouvoir devra revenir à l'Assemblée nationale (Chambre des députés et Sénat réunis), qui réglerait le problème de la succession. C'est la course à la République.

Échaudés par l'opération Badoglio, les Allemands réagissent avec vigueur. Otto Abetz entre en scène. Pétain s'entend interdire de parler à la radio pour transmettre son message constitutionnel au pays. 19 h 30 : toute la France attend le discours et, éberlués, les auditeurs de la Radiodiffusion nationale reçoivent les échos joyeux de l'opérette *Dédé*. Le Maréchal se retire sur l'Aventin : il fait *la grève*. Pour empêcher que le chef de l'État de Vichy ne s'envole vers d'autres cieux, les Allemands dépêchent, sur les bords de l'Allier, des troupes spéciales et deux bataillons de la division SS Hohenstaufen, qui bouclent Vichy, placés sous le commandement du plus célèbre des chefs de commando : Otto Skorzeny.

Pétain voit arriver la défaite nazie et, cependant, il s'accroche encore à un règne qui tombe en ruine. Il accepte le *Diktat* du Führer. Il s'incline. Il capitule. Il s'accroche aux lambeaux du pouvoir. Ce sont les leurres de la souveraineté. Sans ambages, Hitler l'a précisé et confirmé à l'*Oberkommando der Wehrmacht :* « La souveraineté française sera reconnue, mais dans la seule mesure où elle servira nos intérêts. Elle sera supprimée dès l'instant où elle ne pourra plus être conciliée avec les nécessités militaires [1]. »

Le ministre de Suisse, diplomate pondéré, écrit : « Une fois de plus, le vieil homme manqua de courage et de force de décision [2]. » Menacé par l'arrivée d'un Gauleiter, le Maréchal oublie l'atout extraordinaire dont il dispose : « L'intérêt considérable qu'a l'Allemagne au maintien de la tranquillité et de l'ordre en France [3]. »

Vichy traverse une nouvelle phase d'agonie. Dans la ville

1. Conférence à l'O.K.W. du 23 décembre 1942. Documents du tribunal international de Nuremberg. Jäckel, *op. cit.*

2. et 3. Stucki : *La Fin du régime de Vichy* (La Baconnière).

d'eaux, il ne se passe plus grand-chose, sinon que « le groupement national des pères et mères de famille » marque un point remarquable : *Madame Bovary,* scénario et dialogues de Paul Morand, subit d'être classé *film dangereux*[1].

Du point de vue diplomatique, Vichy n'existe plus qu'à l'état de fiction. Dans son *Histoire diplomatique,* le Pr Duroselle tranche le débat d'une phrase : « Les relations diplomatiques avec l'étranger étaient progressivement rompues, si bien qu'à partir de 1943 on peut dire que la France occupée n'a plus de politique étrangère propre[2]. »

Où est, qui est, où va, en ces heures noires, le Maréchal, personnage à deux faces ? Son chef de cabinet André Lavagne — bête noire des Allemands qui ne tolèrent plus longtemps sa présence —, écrit sur son *Carnet de bord* intime : « Au déjeuner, j'entends le Maréchal parler [de Laval] avec une sévérité amère. A quoi cela servira-t-il ? Il est impuissant... C'est sans doute cette faiblesse même qui, inconsciemment, le pousse, pour se justifier, à s'excuser lui-même, à passer ainsi dans l'opposition [...]. Il est si seul... Plus tard, les historiens seront sans doute stupéfaits de la carence du caractère et de la carence d'hommes de cette période...

« Je suis *vidé* et je prends congé du Maréchal[3]. »

Écoutons Laval parler d'or : « Le Maréchal était un homme sans expérience politique et il avait néanmoins le goût du pouvoir personnel, un goût immodéré[4]. »

A l'inverse, au dossier du Maréchal, il convient d'inscrire sa hantise que ne se renouvellent les hécatombes de 1914-1918. D'où le souci de maintenir la France dans une neutralité passive[5]. Le Maréchal veut reconstituer, selon son propos familier, « le tissu de la France ». Le colonel Groussard (ancien

1. Saint-Paulien, *op. cit.*
2. J.-B. Duroselle : *Histoire diplomatique de 1919 à nos jours* (Dalloz).
3. Texte inédit.
4. Laval à son procès. (Audience du 5 octobre 1945.)
5. Eberhard Jäckel, *op. cit.*

commandant en second de Saint-Cyr) témoigne : « Après le débarquement allié en Afrique du Nord, Pétain répétait à ses familiers : *Mon rôle consiste à présent à limiter les pertes de la Nation en hommes et en richesses*[1]. »

Au président de la Cour suprême de justice de Riom, M. Pierre Caous, le Maréchal atteste, à la veille de la crise constitutionnelle de l'automne : « Je n'ai plus rien à attendre de l'existence. Me voici ligoté plus que jamais dans quelques chambres d'hôtel. Je suis las, recru d'avanies. La France a trop souffert. Il faut organiser, panser les plaies, recoudre et maintenir les rhéteurs à l'écart. De Gaulle sera un très grand homme s'il arrive à maîtriser ses impulsions, mais parviendra-t-il à juguler sa propension à l'égocentrisme[2] ? »

Philippe Pétain : Héros ? Traître ? Terrien aux pieds plantés dans la glèbe, paysan qui n'abandonne jamais sa terre ? Comment analyser d'abord *l'attentisme* du Maréchal ? Devons-nous le considérer comme une doctrine élaborée et sophistiquée ? Non. *L'attentisme* du Maréchal se résume en l'attente prosaïque du fantassin avant de se risquer hors de la tranchée. « Ne pas sortir trop tôt la tête du trou », murmure, en confidence, Pétain, chef militaire de la défensive plus que de l'offensive. Le temps avance et, de moins en moins, le Vieux Soldat a envie de sortir la tête du trou. Un autre phénomène se révèle en son for intérieur : s'il a sincèrement peur pour les Français, il a peur aussi, vieux brave d'hier, pour sa personne.

Son fidèle officier, le colonel de l'air Gorostarzu, se rend en mission spéciale au Portugal, où il est envoyé, sous un faux motif, à seule fin de transmettre aux Américains le projet de Constitution du Maréchal. Le colonel, subtil spécialiste du renseignement, revient et il rend compte : Washington conseille à Pétain de se retirer dans un château, à l'exemple du roi des Belges, et d'attendre l'heure où les Alliés, débarquant sur le continent, constateront que la « légalité est prisonnière ». La proposition est claire, la formule simple[3].

1. Colonel Groussard : *Chemins secrets* (Bader-Dufour).

2. Propos recueillis et notés sur-le-champ (en 1949), d'après le témoignage du président Caous, par le magistrat Guy Raissac, ancien secrétaire général de la Haute Cour de justice. (*De la Marine à la Justice,* Albin-Michel.)

3. Lettre à l'auteur, confirmant ces faits, adressée par le colonel Sölborg, chef des opérations spéciales de l'*Office of Strategic Service.*

Le Maréchal répond : « Je ne quitterai pas les Français. » Il ne borne pas là son propos. Il réfléchit à haute voix pour lui-même : « Je n'ai plus personne d'autre que les Allemands pour me protéger. »

Le colonel de Gorostarzu demande à reprendre sa liberté :

« J'étais atterré. Le Maréchal était persuadé qu'on allait l'assassiner. Il avait peur [1]. »

La vieillesse est un naufrage. Au déchirement de la France s'ajoute, en silence, le cas pathétique d'un homme enfermé dans son destin.

1. Témoignage à l'auteur du colonel de Gorostarzu.

DOCUMENTS

LAVAL RESTERA AU POUVOIR « AU BESOIN PAR LA FORCE ET CONTRE LA VOLONTÉ DU MARÉCHAL »

Entretien à huis clos de Laval avec un diplomate allemand

Sous le numéro 2589, *Très urgent,* le ministre conseiller près de l'ambassade d'Allemagne à Paris, Rudolf Schleier, adresse, le 24 avril 1943, à 22 heures, un télégramme très détaillé sur l'entretien de plusieurs heures qu'il vient d'avoir à Paris avec Pierre Laval. (Source : Archives du ministère des Affaires étrangères du Reich.) Voici le texte de ce télégramme :

« J'ai eu, le 23 avril, un entretien qui a duré plusieurs heures avec le président Laval [...].

« I) [...] Le président Laval a pris immédiatement la parole et fait un long exposé, au début duquel il a constaté qu'il se trouvait actuellement en face d'une situation très analogue à celle du 13 décembre 1940. On avait, à cette époque, motivé sa chute par des arguments de politique intérieure, pour masquer le motif fondamental de politique extérieure, à savoir le désir qu'il renonce à sa politique étrangère, bien nette et alignée sur l'Allemagne. Aujourd'hui, on travaille manifestement à la même tactique. Il a instinctivement l'impression que le Maréchal va lui demander, un jour, de se retirer. Lui, Laval, n'a aucunement l'intention de se faire chasser une deuxième fois par le Maréchal. Pour lui, il n'y a que deux possibilités : ou bien il déclare de lui-même au Maréchal que la seconde expérience faite avec le Maréchal ne s'est pas déroulée dans une atmosphère qui lui permette de poursuivre sa politique sans être gêné et de façon constructive — et c'est la raison pour laquelle il se retire ; ou bien il reste au pouvoir dans tous les cas, c'est-à-dire même contre la volonté du Maréchal, et, s'il le faut, par la force. Bousquet, secrétaire général à la police, qui lui est dévoué, est pour la deuxième solution.

« Mais, cette fois, il ne faut pas se laisser surprendre par les événements. Il faut d'abord qu'il réfléchisse quelles démarches il faut entreprendre dans un cas pareil. A ce propos, ce qui est surtout nécessaire pour lui de savoir, c'est la conception du gouvernement du Reich dans cette question. Cela est décisif, parce que sa décision de rester au pouvoir, s'il le faut, même contre la volonté du Maréchal, n'a qu'un unique motif, à savoir assurer la continuation loyale de la politique de collaboration avec l'Allemagne. Il se permet de rappeler à ce sujet que, lors de sa dernière visite, M. le ministre des Affaires étrangères du Reich lui avait déclaré que l'Allemagne avait confiance en lui et le considérait comme le partenaire pour la politique de collaboration. Sa position ne s'est pas modifiée, et c'est à dessein qu'il l'a souligné, encore une fois, avec une insistance particulière, dans son télégramme au Führer à l'occasion de son anniversaire. Au cas où le gouvernement du Reich aurait modifié son opinion à ce sujet et sur le rôle qu'il doit jouer, cela n'aurait naturellement aucun sens qu'il défende son poste. La responsabilité qu'il assume, le cas échéant, avec la décision de rester au pouvoir contre la volonté du Maréchal, est si lourde, qu'il lui faut, devant lui-même et devant sa conscience, être nettement fixé sur la politique menée par l'Allemagne à l'égard de la France et de lui-même.

« II) Après son exposé d'ordre général, le président Laval m'a donné connaissance d'une série d'événements qui, à son avis, sont caractéristiques de l'aggravation de la situation entre lui et le Maréchal. »

(***Suit l'énumération par Schleier de différents faits. Ainsi, Pétain poursuit de** « **sa haine personnelle** » **Paul Marion, secrétaire d'État chargé de l'Information,** « **qui, comme on le sait, est au sein du cabinet l'un des représentants les plus sûrs et les plus convaincus de la collaboration germano-française** »*.)

Schleier : « Le Maréchal ne peut plus souffrir Laval et n'attend qu'une bonne occasion pour se séparer de lui. Jusqu'il y a peu de temps, le Maréchal avait l'impression que Laval représentait une carte importante aux mains des Allemands et qu'un incident avec lui pourrait amener des difficultés considérables avec Hitler. Mais, depuis quelque temps, l'idée s'est faite, chez le Maréchal, que Laval n'était pas si indispensable pour les Allemands et que ceux-ci ne le défendraient probablement pas, s'il venait à être écarté.

« [...] De son côté, le ministre von Krug ajoute ce qui suit :

« " Selon nos informations, le maréchal Pétain, après avoir reçu le Gruppenführer Oberg le 15 avril, aurait déclaré au général Brécard [grand chancelier de la Légion d'honneur] que le Gruppenführer avait refusé de s'entretenir de questions politiques (deux jours avant sa réception, le Gruppenführer Oberg avait fait savoir, par le secrétaire général Jardel, qu'il ne s'entretiendrait que de questions policières) et qu'il n'avait eu, par suite, aucune occasion de lui dire que la continuation de l'activité gouvernementale du président Laval n'était plus possible. Laval ne faisait rien au point de vue intérieur, en particulier, il ne faisait rien pour s'opposer d'une façon décisive au communisme. Au point de vue extérieur, il avait complètement bloqué les rapports de la France avec l'Angleterre et l'Amérique. D'ailleurs, les déclarations faites récemment par Salazar [président du Conseil portugais], et destinées à Pétain, lui ont été rapportées à lui, Pétain, par un intermédiaire. Aux termes de celles-ci, l'Allemagne ne peut plus gagner la guerre et Vichy, par sa politique de collaboration, s'est mis, c'est-à-dire enlisé dans une situation intenable pour la France. "

« Tout cela lui fait songer à écarter Laval, en tant que chef du gouvernement, le plus rapidement possible. Mais il ne voit pas clairement quelle sera l'attitude que prendrait la police, étant donné que celle-ci est sous les ordres de Laval, en tant que ministre de l'Intérieur.

« Ces informations, que le Gruppenführer considère comme sûres, confirment les craintes qu'a exprimées le président Laval. Le secrétaire général Bousquet, le 23 avril, au cours d'un entretien demandé par lui avec le commandant en chef de la police de sûreté, le SS Standartenführer Dr Knochen, a également exprimé son inquiétude au sujet de l'aggravation des rapports Pétain-Laval. Il a déclaré qu'il était lui-même absolument indépendant, mais que, pour lui, il n'y avait, dans l'intérêt de la France, qu'un seul chef de gouvernement : Laval.

Tout successeur de Laval ne pourrait se maintenir au pouvoir que quelques semaines seulement. Il se produirait alors des événements qui amèneraient l'Allemagne à nommer un Gauleiter. »

(*Le télégramme Schleier mentionne ensuite un rapport remis au Maréchal, à la suite d'un voyage en Allemagne, par M. François Lehideux.*)

« ... Au cours de ce voyage, Lehideux [ancien ministre de la Production industrielle, démissionnaire au moment du retour de Laval au pouvoir] a eu l'occasion de parler avec un grand nombre de dirigeants allemands, en particulier de l'économie, et, entre autres, avec le ministre du Reich Speer. Il a, à plusieurs reprises, entendu l'opinion que, dans les milieux allemands, on avait été extrêmement surpris que la France, non seulement ait accepté, sans plus, les exigences allemandes dans différents domaines, mais aussi qu'elle ait rempli ses obligations, dans la plupart des cas, conformément aux conventions. On avait compté ni sur une acceptation aussi facile, ni sur un accomplissement aussi vaste des exigences allemandes.

« Dans ce rapport de Lehideux, Pétain voit une confirmation de sa propre conception, à savoir que Laval est beaucoup trop accommodant dans ses négociations avec l'Allemagne, et qu'il aurait pu obtenir beaucoup plus de contreparties allemandes à la France. C'est pourquoi, à l'avenir, il veut se mêler personnellement beaucoup plus des négociations avec l'Allemagne, de façon à obtenir pour la France des conditions moins dures, des contreparties meilleures. Le maréchal Pétain a déjà, sans que l'ambassade y participe ou le sache, entrepris une démarche[1] — auprès du maréchal von Rundstedt et lui a demandé une entrevue. »

(*Le ministre Schleier reprend ensuite le fil de son entretien de plusieurs heures avec Laval.*)

« [...] Laval a déclaré, en terminant, qu'il n'avait pas l'intention de vouloir dramatiser la situation à Vichy, mais que,

1. Démarche irréelle, puisque le Feldmarschall von Rundstedt n'a évidemment pas qualité pour traiter de questions politiques.

sur la base de beaucoup, l'attitude du Maréchal à son égard tendait manifestement vers un conflit ouvert. C'est pourquoi il serait reconnaissant, dans l'intérêt de la continuation de la politique de collaboration germano-française, représentée par lui, et qui constitue la seule politique juste pour la France, si, du côté allemand, on lui donnait la possibilité de s'opposer avec efficacité à ce conflit menaçant. De l'avis concordant des autorités d'ici [c'est-à-dire de Paris], aucun gouvernement successeur ne fera preuve de l'empressement et n'aura la possibilité de maintenir, et de poursuivre avec la même ampleur, les prestations faites jusqu'ici par la France à l'Allemagne, comme c'est le cas pour le gouvernement Laval.

« A ce sujet, je dois mentionner que le Gauleiter Sauckel, lors de son dernier séjour à Paris, m'a déclaré formellement que *seule*[1] la France avait exécuté à cent pour cent le programme de main-d'œuvre. »

Signé : Schleier.

*

HITLER A PÉTAIN : « J'AI CONVOQUÉ M. LAVAL A MON QUARTIER GÉNÉRAL. »

Le télégramme adressé à Berlin par le ministre Schleier a été acheminé de Paris le 24 avril 1943, à 22 heures. Il arrive donc dans la nuit à la Wilhelmstrasse et, dès le lendemain, Hitler s'adresse par lettre au maréchal Pétain : « J'ai convoqué M. Laval, demain, à mon quartier général. » Le Führer notifie à Pétain qu'il n'acceptera pas un changement de gouvernement. (Archives fédérales de Berne. Fonds Walter Stucki.)

1. Souligné dans le texte originel. Le mot allemand est *nur.* Texte en français dû à un traducteur assermenté. Haute Cour de justice. Origine : Archives nationales.

ADOLF HITLER

Führer-Hauptquartier, am 28. April 1943.

Herr Marschall!

Von meinen deutschen Dienststellen in Frankreich habe ich die Nachricht erhalten, daß in politischen Kreisen in Vichy die Auffassung vertreten werde, die Regierung Laval genüge nicht mehr den Erfordernissen der Lage, und es werde daher von diesen Kreisen erwogen, Ihnen, Herr Marschall, vorzuschlagen, das Kabinett Laval durch eine neue Regierung zu ersetzen.

Ich bin mir nach den erhaltenen Mitteilungen nicht ganz im klaren, inwieweit diese Versuche etwa schon feste Formen angenommen haben, und insbesondere vermag ich nicht zu übersehen, inwieweit nicht etwa gerade die Politik des Ausgleichs und der Zusammenarbeit des Kabinetts Laval mit Deutschland und Italien dafür bestimmend ist.

Um mir über die politische Lage in Frankreich ein klares Bild zu verschaffen, habe ich daher Regierungschef Laval für morgen zu mir in mein Hauptquartier gebeten. Ich verfehle nicht, Ihnen, Herr Marschall, davon Kenntnis zu geben.

Seiner Exzellenz
dem Französischen Staatschef
Herrn Marschall Phil. P é t a i n
V i c h y .

./.

- 2 -

Bei dieser Gelegenheit möchte ich meine Auffassung zum Ausdruck bringen, daß Herr Laval seit unserem seinerzeitigen Zusammentreffen in Montoire nicht ohne Erfolg versucht hat, das Verhältnis Frankreichs zu den Achsenmächten auf eine neue, den Interessen aller Beteiligten dienende Basis zu stellen. Dieser Politik wurde bekanntlich durch Vorkommnisse bedauerlichster Art, infolge deren Sie glaubten, Herrn Laval Ihr Vertrauen entziehen zu müssen, am 13. Dezember 1940 zunächst ein Ende bereitet. Der Eindruck, den diese Maßnahmen seinerzeit in Deutschland auslösten, war – wie Sie sich erinnern werden – der denkbar schlechteste. Wenn man heute auf die damaligen Begebenheiten zurückblickt, so kann man wohl mit Recht sagen, daß mit dem seinerzeitigen Abgang des Präsidenten Laval von der französischen Politik ein Weg beschritten wurde, der schließlich zwangsläufig zu dem unter flagrantestem Bruch des Waffenstillstandsvertrages verübten Verrat geführt hat, dessen sich der Admiral Darlan zusammen mit zahlreichen anderen französischen Politikern und Generälen im vergangenen Jahre schuldig machte und der so schwerwiegende Folgen für Frankreich zeitigte.

Präsident Laval hat sich seinerseits seit der Zeit seiner Wiedereinsetzung in sein Amt durch Sie vor Jahresfrist erneut bemüht, für die Zusammenarbeit mit den Achsenmächten einzutreten und der französischen Politik eine Richtung zu geben, die den realen Gegebenheiten Rechnung trägt und die zum Ziele hat, den Kampf der Achsenmächte und Europas gegen den Bolschewismus und die mit ihm verbündeten westlichen Plutokratien in der gebührenden Weise zu unterstützen.

- 3 -

le 28 avril 1943.

Monsieur le Maréchal,

De mes services allemands en France je tiens qu'à Vichy, il y aurait des milieux politiques qui, estimant que le gouvernement Laval ne répondrait plus aux exigences de la situation, songeraient à vous proposer, Monsieur le Maréchal, de substituer au cabinet actuel un nouveau gouvernement.

Les informations que j'ai reçues ne me permettent pas d'apprécier de façon claire dans quelle mesure ces tentatives ont déjà pris une forme nette. Il ne m'est pas possible, en particulier, d'apercevoir jusqu'à quel point ce ne serait pas la politique d'entente et de collaboration du cabinet Laval avec l'Allemagne et l'Italie qui serait à l'origine de ce mouvement. Afin de me former une opinion claire de la situation politique en France, j'ai, en conséquence, convoqué M. Laval, chef du gouvernement, demain à mon quartier général. Je ne veux pas manquer, Monsieur le Maréchal, de vous en faire part.

Je crois devoir, à cette occasion, vous faire savoir que j'estime que, depuis notre entrevue à Montoire, M. Laval s'est attaché, non sans succès, à donner aux rapports de la France avec les puissances de l'Axe une base nouvelle, qui est avantageuse aux intérêts de toutes les parties. De regrettables incidents ont comme vous le savez, mis fin à cette politique, lorsque, le 13 décembre 1940, vous crûtes devoir retirer votre confiance à M. Laval. L'impression produite à l'époque en Allemagne par cette mesure fut, vous vous en souvenez, aussi mauvaise que possible. En se remémorant aujourd'hui ces événements, on est vraiment en droit de dire que l'éloignement du Président Laval de la politique française fut l'origine d'une orientation qui devait nécessairement finir par conduire à la trahison, perpétrée au prix de la plus flagrante violation de la convention d'armistice, dont l'amiral Darlan, de concert avec nombre d'autres hommes politiques et généraux français, s'est, l'an dernier, rendu coupable et qui entraîna de si lourdes conséquences pour la France.

\- 3 -

Ich kann nicht übersehen, inwieweit heute wiederum von gewissenlosen Elementen in Frankreich versucht wird, diese Politik des Herrn Laval, die einzig und allein in der Lage ist, Frankreich bei der Gestaltung des neuen Europa den ihm gebührenden Platz zu sichern, zu stören und mit ähnlichen Intrigen das Vertrauen, das Sie Herrn Laval bei seiner Wiederberufung ausgesprochen haben, erneut zu erschüttern. Ich möchte hoffen, daß die mir zugegangenen Meldungen vielleicht kein richtiges Bild von der Lage geben und daß die erwähnten Schlußfolgerungen sich damit als gegenstandslos erweisen möchten. Sollten die Nachrichten jedoch zutreffen und tatsächlich in Vichy Quertreibereien dieser Art gegen die Politik Ihres Regierungschefs im Gange sein, so halte ich es, um jedes Mißverständnis zu vermeiden, für meine Pflicht, Ihnen, Herr Marschall, den deutschen Standpunkt dahingehend mitzuteilen, daß die Reichsregierung nicht in der Lage und nicht gewillt ist, durch eine etwaige Wiederholung von Ereignissen wie die des 13. Dezember 1940 die Kontinuität der politischen Entwicklung zwischen Frankreich und den Achsenmächten erneut in Frage stellen zu lassen.

Indem ich Ihnen hiervon Mitteilung mache, gebe ich gleichzeitig meiner Überzeugung Ausdruck, daß Sie auch Ihrerseits nicht gewillt sind, solchen Machenschaften unverantwortlicher Elemente Ihr Ohr zu leihen und damit die Politik, die wir seinerzeit in Montoire begonnen haben, durch die Einwirkung solcher Elemente zum Scheitern kommen zu lassen.

\- 4 -

\- 4 -

Genehmigen Sie, Herr Marschall, den Ausdruck meiner vorzüglichsten Hochachtung.

De son côté, le Président Laval, depuis que vous l'avez, il y a un an, rappelé au pouvoir, s'est attaché de nouveau à collaborer avec les puissances de l'Axe et à donner à la politique française une orientation qui tînt compte des données réelles du problème et qui eût pour objet de soutenir de manière appropriée les puissances de l'Axe et de l'Europe contre le bolchevisme et les ploutocraties occidentales qui lui sont alliées. Je ne suis pas à même d'apprécier jusqu'à quel point des éléments dépourvus de scrupules s'efforcent, encore une fois aujourd'hui, de troubler cette politique de M. Laval, qui seule est vraiment capable d'assurer à la France, dans la formation de la nouvelle Europe, la place qui lui revient, et d'ébranler, par de telles intrigues, la confiance que vous avez exprimée à M. Laval en le rappelant. Je voudrais espérer que les informations qui m'ont été rapportées ne donnent peut-être pas une image exacte de la situation et que les déductions qui en sont ainsi tirées se révéleront vaines. Mais, dans le cas où ces nouvelles seraient fondées et où effectivement des machinations de la sorte se trameraient à Vichy contre la politique du chef de votre gouvernement, je crois, Monsieur le Maréchal, de mon devoir, afin de prévenir tout malentendu, de vous faire part, à ce sujet, du point de vue de l'Allemagne, lequel est que le gouvernement du Reich n'est pas en état et qu'il n'entre pas davantage dans ses intentions de laisser mettre, une fois de plus, en question, par un retour éventuel d'incidents analogues à ceux du 13 décembre 1940, la continuité du développement politique entre la France et les puissances de l'Axe. Cette communication me donne l'occasion d'exprimer ma conviction que, de votre côté, vous n'entendez pas prêter l'oreille aux inventions d'éléments irresponsables et faire échouer, par l'intervention de semblables éléments, la politique que nous avons jadis inaugurée à Montoire.

Agréez, Monsieur le Maréchal, l'expression de ma plus haute considération.

(signé) Adolf HITLER.

★

LA RÉPONSE DE PÉTAIN A HITLER

Sept mots biffés...

Par retour du courrier, Pétain répond à Hitler :

Vichy, le 29 avril 1943

« Monsieur le Chancelier,

« Vous voulez bien me faire savoir que des intrigues seraient nouées contre le chef de mon gouvernement, et vous exprimez la crainte qu'elles puissent avoir une influence sur la politique d'entente que M. Laval mène avec l'Allemagne et l'Italie. Ce n'est pas sans surprise que je reçois ces informations et je tiens à vous assurer immédiatement, monsieur le Chancelier, qu'elles sont sans aucun fondement. Je reste fidèle à cette politique d'entente entre nos deux pays. Je l'ai maintes fois confirmé, notamment dans la lettre que j'ai eu l'honneur de vous adresser le 5 décembre 1942 et dans la déclaration que j'ai faite au maréchal de Rundstedt, lors de notre dernière entrevue. Je considère, en effet, que c'est la condition absolue d'une organisation de l'Europe.

« Le moyen pour atteindre ce but est de donner à la France des assises saines. Rien ne peut être construit, dans le sens de ce que je souhaite, sans la garantie de l'ordre intérieur. Il faut rendre à la France le sens de la discipline et rompre définitivement avec les errements politiques d'avant-guerre.

« Je vous prie de croire, monsieur le Chancelier, que je ne suis pas prêt à tolérer que quiconque en France m'empêche de poursuivre la rénovation intérieure du Pays, selon le programme national et social que j'ai défini dans mes messages, en harmonie avec une politique extérieure qui est la seule raisonnable et *à laquelle je me suis librement associé*[1], mais qui ne peut être

1. « à laquelle je me suis librement associé » : ces mots sont rayés dans l'exemplaire de la lettre de Pétain qui se trouve aux Archives fédérales de Berne. (Fonds du ministre Walter Stucki.)

couronnée de succès sans le secours d'un ordre intérieur nouveau.

« Agréez, monsieur le Chancelier, l'expression de ma plus haute considération. »

Signé : Philippe Pétain.

*

LAVAL A HITLER : *« JE VIENS VOUS PARLER DE MON PAYS... »*

A son tour, Laval s'adresse à Hitler, le 9 mars 1943, en ces termes (source : Archives fédérales de Berne, Fonds du ministre Walter Stucki) :

9 mars 1943

« Monsieur le Chancelier,

« Je sais combien est lourde votre tâche. Vous devez faire face à la plus formidable coalition militaire. Je comprends que toute votre pensée et toute votre action soient uniquement consacrées à ces combats gigantesques que vous dirigez. Je ne doute pas que la victoire couronne vos efforts.

« Je viens néanmoins vous parler de mon pays et, tenant compte de vos préoccupations, je ne le ferai que dans la mesure où les intérêts de la France et de l'Allemagne m'apparaissent comme indissolublement liés.

« Vous vous êtes dressés contre le bolchevisme et, pour briser la puissance des Soviets et empêcher la destruction de notre civilisation européenne, vous n'avez pas hésité à appeler toute la jeunesse allemande au sacrifice.

« Je sais également que vous avez le dessein de bâtir une nouvelle Europe de laquelle vous voulez exclure tous les germes de haine qui engendrent les guerres.

« L'entente entre la France et l'Allemagne a toujours été le but de ma politique.

« *Je ne ferai pas,* avez-vous dit à Montoire, *une paix de vengeance.* Nulle parole ne pouvait mieux m'encourager à persévérer dans cette politique. Mon action est naturellement motivée par le souci que j'ai de l'avenir de la France. Elle est aussi inspirée par mon désir de voir s'instaurer en Europe un ordre nouveau, dans lequel tous les pays seront assurés, dans la justice, d'un avenir pacifique, suivant la formule récemment employée par M. Mussolini et M. von Ribbentrop.

« Il est dur, monsieur le Chancelier, de faire admettre à un grand pays, blessé par la défaite, une politique qui est seulement fondée sur la sagesse. Il est plus facile de l'animer en flattant son orgueil et de le pousser, contre son intérêt même, en exaspérant son patriotisme, aux solutions extrêmes.

« Ma tâche est rendue encore plus difficile par l'incertitude dans laquelle la France est laissée sur le sort qui doit lui être réservé. La propagande étrangère a des arguments faciles, mais d'une efficacité réelle. C'est ainsi qu'elle affirme chaque jour qu'un des buts de guerre des Alliés est de restituer à la France son intégrité territoriale, son Empire et sa souveraineté.

« Je lutte avec des armes inégales. Que deviendra la France ? Chacun chez nous se pose la question. Chef du gouvernement, je ne puis répondre à cette interrogation, qui monte chaque jour vers moi plus pressante, à mesure que s'accroît l'importance du concours que la France apporte à la cause européenne. Comment puis-je obtenir des Français qu'ils s'associent de bon cœur à l'effort de l'Allemagne s'ils ignorent, le danger bolchevique une fois écarté, le sort qui sera réservé à notre pays ? Comment puis-je faire que ces Français deviennent, comme je le veux, pour le peuple allemand, des amis sûrs, s'ils peuvent craindre un jour d'être traités comme des vaincus ?

« Je sais la résonance qu'aurait dans le monde une déclaration généreuse de votre part concernant la France. Une telle déclaration sur le plan moral et politique constituerait un véritable fait de guerre qui jetterait le désarroi chez vos ennemis. En France, elle me permettrait d'agir.

« Je vous prie d'agréer, monsieur le Chancelier, l'assurance de ma considération la plus haute. »

Signé : Pierre Laval.

*

« *SOUMISSION A LA CAUSE ALLEMANDE* »

Le général Bridoux révèle à Abetz « l'accord de principe du maréchal Pétain sur l'armée secrète »

En décembre 1943, se place dans la vie cachée de l'Occupation un de ces faits qui coupent le souffle lorsqu'on le découvre dans les archives françaises ou étrangères.

Le 27 décembre 1943, le général Bridoux note que, dans un projet de remaniement du gouvernement, « le Maréchal a jeté son dévolu sur moi " pour le ministère de l'Intérieur ". Il a chargé Brinon de sonder Abetz et Oberg à ce sujet. J'ai dit à Brinon que j'étais à la disposition du Maréchal, mais qu'il devait être bien entendu que je ne voulais pas faire figure de candidat, surtout vis-à-vis de Laval, toujours obsédé par le souvenir du 13 décembre ».

Sur ce, le lendemain, Otto Abetz adresse à Berlin le télégramme suivant, *Très urgent,* nº 7990 :

« 1) Le maréchal Pétain a chargé avant-hier le colonel F. de se mettre en rapport avec l'ambassade et de s'informer de la position du gouvernement du Reich à l'égard de la nomination d'un nouveau ministre de l'Intérieur français, suivant un projet émanant de lui, le Maréchal. D'après ce projet, Pétain réserve l'accueil le plus chaleureux à la nomination de Darnand comme chef de la police, mais il regretterait que la direction du ministère de l'Intérieur restât à Laval. Il propose de transmettre le portefeuille au général Bridoux, ministre de la Guerre.

« 2) Le général Bridoux, que l'éventualité d'une prise en charge du ministère de l'Intérieur paraît séduire, m'a remis aujourd'hui, par l'intermédiaire d'un homme de confiance, des informations secrètes sur l'armée secrète. Suivant ces informations, le maréchal Pétain aurait déjà donné, tout de suite après la conclusion de l'armistice, son accord de principe à l'organisation d'une armée secrète de 400 000 hommes. La réalisation du projet serait incombée au chef d'état-major, le général Colsealid [1], et, après le départ de celui-ci, au général Huntziger.

« Lehideux, du ministère de la Production industrielle, pour le camouflage du matériel, Jardel [2], au ministère des Finances, par des subsides, auraient prêté leur appui. Bridoux ne peut se rendre compte si Darlan a été initié au projet de l'armée secrète.

« Après sa nomination comme ministre de la Guerre en avril 1942, Bridoux a informé le président Laval de la documentation qu'il a trouvée sur l'armée secrète. Laval a déclaré qu'il voulait faire un rapport personnel au Führer sur cette découverte. Comme mesures immédiates, Laval a interdit l'aide financière, et chargé un certain général Piquentard [3] d'anéantir le matériel militaire, dont l'existence est illégale, ou bien, dans la mesure où il s'agissait de moyens de transport, de le remettre à l'Industrie.

« 3) Le général Bridoux désirerait probablement, par ces informations, en un moment où il est proposé par Pétain pour le ministère de l'Intérieur, nous faire connaître sa soumission à la cause allemande. Néanmoins, il ne semble pas avoir une attitude déloyale à l'égard de Laval, et semble avoir déclaré à Pétain qu'il ne prendrait le ministère de l'Intérieur qu'avec l'accord de Laval. Laval ne conserverait pas la direction du gouvernement dans lequel il n'est pas personnellement ministre de l'Intérieur, car il est encore trop sous l'impression de son arrestation du 13 décembre 1940, et de l'attentat perpétré contre lui, en août 1941, à Versailles.

« J'ai rejeté la tentative de prise de contact du colonel F., en faisant la remarque que nous ne pouvons parler de questions de modifications du gouvernement qu'avec le président Laval, seul. Bien que Pétain l'ait proposé comme ministre de l'Intérieur, Bridoux peut être compté parmi les membres du

1. Il faut sans doute lire : Colson.
2. A cette époque, directeur du Budget.
3. Lire : général Picquendar. (*Note de l'auteur.*)

gouvernement français auxquels on peut se fier. Il a, les 8 et 11 novembre 1942, satisfait loyalement les exigences militaires allemandes. Un fils de Bridoux est entré, cet été, dans la Légion des Volontaires français contre le bolchevisme. »

Signé : Abetz.

(*Origine :* ministère des Affaires étrangères du Reich. *Source :* Archives nationales, Paris. Texte en français, dû à un traducteur assermenté. Haute Cour de justice.)

Dans cette période, le général Bridoux note d'autre part : « Conseil des ministres (2-5-1943). Des instructions ont été envoyées à l'amiral Robert [qui commande l'escadre des Antilles], lui prescrivant de saborder ses navires si les Américains cherchent à s'en emparer. »

Au sujet de Laval, il écrit le 13 septembre 1943 : « ... Laval donne l'impression de changer de politique. Il a des agents de propagande maladroits qui vont partout répétant qu'il est maintenant *l'homme qui tient tête aux Allemands.* C'est d'autant plus nuisible qu'il n'en est rien et que, comme chacun sait, il ne fait rien et ne signe pas un papier sans prendre l'avis de l'ambassade. »

★

« *JOURNAL DE GUERRE* » DE MARCEL DÉAT

Le Maréchal et Laval. « Recevant récemment la délégation de Paris, le Maréchal a déclaré qu'il ne rejoindrait la capitale que lorsque l'opposition contre sa personne y aurait cessé. Ce doit être pour nous. Il a ajouté : *Je viendrai quand l'étranger n'y sera plus.* Ce n'est pas la première fois qu'il tient ce propos, mais il devient symptomatique.

« [...] Je parle longuement avec Achenbach. Achenbach admet très nettement que la trahison du Maréchal est désormais certaine et que la crise est sans issue. Laval gagnera d'ailleurs la partie, car il a l'entier appui européen. » (7-5-1943.)

— « Arrivée de Achenbach. Déjeuner fort bien conçu et très cordial. Longue conversation qui se prolonge jusqu'à 17 heures. Achenbach indique que le Maréchal pourrait très bien être rappelé à la vie privée. La perspective de la trahison est désormais admise. » (15-5-1943.)

— « Longue conversation sur les intrigues vichyssoises. On comprend que l'entourage du Vieux essaye un replâtrage parlementaire, avec ou sans Laval, pour accueillir les Anglo-Américains. » (25-9-1943.)

— « Le Maréchal a déclaré récemment que le général Giraud n'était pas un traître et qu'il viendrait certainement un jour en France, à la tête d'une armée. » (1-10-1943.)

— « Conversations en *a parte* avec Abetz. Il n'a aucune confiance dans les roublardises du Maréchal, considère l'entourage comme pourri. Il soutiendra Laval à fond, mais est résolu à ne pas se laisser lanterner par lui et à l'obliger à un véritable remaniement. Il me demande si, éventuellement, je consentirais à entrer dans le gouvernement et à quel poste. Je pose les conditions. » (6-12-1943.)

— « Visite de Lequerica [ambassadeur d'Espagne]. Il indique ingénument que l'entourage du Maréchal, après avoir rêvé d'un sort parallèle à celui du roi Léopold [de Belgique] en est à l'imitation du roi du Danemark [...]. Laval joue entre l'ambassade et les SS. » (24-12-1943.)

— « Le Maréchal, dit D..., aurait félicité une guide (de France) qui lui aurait avoué sa préférence pour les Anglais. » (31-12-1943.)

Attentats. « A 10 heures, on écoute les informations de Radio-Paris. Madame N... et Fernande achèvent la vaisselle. Je sors et tout le monde en paquet me suit. A ce moment, une gerbe d'étincelles et une rafale de coups de feu surgissent du petit mur du jardin. On nous tire dessus à la mitraillette. La rafale cesse après une quinzaine de coups. P... est à la grille. Il essuie deux coups de pistolet, une balle lui rase le crâne, une autre lui érafle la main droite. Nous nous barricadons, revolver au poing. Mais les agresseurs ont pris la fuite. Comme par hasard, le téléphone ne fonctionne pas [...]. Recherches. On trouve un chargeur de fusil-mitrailleur, modèle 1924, et 15 douilles [...]. Nous avons eu une chance miraculeuse, la gerbe ayant commencé à la porte de la grange et s'étant brusquement élevée au toit, sans nous toucher [...]. Plus on y réfléchit, plus on s'aperçoit qu'on revient de loin. » (9-3-1943.)

— « Il y a eu encore deux délégués à l'Information abattus hier. Cela fait 25 morts et 14 blessés en quatre mois. » (25-10-1943.)

— « Brinon a vu Schleier et demande une prompte réponse sur les armes : on tire des miliciens tous les jours, il faut agir. Accord complet sur la conception de la Milice. » (12-11-1943.)

— « Avertissement d'un policier français de la Gestapo, que je connais : on prépare un attentat, entre autres, contre moi, qui consisterait en un dépôt d'explosifs dans un cabinet particulier au restaurant. On veille au grain. Nous y veillerons aussi. » (27-11-1943.)

— « Les miliciens ont abattu en représailles dix types à Annecy et cela fait un certain effet. C'est simplement ce qui s'appelle la guerre civile, par la carence de l'État. » (27-10-1943.)

— « Maurice Sarraut[1] a été tué à coups de mitraillette près de chez lui à Toulouse. » (2-12-1943.)

Expédition punitive. « [...] Je pars à *L'Œuvre*. J'y vois Charles, qui est allé écouter les insanités de Mariani [chansonnier] dans je ne sais quel cabaret, contre *L'Œuvre* et contre moi. Ce monsieur fait des gorges chaudes sur la bombe qu'on m'a lancée à Orléans, qu'il dit. Nous allons le sonner et au besoin monter une expédition punitive. » (29-1-1943.)

Waffen SS. « Schleier [ministre près l'ambassade d'Allemagne] indique que le Führer vient d'autoriser la création d'une unité française dans les Waffen SS. Nous faisons observer que la Légion wallonne a été versée en bloc aux SS et nous espérons qu'on en fera de même pour la L.V.F. » (4-7-1943.)

« [...] Je dîne avec A... chez Lapérouse, invités par les SS [...]. Nickles, Waffen SS, accompagné de R..., belge et également Waffen SS. Conversation fort intéressante d'ailleurs, qui nous en apprend beaucoup sur l'état d'esprit allemand par

1. Directeur de *La Dépêche de Toulouse*, représentant d'une des dynasties de la IIIe République, abattu par des hommes de main de la collaboration.

rapport à l'Europe et à la révolution. Les idées pénètrent lentement et nous ne sommes pas en avance. Mais les événements nous aident à rattraper le temps perdu. » (22-10-1943.)

— « Visite de l'officier des Waffen SS de Berlin, annoncé par S... Nous avons une assez longue et intéressante conversation sur notre projet de milice et sur la situation en France. Il déclare que Berlin est sans aucune illusion sur Vichy. » (6-11-1943.)

— « Darnand est très content de sa randonnée. Il a vu à Berlin le général Berger, haut placé dans la hiérarchie Waffen SS. Ce général a accepté à fond notre plan de Waffen SS française territoriale, qui constituerait la Milice. Uniforme français, 5 000 encasernés, les autres chez eux. Cela se ferait assez vite, et Darnand va voir demain matin Oberg à ce sujet. » (15-11-1943.)

Juifs. « Au total, Laval n'est pas très décidé à faire des milices à cause évidemment du Maréchal [...]. Visite de Hodeige. Il me raconte un curieux incident. Darquier de Pellepoix [commissaire général aux Affaires juives] qui a parlé à la demande de Eich [contrôle de la presse écrite] à une récente conférence de presse et a expliqué qu'il s'est heurté à un barrage infranchissable à Vichy devant les douze projets de loi qu'il a présentés contre les juifs. » (13-3-1943.)

Énorme. « Une femme inconnue a téléphoné à H. [Hélène, femme de Déat] pour un condamné à mort, en proposant d'acheter l'officier allemand. Énorme. » (11-11-1943.)

Pleurnichantes. « Je reçois trois femmes diversement malheureuses. Colette R... qui se lamente d'avoir été chassée de la permanence du IXe. Madame S... qui n'a pas récupéré son mari, et la femme aryenne d'un médecin juif, M..., recommandée par Berlin, dont le mari a été arrêté. Elle a perdu un petit-fils à la guerre, un autre travaille en Allemagne, tous deux d'un premier lit d'ailleurs. Et toutes sont lamentables et pleurnichantes. » (12-7-1943.)

Main-d'œuvre en Allemagne. « Je vois Laval. Il est en train de discuter et va continuer cette nuit avec Sauckel sur la prochaine tranche de travailleurs réclamée par l'Allemagne. On en demande cette fois 220 000 sans relève en contrepartie, mais avec passage de 220 000 prisonniers au statut de travailleurs libres. Il paraît au total assez content. » (9-8-1943.)

— « Henriot [1] est allé au foyer français de Vienne, hier soir, pour voir quelques-uns de ses paroissiens de Sainte-Foy-la-Grande [Gironde]. Le foyer est un authentique bordel, mené par les pires voyous. Au demeurant, les ouvriers français sont abandonnés à eux-mêmes. » (25-6-1943.)

1. Philippe Henriot, député de la Gironde, devenu le principal orateur, doué d'un réel talent, du régime. Milicien et secrétaire d'État, il sera exécuté par un groupe franc de la Résistance, le 28 juin 1944.

CHAPITRE II

« L'ARME DU MIRACLE » OU L'INTOXICATION DE HITLER

LA GUERRE MILITAIREMENT PERDUE PAR LE REICH. — LE MIRAGE DES ARMES SECRÈTES, CAPABLES DE « TERMINER LA GUERRE D'UN SEUL COUP ». — DES ARMES « DIABOLIQUES ». — LES FUSÉES ET LES PREMIERS AVIONS À RÉACTION. — DE GRAVES INSUFFISANCES DE PRODUCTION. — HITLER LE POLITIQUE. — L'INTÉRÊT DE LA COLLABORATION POUR L'ALLEMAGNE. — MÉPHISTO. — DÉAT LE TRAÎTRE ENTRE DANS LES BONNES GRÂCES DU MARÉCHAL. — UN ENTRETIEN MÉMORABLE AU CHÂTEAU DE VOISINS. — « NOUS SERONS LIBRES. » — LE MUR DE L'ATLANTIQUE. — UN « REMANIEMENT » MINISTÉRIEL SOUS L'OCCUPATION.

Dans le paysage sanglant de 1940, ils n'étaient pas nombreux, hommes d'État ou chefs militaires, à croire en la défaite inéluctable de l'Axe : de Gaulle, Churchill, Roosevelt, Trotsky, le comte Sforza et quelques autres, rarissimes, éparpillés à travers le monde. Ces irréductibles en appelaient, au-delà de leur cœur, à des faits scientifiques : ils mettaient en balance les forces économiques, les capacités industrielles, les ressources en matières premières. Ils reprenaient, à leur compte, le mot malheureux (malheureux parce que prématuré et limité au cas de la France) de Daladier ou de Paul Reynaud en 1939 : « Nous vaincrons parce que nous sommes les plus forts. »

A partir de la fin de 1943, une partie du haut commandement allemand considère que le Reich de Hitler court à sa perte.

Parmi eux, le général Halder, chef d'état-major de l'armée allemande. Halder regarde les cartes et compare les statistiques. Après le recul constant de la Wehrmacht sur le front oriental, après l'arrivée des Alliés en Afrique du Nord, après le débarquement anglo-américain en Sicile, après l'élimination de Mussolini, et — maintenant — devant l'imminence des opérations d'Eisenhower sur les côtes occidentales et méridionales de la France, une conclusion s'impose comme une évidence, à lui et à certains de ses pairs : la guerre est militairement perdue.

« On pouvait encore la poursuivre, expose le général Halder, en consentant de nouveaux sacrifices de sang allemand et en abandonnant le pays aux dévastations des bombardements anglo-américains. Mais ces sacrifices valaient-ils le résultat à en attendre[1] ? »

Bien qu'il se trouve, dès lors, dans la position de Ludendorff en 1918, Hitler se refuse à reconnaître le formidable échec. « Il se retrancha — expose le chef d'état-major de l'armée allemande — derrière la vague promesse d'armes secrètes qui devaient terminer la guerre d'un seul coup[2]. »

Les armes secrètes, les armes magiques ! Alignés sur les convictions affirmées par les nazis, les milieux de la collaboration à Paris entretiennent l'espoir fabuleux en l'arme du miracle : « Hitler — se souvient le général Speidel[3] — croyait pouvoir donner le coup mortel à des forces de résistance anglo-saxonnes grâce à *l'arme du miracle.* »

La croyance fantastique en des moyens nouveaux, porteurs d'une révolution technique, se propage. Les rumeurs se transforment en « informations » : le cours des événements va changer, le destin oscille. D'aucuns n'hésitent pas à parler des armes « diaboliques » du Führer.

A travers l'Europe, une conviction solide habite les nationaux-socialistes et ceux qui se rangent dans leur camp. Autant de fausses certitudes chevauchant des chimères. Contre vents et marées, les illusions soutiendront néanmoins nazis et néo-nazis, jusques et y compris l'arrivée des Alliés sur le Rhin, parfois au-delà.

1. et 2. Général Halder : *Hitler, seigneur de la guerre* (Payot).
3. Chef d'état-major du maréchal Rommel en 1944. Correspondance de Speidel avec l'auteur. Cf. *Invasion 44* (Berger-Levrault), par Speidel.

Aux extrêmes limites de la raison critique, Marcel Déat accorde crédit à ce qu'on lui rapporte avec d'autant plus d'aisance que, en aucun cas, le normalien n'admet s'être trompé. Il n'a jamais tort : les événements ont tort. Depuis 1940, il a décrété, contre de Gaulle, que la défaite allemande se plaçait hors des schémas du conflit. Le Maître sait ce que les autres ignorent. De retour d'Allemagne, « Châteaubriant [l'écrivain Alphonse de Châteaubriant] affirme que les sous-marins allemands vont reprendre toute leur activité, que des fusils spéciaux ont été mis au point qui stopperont les tanks, que l'arme des représailles soulèverait l'enthousiasme du peuple allemand si on pouvait lui en dire les effets, et que toute la partie sud de l'Angleterre est vouée à une totale destruction [1] ».

Prophète ou mage barbu et chevelu, familier de Bayreuth, Alphonse de Châteaubriant [2] — prix Goncourt 1911, sorte d'illuminé mystique de la collaboration intellectuelle — entretient encore Marcel Déat d'un obus répandant la mort par le froid. Le conseiller d'ambassade Schwendemann fournit des détails complaisants sur l'arme individuelle qui anéantit les chars [3].

Au début de 1944, Marcel Déat recueille des précisions : « Il semblerait que l'arme secrète des représailles consiste en des avions dirigés par ondes et qui, filant à travers la stratosphère, déversent des tonnes d'explosifs sur l'objectif choisi [4]. » On évoque d'autre part des *rayons de la mort,* ou bien *les nuages jaunes* qui pulvérisent tous les engins dans l'air.

Cet ensemble hallucinant, fantasmagorique et invérifiable, renforce Marcel Déat dans ses choix, toujours persuadé qu'il détient la vérité. Eugène Frot, ministre de l'Intérieur au moment des journées insurrectionnelles de février 1934, lui objecte en pleine guerre : « Ne vas-tu pas trop fort ? Rien ne prouve que Hitler gagnera la guerre ! » Il s'entend rétorquer : « Alors, tu es aussi stupide et borné que les autres [5]. » A la vérité, le mot *stupide* est remplacé par un terme beaucoup plus

1. *Journal de guerre,* 31-12-1943.
2. Sur Châteaubriant : Amouroux, III.
3. Varennes, *op. cit.*
4. *Journal de guerre,* 12-1-1944.
5. Témoignage d'Eugène Frot à l'auteur.

fort. Déat n'en doute pas : « L'Allemagne disposera de l'*arme définitive.* »

Qu'en est-il dans la réalité ? En dépit de fables persistantes, à aucun moment — les documents internationaux le prouveront, par la suite, sans discussion — les Allemands ne sont à la veille de fabriquer la bombe atomique. Et pourtant, dans sa cellule de Fresnes, le 2 octobre 1945, Laval — qui, dans la dernière phase de la guerre, subit une intoxication rare — soutiendra : « Si les Allemands avaient les premiers inventé la bombe atomique et s'ils avaient gagné la guerre, au lieu de la perdre, que me reprocherait-on ? Alors, on me féliciterait peut-être d'avoir tenu jusqu'au bout dans l'intérêt de la France[5]. »

La supériorité allemande, à la vérité, tient, en matière d'armes nouvelles, essentiellement aux fusées et aux premiers avions à réaction.

Au sujet du potentiel militaire, le ministre de l'Armement du Reich, Albert Speer, se montrera catégorique, après la guerre, en notre présence, à Heildelberg : « Si Laval croyait beaucoup aux armes secrètes et à la bombe atomique, c'était une erreur de sa part. Pour ce qui est des avions à réaction, les moyens de production existaient, mais nous manquions de carburant. D'ailleurs, même avec des quantités non limitées de carburant, nous ne pouvions plus l'emporter.

« Nous aurions perdu cette guerre, de toute façon, à cause de l'insuffisance de notre production, jointe à la faiblesse de certains stocks de matières premières[1]. »

En 1944, les ressources, en tous domaines, des démocraties restent considérables, tandis que déclinent les capacités du Reich, soumis à d'intenses bombardements déversant le feu et le fer sur les usines ou sur les centres industriels.

Dès lors, comment expliquer cette extraordinaire intoxication qui accélère la marche, vers les chemins de l'enfer, de

1. *Laval parle.*
2. Témoignage d'Albert Speer à l'auteur.

Déat, du général Bridoux, de Doriot, des collaborateurs ou de leurs semblables, en France ou en Europe ? Hitler croit-il, ou non, en ce qu'il dit ? Albert Speer nous éclaire : « Hitler était un politique. Il a trompé tout le monde avec *les armes du miracle*. Il se gardait bien cependant d'en parler devant moi [1]. »

Marcel Déat, quant à lui, ne doute de rien. Le voici, après avoir rongé son frein durant plus de trois ans, promu ministre du Travail et de la Solidarité nationale le 17 mars 1944. La pression de « l'ambassade » est énorme. Pétain se cabre, proteste, tempête. Il ne veut pas de ce « traître ». Déat au gouvernement ? Jamais, au grand jamais. L'idée de rencontrer « ce traître », de lui serrer la main, de s'asseoir à la même table que lui révulse Pétain [2].

Et puis, en définitive, de guerre lasse, le Maréchal donne gain de cause à Abetz, qualifié pour faire et défaire à sa guise les ministres français.

Marié à une Française, l'ancien professeur de dessin Otto Abetz, qui avait été expulsé de France en juillet 1939, a-t-il réellement en vue la réconciliation avec la France dans l'Europe de demain ?

En se penchant sur le passé, le ministre de l'Armement du Reich, Albert Speer, le pense, non sans qu'il nous précise : « En réalité, Abetz n'avait guère d'influence sur Hitler... La collaboration était importante pour nous, afin d'assurer la paix sur nos arrières en France. Elle était importante aussi du point de vue économique. Mais, de la part de Hitler, il n'y avait nullement volonté d'une collaboration politique avec la France. Ce n'est pas vrai. »

En attendant, la mission d'Abetz reste de diviser pour régner. Diplomate allemand, Otto Abetz joue le jeu allemand avec des Français qui jouent le jeu de l'Allemagne. Ayant réussi à écarter de l'entourage de Pétain plusieurs éléments très germanopho-

1. Témoignage d'Albert Speer à l'auteur.

2. Les archives fédérales de Berne (Fonds Walter Stucki, ministre de Suisse à Vichy) comprennent, en particulier, le compte rendu d'une conférence qui réunit Pétain, Abetz, Renthe-Finck et Struwe (diplomates allemands), conférence au cours de laquelle le Maréchal oppose son « refus formel » à l'entrée de Marcel Déat dans le gouvernement Laval. Voir, d'autre part, à la fin du chapitre, une note révélatrice, extraite des archives fédérales de Berne.

bes, Abetz excelle maintenant à tirer les ficelles dans le dos du Maréchal : « Méphisto ne jouait pas mieux du docteur Faust, qui avait voulu, sur le tard, goûter les joies de la puissance [1]. »

A vrai dire, les joies de la puissance sont devenues les affres de l'impuissance. En mai 1944, le Maréchal séjourne au château de Voisins, près de Paris. Reçus à déjeuner, les écrivains Jérôme et Jean Tharaud, de l'Académie française, écriront : « Nous n'avons jamais vu autant de grandeur liée à autant d'impuissance. »

Stupéfaction : Marcel Déat, l'ignominieux, le vendu aux Boches, le mauvais Français, bénéficie à son tour d'une audience. Eh bien ! le Maréchal se montre charmant. Déat, surpris et ravi, note par le menu « la conversation de trois quarts d'heure, extrêmement cordiale... Dès l'abord, nous nous serrons la main. J'exprime au Maréchal ma joie de le saluer. Il me répond par l'affirmation de sa pleine confiance... Il fait allusion à mes bonnes relations avec les autorités allemandes et se réjouit que je les utilise pour obtenir des résultats intéressants [2] ».

A l'analyse du témoignage écrit sur le vif par le chef du R.N.P., on découvre tout au long l'incohérence douloureuse du Maréchal — incohérence habillée, comme souvent, des apparences de la lucidité, entrecoupées, tout à trac, de chutes brutales dans l'irréel. « Le Maréchal se réjouit beaucoup des acclamations qui l'accueillent partout. Il est allé à Versailles et a failli ne pas revenir, tellement il y avait de monde. »

Association d'idées, Philippe Pétain évoque ses voyages, jadis, en Afrique, « le tam-tam des Noirs qui accouraient sur son passage, il est plein d'amitié pour eux, il est convaincu que les indigènes aimeront les Français bien plus qu'avant, après avoir tâté des Anglo-Saxons. Le rôle à venir de la France est colonial et africain, mais, évidemment, il faudra récupérer ce qu'on a perdu ». En passant, Pétain évoque l'Afrique du Nord, et il traite, à deux reprises, le général Giraud, son ami, de « bandit ».

1. Pierre Dhers : *Regards nouveaux sur les années quarante* (Flammarion).
2. Extrait — ainsi que les citations qui suivent entre guillemets — du *Journal de guerre* de Déat, 17-5-1944.

Le Vieux Soldat bat la campagne — à moins que, ici ou là, il ne se paie la tête de son interlocuteur. De cet entretien mémorable, Déat, en tout cas, boit les paroles. Il n'en revient pas d'être accueilli ainsi et il n'en croit pas ses oreilles de ce qu'il entend : « Insistant sur son accord profond avec moi, le Maréchal me dit : *Je vous aiderai tant que je pourrai. Dites-moi seulement ce dont vous avez besoin. D'ailleurs, nous nous reverrons. J'ai encore des choses à vous dire. Nous allons d'abord subir l'attaque. Après, je vous verrai, et il y aura des gens étonnés. Mais nous ferons ce que nous voudrons. Nous serons libres.* »

Nous serons libres ? De quoi s'agit-il ? Que signifie le propos ? Marcel Déat ne sait à quoi s'en tenir. Ce n'est pas possible : le Maréchal ne peut avoir en tête « la libération » par les Alliés. L'ancien ministre de l'Air, doctrinaire tout à ses idées fixes et à sa confiance en l'invincibilité germanique, écrit : « Fait-il allusion à une cessation de l'occupation, les Allemands étant libérés de leurs préoccupations à l'Ouest par l'échec anglo-américain ? Veut-il dire que Laval aura disparu du pouvoir ? Je n'interroge pas. Mais le Maréchal insiste : *Il ne faudra pas trop parler de notre accord dans les journaux. Cela ferait un scandale. Attendons, il faut qu'ils s'habituent. Gardons cela entre nous.* »

Le visiteur est aux anges : ne tient-il pas désormais en poche un pacte secret Pétain-Déat ? « Cela prend, inscrit-il sur ses tablettes, les proportions d'un petit complot. »

La relation de propos divaguants continue : « Le Maréchal a regretté que l'armée eût été dissoute en 1942. Il déplore cette erreur des Allemands. Et il ajoute : *Ici, le gouvernement n'a pas fait ce qu'il devait faire... Mais passons.*

« Il n'y aurait pas eu de terrorisme, si seulement on disposait des 100 000 hommes de l'armée d'armistice. »

Réminiscences habituelles, Pétain confond les situations et les époques : « Il évoque la période où il a commandé les troupes françaises d'occupation en Rhénanie. Il a agi par la douceur, il n'a fait fusiller personne. Quand il y avait des attentats sur les voies ferrées, il infligeait des amendes, et cela a suffi. »

In fine, Déat demande au Maréchal — quatre-vingt-huit ans, et qui n'a pas touché un fusil depuis des décennies — s'il chasse : « Plus que jamais, répond le Maréchal, en provoquant quelques surprises chez Tracou [directeur du Cabinet]. Mais oui ! ajoute-t-il, seulement la chasse n'est pas ouverte en ce moment. Je chasserai à l'automne. »

De retour à Paris, Déat narre l'entretien à ses lieutenants. « *Nous serons libres* », a lancé Pétain. Claude Varennes, le bras droit de Déat, écrira : « Aujourd'hui, le sens de ces paroles est fort clair, et en dit long sur l'état d'esprit du Maréchal quand on pense que cette conversation précédait le débarquement de quelques jours. Déat n'y vit que l'offre d'une entente possible pour se débarrasser de Laval, et rien d'autre.

« Après des paroles très courtoises, un tour à la bibliothèque, le Maréchal reconduisit son hôte à la voiture. Il ferma lui-même la portière, et le salua avec les marques du plus vif contentement [1]. »

Le lendemain, l'ambassadeur de Brinon téléphone à Déat : « L'entourage [du Maréchal] a réussi à faire échouer le projet de visite aux fortifications [2]. » Dans un but de propagande — tout indique que l'heure approche du débarquement des Alliés —, le maréchal von Rundstedt, commandant en chef du front ouest, avait suggéré à Pétain un court voyage autour d'un secteur des fortifications du mur de l'Atlantique. En tant qu'ancien professeur de stratégie à l'École supérieure de guerre, le maréchal Pétain, flatté, se montre plutôt tenté : un circuit militaire, des troupes qui rendent les honneurs... Le Dr Ménétrel ne sait plus à quel saint se vouer : « Je n'ai pas encore réussi, jure-t-il, à rendre le Maréchal malade, mais, cette fois, s'il le faut, j'y arriverai [3]. »

On en reste là. *Nous serons libres :* le cri du cœur pour le Vieux Soldat. Les Alliés arrivent, le Maréchal part à la dérive.

1. Claude Varennes : *Le Destin de Marcel Déat.*
2. *Journal de guerre* de Déat, 18-5-1944.
3. Tracou, *op. cit.* Entretiens avec l'auteur.

DOCUMENTS

« JOURNAL DE GUERRE » *DE MARCEL DÉAT*

Bonne nouvelle. « Darnand a une bonne nouvelle : Abetz a rapporté l'accord de Hitler pour la Milice. » (13-1-1944.)

Remaniement ministériel sous l'Occupation. « Départ à 18 heures à Matignon [...]. Séance épique avec Laval, Abetz, son secrétaire, Bichelonne [ministre de la Production industrielle], puis de Brinon. Marchandages auvergnats. Finalement, j'arrache les Prisonniers et les Sinistrés. On se bagarre sur les anciens combattants de Rivollet [dirigeant d'A.C.], et un peu sur l'affaire Chasseigne [commissaire général à la main-d'œuvre]. Mais, à ce propos, Bichelonne va voir le Majestic [l'hôtel Majestic, où sont installés les principaux états-majors allemands], il y a de l'espoir. Et, pour les combattants, rien n'est désespéré dans une prochaine étape, Abetz ayant suggéré que les anciens combattants de la zone nord, avec Rivollet, préparent d'abord l'unité avec ceux de la zone sud. Abetz et Bichelonne sont soufflés de la manière dont cela se passe entre Laval et moi.

« Finalement, Laval obtient tout de même d'aller voir le Maréchal, ce qui évidemment peut remettre beaucoup de choses en question. Mais Abetz le presse, voudrait que ce soit terminé samedi et dit qu'il envoie un télégramme à Renthe-Finck [diplomate chargé depuis peu par Hitler, avec le titre de délégué spécial diplomatique, de surveiller Pétain] pour actionner le Maréchal. Bref, on a tout de même avancé. Non seulement le cochon est tué, mais le boudin est fait. Il ne reste qu'à le faire goûter au Maréchal. » (9-3-1944.)

— « 10 h 50, Abetz téléphone. Raidissement de la résistance

maréchalesque. Il menace de donner sa démission si j'ai le Secours national. Ce qui prouve bien l'importance de la question. » (16-3-1944.)

— « Je téléphone à Abetz et l'avertis que si, mardi, je n'ai pas les pouvoirs nécessaires pour la Solidarité nationale, M. Laval cherchera un autre ministre. Du coup, il me dit de venir prendre le thé demain à 18 heures, avec Renthe-Finck. » (23-3-1944.)

Nietzsche et les Waffen SS. « 16 h 15, visite du capitaine Bentmann, beau-frère d'Abetz, à l'O.K.W. de Berlin, avec Paul Montagnon. Conversation intéressante. Je l'interviewe sur les philosophes allemands contemporains. Husserl est juif, Jaspers est marié à une juive, les autres sont douteux. On s'explique le goût morbide de nos gaullistes et de nos philosophes catholiques pour ces personnages. » (24-2-1944.)

« Le commandeur des Waffen SS téléphone pour me remercier de l'article où j'ai évoqué Nietzsche à propos de la Waffen SS. »

Armée française. « Visite du général Puaud [commandant la Légion des volontaires français contre le bolchevisme], très gentil. Il va pouvoir organiser un détachement de la Légion étrangère et un de tirailleurs nord-africains, sur le front de l'Est, reconstituant ainsi quelques noyaux d'armée française. » (20-4-1944.)

Laval, les otages, la main-d'œuvre. « Laval refuse de faire fusiller de simples otages [...]. Vues de Laval sur l'accord Sauckel. La grande idée est maintenant que l'on va prétexter le projet de service national pour gagner du temps. C'est un jeu que je ne jouerai pas. » (13-5-1944.)

Attentat. « Le préfet de la Nièvre m'apprend qu'hier ou avant-hier, notre maison d'Arbouse [maison familiale de Déat] a sauté. » (6-7-1944.)

Dîners parisiens. « Dîner avec Ch. [...] et quatre Allemands, des SS. » (10-5-1944.)

— « A 20 h 10, je gagne l'ambassade, au moins cinquante convives. Je suis à gauche de Mme Abetz. » (11-5-1944.)

★

LE MARÉCHAL : NON A L'ENTRÉE DE DÉAT AU GOUVERNEMENT

Note de l'auteur. Le 17 mai 1944, Déat, jusque-là honni et frappé d'interdit, est reçu au château de Voisins par le maréchal Pétain, qui se montre « charmant », « cordial », et qui raccompagne son hôte, en fermant lui-même la porte de la voiture. Deux mois plus tôt, à un jour près — le 16 mars —, Pétain opposait la plus vive résistance à l'entrée de Marcel Déat au gouvernement : le refus était catégorique. Les archives fédérales de Berne (Fonds de Walter Stucki) contiennent, en particulier, la note que nous publions ci-dessous.

Ce texte se présente sous l'anonymat. L'auteur croit cependant pouvoir l'identifier, sans grand risque d'erreur, comme venant du Dr Ménétrel, pour deux raisons : 1) le médecin personnel de Pétain remettait souvent « pour l'Histoire », comme je l'ai dit, des documents — qui constituaient évidemment des plaidoyers — à M. Stucki ou à Mgr Valerio Valeri, nonce apostolique ; 2) la note est dactylographiée avec une machine, dite machine du Maréchal, comportant des caractères plus gros que les normes habituelles, afin de faciliter la lecture des lettres, discours, etc. par le chef de l'État de Vichy. Voici le compte rendu, parmi quelques autres, d'une brève conférence entre Pétain et Laval. La note porte en titre *Au sujet de l'entrée de M. Marcel Déat dans le gouvernement :*

« M. Laval expose qu'il est obligé de régler la question dans la journée. M. Sauckel annonce son arrivée imminente à Paris, et le chef du gouvernement voudrait que les négociations sur la main-d'œuvre, qui vont avoir lieu, soient conduites par M. Déat.

« M. Abetz a dit, hier soir, à M. de Brinon que Berlin pressait beaucoup pour que la nomination de M. Déat ait lieu sans plus attendre, les difficultés d'attribution pouvant être réglées par la suite. M. Laval précise que la signature du Maréchal n'est pas nécessaire pour la nomination de M. Déat.

« Le projet de décret prévoit que le nouveau secrétaire d'État à la Solidarité nationale sera chargé du contrôle et de la coordination des Œuvres sociales. Il n'aura pas la direction de ces Œuvres.

« Le Maréchal déclare que le droit de contrôle confère à M. Déat des pouvoirs étendus sur le Secours national et la Croix-Rouge et qu'il ne peut donner son accord. D'une manière plus générale, le Maréchal confirme son opposition à l'entrée de M. Déat dans le gouvernement. Si, malgré sa volonté maintes fois exprimée, M. Déat était nommé, le Maréchal décide :

« — de ne plus présider, jusqu'à nouvel ordre, le Conseil des ministres, que M. Déat y soit ou non présent ;

« — de ne pas recevoir M. Déat.

« M. Laval déclare qu'il a fait connaître cette décision du Maréchal à M. Abetz et à M. Déat lui-même. Le Maréchal en a, de son côté, avisé M. de Renthe-Finck. »

CHAPITRE III

L'ÉPÉE DANS LE DOS : LA MARCHE VERS LE RHIN

L'ÉCRASANTE SUPÉRIORITÉ DES AMÉRICAINS. — ANGOISSÉS, LES MARÉCHAUX VON RUNDSTEDT ET ROMMEL EN APPELLENT À HITLER. — LE DÉBARQUEMENT. — DE GAULLE ET PÉTAIN S'ADRESSENT AUX FRANÇAIS. — « L'ÂNERIE STRATÉGIQUE » DES ANGLO-AMÉRICAINS. — HITLER À LA CONFÉRENCE DE MARGIVAL, PRÈS DE SOISSONS. — L'ENTRÉE EN LICE DES FUSÉES. — V : VENGEANCE. — LE DÉPART PRÉCIPITÉ DU FÜHRER. — TOUJOURS L'INTOXICATION : LES ARMES DU MIRACLE. — LE CONSEIL DES MINISTRES DU 12 JUILLET 1944. — LA FUREUR DE LAVAL. — L'ATTENTAT CONTRE HITLER. — LES SUICIDES DE GÉNÉRAUX ALLEMANDS. — LE DERNIER AVERTISSEMENT DU MARÉCHAL VON KLUGE SUR LA ROUTE DE BERLIN. — LA LUFTWAFFE CLOUÉE AU SOL. — LE SOMNAMBULE DÉAT. — « LA PEAU » DE LAVAL. — LA PANIQUE. — AUX ABOIS. — ULTIME CONSEIL DE CABINET. — LA FUITE.

Dans les jours et dans les heures qui précèdent le débarquement allié, l'état-major allemand sur le front de l'Ouest, avec une insistance proche de l'angoisse, souligne, à l'intention de Hitler, la supériorité ennemie : les Anglo-Américains dominent l'espace aérien. Au début de juin, selon les tableaux établis par la IIIe flotte aérienne, la Luftwaffe ne dispose plus, aux avancées stratégiques de la Manche et de l'Atlantique, que de quatre-vingt-dix bombardiers et soixante-dix chasseurs, sur un total d'environ cinq cents appareils [1].

1. Général Hans Speidel, *op. cit.* Pour sa part, le général Blumentritt, chef d'état-major du maréchal von Rundstedt, commandant en chef du front Ouest, déclare : « La supériorité

Le maréchal Rommel ne cesse d'adresser des rapports pressants au Führer, de mettre en évidence le danger croissant des déséquilibres qui s'accentuent, et de réclamer des renforts urgents. Son chef d'état-major Hans Speidel se souvient : « Rommel ne se contentait pas des allusions de Hitler aux *armes miraculeuses.* Il demanda, à maintes reprises, des renseignements au ministre Speer sur l'état de ces inventions et de leurs progrès, ainsi que sur le moment éventuel de leur entrée en action. Il lui fut répondu qu'il y avait une large marge entre la recherche scientifique et la fabrication technique de la bombe atomique. Sans doute, le professeur Otto Hahn avait créé les méthodes scientifiques, mais, pour la réalisation, on manquait encore du puissant potentiel dont disposaient les États-Unis. « [...] Le 1er avril 1944, Hitler avait bien promis au chef d'état-major du groupe d'armées B une tranche initiale de mille avions à réaction : on ne les vit jamais[1]. »

Le commandant du groupe d'armées B s'appelle Erwin Rommel, homme de guerre, passé maître dans l'emploi des blindés. Les Français sur le continent en 1940, puis les Britanniques en Afrique, s'en sont aperçus à leurs dépens. Aujourd'hui, son commandement part de la Loire et remonte vers le nord de l'Europe, au long d'un secteur de 2000 kilomètres. Rommel a établi son P.C. à soixante kilomètres en aval de Paris, au château de La Roche-Guyon, vieille demeure des ducs de La Rochefoucauld. Sa pièce de travail, ouverte de plain-pied sur une terrasse garnie de rosiers, s'égaie de magnifiques Gobelins. Le bureau Renaissance est celui qui aurait servi à Louis XIV pour signer, en 1685, la révocation de l'édit de Nantes.

Le 6 juin 1944, au matin, la pluie ne tombe pas à l'ouest, mais le ciel reste gris, couvert. Depuis la veille à 17 heures, le grand quartier général des forces allemandes se tient en alerte. Le

---

aérienne des Américains était écrasante. Nous disposions alors très exactement de 319 avions. Les Alliés avaient 5049 chasseurs, 1467 bombardiers lourds, 1465 bombardiers moyens et légers, 2316 avions de transport, 2591 planeurs. La proportion était de vingt avions alliés pour un avion allemand. » (*Mémoires* de Blumentritt, d'après *France-soir,* 2-6 et 3-6-1964.)

1. Général Speidel, *op. cit.* Correspondance de Speidel avec l'auteur sur les armes secrètes du Reich.

maréchal von Rundstedt a connaissance du *message-signal,* lancé à la Résistance française, qui traverse l'éther sur des vers de Verlaine : « Les sanglots longs des violons de l'automne bercent mon cœur d'une langueur monotone... »

En dépit des renseignements précis, les militaires allemands — tant de fois, le jour J leur a été annoncé — ne se libèrent pas d'un certain scepticisme. Au lever du jour cependant, le doute s'enfuit : la grande offensive commence.

Deux Français parlent sur les ondes. Et deux France, deux démarches, deux philosophies s'opposent. Enregistré depuis plusieurs semaines, un texte du Maréchal en appelle au calme : « Les armées allemandes et anglo-saxonnes sont aux prises sur notre sol. La France devient ainsi un champ de bataille... Français, n'aggravez pas vos malheurs par des actes qui risqueraient d'appeler sur vous de tragiques représailles... Les circonstances de la bataille pourront conduire l'armée allemande à prendre des dispositions spéciales dans les zones de combat. Acceptez cette nécessité, c'est une recommandation instante que je vous fais dans l'intérêt de votre sauvegarde. »

De l'autre côté de la Manche, un général répond au Maréchal. De Gaulle parle à Londres : « La bataille suprême est engagée !... Voici venu le choc décisif, le choc tant espéré... Cette bataille, la France va la mener avec fureur... Que tous ceux qui sont capables d'agir, soit par les armes, soit par les destructions, soit par le renseignement, soit par le refus du travail utile à l'ennemi, ne se laissent pas faire prisonniers... Tout vaut mieux que d'être mis hors de combat sans combattre. »

Le jour du débarquement, le haut commandement allemand estime que l'ennemi appuie ses opérations par des sorties aériennes dont il fixe l'ordre de grandeur à vingt-cinq mille en vingt-quatre heures[1]. Du côté de la Luftwaffe, on compte quelques dizaines d'appareils d'abord, quelques centaines ensuite. Sur terre, la puissance mécanique des Alliés se révèle également écrasante. Ainsi s'éclaire, d'un seul coup, l'avertisse-

1. Speidel, *op. cit.*

ment du général de Gaulle, en date du 18 juin 1940, lorsque, quatre ans auparavant — à douze jours près —, replié sur le sol de la Grande-Bretagne, il en appelait « à l'immense industrie des États-Unis... Cette guerre n'est pas tranchée par la bataille de France. Cette guerre est une guerre mondiale. . Foudroyés aujourd'hui par la force mécanique, nous pourrons vaincre dans l'avenir par une force mécanique supérieure. Le destin du monde est là ».

Aujourd'hui le destin du monde se précipite en Normandie. Les états-majors du Reich en tombent des nues. De ce spectacle impressionnant, ce qu'ils découvrent n'appartient plus à leur univers de guerre : « L'armement et l'équipement des divisions alliées étaient remarquables [...], des ports artificiels libéraient les formations de débarquement de la dépendance des ports permanents... Des pistes d'acier déroulables transformaient en peu de temps des prairies en aérodromes utilisables. Un pipeline envoyait le carburant suffisant au-delà de la Manche, ce qui apportait une solution capitale à ce problème de ravitaillement. Des matériels de ponts en acier préfabriqués permettaient de franchir rapidement et sûrement cours d'eau et autres obstacles [1]. »

Au monde des aveugles, Déat, cependant, se confine dans la cécité. Il garde une confiance illimitée en la puissance du Reich et en l'arrivée des armes diaboliques. Pour l'ancien ministre de l'Air, naguère interlocuteur privilégié du général de Gaulle lors de la campagne politique en faveur des divisions cuirassées, voici l'heure du rendez-vous invisible avec le chef de la France libre. Déat ne s'avoue pas vaincu. Il ne se sera pas trompé. De Gaulle aura tort. Ne lui annonce-t-on pas, de bonne source, à lui, Marcel Déat, « un V 2 de dix tonnes et de quinze mètres de haut, tirant sur New York [2] » ?

1. Speidel, *op. cit.*

2. *Journal de guerre* de Marcel Déat. *Note de l'auteur.* Il s'agit non d'une affabulation pure et simple, mais d'une très large anticipation. A cette date, les études théoriques et les dessins intéressent le plan d'une fusée intercontinentale à deux étages, d'une portée de 5 500 kilomètres, qui deviendra une réalité aux États-Unis, beaucoup d'années plus tard, grâce aux cerveaux d'ingénieurs d'origine allemande et à la capacité de l'industrie des États-Unis. (Correspondance avec l'auteur de Wernher von Braun, inventeur des fusées, 1962.)

Le jour du débarquement, après avoir écrit sur son *Journal de guerre :* « Une fois de plus, nous allons vivre des journées historiques », Marcel Déat accueille sans surprise ce coup de téléphone : « Le débarquement est stoppé dans l'ensemble... [Pour notre protection personnelle] nous aurons deux mitraillettes et des grenades. »

Le matin, comme si le continent ne tremblait pas, Déat s'est occupé des juifs : « Je pars à 11 h 30 avec [...] voir Gerlach et son adjoint, au 80, rue de Lille [ambassade d'Allemagne]. Ils ont formé le projet d'un comité pour intensifier la propagande antisémite... On déjeune à 13 heures. On écoute la radio. Nouvelles toujours bonnes. Le débarquement est raté en Normandie. »

Le surlendemain, on moque les Américains : « Alerme [colonel Michel Alerme, ancien collaborateur de Clemenceau, l'un des confidents de Déat] saisit l'occasion pour me dire quelques mots sur *l'ânerie stratégique* des Anglo-Américains : *C'est trop fort pour eux*[1]. » Otto Abetz, bien entendu, soutient le moral : « Abetz nous a donné les dernières nouvelles, qui étaient bonnes[2]. »

« L'ambassadeur » sait-il la vérité ? De gré ou de force, il participe, en tout cas, à l'intoxication collective dans laquelle baigne son royaume en péril.

Au jugement de Marcel Déat — commentera un des lieutenants du chef du R.N.P. —, « la réalité n'existe pas, sinon dans sa pensée ». Déat demeure persuadé que « l'échec du débarquement provoquerait un retournement complet[3] ». Avec ses intimes, le général Bineau (ancien commandant de l'École de guerre) et le colonel Alerme, « ils avaient la conviction que l'Allemagne possédait cent divisions équipées, prêtes à intervenir au moment opportun. Huit jours avant la percée d'Avranches, ils pensaient encore que les Alliés seraient rejetés à la mer, quand ces réserves entreraient en action. La défaite allemande leur paraissait donc impossible dans l'immédiat, ce qui laisserait aux armes secrètes le temps nécessaire pour intervenir[4] ».

Fort de ces certitudes, riche des félicitations du Reich, Déat

1. et 2. *Journal de guerre,* 8-6-1944.
3. et 4. Varennes, *op. cit.*

s'engage encore plus avant : « Mon article *Je ne suis pas neutre* fait le tour de l'Europe et on m'en exprime, du côté allemand, vive gratitude [...]. Darnand [chef de la Milice, secrétaire d'État à l'Intérieur] affirme que l'ordre est donné au maquis de commencer, dès cette nuit, le massacre des collaborationnistes... Garde en place. On va se coucher tranquillement, en attendant la Saint-Barthélemy promise [1].

Soudain, le 17 juin, Hitler arrive en France. Non sans mal, il cède aux appels ininterrompus des maréchaux von Rundstedt et Rommel. Il consent à venir sur place où s'imposent des décisions stratégiques. Le rendez-vous a lieu à 9 heures du matin, au point de rencontre « W II », poste de combat installé près de Margival, au nord de Soissons. Hitler connaît le secteur. Pendant la Première Guerre mondiale, entre l'Aisne et le canal de l'Oise à l'Aisne, le sang de milliers et de milliers de soldats des deux nations a coulé à l'endroit tristement célèbre, dit *Chemin des dames*.

Le poste de commandement « W II » a été prévu en ce lieu historique dès 1940, en vue de l'expédition contre la Grande-Bretagne, à proximité d'un tunnel où peut s'abriter le train spécial du Führer. « W II » est utilisé pour la première fois, avec ses abris bétonnés et spacieux. De la salle à manger surélevée, Hitler voit se découper dans le ciel l'architecture de la cathédrale Notre-Dame de Soissons.

Blême, fatigué par l'insomnie, ulcéré par le fait que les Alliés n'ont pas encore été rejetés à la mer, le Führer arrive de Metz en voiture blindée. Le commando de SS qui l'accompagne verrouille aussitôt les casemates.

Le maréchal Gerd von Rundstedt se borne à prononcer quelques mots. Représentant typique de la caste prussienne, monarchiste de tradition, il ne porte guère dans son cœur le régime nazi, mais sa conception de l'honneur, le culte de la discipline l'éloignent de la lutte ouverte contre le Führer. Il passe la parole à Rommel, en qualité de commandant en chef du front qui subit le choc de l'invasion. Et que dit Rommel ? Il s'arme de courage : selon son chef d'état-major Speidel [2], il

1. *Journal de guerre,* 9-6-1944.
2. Du général Speidel viennent tous les détails sur la conférence de Margival.

parle « avec une franchise totale » et montre la supériorité de l'ennemi sur terre, sur mer et dans les airs. A un moment, au cours d'une alerte, l'exposé de Rommel prend un tour pathétique et devient même brutal : « [Le maréchal] prévoyait l'écroulement du front d'invasion, la percée inéluctable vers l'Allemagne, la chute du front italien — Rome étant déjà perdue depuis le 4 juin. Il émit des doutes sur la solidité du front Est. Du point de vue diplomatique, il fit ressortir l'isolement total de l'Allemagne, qui ne pouvait aboutir qu'à un affaiblissement mortel. Il termina en suppliant de mettre fin à la guerre. Hitler, après plusieurs diversions, lui coupa la parole : *Ne vous occupez pas de la suite de la guerre. Veillez plutôt à votre front d'invasion*[1]. »

La méfiance et même la haine du Führer grandissent. La conférence — sept heures de durée — est interrompue pour une collation. Le végétarien Hitler engloutit une assiette de riz et de légumes. Deux SS veillent derrière son siège. Les plats ont été goûtés avant d'être présentés à l'autocrate, devant qui sont alignées des théories de flacons, remplis de pilules, de médicaments divers, qu'il absorbe les uns après les autres.

Face à ses maréchaux et à leurs états-majors, le Führer ne veut rien entendre. Il prophétise l'effet décisif que produira l'arme secrète V, inaugurée contre les îles britanniques depuis la veille. Il dicte lui-même, à l'intention du service de presse, le communiqué de triomphe. V doit sa lettre de baptême au mot *Vergetungswaffe* (arme de vengeance). Il s'agit de bombes volantes, d'un effet spectaculaire, mais qui aboutissent à des destructions aveugles.

Au cours de la conférence suprême de Margival, les maréchaux, en réplique à Hitler, demandent que l'arme V soit dirigée en priorité sur les têtes de pont de l'adversaire. Convoqué, le général d'artillerie Heinemann ne peut que reconnaître la dispersion des projectiles : de quinze à dix-huit kilomètres. Compte tenu du niveau des connaissances techniques, il reste impossible d'obtenir une plus grande précision de tir contre les troupes du débarquement. Faute de mieux, les maréchaux demandent de viser d'abord les ports du sud des îles britanniques où transitent les unités et le matériel d'invasion.

1. Speidel, *op. cit.* Correspondance de Speidel avec l'auteur.

Hitler s'y oppose : il veut atteindre Londres et croit pouvoir acculer Churchill à la paix. Il parle de l'arrivée massive des nouveaux chasseurs à réaction, de l'emploi de plus en plus considérable des bombes volantes. Il prédit l'écroulement de la Grande-Bretagne à bref délai.

L'arme V... Le lendemain, 18 juin, le Führer a projeté de se rendre sur le front. Coup de théâtre : lorsque le général Speidel, chef d'état-major de Rommel, téléphone à son homologue au quartier général de von Stülpnagel, à Saint-Germain-en-Laye, pour fixer l'horaire du programme, il apprend une nouvelle stupéfiante : sans prévenir ses maréchaux, le Führer a regagné dans la nuit Berchtesgaden. Pourquoi ? Un projectile V est tombé à proximité de l'abri bétonné de Hitler — d'ailleurs sans provoquer de gros dégâts.

S'agit-il d'un attentat ? Non. Par suite d'une avarie dans le système de réglage gyroscopique, plusieurs fusées, lancées à partir de bases côtières, avaient pris la direction de l'Est, au lieu de l'Ouest [1].

Le haut commandement allemand constate que l'efficacité de l'arme secrète, non négligeable du point de vue psychologique, demeure dérisoire au plan militaire : les services de renseignement et les interrogatoires de prisonniers alliés l'attestent.

Il n'empêche qu'à Paris Marcel Déat exulte. Les premiers V tombent sur l'Angleterre et Déat s'écrie devant ses adjoints : « Les Allemands n'ont donc pas bluffé [2]. » Ainsi Déat, abusé tout au long des jours qui marquent le déclin de la suprématie allemande, persiste et signe : « L'entrée en action des nouvelles armes, dont on commence à comprendre qu'elles sont bien plus qu'un surcroît de force, un supplément de feu, mais une révolution technique, qui, probablement, va entraîner plus d'une révision tactique et stratégique. Et dont on peut escompter des effets psychologiques et politiques autant que militaires [3]. »

1. Cf. Speidel, *op. cit.*
2. Varennes, *op. cit.*
3. Déat : éditorial de *L'Œuvre*, 25-7-1944. A noter aussi cette phrase au sujet des combats à l'Est : « La Wehrmacht s'accroche quand elle le juge utile, se décroche quand elle en a ainsi décidé. »

Tandis que Marcel Déat lie de plus en plus son sort au national-socialisme, des clans du haut commandement allemand se détachent des nazis. Les combattants du front commencent à murmurer. Les putschs se dessinent. Deux commandants de divisions blindées, sûrs de leurs unités, se déclarent prêts à intervenir « contre les ennemis de l'intérieur » : le Generalleutnant comte Schwerin (116e division blindée) et le Generalleutnant baron von Lüttvitz (2e division blindée).

Terrifiés, chaque jour davantage, par le cours des événements, les maréchaux von Rundstedt et Rommel sont convoqués, sur leur demande, par Hitler. Arrivés à Berchtesgaden le 29 juin, ils supplient le Führer de terminer la guerre. Une fois encore, Hitler se répand en exhortations sur la mise en service « des nouvelles armes merveilleuses[1] » dont il attend « la victoire finale et totale[2] ».

Incrédules et désespérés, les maréchaux regagnent leurs quartiers généraux. Deux jours plus tard, Rundstedt se voit relevé de son commandement. Il s'en va, soulagé de ne pas présider à la catastrophe. Mais, en dehors de sa personne, l'attentat contre Hitler est en marche.

Parallélisme frappant : d'un côté, des chefs militaires, parmi les plus prestigieux, exerçant des commandements en France, s'éloignent du national-socialisme ; de l'autre, les *ultras* de Paris, attachés, dur comme fer, à la foi en la victoire de Hitler, stimulés par Otto Abetz et encouragés par l'apparition dans le ciel londonien des *chiens de l'enfer* (les bombes volantes), se précipitent vers la collaboration totale.

Avant d'être blessé grièvement par une attaque aérienne, Rommel — « le premier opposant que j'aie rencontré », dit Abetz[3] — tente de sauver la vieille Allemagne. En vain, il expose au maréchal Keitel, chef de l'état-major suprême : « La situation empire rapidement. Une victoire totale, dont Hitler a parlé encore aujourd'hui même, est absurde. Il faut s'attendre, au contraire, à la défaite totale. Par conséquent, par tous les moyens, renonçant à tous les avantages acquis et à tous les

1 et 2. Speidel, *op. cit.*
3. Abetz : *Histoire d'une politique franco-allemande* (Stock).

rêves, terminons immédiatement la guerre à l'Ouest, et tenons le front de l'Est. Il s'agit de préserver l'Allemagne du chaos et, avant tout, de la destruction totale par la guerre aérienne[1]. »

Aucun secours sérieux, l'expérience le confirme, n'est à espérer de Keitel, qui — constate le général Heinrich von Stülpnagel, commandant supérieur des troupes en France — ne sait, au quartier général de Hitler, que « répondre par son éternel : *Jawohl, mein Führer*[2] ».

A l'inverse des militaires allemands, saisis par le doute ou bien la peur du désastre, Déat et trois autres ministres (Brinon, Bichelonne, Abel Bonnard) signent, le 5 juillet 1944, une ***déclaration commune sur la situation politique,*** qui équivaut à un ultimatum lancé à Laval, devenu le mal-aimé, le suspect, la bête noire dont ils demandent le départ et le remplacement. Le remplacement par qui, sinon par Déat ? Le professeur doctrinaire inspire les conjurés qui — aussitôt rejoints par quelques dizaines de personnalités engagées dans la collaboration — réclament une sorte de cabinet de salut public. Ils exigent des sanctions, des purges, la mort : « C'est seulement à ce prix que le Reich retrouvera à ses côtés une France capable de parcourir, avec lui, la dernière partie du chemin qui mène à la victoire de l'Europe[3]. »

L'un des signataires, Jacques Doriot, chef du Parti populaire français, se rend sur le front de l'Ouest. Hôte d'un état-major divisionnaire de la Wehrmacht, il s'entend prévenir par le général : « Monsieur Doriot, voyez-vous, nous sommes en train de perdre la guerre. A vrai dire, nous l'avons déjà perdue. Que voulez-vous, nous avons, devant nous, la jeunesse des deux plus grands empires du monde, et notre jeunesse, elle, est ensevelie dans les steppes de Russie[4]. »

Doriot, lui aussi, néglige l'avertissement, ou bien bouche ses oreilles. L'ancien communiste du Komintern — qui fut, assure-t-on, l'un des favoris de Staline —, engagé volontaire sur le

1. Speidel, *op. cit.* Correspondance avec l'auteur.
2. Abetz, *op. cit.*
3. Texte complet *in :* Barthélemy, *op. cit.*
4. Barthélemy (*op. cit.*), secrétaire général du P.P.F., présent à l'entretien, aux côtés de Doriot.

front de l'Est en 1941, décoré de la croix de fer, regarde peut-être derrière lui : les ponts sont coupés.

Laval réunit le dernier Conseil des ministres le 12 juillet à Vichy pour contre-attaquer les conjurés du 5 juillet. Devenu la cible des *ultras,* le chef du gouvernement veille à ce que soit établi un *procès-verbal* en bonne et due forme. On règle des comptes et on lave le linge sale en famille. On constate aussi l'ingérence confirmée d'Abetz dans les affaires gouvernementales. M. Abel Bonnard, de l'Académie française, ministre de l'Éducation nationale, a un mot d'éloquence : « Paris a la fièvre, et la fièvre de Paris, c'est la fièvre d'un géant [1]. »

Pierre Laval attaque, mord, déchire à pleines dents ses adversaires. Déat, absent (il refuse obstinément de mettre les pieds à Vichy) est envoyé aux enfers. Des Français en uniforme allemand vont-ils se battre contre des Français qui arrivent d'Angleterre en uniforme français ? Laval s'insurge. Ce sang, il ne le veut pas sur les mains : « M. Marcel Déat dit qu'il n'est pas neutre : qu'il s'engage donc, c'est facile ! M. Marcel Déat voudrait que la L.V.F. et les Waffen SS [français] aillent combattre en Normandie. Je m'y suis opposé. J'ai fait valoir aux Allemands que, lorsqu'on verrait, d'un côté les troupes françaises de la dissidence et, de l'autre, les quelques centaines de soldats combattant dans les rangs allemands, la disproportion serait trop flagrante et trop visible.

« [...] Depuis, j'ai su que M. Himmler [*Reichsführer SS*] n'était pas favorable à l'envoi en France des Waffen SS français et que le chancelier Hitler partageait ce sentiment en ce qui concerne la L.V.F. [2]. »

Laval éclate de fureur et s'abandonne à la pitié méprisante : un de ses ministres, un marin, l'amiral Platon, vaillant défenseur de Dunkerque en 1940, le promet aujourd'hui à la potence.

1. Extrait du procès-verbal du Conseil. Voir éléments complémentaires à la fin du chapitre.
2. *Ibid.* Rappelons que Hitler a toujours considéré avec méfiance les volontaires français.

Une fois encore, nous constatons que l'occupation prolongée d'un pays entraîne des effets pires qu'une guerre, par le dérèglement des esprits qu'elle provoque. L'amiral Platon traîne-t-il Laval devant le tribunal de la patrie pour crime de collaboration ? Non. Pour insuffisance de zèle aux côtés des Allemands : « Le chef du gouvernement — mentionne le procès-verbal — lit des extraits d'une lettre de l'amiral Platon dont il a eu connaissance et dans laquelle ce dernier s'exprime ainsi : *Je trouve pénible qu'au moment où la campagne de Normandie est transformée en terre brûlée, où les villes y sont rasées, où l'on voit se déclarer un exil analogue à celui de 1940, je trouve pénible d'entendre le chef du gouvernement déclarer aux Français : Nous ne sommes pas dans la guerre. Que lui faut-il ? Cet homme ne devra pas être fusillé, mais pendu. Il le sera.* »

Laval traite Platon de « fou ». La main sur le cœur, il invoque le patriotisme qui l'inspire sans cesse ni trêve : « Si je ne me laissais guider que par des considérations personnelles, je m'effacerais volontiers, mais je n'ai pas le droit de céder la place à un fou, ou de compromettre les intérêts de la France. »

Laval, à la vérité, cesse d'attendre les Allemands. Il attend les Américains. Dans sa tête auvergnate, tourne le grand projet secret d'une résurrection solennelle de l'Assemblée nationale, afin de ne pas laisser le champ libre à de Gaulle et d'apparaître, dans la légalité de la République sauvée des eaux, comme le *deus ex machina*.

En présence de ses ministres, le rhéteur Laval, en une fulgurante période, développe sa profession de foi, superbe de pacifisme, qui révèle bien le personnage, mâtiné de sincérités et de roueries. Il se pose en fils spirituel de Briand, *l'apôtre de la paix* entre les deux guerres. Il n'a jamais changé. Il a toujours haï la guerre. Il a toujours lutté pour l'entente avec le peuple allemand [1].

Toutes ces agitations sur le bord de l'Allier ne troublent guère Déat, qui dispose des plus solides appuis SS à Paris. Après le Conseil du 12 juillet, il dissèque le communiqué « où

1. Voir, à la fin du chapitre, les extraits du procès-verbal. Conseil des ministres, 12-7-1944.

s'affirme l'unanimité cherchée par Laval sur le thème fragile de la neutralité juridique, et où l'on a pris soin de noter que j'étais absent [...]. Enfin, je suis nommé chef de l'opposition incontestablement [1] ».

La France brûle et, suprême ambition, Marcel Déat, prêt à tout, aspire à diriger la terre des Gaules avec le concours des SS, en attendant l'entrée en lice des armes magiques : « B. — écrit-il — a vu les SS à propos du Conseil des ministres. Ils disent tous maintenant que c'est moi qui ai raison [...].

« Les miliciens arrivent. Je vais les voir s'installer. Ils apportent la literie. Nous disposons donc de trois fusils-mitrailleurs, de trois mitraillettes, d'un nombre respectable de pistolets et d'un certain nombre de grenades. On annonce vaguement des attentats et des troubles pour demain. Nous sommes parés [2]. »

Et chacun de se préparer au coup de feu. Quant à Laval, son ami Abetz — à en croire Déat — le jette aux orties : « Abetz est allé à Berlin [...]. Je trouve, avec un étonnement joyeux, un Abetz transformé, décidé au combat et jetant Laval par-dessus bord, tout à fait éclairé sur lui et le Maréchal. Le Maréchal voudrait venir à Paris pour y attendre les Américains. Il est très anxieux du moment à choisir, car il a peur d'être kidnappé par les Allemands. En somme, il faudrait qu'il saisisse le moment où les Allemands seront partis, et les Anglo-Américains pas arrivés. C'est calé. Et toutes dispositions sont prises pour qu'il quitte Vichy, mais ne vienne pas à Paris [3]. »

En foi de quoi, les Allemands commencent à mettre en place le dispositif qui aboutira à emmener le Maréchal, contre son gré, de l'autre côté du Rhin.

Les collaborationnistes attendent, en réalité, dans cette période, deux miracles : l'intervention des armes secrètes et la réédition, modèle 1944, du pacte Staline-Hitler : « A. me dit que, de partout, court la grande et mystérieuse nouvelle de l'accord à l'Est, notamment à Radio-Paris [4]. » Ce n'est pas la

1 et 2. *Journal de guerre,* 13-7-1944.
3. *Ibid.,* 15-7-1944.
4. *Ibid.,* 18-7-1944.

première fois que Déat et ses amis prêtent une oreille complaisante aux rumeurs d'un nouveau coup de poker dont pourraient se montrer capables les deux comparses du pacte germano-soviétique de 1939.

Quarante-huit heures plus tard, s'abat sur le monde la nouvelle colossale d'un attentat contre Hitler. Le Führer a la vie sauve, mais il échappe de peu à la mort.

A l'heure où Déat, Doriot, Brinon et leurs cohortes se montrent plus nationaux-socialistes que les nationaux-socialistes, plus allemands que les Allemands, plus fanatiques que les fanatiques, comment une élite du haut commandement de la Wehrmacht est-elle arrivée à la décision fatidique de supprimer Hitler ? Le général Hans Speidel nous l'explique, au niveau supérieur du cas de conscience d'un soldat : « Une armée cesse d'être une armée quand elle est devenue incapable de combattre. Un commandement militaire et politique, conscient de ses responsabilités, avait su, dans les guerres antérieures, en tirer les conséquences. Rappelons seulement chez les Français la guerre de 1870-1871 ; chez les Allemands, la fin de la Première Guerre mondiale avec Hindenburg-Ludendorff, à l'automne de 1918. Pendant l'été 1944, cette grave décision s'imposait une fois de plus. Des soldats conscients de leurs responsabilités — et parmi eux, Rommel — essayèrent d'éliminer Hitler et de terminer la guerre. C'est ainsi que se produisit l'attentat du 20 juillet 1944. La tentative échoua. Il ne s'ensuivit aucune conséquence immédiate sur le front ; ce n'est que bien plus tard que l'événement apparut dans ses motifs, son déploiement, ses conséquences. Adolf Hitler continua, en repoussant consciencieusement l'évidence de la défaite, à s'abandonner à ses illusions : espoir en l'efficacité des V 1, en la guerre sous-marine, en la destruction de l'alliance russo-américaine, etc. [...]. C'est ainsi que s'accomplit tragiquement le destin de l'armée allemande[1]. »

Marcel Déat essaie de démêler les tenants et les aboutissants de l'attentat. Sans désemparer, il conclut d'emblée que l'affaire

1. Speidel, *op. cit.*

renforce l'Allemagne nazie. Ceux qui entourent le doctrinaire s'en rendent compte : « Déat avait perdu tout bon sens et une sorte de folie s'était emparée de lui[1]. » Le professeur de philosophie note ses réflexions pour lui-même : « Je forme l'hypothèse rationnelle que le complot a été monté par les éléments réactionnaires de la vieille armée et les capitalistes indécrottables ; que la campagne pour l'accord à l'Est était une préparation psychologique de l'*Intelligence Service,* de manière à faire apparaître les conjurés comme les sauveurs et comme les pacificateurs. En effet, en accord avec les thèmes de la propagande soviétique, ils devaient faire la paix à l'Est, mais aussi à l'Ouest, en prétendant sauver l'Allemagne de la destruction par la prolongation de la guerre. C'était bien joué. Mais le coup est manqué[2]. »

Le coup est manqué... Plus résolu que jamais, Déat pose sa candidature à la présidence du gouvernement. Il sera le chef de la France nationale-socialiste, au cœur de l'Europe nationale-socialiste. Dans l'esprit de cet athée, le national-socialisme remplace la religion. Il lui donne son corps et son âme. Alors que d'autres entendent sonner le glas, Déat pense que son heure est venue. Il traite Laval de *Badoglio* et lui-même se compare volontiers au Duce, retranché, en dépit des abandons et des reniements, dans sa République fasciste de l'Italie du Nord. Le bras droit du chef du R.N.P., Claude Varennes, en témoigne : « Déat avait dit une fois qu'il ramasserait le pouvoir dans la boue et le sang, au plus dur moment de la guerre et du drame français. Ce moment lui sembla venu[3]. »

Sa confiance en l'issue finale, en tout cas, reste inébranlable, et le petit professeur de philosophie compte bien que l'armée russe sera détruite, au besoin par le recours massif aux gaz, dans l'emploi desquels les Allemands sont maîtres : « Indications intéressantes sur l'Allemagne. Berlin, calme plat, sérénité, volonté de continuer le combat ; pas d'ébranlement à la suite de l'attentat, au contraire. Les SS, unanimes pour dire que le cours interrompu de la révolution va reprendre de plus belle [...]. On

1. Varennes, *op. cit.*
2. *Journal de guerre,* 21-7-1944.
3. Varennes, *op. cit.*

croit à la bataille sur la Vistule. Certains indiquent que l'armée russe, de toute manière, sera écrasée, et qu'au besoin on emploiera les gaz. L'Allemagne dispose là de moyens immenses et irrésistibles[1].

Au passage, une note d'humour noir surgit : « Von Nostitz m'appelle de l'ambassade pour me demander s'il est exact que j'ai été assassiné. »

Observons cette marche fascinante qui descend vers les abîmes : les collaborationnistes français répètent *Heil Hitler !* et, à l'inverse, des officiers généraux de l'orgueilleuse armée allemande choisissent la mort pour ne plus suivre le Führer. Le 21 juillet, lendemain de l'attentat contre Hitler, le major général von Tresckow, affecté en France en qualité de chef d'état-major du maréchal von Kluge (successeur désigné de Rundstedt et remplaçant de Rommel), se suicide[2]. Son testament comprend ces lignes vengeresses : « Maintenant, le monde entier va nous tomber dessus et nous couvrir d'injures. Mais, aujourd'hui comme avant, je suis persuadé, dur comme fer, que nous avons bien agi. Je considère Hitler, non seulement comme l'ennemi juré de l'Allemagne, mais aussi comme l'ennemi juré de l'univers. Lorsque, dans peu d'heures, je paraîtrai devant Dieu, qui me jugera, pour lui rendre compte de mes actions et de mes missions, je crois pouvoir exposer, la conscience pure, ce que j'ai fait dans la lutte contre Hitler. De même que Dieu a promis, un jour, à Abraham de ne pas détruire Sodome, quand bien même il n'y vivrait plus que dix justes, j'espère que Dieu, à cause de nous, n'anéantira pas l'Allemagne. Aucun de nous ne peut se plaindre de sa mort. Quiconque est entré dans notre cercle a revêtu la tunique de Nessus. La valeur morale d'un homme ne commence que lorsqu'il est prêt à donner sa vie pour ses convictions. »

Peu de temps après, son chef, le Feldmarschall Günther von Kluge, appelé à Berlin, quitte son P.C. de France et, craignant

1. *Journal de guerre,* 28-7-1944.
2. Affecté en France, Tresckow n'est pas muté, en dernier ressort. Il met fin à ses jours à l'Est.

d'être arrêté, absorbe un poison près de Metz. Il laisse une lettre à Hitler : « Si vos armes nouvelles ne devaient avoir aucun succès, particulièrement dans les airs, il vous faudrait terminer la guerre [1]. »

Le 21 juillet, tandis qu'expire Tresckow aux frontières orientales, le général Heinrich von Stülpnagel, commandant les troupes d'occupation en France, reçoit l'ordre de se rendre en Allemagne pour explications. La veille, de connivence avec le complot, il a mis sous les verrous, sans autre forme de procès, les chefs SS de Paris : le général Oberg, le colonel Knochen.

L'ambassadeur Abetz reçoit le compte rendu de ce qui se passe : peu de kilomètres avant Verdun, Stülpnagel ordonne à son chauffeur de s'arrêter et de garer la voiture : « Il voulait revoir le champ de bataille sur lequel il avait combattu comme jeune lieutenant durant la guerre de 1914. Quelques minutes plus tard, le chauffeur entendit un coup de feu. Il crut que le général était attaqué par des terroristes et se hâta de courir à son secours. Après de courtes recherches, il trouva le haut commandant militaire étendu sans connaissance, au bord d'une rivière. Le général von Stülpnagel avait voulu, en même temps qu'il se tirait un coup de revolver à la tempe, se laisser emporter par le courant [2]. »

Le général von Stülpnagel ne réussit qu'à se rendre aveugle Transporté en Allemagne, traduit devant le tribunal du peuple, il est pendu.

Une corde, ou bien un peloton d'exécution : voilà ce qu'aperçoit Laval au bout de son parcours personnel. L'Auvergnat madré enfouit-il en ses ressorts cachés la sincérité ? Il a toujours affirmé, c'est vrai, se tenir prêt au sacrifice de sa vie dans l'intérêt du pays. Aujourd'hui, le feu dévore la maison et, comble de malheur, voici Pierre Laval promis à la mort physique par les Résistants, promis à la mort politique par les extrémistes. Dans la salle à manger privée de l'hôtel Majestic

1. Speidel, *op. cit.*
2. Abetz, *op. cit.*

(siège d'états-majors allemands), le chef du gouvernement confère avec les diplomates Abetz, Struwe, Hoffmann, les secrétaires d'État Paul Marion et Joseph Darnand, les secrétaires généraux Guérard, Rochat. Laval, outré, monte sur ses grands chevaux. Trop, c'est trop. Il exige que soit suspendu l'hebdomadaire *Je suis partout,* auteur d'une scandaleuse manchette : « Napoléon disait de Talleyrand : *c'est de la m... dans un bas de soie.* Où est la soie[1] ? »

De nouveau, la réalité de l'Histoire surclasse la fiction. Que se passe-t-il ? L'Américain Patton, à la tête de la IIIe armée, fonce en direction de Paris. Pourtant, au prix d'énormes efforts, les Allemands réussissent l'exploit, le 6 août à minuit, de lancer une puissante contre-offensive de blindés, qui perce jusqu'à l'aube. Ils pénètrent de dix kilomètres dans les lignes ennemies. Bref succès. Une fois encore, le déluge de fer et de feu, tombant des terrifiantes escadres de l'air américaines, s'abat sur la Wehrmacht et sur la Luftwaffe. Le général Hans Speidel est présent : « Trois cents chasseurs allemands avaient été, de tous les points, concentrés à l'ouest pour cette offensive. Pas un seul de ces avions ne parut au-dessus des points d'offensive : tous avaient été encerclés et anéantis dès leur départ pour la lutte aérienne[2]. »

Il n'empêche que Déat, somnambule errant dans une époque en délire, parvient sans cesse à fortifier sa confiance. Des renseignements sûrs lui arrivent par le truchement des SS. Son cœur bat avec les Waffen : « Les villes du Mans et de Laval seraient reprises par une attaque de flanc. Des divisions, arrivant du sud-est, prennent position en avant de Montargis. Des troupes de Belgique arrivent sur la Basse-Seine, relevées en Belgique par des troupes venues d'Allemagne. La poussée sur Avranches continue. Et la contre-attaque se développe à partir de Tours. La situation peut changer très vite[3]. »

Toutes affaires cessantes, comment établir l'ordre des priori-

1. Tracou, *op. cit.* Entretiens avec l'auteur.
2. Speidel, *op. cit.*
3. *Journal de guerre,* 10-8-1944.

tés ? Déat n'hésite pas : « Il faut d'abord avoir la peau de Laval... Laval manœuvre... Il fait dire partout que sa résolution est prise de rester à Paris, quoi qu'il advienne. Autrement dit, il attend les Américains. Bref, la mécanique est bien montée. Cela ne peut pas durer[1]. » *Ultima ratio :* « Je tape une note pour Abetz[2]. »

La discorde chez l'ennemi[3], se remémore de Gaulle, considérant l'état du haut commandement allemand. Mais la désunion nationale règne aussi en France, où agonise le régime de Vichy.

De Gaulle, arrivé sur le sol de la Bretagne libérée, s'installe à la préfecture de Rennes. Vers lui affluent les nouvelles de Paris et le Général apprend, en particulier, l'échec de la tentative de Pierre Laval en vue de convoquer l'Assemblée nationale et de reprendre en main les cartes du jeu. Le président de la Chambre des députés, Édouard Herriot, ne s'est pas laissé convaincre par les arguments de celui qu'il appelle parfois *don Pedro.* Et de Gaulle, en quelques lignes d'acier, inscrira, à l'heure des verdicts de la Nation, un jugement difficile à effacer : « Ainsi tombait au néant la dernière combinaison de Laval. Jusqu'au bout, il avait soutenu une querelle dont nulle habileté ne put empêcher qu'elle fût coupable. Porté de nature, accoutumé par le régime, à aborder les affaires par le bas, Laval tenait que, quoi qu'il arrive, il importe d'être au pouvoir, qu'un certain degré d'astuce maîtrise toujours la conjoncture, qu'il n'est point d'événement qui ne se puisse tourner, d'hommes qui ne soient maniables. Il avait, dans le cataclysme, ressenti le malheur du pays, mais aussi saisi l'occasion de prendre les rênes et d'appliquer, sur une vaste échelle, la capacité qu'il avait de composer avec n'importe quoi. Mais le Reich victorieux était un partenaire qui n'entendait pas transiger. Pour que, malgré tout, le champ s'ouvrît à Pierre Laval, il lui fallait donc épouser le désastre de la France. Il accepta la condition. Il jugea qu'il était possible de tirer parti du pire, d'utiliser jusqu'à la servitude, de

1 et 2. *Journal de guerre,* 11-8-1944.
3. Titre d'un des premiers livres du jeune officier Charles de Gaulle (Berger-Levrault, 1924), consacré à la fin de la Première Guerre mondiale.

s'associer même à l'envahisseur, de se faire un atout de la plus affreuse répression. Pour mener sa politique, il renonça à l'honneur du pays, à l'indépendance de l'État, à la fierté nationale [...]. Laval avait joué. Il avait perdu. Il eut le courage d'admettre qu'il répondait des conséquences. Sans doute, dans son gouvernement, déployant, pour soutenir l'insoutenable, toutes les ressources de la ruse, tous les ressorts de l'obstination, chercha-t-il à servir son pays. Que cela lui soit laissé [1] ! »

De ce jugement, on peut rapprocher, au moment où les événements projettent leurs dernières lueurs sur les hommes de l'Occupation, le portrait de Laval par Otto Abetz, le Français et l'Allemand, acolytes et complices pendant si longtemps : « Le grand rêve de Laval, depuis 1940, avait été d'être le nouveau Talleyrand qui, durant la guerre même, cherche des compromis afin de la terminer rapidement et prépare un traité susceptible d'assurer aux peuples une longue période de bon voisinage, de paix et de prospérité. En tant que patriote, Laval espérait pouvoir ainsi détourner de son pays les conséquences de la défaite de 1940 [2]. »

La panique et le sauve-qui-peut

La panique apparaît très tard parmi les collaborationnistes de Paris, soutenus par l'attente des armes du miracle : elle se répand le 12 août 1944, soit douze jours avant l'arrivée des chars de Leclerc, et quatorze jours avant que de Gaulle descende les Champs-Élysées.

Le 12 août, donc, Déat tient conférence avec « l'ambassadeur ». Cette fois, il entend le tocsin du grand départ. Il écrit : « Le convoi sera accompagné par Abetz, ce qui présentera des avantages certains. On ira sans doute à Vittel, ou quelque part dans le coin. La meilleure route, selon Abetz, passant probablement par Melun et Dijon [...]. Tout le monde a pris des précautions en changeant de domicile et en s'armant [3]. »

1. De Gaulle : *Mémoires de guerre,* II.
2. Abetz, *op. cit.*
3. *Journal de guerre,* 12-8-1944.

La panique rampe d'abord, elle galope ensuite, sous les yeux des lieutenants de Déat, dont une mince fraction choisit de ne pas quitter le sol français : « Si Déat avait conservé, en 1944, toute sa lucidité politique, nul doute qu'il n'aurait pas suivi cette voie [...]. Il était passé de la phase politique à la phase du combat jusqu'au bout. Tout recul lui aurait paru aussi inacceptable qu'une reddition à un chef militaire [...]. Il croyait que le salut était en avant, et il se précipitait, les yeux clos, vers un avenir impitoyable[1]. »

Le 15 août, une nouvelle s'abat en catastrophe sur la tête fébrile des candidats au repli : un deuxième débarquement a lieu dans le Sud, sur un front de cent soixante kilomètres, entre Nice et Marseille. Le général Patch commande le VIe corps américain. La Ire armée française avance sous les ordres du général de Lattre de Tassigny.

Déat tremble. La terre se dérobe sous ses pas : « Blême et agité, celui qui avait été un magnifique héros de 1914 à 1918 n'était plus qu'un homme apeuré, en proie à une panique de tout son être physique et moral[2]. » Parmi les militants de son état-major « personne ne reconnaissait, dans celui que ne préoccupait plus que son salut personnel, le chef d'un groupe d'hommes qu'il avait conduits là où ils se trouvaient[3] ». Il s'inquiète des moyens de locomotion pour gagner l'est de la France. Il dresse un inventaire des camions et de l'essence. Il ne pense plus à rien d'autre : la fuite. « Il interrogeait dix fois par jour ceux qui s'occupaient [des possibilités de transport]. Il prenait des colères folles quand il apprenait qu'un véhicule était indisponible, même temporairement[4]. » Tout ce qui roule semble bon, y compris les voitures des pompes funèbres : « La milice a réquisitionné un car funéraire de chez Borniol, d'ailleurs de belle ligne[5]. »

Le 16 août, note Abetz, « tous les services civils allemands, ainsi que les services administratifs militaires, évacuent Paris ». Déat reçoit un coup de téléphone « qui confirme la panique des services allemands ». Selon son habitude, Déat prend le chemin

1. 2. 3. 4. Varennes, *op. cit.*
5. *Journal de guerre*, 15-8-1944.

familier de « l'ambassade ». Il voit Abetz : « Tout va très mal : Orléans pris, Chartres pris, Dreux pris... On achève en hâte les bagages. Veillée d'armes. Demain, on partira au petit jour avec le premier convoi. B. [chauffeur et majordome de Déat] fourgonne toute la nuit dans les placards pour compléter les colis en heureuse pagaille [1]. »

Le 17 août, Hitler donne l'ordre à ses unités du sud et du sud-ouest de se replier sur la ligne Orléans-Bourges-Montpellier. A 4 h 30 du matin, Déat s'enfuit : « Nous ramassons les ultimes colis, qui sont légion. Nous tassons tout très difficilement dans la voiture [...]. J'ai ma mitraillette et mon Colt, le chauffeur a mon 92, un milicien m'accompagne [...].

« On file aussi vite qu'on peut. Toujours des convois sans fin. Plusieurs fois, nous nous arrêtons, car il passe dans le ciel de puissantes escadres de bombardiers lourds [2]. »

Parti aux aurores, Marcel Déat, obsédé par la fuite en avant, se moque du sort des autres ministres réunis à l'hôtel de Matignon. Les commentaires vont bon train sur le départ, sans tambour ni trompette, du chef qui abandonne ses troupes du Rassemblement national populaire.

A 16 heures, un coup de téléphone circulaire convoque d'urgence les ministres et secrétaires d'État en Conseil de cabinet. Rendez-vous à 18 h 30. La séance s'ouvre à la minute précise. Sur les délibérations n'existent, à notre connaissance, ni procès-verbal ni compte rendu. Nous disposons, en revanche, d'extraits du *Carnet de notes,* tenu par le Dr Grasset, ministre de la Santé publique [3]. Une fois encore, la lecture de ce document, pour limité qu'il soit, laisse pantois : « [...] Le Président [Laval] annonce que les Allemands exigent le transfert, de Vichy à Belfort, du siège du gouvernement [...], il lit la lettre d'Abetz et dit : *Je vais vous consulter un à un mais, d'ores et déjà, je fais connaître mon sentiment : je refuse d'aller à Belfort et de transférer le gouvernement où que ce soit* [...]. *Si les Allemands*

1. *Journal de guerre,* 16-8-1944.
2. *Ibid,* 17 et 16-8-1944.
3. Extraits confiés à l'auteur par le Dr Grasset.

veulent nous emmener de force, ce ne sera, pour ce qui me concerne, qu'en tant que prisonnier, et non comme chef du gouvernement.

« On annonce Abetz. Le président va le recevoir dans son cabinet. Je manifeste mon indignation à l'idée qu'on pourrait nous emmener de force. Abel Bonnard [ministre de l'Éducation nationale] proteste et estime que le départ sous la contrainte est une bonne solution. Je lui jette : *Je comprends parfaitement que vous désiriez partir. En réciproque, je vous demande de comprendre que mon état d'âme est très différent du vôtre.*

« Abel Bonnard réplique : *C'est au nom de l'affection que je vous porte que je vous dis qu'il faut partir. Rester, c'est se livrer aux bêtes. Du reste, la lâcheté est de se cacher. Seuls les imbéciles peuvent penser à ne pas partir.* »

Ici, le Dr Grasset inscrit pour lui-même : « Et le courage, c'est la fuite ? Et l'honneur, c'est le fourgon de l'Allemand ? »

Le *Carnet de notes* du ministre de la Santé publique met à nu les états d'âme :

« Bichelonne [ministre de la Production industrielle], mélancolique, me dit : *Il faut nous dire que nous partons peut-être pour vingt ans.* »

Le Dr Grasset se révolte : « Moi, je préfère crever tout de suite sur la terre de France.

« Abel Bonnard : Notre collègue Bichelonne s'est exprimé en poète. N'est-ce pas, cher ami, que votre allusion à un départ pour vingt ans, c'est de la poésie ?...

« Gabolde [ministre de la Justice], comme moi, mutilé de la guerre 1914-1918, était, au début, assez près de mon opinion. Il mollit à vue d'œil, jusqu'à murmurer : *Oui, mais rester, c'est se condamner à vivre plusieurs mois dans une cave, sans carte d'alimentation* [...].

« Le président Laval rentre, soucieux. Il a notifié à Abetz le refus du gouvernement. Abetz a aussitôt répondu : *D'ordre de mon gouvernement, si les ministres français ne veulent pas aller à Belfort de bon gré, nous les y contraindrons, et le départ aura lieu ce soir.*

« La délibération s'achève dans la confusion. Le président retourne dans son cabinet, et nous invite à le suivre. Il y a là l'ambassadeur Abetz et le conseiller Hoffmann [...]. Abetz est aimable. Il excipe des bonnes intentions de son gouvernement vis-à-vis du gouvernement français, et notamment de son souci de sécurité pour chacun des ministres. Il dit que le départ aura lieu vers 22 heures et s'enquiert des besoins de chaque ministre : *Avez-vous une voiture ? Un chauffeur ? Une citerne de 3 000 litres d'essence est à votre disposition.* Il parle même d'un certain protocole de cortège, lui se mettant en tête.

« Abel Bonnard dit : *Moi, je veux de la Gestapo.*

« Abetz sourit et lui dit : *Soit, vous en aurez* [...].

« Le président Laval dit encore : *Quatre fois, cet après-midi, on m'a offert de me cacher. Et je puis vous dire que, malgré mon masque bien connu, je n'aurais couru aucun risque dans ce Paris que je connais mieux qu'aucun d'entre vous. Mais un chef de gouvernement ne peut pas faire cela*[1]. »

La suite ? De nouveau, la plume hésite : est-ce bien vrai ? Comment douter cependant du témoignage d'un capitaine de vaisseau tel que Jean Tracou, formé à la double discipline de l'École navale et de la diplomatie (il fut un brillant attaché naval à Berlin) ? Le directeur du cabinet du maréchal Pétain — qui vient, d'ailleurs, d'être éliminé de ce poste sur ordre du Reich — écrit : « Abel Bonnard arrive, accompagné de sa vieille mère et de son frère. On lui a volé sa voiture, remplie d'objets d'art chinois et de crèmes parfumées. Il voyage dans une torpédo allemande, conduite par un soldat, poitrine au vent, portant une bande de mitrailleuse en sautoir. Abel Bonnard regarde la voiture voisine du secrétaire d'État à l'Information : " Ce Marion, dit-il, a toutes les veines. Son chauffeur est beau comme un dieu "[2]. »

On ne saurait, bien entendu, réduire à des traits caricaturaux la personnalité de Bonnard, qui représente ce qu'il convient d'appeler *un bel esprit.* Cultivé, spirituel, élégant, membre de l'Académie française, il a signé de subtiles dissertations sur l'art

1. Le Dr Grasset refuse de partir. Traduit en Haute Cour comme tous les membres du gouvernement de Vichy, il bénéficiera d'une décision de non-lieu pour « la part efficace, active et soutenue » prise « à la résistance contre l'occupant ».
2. Tracou, *op. cit.* et entretiens avec l'auteur.

d'aimer[1] : *Affaires de cœur, Savoir aimer.* On lui doit aussi un captivant essai politique : *Les Modérés :* « Il n'y a rien de si exténué que les modérés, ni de si épuisé que les radicaux, ni de si abîmé que les révolutionnaires, qui n'ont de forces que celles qu'ils reçoivent du communisme russe dont ils exécutent les ordres[2]. »

Dès l'avant-guerre, Abel Bonnard admire, dans le dictateur, « le caractère viril ». Très estimé de Déat, il est décrit par Laval comme « parfois plus allemand que les Allemands[3] ». Ministre, il a créé deux chaires d'antisémitisme à la Sorbonne. Son cas reste exemplaire, en ce sens qu'il illustre les dérèglements intellectuels et les perversions du patriotisme en cette époque de démence et de décadence. A l'origine, un premier mystère demeure inexpliqué : le maréchal Pétain — Travail, Famille, Patrie — accepta que Laval nommât cet esthète ministre de l'Éducation nationale. Aujourd'hui, le grand maître de l'Université française monte sans vergogne dans les fourgons de l'ennemi. Mais, déjà, sans plus attendre ses libérateurs, Paris se soulève. Tandis que les chars Tigre du général von Choltitz se bornent à garder les grandes artères pour assurer la sécurité des derniers détachements de la Wehrmacht en retraite, Otto Abetz contemple un spectacle insolite : « L'un des phénomènes les plus curieux de ces journées fut la construction de barricades : elles étaient souvent érigées aux mêmes endroits, et avec les mêmes moyens de fortune que celles de la Commune de 1870, ou des journées révolutionnaires de 1830 et de 1848[4]. »

Telle est, à travers les messages d'arrière-garde, la dernière vision qu'Otto Abetz emporte de la France.

1. Cf. *Dictionnaire de la Seconde Guerre mondiale.* Sur Abel Bonnard, voir : « L'évolution politique d'Abel Bonnard » par J. Mièvre, dans la *Revue d'histoire de la Deuxième Guerre mondiale* (n° 108).
2. *Les Modérés* (Grasset).
3. Hoover Institute, II.
4. Abetz, *op. cit.*

DOCUMENTS

HITLER ET LES ARMES SECRÈTES

Wernher von Braun est l'ingénieur allemand qui contribua essentiellement à fabriquer les fameuses fusées V 1 et V 2. Naturalisé américain, il mettra, après la guerre, ses immenses connaissances techniques à la disposition des États-Unis. Il sera ainsi à l'origine du programme Apollo qui enverra des hommes sur la Lune, et l'auteur le reverra à cette occasion. Voici, écrite le 4 mai 1962, la lettre adressée par Wernher von Braun à l'auteur, en réponse à une demande de renseignements :

« En ce qui concerne l'efficacité et le potentiel des armes spéciales allemandes, les opinions en Allemagne et dans les autres pays furent et sont encore très partagées.

« Mon avis personnel a toujours été que, pendant la Deuxième Guerre mondiale, les fusées de longue portée — à part leur importance pour le vol spatial — étaient *expérimentales* et *imparfaites*, et devaient être comparées aux avions bombardiers pendant la Première Guerre mondiale. Néanmoins, elles possédaient un potentiel militaire spectaculaire. Le fait qu'à présent toutes les grandes nations du monde les utilisent dans leur programme d'armement me semble vérifier cette opinion [...]. »

Signé : Wernher von Braun
Huntsville-Alabama.

(Lettre écrite directement en français, 4-5-1962.)

*

LE PLAIDOYER DE LAVAL : APÔTRE DE LA PAIX

Note de l'auteur. Pour la dernière réunion du Conseil des ministres, le 12 juillet 1944, Pierre Laval — afin de fixer les responsabilités devant l'Histoire et dans un dessein de plaidoyer personnel — fait établir un procès-verbal. En l'occurrence, *Conseil des ministres* semble d'ailleurs une formule impropre, puisque le maréchal Pétain, chef de l'État de Vichy, s'abstient de présider les délibérations. Il conviendrait donc de dire : Conseil de cabinet.

Rédigé d'abord pour le chef du gouvernement et à sa demande, nous retrouverons tout naturellement ce document, après la guerre, dans le livre de l'un des avocats de Laval. Me Jacques Baraduc (*Tout ce qu'on vous a caché sur Laval,* L'Élan). L'analyse des textes montre toutefois que le document porté à la connaissance de Me Baraduc — et reproduit, depuis lors, par des historiens — ne se révèle pas du tout conforme au texte déposé aux Archives nationales : il souffre de plusieurs lacunes regrettables. La longueur du procès-verbal nous empêche de le citer *in extenso.* Nous en avons sélectionné des passages :

Laval : « Ce n'est pas aujourd'hui que j'ai pris ma position politique. Dès 1910, j'étais contre la guerre avec l'Allemagne. Je souhaitais en 1917 que l'on mît fin au conflit avec l'Allemagne. J'ai fait, à l'époque, un discours, qui a été jugé scandaleux, pour préconiser la réunion de Stockholm [1].

« Comme parlementaire, comme ministre, comme chef de gouvernement, j'ai toujours, au cours de ma vie publique, agi dans ce sens. En 1931, je suis allé à Berlin avec Aristide Briand.

1. Pendant la Première Guerre mondiale, Laval, partisan de conférences à Stockholm, ou en Suisse, aux côtés des socialistes allemands, préconisait une paix de compromis avec les Empires centraux.

J'étais contre la guerre en 1935 comme en 1939. J'ai tout fait pour l'éviter. Après la défaite, j'ai tout tenté pour faire une paix honorable avec l'Allemagne. C'est Montoire, puis le 13 décembre.

« Ensuite, j'ai été blessé pour avoir fait cette politique et je ne suis pas sûr que ce ne soit pas à l'instigation d'un ultra-collaborateur. Je n'ai guère de doute à ce sujet, et l'ambassade non plus. C'est Deloncle [ancien chef de la Cagoule] auquel je pense. Il a été tué depuis.

« On me citait, l'autre jour, un propos tenu, dans un train de banlieue, par un de mes plus anciens électeurs de Stains, aujourd'hui anti-allemand et antilavaliste : *C'est vrai tout de même que Laval a toujours dit pareil.* Ma position est donc claire. J'ai toujours préconisé une réconciliation et une entente avec le peuple allemand. J'ai toujours considéré que la France devrait chercher et trouver la base de rapports permanents de bon voisinage avec l'Allemagne. Je n'ai jamais accepté comme une fatalité les conflits périodiques qui nous opposent. Je n'ai jamais accepté comme une fatalité que la guerre entre la France et l'Allemagne vienne périodiquement ravager notre pays et détruire notre jeunesse. J'ai dit, le 28 juin 1942 : *Je souhaite la victoire de l'Allemagne, parce que, sans elle, le bolchevisme s'installerait partout en Europe.* On supprime généralement la deuxième partie de la phrase. Cela m'est égal. Je reste convaincu que les États-Unis et la Grande-Bretagne sont incapables d'empêcher le triomphe du communisme. J'ai un assez long passé politique derrière moi [...]. Je ne pense qu'à la France. Je suis né en France et je veux y mourir. Je ne quitterai jamais mon pays [...].

« Quand je suis revenu au pouvoir en avril 1942, le maréchal Goering m'a dit : *N'entrez pas dans le gouvernement. Vous êtes le seul ennemi loyal que l'Allemagne ait eu, et vous êtes le seul avec qui, un jour, Hitler, moi-même et l'Allemagne accepteront de collaborer.*

« J'ai compris ce que cela voulait dire : Goering savait alors que, par la force des choses, l'Allemagne allait être contrainte de demander des choses très dures à la France. Mais, sachant cela, j'ai pensé que mon devoir était de prendre le pouvoir pour éviter ce qui pouvait être évité[1]. Pour des raisons toujours

1. Au sujet de cet épisode, Otto Abetz (*op. cit.*) écrit : « Au début d'avril 1942, le maréchal du Reich, au cours d'une conversation privée avec Laval à Paris, lui fit part du profond

indépendantes de ma volonté, mes efforts ont été trop souvent stériles. Mais je ne les regrette pas. J'avais le devoir d'alléger le fardeau de l'occupation. Si les résultats n'ont pas toujours été ceux que je désirais, j'ai conscience d'avoir souvent évité des charges qui menaçaient d'être plus lourdes. En le constatant, j'ai le sentiment d'avoir servi mon pays du mieux que je pouvais. Ma position n'a pas changé et, quoi qu'il advienne, je ne la changerai pas. Elle est réfléchie et méditée. Je veux un accord total avec l'Allemagne [...]. Je n'ai pas attendu, moi, en 1939, ni la guerre ni la défaite pour faire cette politique et j'ai toujours prouvé, par mes actes et mon sacrifice, que je la jugeais la meilleure pour la France.

« [...] Veut-on que la France entre dans la guerre aux côtés de l'Allemagne ? Avec quoi ? Pour quel résultat, si ce n'est d'aggraver ses malheurs, entraîner dans la guerre la France qui, sans armes, sans flotte, sans armes et profondément divisée, est matériellement et moralement incapable de le faire ? [...] Je n'ai contre moi que quelques fous, peu pressés d'ailleurs d'aller se battre eux-mêmes [...]. Si [M. Marcel Déat] prend le pouvoir, c'est la catastrophe, et la guerre civile en sera précipitée. » (Archives nationales.)

---

mécontentement que le procès de Riom avait causé à Berlin. Sous l'influence des déceptions que lui avait values la politique de collaboration, le gouvernement allemand était décidé désormais — continua Goering — à des mesures sensiblement plus rigoureuses. Laval avait été, dans le passé, un adversaire loyal de l'Allemagne, il fallait donc aujourd'hui faire confiance à sa politique d'amitié. Mais, justement, cette confiance l'obligeait, lui, maréchal du Reich, à mettre instamment Laval en garde, dans la situation présente, contre son retour au gouvernement. Son heure politique viendrait peut-être de nouveau, après la guerre et la conclusion du traité de paix. Jusque-là, il ne pouvait que lui déconseiller, de la façon la plus pressante, de reprendre en main les affaires gouvernementales.

« Il est tout à l'honneur du patriotisme de Laval de ne pas s'être laissé arrêter par cet avertissement et d'avoir, au contraire, renouvelé au maréchal Pétain son offre de le seconder. Avant son entretien avec Goering, Laval restait hésitant et, au fond, peu enclin à reprendre l'ingrate conduite des affaires ; la menace que contenaient, à l'adresse de la France, les paroles de Goering le décida tout à fait. Si son absence du gouvernement était désirée par l'Allemagne pour permettre à celle-ci de prendre des mesures plus sévères, sa présence pourrait peut-être empêcher ces mesures ou, tout au moins, les atténuer. »

CHAPITRE IV

DANS « LE REPAIRE DU LOUP » : LE QUARTIER GÉNÉRAL DE HITLER

LES COLONNES EN RETRAITE. — AMBITIONS MINISTÉRIELLES DANS LA DÉBÂCLE. — CONVOQUÉS PAR LE FÜHRER. — BERLIN, VILLE FANTÔME. — UTILISER LE MARÉCHAL. — LÉGALITÉ ET LÉGITIMITÉ. — LA FRANCE DÉPECÉE. — DORIOT PROMU DAUPHIN. — HITLER ET LA SCHIZOPHRÉNIE. — LES ARMES DIABOLIQUES. — « J'EN DEMANDE PARDON À DIEU. » — LES SPECTRES. — VOLONTAIRES FRANÇAIS SOUS L'UNIFORME ALLEMAND. — ARTICLE 75 : LA TRAHISON.

Miliciens en armes, femmes fourbues, enfants harassés, les réfugiés affluent en convois hétéroclites à Nancy, à Saint-Dizier et autres lieux, hébergés dans des écoles ou des couvents, couchant sur des paillasses, ou bien dans la paille. En passant par la Lorraine, Déat arrive bon premier, escorté par l'état-major, les groupes et sections du Parti populaire français de Jacques Doriot, les francs-gardes en uniforme, les équipes de Radio-Paris, les rédactions de la presse parisienne, quelques gens de lettres de la collaboration, etc. Échappant souvent de peu aux maquisards, d'autres fuyards se présentent, qui refluent de toutes les régions de France.

Au milieu de ces colonnes en retraite, le chef du Rassemblement national populaire va, vient, un foulard bleu au cou. Le béret du militant s'est effacé au chapeau du professeur. Comme la veille au soir, dans la cour du ministère du Travail où Déat semblait hagard, son visage reste blanc, marbré de taches [1].

1. Varennes, *op. cit.*

Déat affecte pourtant de garder toujours confiance en la victoire, la seule qu'il envisage : celle du Reich : « On mange de bonnes pâtes avec du singe, on boit de la bière, on a un peu de fromages et de confitures, le tout fort convenable. On essaye d'avoir la radio sans succès, car il n'y a que des borborygmes gaullistes [1]. »

De Paris, parviennent des visions d'apocalypse : « Les F. racontent qu'on se mitraille dans les rues. Les communistes vont essayer de prendre le pouvoir et d'attendre les Américains avec une Commune rouge [2]. » Grâce à l'annonce renouvelée des armes secrètes, le moral remonte : « Visite du capitaine, chef d'état-major du général Puaud [commandant de la Légion des volontaires français contre le bolchevisme], arrivant de Berlin. Le moral en Allemagne est excellent. Tout le monde dit que la victoire est proche, il y a d'immenses réserves et les armes nouvelles poussent [3]. » Quant à « la Commune rouge de Paris », bon ordre y sera mis : « La L.V.F. et les Waffen SS [français] vont fusionner. Après une période de trois mois d'entraînement, elles rappliqueront en France. Il y en aura bien besoin [4]. »

Vu de Nancy, Paris sombre dans l'anarchie : « Les rouges occupent la Cité. On tire partout sur les voitures [...]. Pendant le défilé des troupes américaines sur les Champs-Élysées, une fusillade partie des toits aurait fait un millier de victimes. Londres accuse la Milice. C'est une plaisanterie. Ce ne peuvent être que les communistes. »

La certitude de l'emporter reste à ce point ancrée dans l'esprit de la plupart des têtes marquantes de la collaboration que les ambitions ministérielles repartent de plus belle : « Luchaire [directeur du journal *Les Nouveaux Temps*, président de la corporation nationale de la presse française] s'inquiète de la formation du gouvernement [5]. » « Luchaire me redit ses plans : un journal à Épinal, séjour à Remiremont, l'ambassade [d'Allemagne] à Gérardmer, le gouvernement à Plombières, Luxeuil-les-Bains, etc. Il rêve d'avoir l'Information [6]. »

1. *Journal de guerre*, 19-8-1944.
2. *Ibid.*, 20-8-1944.
3. *Ibid.*, 23-8-1944.
5. 6. *Ibid.*, 22 et 25-8-1944.

Dans le fracas de la guerre — les chars du général Leclerc entrent à Paris où le général von Choltitz capitule —, une nouvelle atteint Déat, au soir du 25 août 1944, une nouvelle à ce point stupéfiante que le chef du R.N.P. n'en croit pas ses yeux et ses oreilles : « Un message d'un conseiller d'ambassade nous convoque auprès du Führer, moi, Doriot et Darnand. Je dois me trouver devant la préfecture à minuit, et partir tout de suite pour Fribourg-en-Brisgau. L'affaire me paraît tellement énorme que j'y vois un traquenard du maquis. Je rappelle la préfecture qui confirme. J'appelle la Feldkommandantur. Le Feldkommandant me dit qu'il a eu les mêmes craintes, que deux voitures de la S.D. [sécurité] m'accompagneront et me prendront à domicile [1]. »

Sous protection allemande, Déat prend la route : « Nous passons le Rhin », mais, à Fribourg, il apprend — et s'en réjouit — que Laval, convié également, a refusé de participer au voyage. Le lendemain, les Français arrivent à Berlin par le train et découvrent une capitale en ruine : « Vision extraordinaire de la ville fantôme, des cadavres de maisons à l'infini [2]. » Nouvelle étape vers l'Est : « Réveil à 7 heures du matin. Nous sommes en Prusse-Orientale. Terres bien cultivées, fermes et villages, troupeaux d'oies comme en Brandebourg [3]. » Déat s'extasie : « Ce front oriental est extraordinairement calme... On se croirait hors du temps et de l'espace. Cela doit retentir sur l'état d'esprit du gouvernement allemand [4]. »

Les trois Français retrouvent sur place, outre Otto Abetz, l'ambassadeur de France Fernand de Brinon, le secrétaire d'État Paul Marion. Le ministre des Affaires étrangères von Ribbentrop chaperonne la délégation qui pénètre au quartier général du Führer, appelé (nom de code) *Wolfsschanze,* le repaire du loup, ceinturé de protections et noyé dans la forêt près de Rastenburg, au sud-est de Königsberg. Les SS fouillent les visiteurs, puis les placent dans un coin. Ils se tiennent

1. *Journal de guerre.*, 25-8-1944.
2. *Ibid.*, 27-8-1944.
3. 4. *Ibid.*, 28-8-1944.

devant eux, pistolet au ceinturon. Hitler arrive, serre les mains. Déat reçoit une douche froide : « Ce fut une immense et double déception. Déat s'aperçut que ni lui, ni aucun de ses visiteurs n'était vraiment connu de leur hôte. Il eut l'impression que le chef de l'Allemagne, uniquement pris par les problèmes militaires, voyait très mal tout ce qui se rapportait à la France [...]. Pour l'homme qui supportait le poids d'une titanesque bataille, que pesaient ces émigrés, et quelle place pouvaient-ils bien tenir dans son univers [1] ? »

Hitler d'une part, Ribbentrop d'autre part précisent l'objet des conférences : former d'urgence un gouvernement national-révolutionnaire, si possible sous les auspices de Pétain : « On ne peut absolument pas se passer du Maréchal pour maintenir la légalité. Pour la plupart des Français, il représente, tout comme en son temps Hindenburg en Allemagne, un personnage presque légendaire [2]. »

Un Vieux soldat, il faut savoir le manipuler : « On pourrait employer d'autres moyens pour influencer le Maréchal [...]. Doriot, par exemple, organiserait des ovations en sa faveur afin de l'amener à prendre, en patriote, l'attitude désirée [3]. »

Le cœur de la France bat avec de Gaulle à Paris, les Alliés arrivent et, en Prusse-Orientale, des funambules, envers et contre tout, continuent de bâtir l'Europe pour mille ans. D'emblée, Ribbentrop met les points sur les *i* : « Il y a un chapitre sur lequel, du côté français, il ne faut conserver aucune illusion : celui de l'Alsace et de la Lorraine. Le Reich n'admettra aucune discussion à ce sujet. En dehors de ces territoires, le Reich ne conteste ni l'intégrité territoriale de la France métropolitaine ni celle des colonies africaines [4]. »

Marcel Déat prend bonne note à ce sujet : « La question

1. Varennes, *op. cit.*
2. 3. Compte rendu des entretiens par le Dr Paul Schmidt, interprète officiel de la Wilhelmstrasse. Traduction française de M. Dunan, pour la Haute Cour de justice. Cf. *Staatsmänner und Diplomaten ; La Dernière Étape : Sigmaringen* (Fayard), par Louis Noguères, président de la Haute Cour de justice.
4. Compte rendu officiel par le Dr Schmidt.

d'Alsace-Lorraine est exclue de la discussion, mais, pour le reste, l'intégrité du territoire français est garantie, ce qui exclut le Nord et le Pas-de-Calais [1]. »

Que convient-il d'en penser ? L'interprète du Führer écrira en toutes lettres dans ses *Mémoires* que Hitler a « une fois encore, dupé radicalement le nouveau gouvernement [français] au sujet de Calais et de Dunkerque [2] ». Sous une forme ou sous une autre, Hitler entend dépecer la France [3]. Otto Abetz, présent, écoute. Il sait à quoi s'en tenir : « Au moment de l'armistice, des personnalités compétentes du IIIe Reich, et Hitler lui-même, envisageaient un morcellement assez poussé de la France. On projetait de rattacher les départements du Nord à une Flandre future, on prévoyait l'autonomie de la Bretagne ; la Lorraine, rattachée au Reich, devait s'étendre bien au-delà des frontières de 1871 ; à l'ouest de l'Alsace, il était envisagé la formation d'une Bourgogne, rattachée à l'Allemagne. Après l'armistice, la séparation administrative entre les départements du Nord et du Pas-de-Calais et le reste de la France occupée répondait à des raisons militaires, la zone interdite de l'Est à des raisons techniques d'administration. Mais la ligne *Nord-Est,* ainsi créée, coïncidait trop avec la frontière du Reich d'avant la guerre de Trente Ans pour ne pas laisser supposer que l'Allemagne prévoyait, à côté de la révision du traité de Versailles, celle des traités de Westphalie [4]. » Hitler reste l'homme de *Mein Kampf.*

Pour l'heure, il s'agit cependant, selon le schéma allemand, de former un pseudo-gouvernement national-révolutionnaire en exil, destiné à remplacer sans délai le cabinet Laval, sous le patronage du maréchal Pétain, détenteur de « la légitimité » et de « la légalité ». Dans cet unique dessein d'ailleurs, Pétain a été enlevé de Vichy sous escorte.

1. *Journal de guerre,* 31-8-1944.
2. Schmidt : *Sur la scène internationale* (Plon).
3. Entretiens de l'auteur avec Albert Speer, ministre de l'Armement du Reich.
4. Otto Abetz, *op. cit.*

A ses interlocuteurs Hitler ne le cèle pas : « Je serais très satisfait s'il était possible de former le nouveau gouvernement, une fois encore, sous les auspices de Pétain[1]. »

N'est-ce pas l'heure pourtant de l'embrasement wagnérien. Qu'importe ! Déat approuve sans réserves, lui qui n'a jamais douté « que l'heure de la vraie révolution nationale sonnerait au milieu des ruines et des flammes[2] ».

A la vérité, Déat tombe de haut. Le choix du Führer se porte sur le colosse aux mains calleuses, le tribun Jacques Doriot, l'ancien communiste qui n'a pas hésité à revêtir l'uniforme allemand — et non sur le petit professeur de philosophie. On forme la *délégation gouvernementale,* et les circonstances n'empêchent pas que, sous le regard des nazis, « on se battit âprement autour de chacun des portefeuilles[3] ».

Sous quels traits se présente Hitler à cette date ? Depuis l'attentat auquel il a échappé en juillet, « Hitler croit encore plus fortement à *sa* Providence. Sa confiance s'affermit. Son désir de vengeance prit des formes inhumaines[4] ». Aux yeux de son interprète, le ministre plénipotentiaire Schmidt, les tractations nouées avec les Français au grand quartier général illustrent « les contrastes les plus ridicules entre les imaginations [de Hitler] et la réalité [...]. Le caractère chimérique de toute cette affaire était souligné d'une manière impressionnante par le grondement de l'artillerie russe qui faisait entendre sa menace, à quatre-vingts kilomètres seulement du quartier général, sur le front d'Augustov[5] ».

« Je n'avais pas vu Hitler depuis longtemps — écrit Otto Abetz — et je fus étonné de constater combien il s'était, entre-temps, affaissé. Il marchait très courbé. Les gestes de la main droite, hésitants, révélaient les suites des blessures du 20 juillet [...]. Hitler me pria de lui donner des détails sur l'évacuation de Paris : *C'est bien que l'on n'ait pas fait sauter les ponts de la Seine,*

1. Compte rendu officiel du Dr Schmidt.
2. Éditorial Déat : *L'Écho de Nancy,* 25-8-1944. Cf. Louis Noguères, *op. cit.*
3. 4. 5. Schmidt, *op. cit.*

remarqua-t-il avec un regard absent, *j'ai appris, trop tard pour pouvoir l'empêcher, la destruction des beaux ponts de l'Arno à Florence.* L'homme qui, peu de semaines auparavant, avait ordonné la destruction de Paris souffrait-il de schizophrénie progressive[1] ? »

Évincé du premier rôle, Marcel Déat exhale sa fureur contre Doriot l'imposteur : « Doriot a menti avec un parfait culot, affirmant qu'il avait offert douze mille hommes contre le maquis au général Oberg, et que celui-ci les avait refusés. Il a prétendu qu'il avait la possibilité de réunir vingt-cinq mille hommes, pourvu toutefois qu'ils puissent passer à travers le maquis. Tout à fait l'allure d'un gangster qui prépare un coup [...]. On se place naturellement dans l'hypothèse d'une France reconquise. Laval est jeté dans le caniveau[2]. »

Une réception clôt les pourparlers. Hitler se montre familier, calme. Il ne manifeste « une réelle émotion qu'en évoquant l'utilisation de nouvelles armes diaboliques[3] ». Le secrétaire d'État Marion relate les propos de Hitler en ces termes : « Je dispose d'armes secrètes, dont les V 1 et les V 2 ne vous donnent qu'une faible idée. Grâce à ces armes, je reprendrai l'offensive. Je jetterai les Anglo-Saxons à la mer. Ce sera terrible parce que cela se passera sur le corps de votre pays. J'en demande pardon à vous, Messieurs, à la France et à Dieu[4]. »

Les Français regagnent Fribourg. Déat semble reprendre, l'espace d'un instant, le sens des réalités : « Nous entrons au Zähringerhof. Nous pénétrons dans la salle à manger. Curieux spectable : les ministres fantômes sont là, y compris Laval... Cela est à la fois funèbre et bouffon. Je tourne ostensiblement le dos à Laval et nous déjeunons. Abetz vient nous voir [...].

1. Abetz, *op. cit.*
2. *Journal de guerre,* 29 et 30-8-1944.
3. Relation de Doriot à son lieutenant Victor Barthélemy (Barthélemy, *op. cit.*).
4. Président Noguères, *op. cit.*

Brinon nous rejoint. Finalement, il n'a pas pu voir le Vieux [Pétain], mais celui-ci a écrit une note assurant la délégation de son concours, tout en refusant de sortir de sa situation de prisonnier de guerre [...]. Cette promiscuité avec les spectres est impossible à supporter [1]. »

Les Français se regroupent à Sigmaringen, dans le Jura souabe, autour d'une boucle romantique du Danube, lieu de résidence fixé au « gouvernement ». Ils plient bagage le 10 septembre, le jour où le général Puaud, commandant la brigade française Waffen SS, arrive au camp de Saalesch, dans le corridor de Dantzig. En grand uniforme de Oberführer, feuilles de chêne de chaque côté du col, tête de mort sur le velours de la casquette, croix de fer de 1re classe et cravate de la Légion d'honneur, il s'adresse à quelques centaines de rescapés des campagnes de Russie où ils ont vu, de leurs yeux vu, au passage, la Bérézina. A eux se joindront bientôt de jeunes volontaires, frais émoulus des terribles écoles de cadres SS. Que dit Puaud, ce baroudeur d'Afrique et d'Asie, nostalgique de la Légion étrangère, dix fois cité dans l'armée française [2] ? Ceci : « Nous allons former une brigade, puis une division. Elle portera le nom du grand Empereur Charlemagne. Le Reichsführer m'a promis qu'elle participera à la prochaine contre-offensive qui délivrera la France des alliés du bolchevisme international... En entrant à la SS, vous ferez partie des troupes d'élite. Vous toucherez un meilleur équipement, un meilleur matériel, un meilleur ravitaillement. Les premières armes secrètes d'infanterie seront pour vous. Car les Allemands préparent une riposte redoutable. Croyez-moi, ils ne perdront pas. La victoire finale est dans la poche [3]. »

Le commandant Bridoux, saint-cyrien de la promotion du Tafilalet, fils du général Bridoux, secrétaire d'État à la Guerre de Vichy, ordonne de présenter les armes. Glacial, courageux, nez cassé dans un concours hippique, il n'aime pas le désordre. Dans un propos favori, il s'écrie volontiers : « C'est l'armée de

1. *Journal de guerre,* 8-9-1944.
2. Service historique de l'armée de terre.
3. Mabire : *La Division Charlemagne* (Fayard).

Bourbaki ! Des soldats de Constantinople [1] ! » Aujourd'hui, le voici Hauptsturmführer et décoré de la croix de fer.

Le général Puaud salue et clôt la prise d'armes par un vibrant : « *Heil Hitler !* Vive la France [2] ! »

1. Saint-Loup : *Les Hérétiques* (Presses de la Cité).
2. Mabire, *op. cit.*

DOCUMENTS

FRANÇAIS SOUS L'UNIFORME ALLEMAND

Combien de Français, volontaires, ont porté l'uniforme allemand ? De nombreux chiffres, non dépourvus de fantaisie, circulent à ce sujet. Dans la *Revue d'histoire de la Deuxième Guerre mondiale* (n° 108), le général Merglen a procédé, en 1977, à une rigoureuse étude historique, dont voici quelques extraits :

« Le 31 janvier 1944, un document officiel allemand donnait les effectifs suivants de volontaires SS des différentes nationalités :

« Hollandais : 18 473. Flamands : 5 033. Danois : 5 006. Norvégiens : 3 878. Français : 2 840. Wallons : 1 812. Suisses : 584. Suédois : 101. Proportionnellement à la population de chaque pays, c'est la France qui fournissait donc le contingent le plus réduit de SS, inférieur à celui de la Suisse. »

A l'automne 1944, il s'agit de mettre sur pied une grande unité de combat. Sont alors amalgamés, selon le général Merglen :

Environ 1 200 soldats de l'ancienne L.V.F., 1 100 de la brigade de volontaires SS, 1 800 membres de la Milice, venant de France, 1 200 volontaires français de la *Kriegsmarine,* 2 300 Français servant au N.S.K.K. (corps de transport) dans l'organisation Todt.

« Ainsi, la division *Charlemagne* atteignit un effectif total de 8 000 hommes approximativement. Mais, d'après le jugement averti du commandement, allemand, on ne pouvait compter qu'environ 2 000 d'entre eux comme combattants de première ligne. »

Le général-Oberführer Puaud se trouvait, en fait, sous le

contrôle du colonel de la Wehrmacht Krukenberg, muté aux Waffen SS avec le grade de général de brigade.

Le général Merglen conclut à propos de ces soldats perdus : « Leur influence et leur rôle militaire furent insignifiants. On peut s'en faire une idée en comparant ces quelque 10 000 Français qui, en quatre années, firent de leur mieux pour aider la machine de guerre nazie aux 15 400 Français, volontaires des *Brigades internationales* pendant les deux premières années de la guerre d'Espagne, dont 2 659 furent tués au combat, 10 708 blessés. Leurs unités de choc s'illustrèrent dans toutes les grandes batailles de cette atroce guerre civile, alors que L.V.F. et Waffen SS ne jouèrent qu'un rôle très effacé et secondaire. »

*

LA TRAHISON

Sera coupable de trahison et puni de mort :

1° Tout Français qui portera les armes contre la France ;

2° Tout Français qui entretiendra des intelligences avec une puissance étrangère en vue de l'engager à entreprendre des hostilités contre la France, ou lui en fournir les moyens, soit en facilitant la pénétration des forces étrangères sur le territoire français, soit en ébranlant la fidélité des armées de terre, de mer ou de l'air, soit de tout autre manière ;

3° Tout Français qui livrera à une puissance étrangère ou à ses agents, soit des troupes françaises, soit des territoires, villes, forteresses, ouvrages, postes, magasins, arsenaux, matériels, munitions, vaisseaux, bâtiments, ou appareils de navigation aérienne, appartenant à la France, ou à des pays sur lesquels s'exerce l'autorité de la France ;

4° Tout Français qui, en temps de guerre, provoquera des militaires ou des marins à passer au service d'une puissance étrangère, leur en facilitera les moyens ou fera des enrôlements pour une puissance en guerre contre la France ;

5° Tout Français qui, en temps de guerre, entretiendra des intelligences avec une puissance étrangère ou avec ses agents, en vue de favoriser les entreprises de cette puissance contre la France.

(Article 75 du Code pénal.)

CHAPITRE V

« LE DERNIER ÉTAT DANUBIEN FIDÈLE A L'ALLEMAGNE... »

UNE FIN SHAKESPEARIENNE. — LA VENGEANCE DU FÜHRER. — LE 11 NOVEMBRE 1944. — DE GAULLE ET CHURCHILL. — LE GÉNÉRAL BRIDOUX ET LA CROIX DE FER. — FIGURES DE LA COLLABORATION EN ALLEMAGNE : DARNAND, Mgr MAYOL DE LUPPÉ, ABEL BONNARD. — LES DÉNATIONALISÉS. — UN CAS À PART : LOUIS-FERDINAND CÉLINE. — « LES CORRIDAS » ET BÉBERT. — « PÉTAIN, FINI D'INCARNER ! » — L'EXTRAORDINAIRE MIMÉTISME. — COPIER DE GAULLE ET LE COMITÉ NATIONAL DE LA FRANCE LIBRE À SES DÉBUTS. — JACQUES DORIOT, OU LE SENS POLITIQUE.

La bataille du Rhin commence. Les Alliés et les Français progressent de la basse Meuse aux Vosges. Le 14 octobre 1944, le général de Gaulle, chef du gouvernement provisoire de la République, s'adresse à la Nation : « ... Le salut, le bonheur, la gloire de la France, combien nous en avons rêvé dans la douleur depuis quatre ans ! [...] Nous voici sortis de la nuit. La lumière nous découvre encore bien des obstacles. Allons ! Suivons notre route. Tenons-nous, comme de bons compagnons, tout près les uns des autres. » Et de Gaulle s'écrie : « Nous vivons la plus grande époque de l'Histoire de France. »

Dans les heures mêmes où le Général parle aux Françaises et aux Français, une fin shakespearienne attend un grand capitaine de l'Allemagne : ce 14 octobre, le maréchal Rommel, en convalescence à la suite de graves blessures reçues en Normandie, séjourne chez lui, à Herrlingen, près d'Ulm, sur le Danube. Dans la journée, Rommel reçoit la visite de deux généraux, Burgdorf et Maisel, dépêchés en mission extraordinaire par Hitler. Après un bref entretien, le maréchal informe sa femme : « Dans un quart d'heure, je serai mort. Sur l'ordre de Hitler, j'ai le choix, ou bien de m'empoisonner, ou bien de me laisser traîner devant le tribunal du peuple [1]. »

Déjà, une voix d'outre-tombe parle... Les abords de la maison, toutes les issues de Herrlingen restent surveillés par des patrouilles de SS, munis d'armes automatiques. Rommel monte dans une voiture pilotée par l'un de ces SS. Après un bref parcours, le cadavre du maréchal est amené à Ulm, au poste de secours installé à l'école Wagner. On explique à Mme Rommel que son mari vient de succomber à une embolie.

Mme Rommel se souvient que le visage du maréchal « portait une expression d'effroyable mépris [2] ». Le médecin-chef de l'ambulance, le Dr Mayer, s'entend interdire, par le général Burgdorf, de pratiquer l'autopsie. Peu de temps auparavant, Rommel, épié par les services de sécurité, soupçonné de défaitisme, avait confié au sujet de Hitler : « Ce menteur pathologique est devenu complètement fou... Je crains que cet insensé ne sacrifie le dernier Allemand, avant de disparaître lui-même [3]. »

Trois jours plus tard, à peu d'encablures d'Ulm, en Bade-Wurtemberg, dans le château des Hohenzollern à l'architecture bizarre et fantastique, juché sur un rocher de Sigmaringen, le « Conseil des ministres », sous la présidence de Brinon, se tient le plus sérieusement du monde, de 10 heures à midi. A la sortie, comme s'il s'agissait du perron de l'Élysée, un envoyé spécial de *Signal* (hebdomadaire illustré du Reich, publié en plusieurs langues) photographie les « Excellences » sous toutes les coutures. L'humour fugitif de l'École normale resurgit en Déat : « Abetz a eu un mot drôle : *Vous êtes le dernier État danubien*

1. 2. et 3. Général Hans Speidel, chef d'état-major de Rommel, *op. cit.* Correspondance de Speidel avec l'auteur.

fidèle à l'Allemagne[1]. » Les membres de la délégation gouvernementale ont froid dans le dos : ils apprennent que l'amiral Platon (ancien secrétaire d'État de Laval) a été fusillé. « C'est vraiment prometteur[2]. »

La vie des émigrés s'organise dans le château, qui jouit des privilèges de l'exterritorialité. N'en croyant pas leurs yeux, les autochtones voient s'élever le drapeau tricolore dans le ciel de la principauté des Hohenzollern. A l'heure du salut aux couleurs, les miliciens rendent les honneurs. Le maréchal Pétain refuse d'apparaître. Il ne reconnaît pas ce pseudo-gouvernement en exil et il ignore les ministres fantômes. Laval l'imite. Pour le reste, à s'en tenir aux formes, rien, des quais de la Seine aux rives du Danube, ne paraît avoir changé : Otto Abetz demeure « l'ambassadeur » qui tire les ficelles. Déat réunit ses permanences du R.N.P. comme dans un arrondissement de Paris et, ponctuel, il se rend à son « ministère ». Les militants repliés le voient arriver en veston noir, pantalon gris à fines rayures, cheveux bien plaqués par un cosmétique. L'imperceptible et insaisissable sourire d'un philosophe s'esquisse parfois sur les lèvres désabusées. Doriot remplace Laval dans la lutte pour le pouvoir, toujours aussi acharnée. Les « ministres » établissent les précisions budgétaires, les états de paiement des fonctionnaires. La Reichsbank alloue dix millions de marks, au titre d'avances sur les crédits de clearing. Les fonds secrets de la Wilhelmstrasse alimentent une liste civile[3].

Aux heures de loisir, les émigrés se promènent le long du Danube, ou bien dans les bois, près du parc où s'ébattent cerfs et biches à travers les clairières. On revient, on boit soit le thé, soit un joyeux petit vin blanc du pays, on perçoit ses rations de confiture et de sucre pour la semaine. Les intrigues se déploient, l'adultère entraîne la tentative de suicide d'un rédacteur en chef, le général Bridoux raconte ses souvenirs de cavalier à l'École de Saumur.

A Paris, une dame en noir chante :

Dans la rue des Blancs-Manteaux
Le bourreau s'est levé tôt

1. et 2. *Journal de guerre,* 17-11-1944.
3. Eberhard Jäckel, *op. cit.*

Faut qu'il coupe des généraux
Des évêques, des amiraux
Dans la rue des Blancs-Manteaux

Juliette Greco exprime ainsi son talent sombre sur des paroles de Jean-Paul Sartre[1].

Si l'épuration sévère continue, non sans les excès qui succèdent aux exactions, la France recouvre son unité et sa ferveur autour du général de Gaulle. Le 11 novembre 1944, vingt-sixième anniversaire de la victoire de 1918, la journée, pourtant, recèle encore les divisions et les haines. D'un côté, la France participe au combat et reprend sa place dans le monde ; de l'autre, tombent en lambeaux les derniers vestiges de la défaite, de la trahison, ou de l'égarement.

Deux visions se superposent. Deux univers inégaux s'affrontent à distance. L'un monte vers la résurrection, devant laquelle s'efface la décadence de l'avant-guerre décrite par le Pr J.-B. Duroselle[2] ; l'autre descend dans les ténèbres du néant. Paris libéré : de Gaulle accueille Churchill. Les deux hommes descendent les Champs-Élysées sous une tempête de vivats. Devant la statue de Clemenceau, le Premier britannique dépose une gerbe. Sur ordre du général de Gaulle, la musique joue *Le Père la Victoire.*

For you ! dit de Gaulle, se tournant vers Churchill[3]. Après le déjeuner au ministère de la Guerre, le Général interroge son hôte : « Voudriez-vous m'indiquer ce qui vous a le plus frappé ?

« — Ah ! C'est l'unanimité ! Après de tels événements où nous avons été, vous et moi, si attaqués et outragés en France par tant d'écrits et de paroles, j'ai constaté que seul l'enthousiasme se levait à notre passage. C'est donc qu'au fond de son âme le peuple français était avec vous qui l'avez servi, et avec moi qui vous y ai aidé[4]. »

1. Kupferman : *Le Procès de Vichy* (Édit. Complexe).
2. J.-B. Duroselle : *La Décadence.*
3. et 4. De Gaulle : *Mémoires de guerre,* III (Plon).

Tragique défi de l'Histoire : en ce 11 novembre, le général Bridoux, camarade de Charles de Gaulle à l'École supérieure de guerre, reçoit ces lignes du général von Neubronn, représentant le haut commandement allemand : « Je vous félicite que votre fils ait été décoré de la croix de fer de 1re classe, et surtout que lui, étant encore si jeune, ait été déjà appelé au commandement d'un régiment de [Waffen SS] [1]. »

Quant à Marcel Déat, il écrit dans son *Journal de guerre :* « Anniversaire de l'armistice. Il neige, et, progressivement, tout blanchit. A 11 heures, le Conseil [des ministres] a bien lieu. Darnand arrive en uniforme de la Waffen SS. »

Leurs figures

Trapu, solide comme un chêne, Darnand porte les insignes de Sturmbannführer (commandant) SS. Il n'en paraît pas peu fier, tout en semblant fort mal dans sa peau. Sergent de l'armée française, jamais il ne put accéder — éternel regret — au grade d'officier. En 1918, dans le secteur de Champagne, sur ordre de l'état-major, il avait commandé un audacieux et délicat coup de main : il ramena dans nos lignes vingt-sept prisonniers qui fournirent des renseignements d'un prix inestimable au sujet de la prochaine attaque allemande qui put ainsi être bloquée. Avertis, les Français reprirent l'offensive jusqu'au moment où l'ennemi dut plier le genou et solliciter l'armistice. Pétain décora Darnand de la médaille militaire. Le sergent courageux eut droit à une mention dans les *Mémoires* du maréchal Foch et — honneur insigne — le président de la République en personne, Raymond Poincaré, le désigna à la reconnaissance de la patrie comme digne de prendre place parmi les « *artisans de la victoire* ».

Deux ans avant d'errer, taciturne et triste, en Allemagne nazie, Joseph Darnand, dit *Jo*, nationaliste de tradition et germanophobe d'instinct, voulut rejoindre la France libre [2]. Le

1. Louis Noguères, *op. cit.*
2. Voir, à la fin du chapitre, la lettre adressée à l'auteur par le général Schmitt, commandant la région R 2 dans la Résistance.

général de Gaulle refusa cette recrue. Le patriote d'hier avait plongé ses mains dans le sang des patriotes d'aujourd'hui. Au gré des événements, l'anticommunisme reprit le dessus chez cet ancien cagoulard et le conduisit à prêter serment au Führer. A Sigmaringen, le Sturmbannführer confie à un jeune médecin, le lieutenant Schillemans, prisonnier de guerre : « C'est pour le maréchal Pétain que je me suis lancé dans cette histoire de la Milice : il m'avait donné carte blanche[1]. » Les temps ont changé. *Jo,* être simple, ne comprend pas ce que lui affirme maintenant le Maréchal : « La Milice fut la plus grande honte de la France[2]. » Parfois, le soldat perdu reprend, solitaire, ses pantalons de ski, ses brodequins et son béret de chasseur alpin.

Officier supérieur des SS, Darnand rencontre souvent l'aumônier des Waffen français : Mgr Mayol de Luppé, soixante-neuf ans, botté, éperonné, haut de taille, prélat de Sa Sainteté. En Russie, pour absoudre les morts, Monseigneur portait l'ordre du Saint-Esprit. Dans ses cantines, il enferme, outre son autel portatif d'aumônier en campagne, le drapeau à fleurs de lys et le grand collier de l'ordre du Saint-Esprit, remis par Charles X à son père en 1830[3].

Ce 11 novembre 1944, lorsque la division *Charlemagne* se forme en carré sur la place Adolf-Hitler d'un camp d'entraînement, Mgr Mayol de Luppé évoque « notre Saint-Père le Pape et notre vénéré Führer[4] ». La nuit de Noël, il célébrera la messe. A ses côtés, un abbé milicien, des enfants de chœur portant au col de la veste les runes d'argent nordiques et la tête de mort. Parmi les officiers SS agenouillés, le comte de Bourmont, arrière-petit-fils d'un maréchal de France. Monseigneur lit l'Évangile. Les vents de neige soufflent un froid de loup. Jean, comte Mayol de Luppé, croix de fer, homme d'Église à figure de reître, s'adresse à ses fidèles sous l'uniforme : « Maintenant, mes enfants, prions pour notre Führer. Prions pour le succès final de notre croisade contre le bolchevisme athée, ennemi de Dieu. »

1. Schillemans : *Philippe Pétain, le prisonnier de Sigmaringen* (Édit. M. P.).
2. Bulletin de l'Amicale des anciens des services spéciaux de la Défense nationale (n° 37).
3. Cf. Saint-Loup, *op. cit.*
4. Ces précisions, ainsi que celles qui suivent, sont extraites du livre de Saint-Loup, *op. cit.*

Le salut national-socialiste lui est familier : « Heil Hitler ! Et pieux dimanche, mes fils [1]. » Lutter contre le bolchevisme, c'est lutter contre le Mal absolu : « Staline et le bolchevisme représentent le Mal à l'état pur. A l'Est, le Bien et le Mal s'affrontent. Vous participerez au combat contre le Mal dans les rangs de la Waffen SS [2]. »

Le raffiné Abel Bonnard, de l'Académie française, inverti notoire et écrivain de talent, ministre de l'Éducation nationale à Vichy, déambule, en compagnie de sa maman âgée et de son frère, dans les ruelles de la vieille cité de Sigmaringen, qu'encadrent les pittoresques maisons du Jura souabe, aux façades peintes de couleurs vives. Bonnard se consacre à des recherches sur Napoléon et les batailles environnantes de l'Empire. On brocarde dans son dos. Les rescapés de l'hebdomadaire *Je suis partout* rappellent son article mémorable du 22 mai 1943 : « Lamartine était un poète femelle. Autrement, il se serait appelé Lemartin [3]. » Le grand maître déchu de l'Université abhorre, en effet, « ce Lamartine livré aux vents, cet Hugo qui dit des bourdes parmi les éclairs, ce Michelet féminin qui ne ressuscite le passé que pour le méconnaître et qui se cherche des pâmoisons à travers l'Histoire [4] ». Abel Bonnard vient de loin. Dans *Les Modérés,* il a écrit : « Une nation qui veut vivre ne peut tirer de la Révolution française aucun principe de pensée, ni de conduite [...]. La démocratie française est au bas des deux derniers siècles comme un marais sous une cascade. »

Toujours célèbre pour ses mots (« Pétain, cœur de corne et œil de gallinacé ; Laval, l'Auvergnat du Danube ; La France est le pays des déjeuners et des catastrophes. Il n'y a plus de déjeuners et il ne reste que les catastrophes [5] »), Abel Bonnard, nostalgique regardant le passé pour définir l'avenir, illustre la contre-révolution, différente de l'école de pensée représentée par les nationaux-socialistes français, et ceux des Waffen SS qui élisent de nouveaux dieux — le sang et le sol —, de nouvelles

1. et 2. Mabire, *op. cit.*
3. Robert Aron, *op. cit.*
4. *Les Modérés* (1936).
5. Brissaud : *Pétain à Sigmaringen* (Presses de la Cité).

patries charnelles [1]. Dans les discussions, la branche intellectuelle prêche le matérialisme biologique. Elle stigmatise « le fatras de la pensée orientale, judaïsme, christianisme, ces anneaux d'une même chaîne qui paralyse l'homme blanc depuis Héraclite [...]. Nous sommes des bêtes sauvages, chargées de rétablir l'ordre biologique voulu par le devenir de l'espèce, contre le désordre chrétien, les rêveurs, les fous, les mages de l'Orient ! [...] Ce n'est pas seulement l'Allemagne qui va perdre la guerre, mais aussi l'Angleterre, la France, les U.S.A., l'homme blanc qui, dans quelques années, sera menacé dans son espace de commandement [...]. Si, avant cinquante ans, vous n'avez pas arrêté le pullulement démentiel des métis et des races de couleur, vous serez mis en minorité sur la planète et attaqués, biologiquement submergés. Le globe continuera sa course, peuplé par un monde gris, incapable d'évoluer vers une civilisation supérieure. Ce sera le grand silence annoncé par Gobineau [2]... »

Des êtres « dénationalisés » apparaissent. Formés aux impitoyables écoles de cadres SS, à Sennheim, en Alsace, ou bien à Bad Tölz, ces hommes revendiquent leurs titres : soldats politiques, européens, nationaux-socialistes, et non « collaborateurs français des Allemands [3] ». L'Obersturmführer Michel (« Je suis breton et européen ») imagine déjà « les druides de la vieille Celtie qui coupent le gui aux branches des chênes de Poméranie [4] », et il proclame : « Ce n'est pas le dieu des juifs qui nous aidera à vaincre les rouges [5]. »

Certaines unités manœuvrent et chantent encore en français. Les autres... :

Das Gewehr... über ! Das Gewehr... ab !
Hinlegen... auf ! Marsch, marsch [6] *!*

1. Saint-Loup, *op. cit.*
2. *Ibid.*
3. 4. 5. et 6. Mabire : *La Division Charlemagne.*

Ils expliquent : « Nous sommes SS. Un point, c'est tout. Il se trouve que l'allemand est la langue de l'instruction. Question pratique [1]. »

Ils scandent en chantant :

Wo wir sind, da ist immer vorne
Und der Teufel der lacht noch dazu
Ha, ha, ha, ha, ha, ha, ha [2] !

L'allemand devient l'espéranto de l'Internationale SS, qui abrite trente-cinq nationalités.

A l'intérieur de la communauté des Français d'Allemagne, en civil ou en uniforme, un cas unique reste celui de Céline, personnage maigre et hâve, aux yeux mangés de fièvre, vêtu d'une canadienne délavée et d'un pantalon informe, transportant, au bout de ses moufles en cuir, le chat Bébert dans un sac, pourvu de trous d'aération. Le docteur abandonne, un instant, les flétrissures empreintes du délire célinien ou du génie de la démence. Il explique, demi-hilare, à son compagnon de rencontre, le médecin-lieutenant Schillemans : « Le repli élastique... tu piges... les Alliés avancent et, naturellement, les autres reculent, exactement comme lorsqu'on danse le tango... C'est, dans le fond, toute la stratégie militaire [3]. »

Fou ? Céline sait prendre le vent. Abetz a beau lui expliquer : « Oh ! vous exagérez, Céline, vous exagérez toujours ! tout !... toujours ! la victoire ?... mais, nous l'avons dans la main !... Céline ! l'arme secrète ?... Vous avez entendu parler ? non ?... [4]. »

Céline n'en a cure. Nul ne lui en contera plus : « C'est écrit. L'affaire est dans le sac... Les Allemands sont archifoutus, emballez les os et plantez un saule, les tripes d'un côté, les gambilles de l'autre... Un drôle de bignolage d'ailleurs ; y comprennent rien à ce qui se passe... Mais les Français de Sig... alors eux... bouchés, aveugles. Y pigent pas que les Américains

1. *La Division Charlemagne.*
2. *Où nous sommes, c'est toujours en avant. Et c'est là que le diable rit encore.*
3. Schillemans, *op. cit.*
4. Céline : *D'un château l'autre* (Gallimard).

et les Anglais vont les cueillir comme des fleurs et les mettre au poteau... Valsez, fantoches, à la ballade des fusillés...

« Mais j' suis pas fou, je fous le camp ! Qu'ils crèvent s'ils veulent, ces révolutionnaires, fonctionnaires... Moi, je quitte le bled... Adieu Sigmaringen... J'en ai assez, pour mon compte, terminé le ballet des crabes... J' fous le camp en Norvège... Là-bas, je ne verrai plus leurs faces de Pierrot et de Jean-foutre... Adieu, les gens de la Kollabo... Je m'en vais au pays des lacs...[1]. »

La galerie des portraits céliniens s'enrichit sans cesse : « [...] de Gaulle qui s'appelait van de Walle !... étranger, de Gaulle, van de Walle !

« Pétain, fini d'incarner !... la France a marre ! qu'il rentre, qu'on le tue[2] ! »

Plus tard, on pourra écrire au sujet du Dr Destouches — *le nouveau Rabelais,* avait prétendu naguère Léon Daudet — que sa langue est la première langue moderne à prendre date en tant que « contemporaine d'un temps de guerre, d'ossuaires, de charniers ou de camps de concentration[3]. ».

Marcel Déat, dans son *Journal de guerre,* s'amuse des « corridas à se tordre » entre Céline et tel de ses compatriotes errant. « L'animal est beau à voir en liberté, mais flanquerait la panique à une armée. »

Enfin, le médecin de Meudon prend ses cliques et ses claques en temps utile : « Céline, sa femme et Bébert ont heureusement franchi la frontière du Danemark[4]. »

Céline a quitté Sigmaringen sans avoir approché Pétain, fût-ce de loin. Pétain dont la porte reste close quasiment à tout le monde. Plus que jamais, le Dr Ménétrel veille : un instant d'inattention et — si le Maréchal traverse un *jour noir* — les imprudences verbales sont à redouter. Prisonnier en résidence

1. Cf. Robert Aron, *op. cit.*
2. Céline, *op. cit.*
3. Bernard-Henri Lévy (*Le Nouvel Observateur,* 17-10-1981), à propos du livre *Céline* (Ph. Muray, Seuil).
4. *Journal de guerre* de Déat.

surveillé, le Maréchal tue le temps. Il se promène d'un bon pas, surveillé de près par la Gestapo. Laval bougonne : « J'avais tout prévu, sauf que la France serait gouvernée par un docteur Ménétrel[1]. »

Aux côtés du chef de l'État déchu se trouve l'ancien secrétaire d'État à la Marine, l'amiral Bléhaut, hostile à la collaboration, qui a suivi son chef par fidélité inconditionnelle. Le marin passe ses jours et ses nuits à s'interroger : comment en est-on arrivé là ? La question qui lui tient le plus à cœur reste celle de la Flotte en novembre 1942. Il ressasse la même question : « Monsieur le Maréchal, au moment du débarquement allié en Afrique du Nord et de la rupture de l'armistice par Hitler, pourquoi n'avez-vous pas donné l'ordre à l'escadre de Toulon de partir sur-le-champ ? » Lointain, Philippe Pétain répond : « Les circonstances ont fait que je n'ai pas pu donner cet ordre[2]. »

La tenaille infernale se ferme : les Alliés à l'Ouest, les Soviétiques à l'Est. En février et mars 1945, le général Bridoux attend que le miracle tombe du ciel nazi. Il répète souvent à Bléhaut : « Amiral, vous verrez, si les Allemands réussissent dans leurs armes secrètes, ils peuvent gagner la guerre très rapidement[3]. »

Par un extraordinaire mimétisme, dont les racines pourraient être freudiennes, le dernier espoir des Français d'Allemagne, arrivés au bord du désastre, se bloque sur une idée fixe : voir se renouveler, à l'envers et à leur profit, l'événement annoncé par le chef de la France libre quatre ans auparavant. De Gaulle obsède les esprits. Les oreilles complaisantes écoutent le plagiat dû à Goebbels : « Nous pouvons perdre une bataille, nous ne pouvons pas perdre la guerre. » Mgr Mayol de Luppé, dans un rapport adressé à l'autorité allemande, dépeint ainsi le colonel

1. Cf. rapport d'un ressortissant neutre. Comité d'histoire de la Deuxième Guerre mondiale. Archives nationales.
2. et 3. Témoignage de l'amiral Bléhaut à l'auteur (1960).

Labonne (premier commandant de la L.V.F.) : « Le colonel Labonne a commis la faute de se croire appelé à jouer plus tard un grand rôle. Il s'est persuadé d'être le pendant du général de Gaulle[1]. » Qui sait ? Tout semble l'indiquer : le général Bridoux espérait, pour sa part, le même aboutissement des rivalités de l'École de guerre.

Quand aux duellistes Doriot et Brinon — qui, d'un cœur léger, jettent Déat aux orties —, leur suprême ambition épouse la forme d'un comité national, analogue au comité de Gaulle à Londres. Tel est le projet, inchangé, qui fut examiné, dès l'automne 1944, par Doriot avec Ribbentrop à Berlin. L'ennui, reconnaît Doriot, est que de Gaulle n'est « malheureusement pas aussi communiste qu'on l'avait cru. Le ministre Ribbentrop approuva : en Allemagne aussi, on craignait qu'en fin de compte il [de Gaulle] ne s'orientât plutôt vers le nationalisme[2]. »

Le sens politique commence à germer en Doriot.

1. *Revue d'histoire de la Deuxième Guerre mondiale* (n° 108). Général Merglen, *op. cit.*
2. Selon l'analyse des documents du Reich par l'historien allemand Jäckel (*op. cit.*).

DOCUMENTS

DARNAND, VOLONTAIRE POUR LA FRANCE LIBRE

Note de l'auteur. Avant de le pousser dans les rangs de la collaboration à outrance et sous les drapeaux des Waffen SS, le destin oscilla sur la tête de Joseph Darnand. Voici l'attestation écrite remise à l'auteur par le général Schmitt, commandant la région R2 dans la Résistance. (Le général Schmitt, passé ensuite en Afrique du Nord, devait siéger dans le tribunal militaire qui condamna à mort Pierre Pucheu, ministre de l'Intérieur à Vichy, fusillé le 20 mars 1944 à Hussein-Dey.)

« Le général Schmitt M.C.G. atteste que, lorsqu'il était, dans la Résistance, commandant de la Région R2 pour *Combat*, il apprit, par son adjoint, le colonel Dubouin, que ce dernier était entré en relations avec Darnand. Darnand lui avait fait part de son intention de passer à la Résistance et de le faire bénéficier de tous les moyens dont il disposait au titre de la Cagoule[1]. En particulier, il lui avait indiqué plusieurs dépôts d'armes importants dans la région des gorges du Verdon. Ces armes étaient d'origine italienne [...]. Ces relations se nouèrent vers le milieu de l'année 1942. Darnand se déclarait prêt à rejoindre les Forces françaises libres à Londres. Des tractations eurent lieu pour obtenir qu'un avion fût envoyé par l'intermédiaire du réseau *Alliance.* Pour une raison que j'ignore, elles n'aboutirent pas. Darnand fit un voyage à Vichy et, au retour de ce voyage, ses

1. En vue d'un coup de force, le C.S.A.R. (Comité secret d'action révolutionnaire), dit la *Cagoule,* avait constitué avant la guerre un certain nombre de dépôts d'armes, dont quelques-uns seulement furent découverts par la police. Ces armes étaient la plupart du temps d'origine italienne et se composaient, en particulier, de mitraillettes Beretta.

intentions étaient complètement modifiées. Il ne fut plus question de rien.

« Je fus moi-même arrêté au début de 1943 et, peu après mon évasion et mon passage en Espagne, le colonel Dubouin, qui m'avait succédé, fut arrêté et, après avoir subi un premier interrogatoire, se suicida à Marseille pour n'avoir pas à subir le deuxième. » Strasbourg, le 4 décembre 1963.

Le message de la Résistance parvint bien à Londres, mais le général Schmitt mourra avant de connaître la suite qui lui fut donnée et le jugement porté sur Darnand par de Gaulle (*Mémoires*, III) :

« Ce que le national-socialisme comportait de doctrinal avait assurément séduit l'idéologie de Darnand, excédé de la bassesse et de la mollesse ambiantes. Mais, surtout à cet homme de main et de risque, la collaboration était apparue comme une passionnante aventure qui, par là même, justifiait toutes les audaces et tous les moyens. Il en eût, à l'occasion, couru d'autres en sens opposé. A preuve les exploits accomplis par lui, au commencement de la guerre, à la tête des groupes francs. A preuve aussi le fait que, portant déjà l'uniforme d'officier allemand et couvert de sang des combattants de la Résistance, il m'avait fait transmettre sa demande de rejoindre la France libre. Rien, mieux que la conduite de ce grand dévoyé de l'action, ne démontrait la forfaiture d'un régime qui avait détourné de la patrie des hommes faits pour la servir. »

La réaction du général de Gaulle

Commissaire adjoint à l'Intérieur du gouvernement d'Alger, M. Pierre-Bloch, ancien député, apporte le témoignage suivant (*De Gaulle ou le temps des méprises*. La Table Ronde) : « Darnand, le sinistre Darnand, l'homme de la Milice, demandait à nous rejoindre à Londres. Avant d'en parler au Général, nous demandâmes au réseau de nous confirmer ce télégramme. La confirmation arriva quelques jours après, avec des précisions. Darnand demandait la vie sauve. Était-il opportun de le faire venir ? Je fus immédiatement contre, montrant le danger de dédouaner des chefs vichystes, surtout le danger politique, le trouble que cela pourrait créer en France, la déception chez nos amis. Palewski [directeur du cabinet du Général] demanda d'en référer au Général. Celui-ci entra dans une violente colère. Les partisans, peu nombreux, de l'arrivée de Darnand tentèrent de lui expliquer l'effet que cela ferait sur le monde de la collaboration. *Alors,* déclara-t-il, *si demain Darquier de Pellepoix* [commissaire général aux Questions juives à Vichy] *se fait circoncire, je serai obligé de l'accepter.* »

*

MGR MAYOL DE LUPPÉ : LA CROIX DU CHRIST ET LA CROIX GAMMÉE

Voici la notice relative à ce prélat, extraite du dictionnaire *Catholicisme,* tome VIII :

« Prélat français, qui fut aumônier de la Légion des volontaires français contre le bolchevisme et de la division Charlemagne durant la Seconde Guerre mondiale. Né le 21 janv. 1873 à Paris, d'une famille d'ascendance napolitaine. Après un essai de vie monastique à Ligugé, il fut ordonné prêtre le 10 juin 1900 et exerça son ministère notamment comme chapelain de l'ordre de Saint-Georges Constantinien à Naples. Aumônier militaire, fait prisonnier en sept. 1914, il est libéré le 16 oct. 1916 non sans avoir fait plusieurs mois de cellule. Reparti sur le front dès 1917, il est grièvement blessé en 1918. Il reste aumônier militaire dans les formations qui combattent en Syrie et au Maroc jusqu'à sa retraite en 1927. Aumônier de la Maison de Bourbon, il est envoyé à plusieurs reprises en mission culturelle par le gouvernement français en Allemagne et en Italie. En 1938, il est au Congrès national-socialiste de Nuremberg où il fait la connaissance d'Otto Abetz, futur ambassadeur de Hitler à Paris sous l'Occupation. C'est pour rendre service à des amis persécutés qu'il pense pouvoir faire jouer ses relations avec Otto Abetz. Il sera progressivement conduit à se compromettre de plus en plus avec l'ennemi d'hier, qui le manipule. Avec l'accord des autorités ecclésiastiques, il devient aumônier de la

L.V.F. sous l'uniforme allemand et sera décoré de la Croix de Fer.

« Réfugié chez l'archevêque de Munich [...], il est arrêté par les Américains et transféré en France où il sera jugé et condamné, le 14 mai 1947. Libéré conditionnellement en mai 1951, il meurt en juin 1956. Deux traits expliquent son retournement de 1942 : une assez grande naïveté révélée par la correspondance, dont on se servira contre lui lors de son jugement, et le partage de l'idéologie qui faisait assimiler l'entreprise allemande contre la Russie à une croisade religieuse contre le bolchevisme dans le même moment où d'autres prêtres (pères Dillard, Riquet...) faisaient des choix opposés, au nom d'une même charité chrétienne, plus lucide que celle, bien intentionnée, de Mgr Mayol. »

*

LE RETOUR DE L'ILE D'ELBE...

Note de l'auteur. Dans l'univers des collaborationnistes français, le phénomène permanent d'intoxication, touchant l'intervention foudroyante des armes secrètes, reste un des plus étonnants à étudier. Les scènes de la guerre future, annoncées chaque jour pour le lendemain, nourrissent un espoir immodéré chez les exilés. Sans cet espoir, l'imminence du châtiment approche, de façon inexorable, sur un territoire qui se réduit et qui se transforme en un piège derrière lequel ils aperçoivent la mort ou le bagne.

Sans qu'ils en connaissent l'existence, les émigrés attendent l'équivalent de la bombe atomique, dont, dans le même temps, les Américains achèvent la mise au point. Tant que subsiste l'espérance du « miracle », ils rêvent du retour à Paris qui, dans leur esprit, prend l'allure d'un retour de l'île d'Elbe. Ils imaginent déjà de Gaulle fusillé. La propagande du Reich enfonce le clou. Elle dit aux Français : « Nous allons jeter dans le combat des moyens nouveaux et terrifiants. Ils seront ce qu'étaient les fusils de Gouraud aux lances de Samory. Nous allons changer la face de la guerre. L'Allemagne remportera une victoire totale. Elle occupera l'Europe, peut-être le monde. C'est en ce moment, alors que sa position apparaît difficile, qu'elle peut juger et jauger ses amis [1]. »

Dans son *Journal de guerre,* Déat, au fil des semaines, continue de parler des « fusées individuelles », des « V 1 antiavions avec un homme à l'intérieur ». D'autres émigrés croient à une bombe capable de dégager des milliers de degrés de chaleur, ou bien à la bombe frigorifique, ou bien à un rayon de la mort qui plaquerait au sol les forteresses volantes de l'armée de l'air américaine.

Un mois avant la capitulation du Reich, Déat rapporte encore la rumeur selon laquelle « six cents avions anglais ont été détruits par un nuage ocre qui a persisté vingt-quatre heures sur certaines régions de l'Angleterre ». Ce jour-là, pourtant, le scepticisme perce un peu. Déat écrit : « On verra ce soir si c'est vrai. » (6-4-1945.) Le professeur, pour porter ses pensées ailleurs, « découvre le *Saül* de Voltaire, précurseur de Giraudoux » et, germaniste distingué, il s'exerce « à traduire en allemand les lettres de Voltaire à Frédéric ».

Très tard, les écailles tombent des yeux de certains Français critiques, qui en viennent à ironiser sur les armes secrètes, qualifiées de « poudre de perlimpinpin » et de « mort-aux-rats ». La majorité, pourtant, continue, envers et contre tout, d'attendre avec impatience « la mise en œuvre des armes secrètes, avec l'espoir de procéder en revenant, à un grand massacre de résistants et de gaullistes [2] ».

A la mi-décembre 1944, Hitler lance une violente contre-offensive dans les Ardennes belges. Objectif : rejeter à la mer les Anglo-Canadiens de Montgomery. Les Alliés sont pris de court, et l'inquiétude parcourt, un moment, les états-majors. La percée, en définitive, ne réussira pas. Elle ne pouvait pas réussir. Dans la phase qui alimente son optimisme, Déat écrit : « Le moral remonte en flèche. » Croyant de nouveau au

1. Cf. rapport établi par un ressortissant neutre. Direction générale de la Sûreté nationale. Comité d'histoire de la Deuxième Guerre mondiale. Archives nationales.
2. *Ibid.*

« miracle », les exilés se voient déjà fêter Noël à Paris. Un ressortissant neutre, en résidence à Sigmaringen, note qu'un écrivain replié déclare : « Mes valises sont prêtes. Nous en sommes au point culminant de la parabole collaborationniste[1]. » Cet observateur neutre souligne, par la suite, que les différences s'accentuent dans la petite communauté française. Il distingue « les profiteurs et les victimes, les vendus et les sincères, les meneurs et les embarqués ». Au moment où l'offensive des Ardennes paraît devoir sourire au maréchal von Rundstedt, une partie des collaborationnistes ne se cache pas pour triompher : « On a misé la bonne carte. A nous les places, et la vengeance sur un plat au retour. »

« Pour les collaborateurs de bonne foi — poursuit l'observateur neutre — l'analyse, beaucoup plus complexe, peut se résumer ainsi : *Nous allons rentrer dans les fourgons allemands d'un second Coblence. La France va être opprimée plus qu'elle ne l'a jamais été. Notre pays sera le champ de nouvelles batailles d'extermination, à côté desquelles les précédentes étaient des jeux d'enfants.*

« [...] On a pu capter des réflexions : *Les Allemands ont de la chance. Ils peuvent être à la fois nationaux-socialistes et patriotes. Nous, notre nationalisme nous a conduits à l'ennemi.* Un autre confie : *Quand je vois toute la racaille qui retomberait sur la France avec nous, je pense qu'il faudrait remercier l'Allemagne de perdre la guerre, quand bien même nous devrions y passer.* »

*

« *JOURNAL DE GUERRE* » *DE MARCEL DÉAT*

Le Maréchal et le Dr Ménétrel. « On rencontre Abetz et sa femme, qui sortent furieux et meurtris de chez le Maréchal. La Vieille [Mme Pétain] s'est conduite comme une chipie et a fait barrage au maximum. Il paraît que Ménétrel [...] essaye de mettre en place un réseau de renseignement par la Suisse. On se

1. Rapport d'un ressortissant neutre. Archives nationales, *op. cit.*

demande pourquoi cet individu n'est pas déjà fusillé. Quant à la Vieille, il y a urgence à en délivrer le Maréchal. » (28-9-1944.)

— « Je pousse une charge contre Ménétrel, en menaçant de le faire abattre, si on ne nous en débarrasse pas. Finalement, on m'assure que la décision est prise, et que tout va être en règle. » (30-9-1944.)

— « Je vais dîner avec Abetz et la Délégation [gouvernementale]. Il faut en finir avec la trahison permanente de l'entourage [du Maréchal]. » (2-10-1944.)

— « La grand-messe. Le Maréchal, la Maréchale et Ménétrel apparaissent dans la loge du prince, tout en haut à gauche de l'autel. Ménétrel joue les enfants de chœur et lit, avec une attention soutenue, son livre de messe. La Vieille a l'air d'un affreux dragon, le Maréchal a les traits tirés. Prêche stupide du curé-moine qui exalte les vertus du *rosaire,* grâce auquel la guerre pourrait être gagnée [...]. On va déjeuner, on avale en supplément une langue de bœuf, ramenée de Rastatt. On lit tranquillement Goethe. » (8-10-1944.)

— « B. a eu une conversation effarante avec Ménétrel et Debeney [général Debeney, secrétaire général de Pétain] : le Maréchal est prisonnier, il ne fera pas un geste politique, il faut à tout prix éviter le contact avec la clique de Brinon-Déat, etc. L'Allemagne est foutue, etc. La chanson est connue. » (13-10-1944.)

— « De Brinon m'annonce qu'on vient d'arrêter Ménétrel. C'est Detering [colonel SS] qui a opéré devant le château, au retour d'une promenade du Maréchal. » (23-11-1944.)

Excellent. « Visite de B. qui a pu voir une heure le Maréchal et me dit, en très stricte confidence, des choses très intéressantes. Le Maréchal a pleine conscience que, s'il était resté en France, il lui serait arrivé le pire, et il le dit. C'est excellent. » (30-11-1944.)

Légalité et illégalité. « Hoffmann [diplomate allemand] me confie pour lecture deux consultations juridiques de Gabolde [dernier garde des Sceaux du gouvernement Laval] sur la légalité constitutionnelle du gouvernement de Gaulle. » (15-10-1944.)

— « Laval a dit que tous les actes constitutionnels du

Maréchal étaient illégaux parce qu'ils ont été pris sans consulter le Conseil des ministres. Pourquoi n'a-t-il pas protesté en temps utile. » (20-2-1945.)

Argent allemand. « Je demande à Abetz avec l'argent de qui Doriot peut entretenir partout ses agents. Abetz convient à demi-mot que c'est de l'argent allemand. » (18-11-1944.)

Mascarade. « Nous allons assister au lever des couleurs. Un bataillon de la Milice descend de Heuberg, inaugurant ainsi une *journée milicienne.* Nous ne saluons pas de Brinon qui a sa gueule révulsée des grands jours [...]. Nous partons pour la réunion de la Milice au *Deutsches Haus.* Archiplein, chaleur suffocante. Je suis entre Bonnard et Luchaire, suffisamment séparé pour suivre la décomposition de son faciès pendant certains passages du discours de Darnand. Les bases du futur gouvernement de la Libération doivent s'établir en France au combat. De Brinon fait une tête sensationnelle. Darnand pousse deux ou trois coups de boutoir à propos d'une réflexion malheureuse du général Bridoux ce matin : *La mascarade est complète.* » (18-2-1945.)

Maquis. « Je vois Bonnard dix minutes. Il croit, comme moi, en cas de défaite, à une prolifération énorme des maquis en Europe, et pense que c'est à partir de là que nous devrons faire surgir des éléments d'ordre. » (15-2-1945.)

CHAPITRE VI

LE RADEAU DE LA MÉDUSE

DE 1940 À 1945 : LES SCÈNES À L'ENVERS. — LES DERNIÈRES CROIX DE FER. — VICHY : TROIS PHRASES DE PÉTAIN. — LE CAS DE CONSCIENCE DES AVOCATS DU MARÉCHAL. — LE PROCÈS DE LOUIS XVI ? — LES S.O.S. DE PIERRE LAVAL. — À L'HEURE DU SAUVE-QUI-PEUT. — BRIDOUX, DORIOT, DARNAND, BRINON, BRASILLACH... — LA FIN DE L'ITINÉRAIRE DE MARCEL DÉAT : SA ÇONVERSION. — LE DESTIN ET LA FATALITÉ.

Le chaos envahit le Reich et, au regard de l'Histoire, les mêmes images, à cinq ans de distance, traversent les zones de guerre. La force mécanique qui, en 1940 sur le continent, avait vaincu la France et ses alliés écrase l'Allemagne, en 1945, par le fer et par le feu. Au spectacle de « la confusion indescriptible » qu'il a sous les yeux, le petit entourage militaire de Pétain constate : « Nous revoyons là, à l'envers, les scènes tragiques que nous avions connues en 1940[1]. » Cette symétrie inversée, cette sorte de décalcomanie des événements ne manquent pas de frapper aussi l'écrivain Ernst Jünger, capitaine d'état-major à Paris, revenu dans ses foyers : « Comme en 1940, sur les routes qui nous menaient à Soissons, je ressens l'irruption d'une écrasante supériorité[2]. »

Du côté des fronts de l'Est en déroute, la division de grenadiers Waffen SS *Charlemagne* voit fondre ses rangs :

1. Général Debeney au procès Pétain. *Journal officiel.*
2. Jünger, *op. cit.*, III.

beaucoup d'engagés cessent leur volontariat, en accord avec le général Krukenberg, qui garde la haute main sur les unités par-dessus la tête du général français Puaud. Ce dernier continue de se battre avant de disparaître dans la fournaise, perdu corps et biens. Le seul régiment survivant, équipé de bicyclettes et de roquettes *Panzerfaust,* se spécialise dans la chasse mobile aux chars. Quatre-vingt-dix Français se battent encore dans les ruines de Berlin, jusqu'à la prise totale de la ville par l'armée rouge, le 2 mai 1945. Trois Français, un capitaine, un adjudant, un sergent SS, reçoivent la croix de fer alors que l'hitlérisme vit ses derniers jours.

Dans son étude historique, le général Merglen conclut : « C'est ainsi qu'une très petite minorité de Français, animée d'un idéalisme européen et national-socialiste explicable par leur grande jeunesse et leur conditionnement collaborationniste, se battit avec courage et fidélité jusqu'à la fin de cette monstrueuse et inhumaine organisation que fut l'Empire hitlérien[1]. »

Le maréchal Pétain refuse l'hospitalité permanente que lui offrent les autorités suisses, avec le consentement implicite du général de Gaulle. Attaché comme un paysan à la glèbe en 1940, indéracinable en 1942, il entend, en 1944, revenir en France dans son pays vivre, coûte que coûte, le reste de son âge. Il subit une série d'interrogatoires — dans la mesure, du moins, où son état intellectuel le permet[2]. Au cours de libres conversations, hors interrogatoire, avec M. Béteille, membre de la Commission d'instruction de la Haute Cour de justice, trois phrases reviennent souvent sur les lèvres du Maréchal : « ... Si vous croyez que c'était facile à Vichy ! Je ne me découvrais pas. Un fantassin ne doit jamais sortir trop tôt la tête du trou[3]. »

Trois phrases — un condensé de Vichy — qui semblent éclairer Philippe Pétain, sa politique, son personnage.

1. *Revue d'histoire de la Deuxième Guerre mondiale* (n° 108). Général Merglen *op. cit.*
2. Voir, à la fin du chapitre, les extraits d'interrogatoires inédits de Pétain.
3. Témoignage de Béteille à l'auteur.

Pour les trois avocats de la défense, il s'agit maintenant de justifier cette politique et d'essayer de rendre son chef blanc comme neige. Un cas de conscience, comparable à « l'affaire Dreyfus[1] », divise les maîtres de la Cour, Payen, Isorni, Lemaire, chargés de plaider une des grandes causes du siècle. Le bâtonnier Payen veut invoquer l'âge du Maréchal et son affaiblissement intellectuel, sur le thème de Chateaubriand, actualisé par de Gaulle : « La vieillesse est un naufrage. »

Procès perdu pour procès perdu, Me Isorni, jeune et fougueux, entend maintenir une légende, un drapeau, un symbole. Depuis cette date, sans défaillir, Me Isorni, conjuguant le talent et la persévérance, a fait, selon ses propres paroles[2], don de sa personne au Maréchal, qui avait lui-même fait don de sa personne à la France. Ni pétainiste ni anti-pétainiste à priori, il a défendu des communistes sous l'Occupation. A Pétain qui lui demande conseil sur l'attitude à prendre avant de comparaître devant la Haute Cour de justice, Me Isorni répond : « Rester vous-même. Vous êtes encore maréchal de France, chef de l'État. Il faut le redevenir. Avez-vous oublié l'importance du procès de Jeanne d'Arc, la captivité de l'Empereur à Sainte-Hélène, le procès de Louis XVI ? Des millions de Français ne cessent de penser à vous. Pour eux, vous demeurez un symbole, un idéal...[3]. »

Dans la perspective historique, cette haute position reste combattue cependant par des maréchalistes, surtout quelques militaires, qui affirment : « A s'en tenir à cette stature, prétendue toute de noblesse, de vertu et de sacrifice, Philippe Pétain demeurera, en effet, vis-à-vis des jeunes générations et de l'étranger, un symbole..., le symbole de la trahison de la France. Nous ne sommes pas d'accord. »

Les fils de Noé, selon la parole biblique, jetaient le manteau de la pudeur sur l'ivresse du père. Faut-il, pour autant, jeter un manteau sur la vieillesse de Pétain ?

Pourchassé, refoulé, Laval sollicite un séjour provisoire en territoire suisse. Le gouvernement de Berne oppose un refus

1. Isorni : *Philippe Pétain,* II (La Table Ronde).
2. Isorni : *Souffrance et mort du Maréchal* (Flammarion).
3. Isorni : *Philippe Pétain.*

sans appel, ainsi qu'à tous les autres Français en fuite. Laval réussit à partir pour l'Espagne dans un avion allemand. A ses côtés, embarque Abel Bonnard, dont l'un des portraits de Laval, dessiné naguère en une phrase, prend une dimension dramatique : « Il joue un rôle d'Eschyle dans un costume de Mascarille. » Après des discussions haletantes, le général Franco renvoie Laval d'où il vient : arrivé à Linz, l'ancien chef du gouvernement de Vichy, livré aux Alliés, est remis entre les mains des autorités françaises. Il lance des S.O.S.[1]. Il mourra avec courage.

Chacun des protagonistes de la collaboration suit son destin. Dans le crépuscule du national-socialisme auquel il a donné son âme, Marcel Déat a prévu, pour lui et les siens, à l'heure du sauve-qui-peut, « des scènes du radeau de la *Méduse*[2] ». Cette fois, le doctrinaire ne s'est point trompé.

Déat, réfugié en Italie, est condamné à mort par contumace, à l'indignité nationale, à la confiscation de ses biens. En compagnie de sa femme, il erre de couvent en monastère. Il essaie de gagner l'Argentine et, en définitive, devient, à Turin, M. Leroux, professeur de français. L'ancien universitaire athée et anticlérical retrouve le chemin de la foi catholique. Il se marie à l'Église. Il écrit dans un message, en forme de testament spirituel : « Si mes camarades de l'École normale supérieure de Paris savaient où je viens d'aboutir, ils seraient très étonnés. C'est pourtant un aboutissement naturel de ma recherche philosophique de ces dernières années. » Il médite. Il lit la Bible, les Évangiles. Trois livres exercent une forte influence sur sa marche spirituelle : *La Pensée hébraïque* de Tresmontat, les *Pensées* de Pascal et *La Vie de M. Pouget* de Jean Guitton. Quant au passé... Déat estime que certains aspects de ses activités peuvent susciter de sa part des regrets, mais il continue de regarder son action en elle-même comme fondée : tout doit être subordonné à la lutte contre le communisme, et seule l'Allemagne peut abattre l'Union soviétique[3]. Dans la paix

1. Voir textes à la fin du chapitre.
2. *Journal de guerre* de Déat.
3. Enquête en Italie de l'agence France-Presse, signée : André Clot (1955).

intérieure, Marcel Déat mourra en 1955, d'une lésion aux poumons, à l'âge de soixante et un ans.

Otto Abetz, arrêté dans la Forêt-Noire, s'entend condamner par un tribunal militaire français à vingt ans de travaux forcés. Libéré par anticipation, il trouvera la mort en 1958 dans un accident de voiture.

Abel Bonnard se réfugie en Espagne. Le général Bridoux demande au commandant en chef des armées alliées en Allemagne à être dirigé sur la France, où il désire se mettre à la disposition des autorités gouvernementales. Incarcéré au fort de Montrouge, hospitalisé au Val-de-Grâce, il s'en évade. Réfugié en Espagne, la Haute Cour le condamne à mort par contumace. Son fils, commandant un régiment de Waffen SS, a soudain quitté la division *Charlemagne* — après une visite de son père —, non sans emmener ses deux chevaux de campagne.

Robert Brasillach, représentant exemplaire de l'intelligentsia de cette extrême droite séduite par le fascisme, dans lequel elle voyait un remède à la crise de civilisation : fusillé au fort de Montrouge.

L'ambassadeur de Brinon, arrêté en Bavière : fusillé au fort de Montrouge.

Joseph Darnand, passé en Italie, arrêté, condamné à mort, fusillé. Dans sa cellule et dans ses derniers instants, il est assisté par le R.P. Bruckberger, aumônier de la Résistance, après avoir été aumônier du corps franc de Darnand en 1939. Avant d'aller au peloton d'exécution, le chef de la Milice écrit à de Gaulle : « Je mourrai la conscience plus tranquille si je sais que mon sang est versé pour ramener mes hommes dans l'honneur de la communauté française. »

Jacques Doriot trouve la mort en Allemagne, mitraillé sur la route par un avion allié, alors qu'il se rendait à une ultime conférence prévue avec Déat.

Jean Luchaire, commissaire à l'Information dans le « gouvernement » de Sigmaringen : fusillé au fort de Châtillon.

Jean-Hérold Paquis, surnommé par Céline *Paquis-Carthage* (éditorialiste de Radio-Paris, il s'est rendu célèbre par la phrase sans cesse répétée : *Et l'Angleterre, comme Carthage, sera détruite*) : incarcéré à Fresnes, jugé, condamné et fusillé.

Destin, fatalité... « Cette fatalité n'est autre que vous-même [1]. »

1. Nivelle de La Chaussée.

DOCUMENTS

PÉTAIN : INTERROGATOIRES AU FORT DE MONTROUGE

Le 8 mai 1945, à 14 h 30 — jour de la capitulation du Reich —, Pétain, arrivé depuis peu en France, est interrogé sans délai au fort de Montrouge par M. Bouchardon, président de la Commission d'instruction près la Haute Cour de justice. Cet interrogatoire est l'un des deux seuls qui, à notre connaissance, aient eu lieu hors la présence des avocats de la défense. En voici des extraits inédits :

Demande : Le 10 juillet 1940, la Chambre et le Sénat réunis en Assemblée nationale donnèrent tous pouvoirs au gouvernement de la République, sous votre autorité, de promulguer, par plusieurs actes, une nouvelle Constitution de l'État français. Cette Constitution devait être ratifiée par la Nation, et appliquée par les Assemblées qu'elle aurait créées. Le lendemain 11, vous promulguez trois actes constitutionnels [...]. Ces trois actes n'allaient-ils pas sensiblement au-delà des pouvoirs à vous conférés et, pour appeler les choses par leur nom, n'avez-vous pas commis un véritable abus de mandat ?

Réponse : Je n'ai pas fait ça tout seul, je n'étais pas parlementaire ; tout le monde a poussé à la roue. Non seulement je n'ai pas eu de contradicteur, mais encore chacun m'encourageait. Le principal auteur de toute cette organisation est certainement M. Laval, et, dès lors, je ne pouvais désigner comme chef du gouvernement une autre personne que lui. J'ai cru, en agissant comme je l'ai fait, rendre un grand service au Pays. Je lui ai fait don de ma personne, et j'ai continué.

Demande : N'empêche que c'est au gouvernement de la République que l'Assemblée nationale avait conféré tous pouvoirs, et aucun gouvernement ne pouvait demeurer mandataire de ladite Assemblée, s'il cessait d'être le gouvernement de la République. Or que voyons-nous ? Vous éliminez de nos institutions l'essentiel de la République. Le mot République est banni de partout [...].

Réponse : Je répète que je n'ai pas fait cela tout seul. Je manquais totalement d'expérience, les parlementaires eux-mêmes m'ont encouragé, et je n'ai pas pensé une seconde que j'acceptais une situation illégale. En particulier, les présidents des deux Chambres, pas plus que le président de la République, ne m'ont fait une objection quelconque.

Demande : Après les décrets-lois par lesquels vous cumulez les pouvoirs législatif et exécutif, vous créez des tribunaux spéciaux. Vous leur donnez le droit de condamner, en vertu d'une clause de rétroactivité, à la peine capitale des hommes qui, lors de l'infraction, n'avaient encouru que des peines légères. Autant de pouvoirs que, ni explicitement et tacitement, l'Assemblée nationale ne vous avait conférés !

Réponse : Tout cela s'est passé à mon insu, je n'en ai gardé aucun souvenir. En tout cas, je n'aurais jamais laissé exécuter pour des délits d'opinion. Mais, permettez-moi de revenir à l'Assemblée nationale, plusieurs fois j'ai essayé de la réunir, mais les Allemands s'y sont opposés. Je voulais lui présenter un projet de Constitution qui ressemblait étrangement à l'ancienne, et ensuite me retirer, mais l'ennemi a mis obstacle absolu à ma résolution.

Demande : Avant tout, le réquisitoire définitif vous reproche d'avoir fait, de l'acceptation définitive de la défaite, l'article fondamental de la politique à suivre, et d'avoir admis la responsabilité de la France dans la guerre. Ayant pris le titre de *Chef de l'État,* vous avez, suivant le mot de l'ambassadeur Brugère, passé votre temps à conjuguer le verbe : *Je suis vaincu.*

Réponse : Comment aurais-je pu faire autrement ? Si je n'avais pas demandé l'armistice, il se serait passé, en France, ce qui s'est passé en Pologne. Voyez-vous, tout de même l'Allemagne demandait des choses énormes, des crédits fantastiques. J'ai pu discuter. J'espérais qu'une intervention armée des Anglais et des Américains contre l'Allemagne se produirait, à laquelle seraient venues se joindre des forces françaises, soit levées sur notre sol, soit importées d'Afrique. Malheureusement, cette intervention n'a pas été envisagée, sans quoi je n'aurais pas manqué d'essayer de m'y associer [...].

Demande : Le 3 juillet 1942, à l'hôtel du Parc, à Vichy, vous auriez prononcé ces paroles : *Je passe mon temps à convaincre mes concitoyens qu'il y a eu la guerre et que nous avons été battus. Certains en doutent encore. Une Nation ne se corrige qu'après une guerre, malheureusement c'est cruel, mais c'est ainsi. Il faut être fouetté...*

Réponse : Je n'ai aucun souvenir d'avoir tenu de tels propos.

Demande : Ils ont paru dans le n° du *Temps* du 4 juillet 1942.

Réponse : Je n'ai pas lu ce numéro, sans quoi j'aurais protesté [...].

Demande : Le réquisitoire définitif vous reproche encore d'avoir mis hors la loi des catégories entières de Français, d'avoir, calquant le régime hitlérien, organisé une persécution raciale, édictant des lois en ce sens, au rebours de toutes nos traditions et sans même laisser au vainqueur le soin de les appliquer.

Réponse : J'ai toujours, et de la façon la plus véhémente, défendu les juifs ; j'avais des amis parmi eux. Ces persécutions se sont faites en dehors de moi et, pour vous donner deux exemples de mes protestations, je me suis opposé au port de l'étoile jaune et j'ai dit à Darquier de Pellepoix : C'est vous le tortionnaire !

Demande : Quand, le 8 novembre 1942, l'Allemagne foule aux pieds la convention d'armistice et franchit la ligne de démarcation, comment avez-vous pu, alors que vous étiez dégagé de tous engagements, demeurer sur place, à quelques pas de la rue de Vichy où la Gestapo torturait, nuit et jour, des Français dont vous pouviez entendre les cris ? Comment n'avez-vous eu d'autre réaction que d'écrire à Hitler, le 27 novembre 1942 : *Je ne puis que m'incliner devant vos décisions* ?

Réponse : J'ai été toujours hypnotisé devant ce don de ma personne que j'avais fait à la France [...]. Comment aurais-je pu fuir ? Ils [les Allemands] avaient mis la main sur tous les moyens de transport et Vichy était entourée d'une véritable garde. J'ajoute qu'avant tout je proteste contre la phrase qu'on me prête : *Je ne puis que m'incliner devant vos décisions.* Je n'ai jamais pensé cela, je ne l'ai jamais écrit [1].

Demande : Bien des Français, pourtant, ont pu s'échapper en avion, au péril de leur vie.

Réponse : Oui, mais moi, j'étais en vue, et sous une surveillance de jour et de nuit. Un peu plus tard, j'aurais désiré aller rejoindre Eisenhower lors du débarquement en Normandie, mais on n'a pas pu me trouver un avion.

Demande : Mais, le jour du débarquement en Afrique du Nord, aviez-vous les mêmes difficultés de voyage ?

Réponse : Je ne sais pas, mais le don de ma personne me liait au sol. Je ne voulais pas livrer mon pays aux Allemands.

*

Autre élément d'un interrogatoire en date du 16 mai 1945 :

Demande : J'aborde maintenant l'un des événements les plus douloureux de la guerre. Le réquisitoire vous reproche d'avoir laissé notre flotte s'enfermer à Toulon où elle n'avait d'autre alternative que de se livrer à l'Allemagne ou de se couler. Ne

1. Cette phrase se trouve dans la lettre adressée par le maréchal Pétain, en réponse à Hitler, le 5 décembre 1942. La phrase exacte est la suivante : « Je ne puis que m'incliner devant ces décisions qui ont douloureusement retenti dans le pays tout entier. »

pouvait-elle gagner l'Afrique du Nord ou du moins, à défaut de mazout, se réunir à la flotte anglaise qui serait venue à sa rencontre ?

Réponse : Je vous demande de différer ma réponse ; je me sens très fatigué.

Le président Bouchardon note : « Nous constatons, en effet, que l'inculpé se trouve dans un état de fatigue qui ne permet pas de poursuivre plus longtemps l'interrogatoire. »

*

PIERRE LAVAL : S.O.S. ET ADIEUX

Dans les dernières semaines, puis dans les dernières heures de sa vie, Pierre Laval lance de dramatiques appels au secours, avant de s'adresser, au moment de quitter ce monde, à sa famille. Le 19 avril 1945, Laval envoie d'abord un télégramme à M. de Lequerica, ministre des Affaires étrangères d'Espagne :

« Excellence et bien cher Ami [...]. Ce n'est ni l'homme d'État, ni l'ami qui vous demande aide et assistance, mais simplement l'homme. L'Allemagne me met en demeure de quitter son territoire menacé désormais par les avances alliées [...]. Je vous demande [...] l'autorisation de pouvoir pénétrer en Espagne en attendant des jours meilleurs. Aujourd'hui, c'est un vieillard usé et fatigué qui vous écrit [...]. »

Le 24 avril, sans réponse de Madrid — il recevra cette réponse quatre jours plus tard —, Laval s'adresse à M. Stucki, chef du département politique à Berne :

Feldkirch le 24 avril 1945.

« Monsieur le Ministre,

« Je me suis présenté hier à votre poste frontière de Tisis [...]. Dans les deux heures qui ont suivi, j'ai appris que j'avais à formuler une demande de transit. La Suisse est pour moi, en l'occurrence, la seule voie qui puisse me permettre de rejoindre ma patrie — puisqu'il m'est impossible de reprendre le chemin par où j'ai été emmené en Allemagne. J'avais besoin d'un répit pour mettre au point tous les éléments de l'exposé que j'ai à faire dès mon arrivée en France. Le rôle que j'ai joué dans mon pays, à Genève et ailleurs, m'oblige à défendre une politique qui, selon moi, aurait préservé la France et l'Europe de la guerre et de ses horreurs.

« C'est un travail personnel que je ne pouvais accomplir en Allemagne et que, sans doute, je ne pourrais pas accomplir actuellement en France. Il me fallait — tout en observant la discrétion et la réserve que l'hospitalité impose — être libre dans un pays neutre. Si les renseignements qui m'ont été donnés hier soir, de votre part, par l'officier du poste frontière étaient confirmés, je n'aurais plus cette possibilité. J'ignore donc si je peux encore vous demander un asile qui m'eût permis d'attendre et de retrouver une justice qui était une des vertus nationales de mon pays — car je ne peux croire que le vôtre ait renoncé à sa tradition généreuse d'hospitalité. Je n'ai jamais songé, Monsieur le Ministre, à fixer ma résidence à l'étranger. Je ne peux vivre que dans mon pays. C'est pour lui seul et pour la paix que j'ai toujours travaillé. Il me tarde de soumettre mes actes à son jugement que je ne redoute pas, car il comprendra, quand les passions seront apaisées, mon attitude dans la période douloureuse qu'il vient de vivre.

« Il vous appartient donc, Monsieur le Ministre, d'apprécier s'il vous est possible de tenir compte de cette situation pour prendre votre décision. Si vous en jugiez autrement, et suivant l'indication que vous m'avez fait donner, je formule ma demande d'un transit pour lequel je n'ai, jusqu'ici, obtenu l'agrément des autorités allemandes et que je ne suis pas sûr encore de pouvoir obtenir. J'espère et je ne doute pas que vous voudrez bien, s'il doit être effectué, ne pas permettre une publicité tendancieuse, telle que l'opinion pourrait se méprendre sur mes sentiments ou sur les conditions dans lesquelles vous auriez pris votre décision.

« Je vous prie d'agréer, Monsieur le Ministre, l'assurance de ma très haute considération. Pierre Laval. »

(Source : Archives fédérales, Berne.)

Les « charentaises » de la IIIe République et les bottes du Général.

Laval avait escompté que, selon la loi constitutionnelle de 1875, il comparaîtrait devant le Sénat, réuni en cour de justice. Là, en présence de parlementaires qui le connaissaient et qu'il connaissait, il pensait se trouver sur le terrain le moins défavorable à sa cause. La constitution de la Haute Cour de justice par le gouvernement provisoire détruit ses espoirs. Comme s'il n'avait pas senti venir la période révolutionnaire, fille de la guerre, Laval crut que, libérée, la France traditionnelle, renouant avec le bon vieux temps du passé, chausserait « les charentaises » de la IIIe République. Survinrent les bottes du Général, les exigences du gouvernement provisoire et les foudres de la Résistance.

Pourchassé, traqué, et maintenant encerclé, Pierre Laval s'adresse, le 22 septembre 1945, au chef du Front populaire, Léon Blum, un de ses principaux adversaires de l'avant-guerre, mis en prison par Vichy et livré au Reich en novembre 1942. Léon Blum revient d'Allemagne où il avait été déporté dans une résidence spéciale, en compagnie d'autres personnalités. Il reçoit la lettre suivante [1] :

« Monsieur le Président, je connais vos sentiments de justice. Comme vous l'avez écrit [2], les barreaux de ma prison ne sont pas séparés du reste de la France [...]. Vous savez ce qu'il y a d'injuste à me livrer sans défense suffisante à des jurés d'autant plus durs que mal informés [...]. Je vous prie d'agréer les bons sentiments que je vous adresse depuis ma cellule. Pierre Laval. »

Vingt jours plus tard, Mme Laval en appelle à Blum : « Monsieur le Président, mon mari peut être exécuté ce soir ou demain. Je mets tout mon espoir en vous et vous adresse mes sentiments émus et reconnaissants. »

1. Cette lettre, et la suivante, sont déposées au Fonds Léon Blum de la F.N.S.P. Ces textes ont été publiés par Lacouture, *op. cit.*
2. Laval fait allusion à un article paru dans *Le Populaire.*

Quarante-huit heures s'écoulent et Laval adjure Léon Blum : *Voulez-vous me sauver ?*

« Mon cher Président, mes avocats m'ont montré la lettre que vous leur avez adressée. Je ne crois pas que cela suffise à me soustraire à la mort. Avant l'irréparable, je vous envoie ce dernier appel. Voulez-vous m'aider, voulez-vous me sauver ? Vous êtes le chef du plus grand parti à l'Assemblée, de Gaulle ne peut pas faire disparaître, contre votre gré, un ancien chef de gouvernement. Un geste de vous, c'est la vie pour moi. Un refus me conduirait à la mort. Que le Général commue ma peine, s'il ne veut pas ordonner la révision de mon procès... Ainsi, n'étant pas mort, j'aurai l'espoir de m'expliquer un jour devant un vrai tribunal, où je ne serai pas injurié, menacé au cours même des débats.

« Je crois connaître votre délicatesse et je pense qu'en dehors du conseil donné à mes défenseurs, vous avez agi directement. Je compte sur vous, et c'est mon suprême espoir pour n'être pas conduit demain au bourreau — et ma femme et ma fille cesseront de vivre des heures atroces. Que puis-je vous exprimer, mon cher Président, si ce n'est mon espoir en vous et mes sentiments reconnaissants à un moment aussi dramatique. Pierre Laval. »

Léon Blum écrit aussitôt cette lettre au général de Gaulle :

« Mon cher général, je rentre à Paris à l'instant et P. [1], à qui je viens de téléphoner, me dit que j'ai encore le temps, tout juste, d'un dernier appel auprès de vous. Je sais que vous connaissez mon sentiment, mais c'est un devoir pour moi de vous l'exprimer à nouveau. Je pense qu'on ne peut exécuter une condamnation capitale après un procès comme celui-là. Il ne s'agit pas d'une grâce, mais d'un redressement de la justice. Aucune sympathie quelconque, ni même aucune communauté de vues ne nous a jamais liés l'un à l'autre, et vous savez que ce n'est pas de la reconnaissance que je lui dois. Mais j'ai rendu la justice en un autre temps et je la respecte, et je voudrais qu'elle fût respectée. Excusez-moi. Comprenez-moi. Et croyez à mes sentiments de profond attachement. L. B.

« P.S. Je relis cette lettre écrite à la hâte et je crains qu'elle ne

1. Il s'agit sans doute de Gaston Palewski, directeur de cabinet du Général.

soit équivoque. Je ne demande pas la grâce, mais un nouveau procès — ou plutôt un procès. »

Dans ce même mois de septembre, Laval s'adresse au secrétaire général de la C.G.T., Léon Jouhaux, lui aussi de retour d'Allemagne :

« Mon cher Jouhaux, la condition dans laquelle je me trouve m'oblige à t'écrire confidentiellement cette lettre. Mon messager est sûr. Tu as souffert et tu comprendras pourquoi j'ose, en souvenir du passé, m'adresser à toi. On veut me juger sans instruire mon procès.

« [...] Les fonctions que j'ai remplies, les événements auxquels j'ai été mêlé, avant la guerre et pendant l'Occupation, donnent à mon procès un caractère historique important, qui justifie au moins une instruction sérieuse [...]. Veux-tu me tendre la main ? [...] Je comprends toute l'audace et la délicatesse de ma démarche [...]. Tourne, si tu le veux, la page sur les mauvais souvenirs et rappelle-toi seulement les jours vivants de notre jeunesse. Je souhaite que mon S.O.S. te parvienne assez tôt.

« Accepte, malgré les tristes conditions où les événements m'ont placé, mes bons sentiments pour toi. Pierre Laval. »

La lettre, datée du 9 septembre 1945, comprend un post-scriptum en date du 28 septembre 1945 :

« [...] Tu peux beaucoup, et je compte sur une amitié si vieille qu'il en restera peut-être une étincelle pour me réchauffer l'âme. P. L. »

(Communiqué à l'auteur par Mme Léon Jouhaux.)

Dans la lettre d'adieu adressée à sa fille, la comtesse Josée de Chambrun, Pierre Laval écrit :

« Je vais disparaître de ce monde, aller me confondre avec la terre qui nous absorbe tous : mais mon âme survivra et elle ne te quittera jamais. Je serai sans cesse avec toi et ta maman, pour que vous ne perdiez pas courage. Ne songe pas à me venger, je te le demande. Mais, comme tu n'as pas à rougir de moi, tu pourras défendre ma mémoire. Fais-le tranquillement, sans passion mauvaise, avec la certitude que, par un juste retour des choses, je retrouverai une place dans le cœur des braves gens. Tenez-vous debout dans le malheur. La France entière sait maintenant qu'on a voulu m'empêcher de parler et de me défendre. Plus tard, elle exigera des explications et des comptes. On n'a pas voulu entendre les miens. Que mon sacrifice serve au moins à ceux qui ont été injustement frappés, ou qui sont menacés de l'être parce qu'ils ont eux aussi voulu servir notre pays quand il était malheureux. » (Extrait du livre *Laval parle.*)

*

ARCHIVES NATIONALES

Le *Journal de guerre* de Marcel Déat et les *Cahiers* du général Bridoux, documents saisis, sont déposés aux Archives nationales.

ÉPILOGUE

LES AUTRES FRANÇAIS

CHAPITRE I

LES DENTS DANS LES YEUX

LA FRANCE ET LES FRANÇAIS OCCUPÉS. — LES OBSCURS. — LE DEVOIR SANS RÉCOMPENSE. — LA RÉSISTANCE MORALE. — DES ÉTUDIANTS STRASBOURGEOIS. — LES RAPPORTS DES PRÉFETS. — LES HUGUENOTS D'UN VILLAGE, QUELQUE PART EN FRANCE. — « NATURELLEMENT, ENTREZ... » — MERCI DE M'AVOIR AIDÉ.

Au niveau de l'éthique, où apparaît le visage authentique de la France et des Français occupés ? D'un côté, nous découvrons l'avilissement, ou bien l'aveuglement idéologique. De l'autre, nous rencontrons le sacrifice et l'héroïsme. Entre ces deux minorités inégales — quelques milliers..., quelques dizaines de milliers — demeurent des millions et des millions de Françaises et de Français qui, chaque matin au réveil, chaque soir au coucher, roulent d'abord dans leur tête cette unique question : comment survivre, comment nourrir, habiller, élever la famille, comment chauffer le foyer, et, pour les juifs, les réfugiés, comment se cacher, comment échapper à la chasse à l'homme, comment trouver une nouvelle identité ? Près d'un demi-siècle après la guerre, le censeur énumère malheureusement sans difficulté les cas où des policiers, des gendarmes, des préfets ont mis la main dans la main de l'ennemi pour des actes qui entachent l'honneur[1]. Le scandale restant toujours plus visible

1. Président du Comité international d'histoire de la Deuxième Guerre mondiale, M. Henri Michel (*Paris allemand,* Albin Michel) écrit : « ... Malgré les gros moyens de tous genres dont ils disposaient, les groupements de collaboration [...] n'ont jamais rassemblé qu'une infime minorité de Parisiens, parmi lesquels dominaient les opportunistes et les profiteurs. Après tout, la bande de la rue Lauriston [au service de la Gestapo] rassemblait moins de trente hommes,

que le courage, on néglige souvent les innombrables circonstances où d'autres policiers, d'autres gendarmes, des médecins, des curés, des cheminots ont rendu d'inestimables services et sauvé des vies. De Gaulle devait, en 1963, tenir à M. Pierre-Christian Taittinger, président du Conseil municipal de Paris, des propos que l'interlocuteur du président de la République nota en ces termes : « Le Général reconnaît que, parmi les maires, les préfets, les hauts fonctionnaires, nombre d'entre eux ont rendu de grands services aux populations dont ils avaient la charge, mais il ne lui était pas possible de les distinguer. Vichy devait être condamné. [A ces hommes] l'Histoire rendra justice, c'est normal[1]. »

Nul ne recensera jamais les Françaises, les Français qui, dans un élan spontané — les statistiques du cœur n'existent pas —, ont caché des proscrits, des clandestins, qui ont hébergé — de la Normandie, de la Bretagne ou du Nord jusqu'aux Pyrénées —, au péril de leur vie, des aviateurs alliés, abattus au-dessus de la France, des prisonniers, des hors-la-loi. On ne connaîtra jamais ces citoyens obscurs, qui ne songèrent jamais à réclamer de la patrie un titre de reconnaissance, parce qu'on leur avait appris, dès l'enfance, que le devoir s'accomplit sans récompense.

A quoi s'apparente le choix des Français occupés, sinon, sous une autre forme, au cas de conscience, encore plus grave, posé aux Alsaciens et aux Lorrains annexés ? Faut-il partir ? Faut-il rester ? Les uns doivent rejoindre la mère patrie, fût-elle en exil. Les autres doivent maintenir la patrie sur place.

tous des truands. » M. Henri Michel, il est vrai, écrit aussi : « Un rapport de juge d'instruction à la Libération évalue entre 9000 et 10000 personnes *les hommes de confiance* qui ont travaillé avec les polices allemandes, et que celles-ci appelaient *V. Männer*. Ce sont des gens discrets qui écoutent, épient, téléphonent et font régulièrement leurs rapports. Ce sont eux qui écoutent aux portes et qui dénoncent les auditeurs de la radio anglaise, qui provoquent des confidences dans les queues pour le ravitaillement [...], qui se font passer parfois pour des résistants [...]. Ils se recrutent dans tous les milieux. »

1. Témoignage écrit de M. P.-Ch. Taittinger à l'auteur. Cf. Tournoux : *Pétain et la France.*

A côté de la résistance physique, se dresse la résistance morale. Témoin cette jeune fille qu'observe à Paris, le 18 août 1942, le capitaine d'état-major Ernst Jünger : « Acheté un agenda dans une papeterie de l'avenue de Wagram. J'étais en uniforme. Une jeune fille, qui servait les clients, m'a frappé par l'expression de son visage. Il était évident qu'elle me considérait avec une haine prodigieuse. Ses yeux bleu clair, dont la pupille s'était rétractée jusqu'à ne plus former qu'un point, plongeaient droit dans les miens, avec une sorte de volupté — celle-là qu'éprouve le scorpion enfonçant son dard dans sa proie[1]. »

A cette Française inconnue s'applique la phrase qui nous revient à l'esprit : « Elle avait les dents dans les yeux. »

Au cours de cette même année 1942, après l'occupation totale du territoire, les étudiants strasbourgeois, repliés à Clermont-Ferrand, « allaient siffler les trois premières mesures de la *Marche Alsace-Lorraine* [*Vous n'aurez pas l'Alsace et la Lorraine*] sous les fenêtres de la Kommandantur[2] ». Une rafle eut lieu à la cité universitaire : « Les soldats allemands avaient fait irruption dans l'amphithéâtre de la faculté de lettres. Paul Collomp, un ancien combattant de la Première Guerre mondiale qui dispensait son cours, ne leva pas les bras lorsque les pistolets-mitrailleurs se tournèrent vers lui... Il fut abattu d'une rafale... Les autres furent déportés... Plus de cent cinquante-trois d'entre eux ne revinrent pas. J'étais étudiant à l'époque[3]. »

L'historien Henri Amouroux, qui donne les plus fidèles reflets, et les plus complets, de la vie des Français sous l'Occupation, note : « Par sympathie, par bravade, par haine des Allemands, quelques aryens se sont affublés d'une étoile jaune [...]. Jenny Wion, Françoise Siefriot, Paulette Voisin ont peint sur leur étoile des mentions fantaisistes : *Jenny, Papou...* Mlle Lemeunier a brodé sur la sienne la croix du Christ ; Mme Lang, marchande de journaux, boulevard des Italiens, a

1. Jünger, *op. cit.*, II.
2. et 3. Témoignage de M. Roger Tounzé. *Le Monde* du 30-11-1981. Article de M. J.-P. Rouger.

poussé l'audace jusqu'à fixer au collier de son chien une étoile juive ; l'architecte Henri Muratel porte, sur son étoile, l'inscription *Auvergnat*[1]. »

Des enseignements, nous pouvons aussi en tirer des rapports établis par les préfets de la zone occupée. Étudions les textes[2] qui intéressent le seul mois d'avril 1941 :

Basses-Pyrénées. — Croizier (Louis), Français, né le 21 octobre 1921 à Saint-Mathurin (Morbihan), avait été arrêté le 5 mars par les autorités françaises pour tentative de franchissement de la frontière, dans le but de s'engager dans l'armée du général de Gaulle. Le 26 avril, le tribunal de la F. D. 541 a repris l'affaire à son compte et condamné à mort Croizier. Sur l'intervention du préfet, un recours en grâce a été adressé au général von Stülpnagel.

Charente-Inférieure. — L'ouvrier Bourdy (Jean), domicilié à La Pallice, a été condamné à mort pour acte de violence et homicide volontaire contre un militaire allemand. Le jugement a été exécuté le 7 avril.

Calvados. — Un habitant a été condamné à mort et exécuté.

Manche. — Le fils d'un maire, rentrant des champs dix minutes après *l'heure de police,* a été abattu à coups de mitrailleuse.

Haute-Saône. — MM. Mongin et Letang, inculpés de meurtre sur la personne d'un militaire allemand, le 15 juin 1940, ont été condamnés à mort le 26 avril 1941. Deux personnes abattues à coups de fusil alors qu'elles tentaient de franchir la ligne de démarcation. L'une d'elles, Mme Jeandel, a été achevée.

1. Amouroux, V, *op. cit.*

2. Cf. *La Délégation française auprès de la commission allemande d'armistice,* tome IV (Imprimerie nationale).

— Sur cette période, voir en particulier les cinq tomes de l'*Histoire de la Résistance en France* par Henri Noguères (Laffont).

Haute-Marne. — Deux ouvriers agricoles ont été condamnés à mort pour avoir attaqué et noyé une sentinelle allemande.

Seine-et-Oise. — Incarcération d'un membre de la délégation spéciale de Maisons-Laffitte qui avait fait hisser, le 15 avril, le drapeau français sur la façade de l'Hôtel de Ville.

Vosges. — Condamnation de M. Larue, maire de Senones, à cinq ans de réclusion pour délivrance de fausses cartes d'identité à des Alsaciens quittant leur pays.

Meuse. — Condamnation à deux ans et demi de réclusion du chef de gare de Dugny pour avoir écouté et diffusé des émissions radiophoniques anti-allemandes. Amende de 1 000 reichsmarks infligée au directeur du journal *L'Informateur de l'Est* pour incorrection vis-à-vis des autorités allemandes.

Ardennes. — Arrestation de deux fonctionnaires, l'un pour motif inconnu, l'autre pour avoir employé le terme de *boche.*

En approfondissant la recherche, nous observons des faits surprenants. A notre époque de communication intense et d'information accélérée, trois décennies ont été nécessaires avant que soit portée à la connaissance des Français l'abnégation silencieuse des huguenots du village Le Chambon-sur-Lignon, niché quelque part dans les montagnes de la Haute-Loire, où, à l'initiative du pasteur André Trocmé et de son épouse, plusieurs milliers de juifs furent accueillis et abrités en séjour ou en transit : « Une femme allemande a frappé à ma porte. C'était la fin de l'après-midi. Elle m'a dit qu'elle était une juive allemande, qu'elle venait du nord de la France, qu'elle était en danger et qu'on lui avait dit qu'au Chambon elle trouverait de l'aide. Pouvait-elle entrer dans ma maison ? J'ai dit : *Naturellement, entrez, entrez...* Il y avait beaucoup de neige. Elle avait des chaussures si minces... » Ainsi se souvient Mme Magda Trocmé, épouse du pasteur. Une population, groupée derrière ses guides spirituels, acceptait le danger, une population de paysans, de laboureurs et d'éleveurs, en qui restait à vif une tradition orale : celle des persécutions contre les huguenots [1].

« *Merci de m'avoir aidé* »

Un ancien soldat de l'armée secrète en Savoie, Marcel Prous, a écrit, sous le titre *Merci de m'avoir aidé* (Gardet-Annecy), ses souvenirs de maquisard. A la mémoire de ses camarades, il a fixé quelques scènes :

« Tout à coup, dans la nuit la plus totale, à la sortie d'un petit bois que l'on vient de traverser, nous apercevons une vague lumière. Nous nous dirigeons vers elle, nous arrivons dans une cour de ferme et, au bruit que nous faisons [...], la lumière s'éteint. Nous allons vers la porte. Je frappe..., rien. Le désespoir nous saisit... Nous n'en pouvons plus. A nous deux, on tape sur la porte à coups redoublés ! Enfin, la lumière revient, la porte s'ouvre légèrement et une femme affolée nous demande ce que nous voulons. On lui dit de ne pas avoir peur, qu'on s'est évadé de Dijon, qu'on crève de faim et, ... stupeur, la lumière s'éteint, la porte s'ouvre en plein, la femme nous tire à l'intérieur, referme la porte, éclaire de nouveau et nous embrasse. Des hommes accourent et nous embrassent aussi. A la nuit, au moment de partir, on nous offre à chacun une paire de chaussures qui, par chance, nous vont bien, un sac plein de victuailles et de l'argent.

« Nous prenons un nouveau départ et nous nous dirigeons dans la direction indiquée par nos amis. Direction qui nous mène vers une petite gare située à quelques kilomètres de là. Dans cette gare, il n'y a que les trains de marchandises qui s'arrêtent. Un gars du chemin de fer nous dit que nous devrions, si nous voulons rejoindre [le maquis] en Haute-Savoie, monter avec lui. C'est le mécanicien du train. Nous le suivons et grimpons dans la locomotive. Nous sommes accueillis par de vigoureuses poignées de mains de son collègue et le train démarre. Toute la nuit, nous roulons en effectuant de

1. L'histoire du village Le Chambon-sur-Lignon, pendant la période 1940-1944, a été écrite par l'historien américain Philip Hallie. Traduction française : *Le Sang des innocents* (Stock). — Entretiens de l'auteur avec Mme Trocmé.

nombreux arrêts. Dans une grande gare, ils nous font descendre, nous présentent à deux autres gars et, après nous avoir souhaité bonne route, s'en vont simplement. De rudes gars ! »

Tels étaient les autres Français...

CHAPITRE II

LE FUSILLÉ DE LA CITADELLE

UN LYCÉEN DE SEIZE ANS. — LA DERNIÈRE LETTRE. — COMPAGNON DE LA LIBÉRATION. — LES FRANÇAIS. — OÙ SONT CREUSÉES LEURS TOMBES ?...

Traduire, à l'intention du haut commandement allemand et au titre des « documents pour les temps à venir », les lettres adressées à leurs familles, avant d'être fusillés, par les condamnés à mort : telle était, nous le rappelons [1], l'une des responsabilités qui incombaient à Ernst Jünger. Parmi ces missives, qui aujourd'hui nous paraissent venir d'outre-tombe, il en est une dont l'auteur comptait seize ans : Henri Fertet, élève du lycée Victor-Hugo à Besançon. Passé par les armes à la citadelle de la ville, le 26 septembre 1943, avec quinze autres jeunes francs-tireurs et partisans [2], il rédigea ces dernières lignes :

Chers parents,

« Ma lettre va vous causer une grande peine, mais je vous ai vus si pleins de courage que, je n'en doute pas, vous voudrez encore le garder, ne serait-ce que par amour pour moi.

« Vous ne pouvez savoir ce que, moralement, j'ai souffert

1. Première partie, chapitre VI.

2. Le 21 décembre 1943, Maurice Schumann, au nom de la France libre, évoqua la mort de Henri Fertet dans son émission quotidienne. (Voir *L'Histoire du groupe Guy Mocquet* de Franche-Comté par Raymond Tourrain. Besançon.)

dans ma cellule, ce que j'ai souffert de ne plus vous voir, de ne plus sentir peser sur moi votre tendre sollicitude que de loin. Pendant ces quatre-vingt-sept jours de cellule, votre amour m'a manqué plus que vos colis et, souvent, je vous ai demandé de me pardonner le mal que je vous ai fait, tout le mal que je vous ai fait. Vous ne pouvez vous douter de ce que je vous aime aujourd'hui, car, avant, je vous aimais plutôt par routine, mais, maintenant, je comprends tout ce que vous avez fait pour moi et je crois être arrivé à l'amour filial véritable, au vrai amour filial. Peut-être, après la guerre, un camarade vous parlera-t-il de moi, de cet amour que je lui ai communiqué. J'espère qu'il ne faillira pas à cette mission désormais sacrée.

« Remerciez toutes les personnes qui se sont intéressées à moi et particulièrement nos plus proches parents et amis. Dites-leur ma confiance en la France éternelle. Embrassez très fort mes grands-parents, mes oncles, tantes et cousins, Henriette. Donnez une bonne poignée de main chez M. D... Dites un petit mot à chacun. Dites à M. le Curé que je pense aussi particulièrement à lui et aux siens. Je remercie Monseigneur du grand honneur qu'il m'a fait, honneur dont, je crois, je me suis montré digne. Je salue aussi, en tombant, mes camarades du lycée. A ce propos, H... me doit un paquet de cigarettes, J... mon livre sur les Hommes préhistoriques. Rendez *Le Comte de Monte-Cristo* à E... 3, chemin Français, derrière la gare. Donnez à Maurice-André de la Maltournée 40 grammes de tabac que je lui dois.

« Je lègue ma petite bibliothèque à Pierre, mes livres de classe à mon petit papa, mes collections à ma chère petite maman ; mais qu'elle se méfie de la hache préhistorique et du fourreau d'épée gaulois.

« Je meurs pour ma Patrie. Je veux une France libre et des Français heureux. Non pas une France orgueilleuse et première nation du monde, mais une France travailleuse, laborieuse et honnête. Que les Français soient heureux, voilà l'essentiel. Dans la vie, il faut savoir cueillir le bonheur.

« Pour moi, ne vous faites pas de soucis, je garde mon courage et ma belle humeur jusqu'au bout et je chanterai *Sambre-et-Meuse,* parce que c'est toi, ma chère petite maman, qui me l'a apprise.

« Avec Pierre, soyez sévères et tendres. Vérifiez son travail et forcez-le à travailler. N'admettez pas de négligence. Il doit se montrer digne de moi. Sur " trois petits nègres " il en reste *un.* Il doit réussir.

« Les soldats viennent me chercher. Je hâte le pas. Mon écriture est peut-être tremblée, mais c'est parce que j'ai un petit crayon. Je n'ai pas peur de la mort, j'ai la conscience tellement tranquille !

« Papa, je t'en supplie, prie. Songe que, si je meurs, c'est pour mon bien. Quelle mort sera plus honorable pour moi que celle-là ? Je meurs volontairement pour ma Patrie. Nous nous retrouverons tous les quatre, bientôt, au ciel.

« Qu'est-ce que cent ans ?

« Maman rappelle-toi :

> « *Et ces vengeurs auront de nouveaux défenseurs,*
> « *Qui, après leur mort, auront des successeurs.*

« Adieu, la mort m'appelle. Je ne veux ni bandeau, ni être attaché. Je vous embrasse tous. C'est dur quand même de mourir. Mille baisers !

« Vive la France !

« Un condamné à mort de 16 ans,
H. FERTET.

« Excusez fautes et orthographe, pas le temps de relire.

« Expéditeur : Henri Fertet, au ciel, près de Dieu. »

Après la guerre, le général de Gaulle inscrivit le nom de Henri Fertet dans la cohorte des Compagnons de la Libération.

Le jeune Fertet était le produit exemplaire d'une famille aux vieilles ascendances provinciales : le père, instituteur laïc, athée, ancien combattant de Verdun, accorda sa confiance, un temps, au maréchal Pétain ; la mère, institutrice de l'enseignement public, était une catholique fervente ; le frère, Pierre, choisit la voie familiale : il devint instituteur [1].

1. Entretiens de l'auteur avec la famille Fertet.

En 1940, de Gaulle souffrait d'une rage patriotique. La fureur, l'indignation, la révolte le dévoraient, au spectacle du nombre dérisoire de ses compatriotes qui l'avaient rejoint. Il lui arrivait alors de s'exclamer : « Les Français sont des veaux ! » Par la suite, certains gaullistes croiront, au nom de la pudeur, devoir nier ce propos. Plusieurs compagnons de la première heure nous l'affirment pourtant : leurs oreilles ne les ont pas trompés. Le propos semble bien authentique, encore qu'il convienne de l'accueillir avec des nuances : de Gaulle, méfiant vis-à-vis de lui-même, se plaisait à préciser : « Je ne reconnais que ce que j'écris. »

Des lâches ? Des héros ? L'image de la France et des Français sous l'Occupation, à la vérité, était représentée, aux yeux du Général, par une photographie, prise le 14 juin 1940 à l'Arc de Triomphe.

Le 14 juin 1940 était le jour de l'entrée des Allemands à Paris. La photographie montre un groupe de femmes et d'hommes, réunis autour du tombeau du Soldat inconnu et abîmés par la douleur. Expédié le 19 juin 1940, l'envoi échappa curieusement à la censure et parvint à Londres, porteur de ces mots : « De Gaulle ! Nous vous avons entendu. Maintenant, nous vous attendrons [1] ! »

Cette photographie nous paraît donner un cliché parfait de la France sous l'envahisseur. Quarante millions de Français ont ainsi attendu — d'où la popularité du maréchal Pétain — pendant quatre ans, la sourde espérance au cœur, dans la dignité d'un vieux peuple, loin de la trahison, souvent sans gloire, mais sans honte, parfois avec héroïsme.

Déat, Darnand, Doriot, ambassadeur de Brinon, général Bridoux, Mgr Mayol de Luppé, Waffen SS, soldats perdus, Français égarés : aujourd'hui, qui sait où sont creusées vos tombes ?

1. De Gaulle . *Mémoires de guerre,* tome I (Plon).

Index

En raison de la fréquence des citations relatives à Déat, Hitler, Laval et Pétain, ces quatre noms ne figurent pas dans l'index

M

N

O

P

Q

R

Table des matières

PREMIÈRE PARTIE

ÉTRANGES RENCONTRES, ÉTRANGES DESTINS...

DEUXIÈME PARTIE

LES CHEMINS DE L'ENFER

ÉPILOGUE

LES AUTRES FRANÇAIS

Achevé d'imprimer en avril 1982
sur presse CAMERON
dans les ateliers de la S.E.P.C.
à Saint-Amand (Cher)

Nº d'Édit. 9587. — Nº d'Imp. : 468-245.
Dépôt légal : avril 1982.
Imprimé en France.